이 책을 향한 찬사

마치 내 아버지의 긴 일기와도 같은 이 책은 말한다. 아버지의 눈을 위해 자연스레 팔 한쪽을 내밀던 당신은 과연 그에게 손을 내밀어본 적은 있었느냐고. 평생에 걸쳐 눈이 멀어가던 당신 아버지의 마음이 그만큼 더욱 또렷해지는 건 아니었겠느냐고. 이 책은 많은 것을 담고 있지만, 결국 '보이지 않는 것'은 현상이고 '보이는' 나는 그것을 확장해야 한다고 말하고 있다. 가족으로서, 그리고 이 사회의 일원으로서 말이다. | 박정민, 배우

릴런드가 시력 없이 세상을 탐구하는 법을 배우는 과정은 시각장애의 매혹적인 문화사 속으로 들어가는 문이 된다. 열렬하면서도 겸손한 호기심이 돋보이는 회고록이다. | 〈애틀랜틱〉

릴런드의 문체는 마치 재즈와 같으면서도 지적이다. 그는 장애에 관해 가장 말하기 어려운 부분들을 엄밀하게 탐구한다. 다양한 경계를 넘나드는 멋진 여행 같은 책이다. | 〈뉴욕타임스 북리뷰〉

마음을 울리는 책이다. 릴런드의 목소리는 풍자적이면서도 사려 깊고 섬세하다. 비시각장애인 독자들로 하여금 실명의 역설뿐만 아니라 시각의 역설도 마주하게 한다는 점은 이 회고록이 주는 선물이라 할 수 있다. | 〈로스앤젤레스 리뷰 오브 북스〉

매력적이다! 릴런드의 이야기에서 가장 기억에 남는 부분은 순수한 자서전으로서의 내밀한 순간들이다. 그는 시각장애인과 비시각장애인 사이의 가교 역할을 하게 될 자신의 경험을 들려준다. | 〈월스트리트 저널〉

사려 깊고 아름다운 내용의 회고록. 릴런드는 시력과 실명 사이에서 자신이 어떻게 변화했는지를, 장애인을 차별하는 세상에 대해 어떻게 생각하는지를 강렬하고 정직하게 이야기한다. 그는 자신의 시력에 대한 이야기를 하면서 스토리텔링, 역사, 문학에 대한 풍부한 감수성을 드러낸다. 때때로 친구들로부터 자신의 상황을 '지나치게 지적으로' 이야기한다고 비난받곤 하지만 릴런드는 따뜻한 시선을 유지하면서 뛰어난 감성, 명료한 글쓰기, 주제를 다루는 품위 있는 태도를 잃지 않는다. 이 책은 욕망하고, 글을 읽고, 독립적으로 행동하고, 불확실성을 받아들이고, 새로운 정체성을 갖는다는 것이 무엇인지 다시 한번 생각하게끔 우리 모두를 독려한다. | 〈가디언〉

앤드루 릴런드는 장애의 문화사와 정치를 사용하여 자신의 점진적 실명에 대해 썼고, 우리가 알고 있다고 확신했던 것들을 뒤집었다. 올해 최고의 책 중 하나다. | 〈시카고 트리뷴〉

릴런드는 끊임없이 변하는 시력과 자기 정체성의 관계에 대해 설득력 있게 서술한다. 회고록, 탐사 보도, 문화 비평이 도발적으로 어우러진 책이다. | 〈네이션〉

릴런드는 이 뛰어난 데뷔작에서 장애에 대한 탁월한 탐구를 선보인다. 반짝이는 문체가 돋보이는 이 책은 변화에 적응하는 과정에 대한 놀랍도록 지적으로 엄격한 이야기이다. | 〈퍼블리셔스 위클리〉

릴런드는 장애인권운동처럼 자신이 관심을 갖는 이슈에 대한 역사를 친절히 서술하는 한편, 시각장애인이 된다는 것이 무엇인지 이해하기 위한 실존적 투쟁도 함께 보여준다. 저자가 개인적인 어조로, 또 연약함을 숨기지 않고 정직하게 "망막의 쇠퇴 과정은 알고 보니 내 삶에서 가장 창조적인 경험 중 하나였다"라고 결론 내릴 때, 독자들은 그의 말을 이해할 것이다. 그의 감정이 느껴지는 이야기 속 통찰력은 감상적이지 않게 전달된다. | 〈커커스〉

시력을 잃어가는 작가 앤드루 릴런드는 꾸밈없이 솔직하게 유유히 흘러가는 내면의 대화를 들려준다. | **제롬 그루프먼, 〈뉴욕 리뷰 오브 북스〉**

괴상하고 때때로 웃음을 자아내는 섬세하고 부드러운 책이다. 릴런드가 자신의 새로운 인식 세계와 시각장애에서의 정상성(그리고 주체성과 모험)이 어떤 느낌으로 다가오는지 기록하는 과정을 함께할 수 있어서 기뻤다. | **소피아 응우옌, 〈워싱턴포스트〉**

단도직입적으로 말하자면, 이 책은 내가 올해 읽은 책 중 최고이자 내 인생의 책들 가운데 하나이다. 지적으로 엄밀하게 쓴 회고록, 감동적인 문화사, 실명과 장애와 적응에 대한 훌륭한 연구 등 어떤 설명으로도 이 책을 충분히 묘사할 수 없다. 이 책에 끝없는 사랑과 존경을 보내며, 이 책이 예고하는 장애인 글쓰기의 새로운 시대를 설레는 마음으로 기대해 본다. | **소피아 M. 스튜어트, 〈밀리언스〉**

이 책은 시각장애인 공동체에 적응해 가는 과정을 섬세하고 통찰력 있게 이야기한다. 저자는 자신의 새로운 감각과 감정을 생생하게 묘사하고, 시각장애인이 받는 훈련에 대한 논쟁을 개괄적으로 설명한

다. 귀중한 책이다. ㅣ **템플 그랜딘, 《비주얼 씽킹》 저자**

이 책은 시각에 관한 이야기이기도 하지만 결혼과 가족 그리고 우리를 두렵게 하는 우리의 일부를 받아들이기 위한 도덕적이고 정서적인 도전에 관한 이야기이기도 하다. 세상에 존재하는 새로운 방식에 어떻게 적응하는지 보여주는 심오하며 잊을 수 없는 명상이다. ㅣ **레이첼 아비브, 《내게 너무 낯선 나》 저자**

나는 점점 보이지 않습니다

나는 점점 보이지 않습니다

삶의 감각으로 이야기한 장애의 세계

앤드루 릴런드 지음   송섬별 옮김

The Country
of the Blind

어크로스

릴리와 오스카에게

끝임이 분명해 보이는 것은
우리가 그것을 아직 가장 심오한 의미를 알지 못하는
시작으로 바라볼 때 더 잘 이해할 수 있다.
현재란 더 이상 없는 것과 아직 오지 않은 것 사이의
조마조마한 긴장 상태다.
—한나 아렌트, 《어두운 시대의 사람들》

눈엣가시가 최상의 확대경이다.
—테오도르 아도르노, 《미니마 모랄리아: 상처받은 삶에서 나온 성찰》

차례

들어가며

끝의 시작

이 글을 쓰는 지금 나는 눈이 멀어가는 중이다. 드라마틱하게 들리겠지만 실제 느끼기로는 딱히 그렇지도 않다. 타자를 치자마자 글자가 사라지는 것도 아니다. 나는 일광욕실에 편안하게 앉아 있다. 늘 그렇듯 해가 뜨고 있다. 줄무늬 잠옷 차림으로 내 곁에 앉아 책을 읽는 릴리도 또렷하게 보인다. 보이는 세계가 사라지고 있지만, 서둘러 떠나가는 것은 아니다. 이 일은 재난인 동시에 일상으로 느껴진다. 마치 기후 위기로 인해 문명의 붕괴가 임박했다는 기사를 읽다가, 기사를 제쳐두고 따스한 봄날 아침 기분 좋게 자전거를 타러 나가는 것처럼.

20년도 더 전에 진단받은 망막색소변성증retinitis pigmentosa에는 치료법이 없어서, 나는 한 해 걸러 한 번씩 안과를 찾는다. 진료받는 날에는 온종일 여러 검사를 하지만 시력이 얼마나 감소했는지 추적하는 데 그친다. 진료가 끝날 때쯤 의사와 나는 언젠가 등장할지도 모르는 줄기세포나 유전자 요법이라는 희망에 관해 짧은 대화를 나눈다. 지난번 방문했을 때 의사는 나의 남은 시력이 어느 정도 되는지를 표시한 그림을 보여주었다. 뜨거운 물속에서 녹아가는 얼음 조각들이 연상되는 그림이었다. 중앙에 작고 일그러진 타원형이 두 개 있고, 그 옆에 가느다란 형체 두 개가 떠다니고 있었다. 일그러진 타원형은 내게 남은 중심시central vision를, 길쭉한 형체는 주변시peripheral vision를 나타내는 것이었다. 나는 완전한 시력을 가진 사람이 보는 것의 약 6퍼센트 정도를 볼 수 있는 시력을 가지고 있었다. 의사는 길쭉한 감자튀김을 닮은 형상을 가리키며 친절하게도 얼굴을 찌푸렸다. "이것들이 사라지면 선생님은 이동성에 더욱 제약을 받을 겁니다. 사람들이 돌아다닐 때 사용하는 게 바로 여기 남아 있는 길쭉한 주변시거든요." 쾌활하지도 우울하지도 않은, 의사들 특유의 감정 섞이지 않은 말투였다.

무엇이 보이지 않는지 설명하기는 놀랄 만큼 어려운데, 주된 이유로는 내 두뇌가 너무나 빠르게 적응했다는 사실을 들 수 있다. 나는 심각한 터널 시야를 겪고 있지만, 그렇다고 터널 같은 게 보이지는 않는다. 터널을 에워싼 벽은 볼 수 없기 때문이다. 실명이 진행됨을 가장 강하게 느끼는 때는 내 시력이 변하는 기간이다. 즉 보여야 마땅한 것, 얼마 전까지 보였던 것이 별안간 보이지 않게 되는 시기를 말한다. 몇 년간 같은 자리에 있던 집안의 가구에 부딪히고, 잠깐 내려놓기만 해도 컵이 사라져버린다. 내가 가진 일그러진 타원형의 중심시와 감자튀김처럼 길고 가느다란 잔존 시력residual vision으로 온 힘을 다해 테이블 위를 박박 긁은 끝에 마침내 찾아낸 컵은 내가 몇 주 전만 해도 "뻔히 보이는 곳plain sight"이라고 표현했을 자리에 멀쩡하게 놓여 있었다. 여전히 그 컵은 뻔히 보이는 곳에 있다. 문제는 뻔히 보이는 곳을 점점 못 보게 되는 내 시력이다.

밀어놓지 않은 의자, 닫아놓지 않은 찬장 문처럼 움직이지 않는 사물에 부딪치느라 늘어가는 멍을 논외로 친다면 망막색소변성증은 통증이 없는 병이다. 지금까지 가장 고통스러웠던 것은 무언가를 알지 못한다는 점이다. 요즘 나는 현재를 바라보며 미래를 상상해 보려 하는 SF 작가처럼 대부분의 나날을 사색 모드로 보낸다. 저녁을 만들 때, 아들 오스카를 데리고 학교에서 집까지 걸어올 때, 공항에서 낯선 도시의 기차역으로 가는 길을 찾을 때 스스로에게 묻는다. 보지 못하게 된 뒤 이런 일은 어떻게 할 수 있을까? 나는 이 모순적인 복시double vision, 複視로 모든 것을 인식한다. 보이는 눈 그리고 보이지 않는 눈을 통해서. 미래라는 것은 본디 만약의 사태라는 안개에 가리어 잘 보이지 않는 법이지만 나의 미래는 그보다 갑절은 그려보기 어렵다. 앞날을 보여주는 수정 구슬에는 줄곧 구름이 끼어 있다.

하지만 나는 실명을 그저 시각의 사형선고로 받아들일 수가 없다. 시력을 점점 잃어갈수록, 눈멂의 세계 그리고 그곳에 존재할지도 모르는 가능성들이 점점 더 궁금해진다. 그래서 나는 그 세계를 찾아나섰다. 나를 기다리고 있을 미래의 이미지를 좀 더 또렷이 바라보고 싶어서다.

．．．

눈멂은 급진적일 정도로 독특하게 세상에 존재하는 방식이다. 인간의 이해나 경험은 근본적으로 시각적인 것이기에 눈멂은 깃들 수 있는 자체적인 영역이 필요하다. 초기 SF 소설가 허버트 조지 웰스의 단편소설 〈눈먼 자들의 나라〉는 이런 개념을 문자 그대로 가져와, 시각이 있는 세계가 존재한다는 사실을 모르고 그것이 필요치도 않은 눈먼 자들이 깊은 산골짜기에 세운 문명을 상상한다. 어느 날, 낙석 사고로 다른 탐험대원들에게서 낙오한 누네즈라는 탐험가가 이 잊혀진 골짜기로 떨어진다. 그곳에서 그는 눈먼 자들이 15대를 이어 살아온 동화에나 나올 법한 나라를 발견한다. 누네즈가 만난 사람들은 모두 선천적으로 눈먼 이들이며 그들의 부모, 조부모, 증조부모도 마찬가지다. 이들은 시각이라는 개념조차 이해하지 못하며, 그들의 언어에는 **보다**를 나타내는 단어가 없다. 상황을 받아들인 누네즈는 지대한 자신감에 차서 만트라를 외듯 옛 속담을 되뇐다. "눈먼 자들의 나라에서는 애꾸눈이 왕이다."

나 역시 어느 정도는 누네즈처럼 이 낯설고 때로는 아름다운 나라를 우연히 찾은, 호기심과 경계심을 품은 방문객 같은 태도로 눈멂에 접근한다는 생각이 든다. 아직은 나 스스로를 외부인으로 느낀다. 나에게 있는 부분 시력partial sight이 내가 접근할 수 있는 모든 시각적 정보에 전혀 접근할 수 없는 이들과 나를 분리한다. 내가 태생적 맹인만큼 눈멂에 익숙해지는 일은 영영 없을 것이다. 내 두뇌는 시각적으로 발달했기에, 손가락과 귀로 정보를 읽는 것부터 자신이 사는 도시의 지도를 머릿속에 그려보는 것에 이르기까지 시각장애인의 스킬을 배우기 위해서는 나를 둘러싼 세상과 관계 맺는 방식을 근원적으로 변화시켜야 한다. 그러나 웰스의 소설에 나오는 인물이 마지막에는 탈출하는 것과는 달리, 나는 이곳에 머물며 서서히 자연스러운 시민이 되어갈 것이다.

적어도 미국에서는 공공장소에서 시간을 보내는 시각장애인이라면 꼭 듣는 일련의 질문이 있다. 낯선 사람들이 버스나 길에서 묻는다. 식사는 어떻게 하세요? 옷은 누가 입혀주나요? 수표에 직접 서명하실 수 있나요? 눈멂의 세계가 볼 수 있는 사람의 도움 없이는 옷을 입거나 포크를 입에 가져가는 일조차 할 수 없는 유아적 세계라고 시사하는 이런 질문들은 몹시 노엽다. 이 같은 질문들은 장애 경험에 담긴 고통스러운 차이를 악화시킨다. 시각장애인이 아니라면 아침으로 먹을 부리토를 사려고 줄을 서서 기다리는 동안 일상생활에서 가장 기초적인 과업을 어떻게 완수하느냐는 질문을 받을 일이 없다. 그러나 아직도 눈먼 자들의 나라를 찾아온 여행자 같은 기분으로, 언제쯤 이 나라로 완전히 이주할지 궁금해하는 나 같은 사람은 이런 질문들을 긴박한 것으로 느끼기도 한다. 내가 어떻게 살게 될지, 어떤 시각장애인이 될지 알아야 하니까. 어떻게 하면 남의 도움 없이 여행할 수 있을까? 어떻게 글을 쓰고, 읽고, 일할 수 있을까? 어떻게 영화를 보거나 예술을 감상할까? 눈먼 아버지인 나는 어린 아들이 청소년이 되는 여정을 어떤 식으로 경험하게 될까?

그러나 이 책은 단순히 나의 시력 상실을 담은 책은 아니다. 이 책은 내가 눈멂이라는 더 넓은 세계로 떠나는 의도적인 여행의 연대기다. 이 책을 씀으로써, 그러지 않고서는 지금의 망막색소변성증 진행 단계에서는 알 수 없었을 눈멂의 세계로 더욱 깊숙이 들어가 볼 수 있었다. 시력을 점점 잃어갈수록 지식과 직접 경험을 통해 상념과 두려움을 누그러뜨리겠다는 새로운 동기가 생겨난다. 지난 몇 년간 나는 미국 전역을 여행하며 미국 내에서 눈멂이 동시대의 삶과 교차하는 장소들을 있는 대로 탐구했다.

시각장애인은 농인* 공동체가 구축한 것처럼 규모가 크고 탄탄한 기관에서 도움을 받을 수 없다. 들을 수 있는 시각장애인의 경우 언어적 소통에 있어서는 농인이 마주하는 장벽이 없고, 따라서 독특한 공통 언어를 개발할 필요가 없었다는 것도 그 이유 중 하나일지 모른다. 언어는 공동체 형성에서 가장 중요한 요소이고, 수어도 예외가 아니다. 미국에서 수어 공동체는 다른 언어 공동체와 마찬가지로 언어학적으로도, 문화적으로도 풍부하다. 여러 농인 학생들은 워싱턴 D.C.에 있는 세계 최초의 농인 중심 대학교인 갤러뎃대학교를 비롯한 농인 학교 입학 순간을 마치 계시를 받은 순간처럼 묘사한다. 청인 가족과 친구들 사이에서 고립된 기분으로 어린 시절을 보내다가, 별안간 더는 대화를 들

---

* 농인(Deaf)은 청각장애인과 동의어가 아니며, 농인으로서의 정체성과 가치관으로 이루어진 농문화를 적극적으로 영위하고 수어를 공통 언어로 사용하는 사람들을 말한다.

거나 강의에 출석하기 위해 편의를 제공받을 필요가 없는 농문화와 언어의 세계에 풍덩 뛰어드는 것이다.

그럼에도 나는 시각장애인의 삶에 집중하는 작은 공동체들을 찾아냈다. 플로리다에서는 미국에서 가장 큰 시각장애인 단체의 전국 대회에 참석해 거대한 올랜도 컨벤션센터의 홀을 가득 메운 맹인들 사이에서 두드리고 부딪치는 지팡이의 숲속을 떠돌았는데, 그때 처음으로 앞을 볼 수 있는 사람보다 맹인이 더 많은 공간에 존재할 때 찾아오는 힘을 느꼈다. 시각장애인 활동가들도 만났다. 제각기 정치 성향이 달라 매년 대표단으로서 국회를 찾는 이들이 있는가 하면, 한 손에는 흰 지팡이를, 다른 손에는 손 팻말을 들고 가두시위 행진을 벌이는 이들도 있었다. 캘리포니아와 뉴욕에서는 디지털 접근성의 최첨단에서 일하며 회로판에 납땜하고, 3D 프린터 개체를 디자인하고, TV 사운드트랙을 편집하는 시각장애인 천재들을 만났다. 창의성과 혁신을 자극하는 특징으로서의 자신의 시각장애에 접근하는 듯한, 미디어에 사로잡힌 이 수선가tinker들에게 나도 모르게 이끌렸다.

누군가는 실명이 자신에게 아무 의미도 없으며 그저 머리색과 마찬가지로 한 가지 특성에 지나지 않는다고 말하는가 하면, 실명이 자신의 삶을 완전히 정의하고 뒤집어놓았다고 여기는 이들도 있었다. 치료의 전망은 물론 실명의 의료적 원인에 대한 언급조차 꺼리는 이들이 있는가 하면, 안과학 연구 의사들과 개인적 관계를 구축하고 세포 및 분자 치료법에 관한 전문용어까지 유창하게 읊는 이들도 있었다. 내가 내 삶에 대해 어떤 태도를 채

택할지 아직은 모르지만, 그 모든 입장에 공감할 수 있었다. 나는 독자이자 작가이고, 남편이자 아버지이며, 시민인 동시에, 시각장애가 있다는 사실을 제외하면 특권을 지닌 백인 남성인 나의 정체성을 눈멂이 어떻게 바꿀지 알고 싶었다.

코비드-19 팬데믹 한가운데서 콜로라도로 여행을 떠나 혁신적인 시각장애인 훈련센터에서 2주를 보냈다. 하루에 여덟 시간, 일주일에 닷새 동안 시각을 완전히 차단하는 안대를 착용한 채 가스레인지와 식칼 쓰는 법, 교통량이 많은 덴버의 교차로를 건너는 방법을 새로 배웠고, 이런 훈련은 모두가 시각장애인으로 이루어진 강사 팀에서 받았다. 이곳의 훈련은 실명을 시뮬레이션으로 체험하는 것뿐이었는데도 잔존 시력이라는 얼음 조각이 마침내 녹아 사라진 뒤 내가 어떻게 반응할지, 내가 어떤 사람이 될지를 이해하는 데 도움이 되었다.

내가 어떤 종류의 시각장애인이 되어야 할지 알아내는 것은 어떤 면에서는 내가 장애와 무관하게 어떤 사람인지, 또는 어떤 사람이 되고 싶은지를 알아내려는 꾸준한 과정과 크게 다르지 않은 일이 되었다. 40대를 넘어가는 동안 나는, 사람이 청소년기에 시작하는 고통스러우면서도 짜릿한 자기 탐구와 재발명이라는 과정에서 완전히 벗어나는 일은 없다는 걸 분명히 알게 되었기 때문이다.

눈멂의 세계를 탐구하면 할수록, 눈멂이 장애에 그치지 않는 영역이라는 생각이 점점 더 강해졌다. 평론가인 고故 그레그 테이트는 이렇게 썼다.

인종은 정치학과 동일시되나 실제로 미국적 맥락 속에서 인종이란 아프리카 해방운동과 자기 결정이라는 이름 아래 성, 죽음, 종교, 범죄, 언어학, 음악, 유전, 육상, 패션, 의학 등 모든 것을 아우르는 광범위한 쟁점들을 나타내는 형이상학이자 미학 그리고 인류학 분과다.

그렇다면 눈멂 또한 성, 죽음, 종교는 물론 이에 더해 의학, 기술, 동화assimilation, 영화, 예술, 문학, 신화, 정치학 등등을 넘나들 수 있는 미국 형이상학의 한 분과일까? 테이트의 이론에 따르면 이런 쟁점들 역시도 해방과 자기 결정을 가리키는 것이다. 눈멂이 더 넓은 세계와 만나며 생기는 교차성과 개입에는 비시각장애인의 세계와 접촉할 때 겪는 공공연한 억압(시각장애인이 오로지 장애 때문에 고용이나 교육의 기회를 얻지 못하는 것)의 형태로건, 더 교활하고 미묘한 폄하(시각장애인이 생활의 기초적 과업을 완수하기만 해도 무능하다고 혹은 기적적이라고 느끼게 하는 일상 경험)의 형태로건 시각장애인이 주변화되고 있다는 인식이 따른다.

나는 세계와 나 사이의 크나큰 연결감을 느끼는 동시에, 불편과 소외의 감각도 꾸준히 느낀다. 해마다 수많은 이들이 마지못해 가입하는 동아리의 일원이 된 듯한 이 감각은 장애인이 되는 경험의 일부다. 그러나 이는 동시대 삶이 가진 기본적 특징이기도 하다. 아무리 식구들이 마음에 들지 않아도 가족 역시 탈퇴할 수 없는 동아리라 할 수 있다. 종교, 취미, 직업, 취향처럼 조금은 더 자발적인 정체성 역시 가치를 둘 수도 거부할 수도 있는 동아리나 마찬가지다.

수잔 올린은 1998년 소설 《난초 도둑》에서 치열한 경쟁이 벌어지는 배타적인 난초 수집의 세계가 가족과 같다고 묘사한다. "마치 개인으로 살아가는 것과 자신보다 더 큰 무엇의 일부가 되는 것 사이에서 균형을 찾으려 애쓰는 기분이었다. 비록 이 방정식 속 각각의 항이 상대를 위험에 빠뜨린다 해도."

내게 눈멂은 앞서 말한 모든 것이 되어갔다. 싸움을 일삼는 짜증 나는 가족인 동시에 사랑과 응원이 넘치는 가족. 함께하는 사람끼리 영감과 기쁨을 나누는 동시에 성이 나고 기분이 가라앉기도 하는 흥미진진한 취미. 내가 포용하는 동시에 비난하는, 나를 정의하는 동시에 진짜 나와는 아무런 관계도 없는 정체성. 올린은 이런 모순이 근본적으로 미국적인 것이라 정의한다. "모든 사람이 왕이 되는 개인들의 연합체를 만들 수 있다는, 비논리적이지만 낙관적인 개념." 이런 면에서, 나는 미국 특유의 방식으로 눈멂을 경험한다.

터널 시야가 점점 좁아지면서, 대개 언제인지 모를 어느 날 시력을 완전히 잃어버리는 망막색소변성증의 진행은 강력한 엔진처럼 불확실성을 추동한다. 나는 눈먼 자라고도 할 수 없고 볼 수 있는 자라고도 할 수 없는, 그 사이에 존재하는 고통 속에서 살아가는 데 무척이나 익숙해졌다. 컴퓨터에 대한 조언을 구하려고 몇십 년 전 망막색소변성증으로 잔존 시력을 모두 잃은 어떤 남자와 통화했을 때, 그는 나더러 이 나이까지 중심시가 남아 있는 "운 좋은 자식"이라더니, 자신은 TV나 노트북 화면을 보게 해 준다면 "사람도 죽일 수 있다"고 했고, 그런 다음 시력을 잃어가던 시기보다 지금의 삶이 더 편하다고 진심을 담아 말했다. "잠에서 깨는 순간 오늘은 내 눈에 무슨 일이 일어날지 걱정할 필요가 없으니까요. 오늘도 앞이 보이지 않을 걸 알기에 그냥 살아가면 됩니다." 망막색소변성증 페이스북 페이지에는 사기꾼으로 보일지도 모른다는 두려움 때문에 공공장소에서 지팡이를 사용하기 두렵다는 사연이 매일같이 올라온다. 부분적 시력을 가진 이들이 겪는 (음료를 흘리고, 차를 태워달라고 부탁하는) 곤혹은 '진짜' 맹인이 된다는 임박한 위협의 그늘에 가려지며, 중심시가 남아 있는 덕분에 '여전히 운전을' 또는 '여전히 일을' 할 수 있다거나 '여전히 잘 돌아다닐 수 있다'는 단서를 달며 끊임없이 스스로를 안심시키지만, 더는 눈에 의지할 수 없는 순간이 오면 어떻게 될지 알수 없다.

　망막색소변성증 페이스북 훑어보기는 내가 가진 가장 낯부끄러운 취미였다. 스크롤바를 아무리 내려도 끝이 없는, 자기 연민으로 가득한 게시물 그리고 그 밑에 서로가 완충재 삼아 달아준 응원의 댓글("이겨냅시다!" "망막색소변성증에 지지 말아요!")을 보면서 또 다른 종류의 소외감이 들었다. 이곳은 눈먼 자들의 공동체라기보다는, 필연적으로 다가올 시력 상실이라는 두려움 속에서 치유를 위한 기도를 올리며 살아가는 환우 공동체 같았기 때문이다. 동료 여행자들을 재단하기란 그만큼 쉬운 일이었으나 나역시도 페이스북이 아닌 내 나름의 방식으로 그들과 완전히 똑같은 자기 연민, 두려움 그리고 풋볼 코치 스타일의 응원(눈앞은 흐리지만 심장은 튼튼하니 지지 말자)이라는 굴레에 갇혀 있었다.

우리는 모두 이런 모호함 속에서 산다. 2021년 이래로 사람들은 코비드-19 팬데믹이 끝난 걸 여러 번 축하했지만, 그때마다 매번 새로운 변종이 등장하고 또다시 사망률이 치솟는 사태가 거듭되었다. 마침내 한층 더 복잡하고, 혼란스러우며, 더 큰 불안에 한없이 빠뜨리는 전염병이 사라지지 않으리란 사실을 우리는 받아들일 수밖에 없었다. 이분법 사이의 공간에는 수없이 많은 삶 그리고 상실이 존재한다. 관계에 마침표를 찍지 않는 이혼, 새로운 곳으로 너무 많은 짐을 가져가야 하는 이사, 같은 하늘 아래 오랫동안 숨 쉬고 있지만 더는 기억 속 모습이 아닌 채 간신히 목숨만 부지하고 있는 친척. 관계를 완전히 끊고, 고향을 잊어버리고, 죽은 이를 애도하는 극단極端은 고통스럽기는 해도 그 안에는 모호함이 부여하지 못할 안도감을 주는 최종성이 존재한다. 눈멂과 시각 사이 기묘한 그늘로 이루어진 세계에 사는 동안 나는 이런 일들을 생각하며, 모든 것에 마침표를 찍고자 하는 간절한 욕망을 버리려 애쓰게 되었다.

나는 그저 고개를 숙인 채 실명에 항복하고 싶었고, 실명인으로서 살아가기 위해 필요한 기량들을 남김없이 익혀 삶을 계속 살아가기 원했다. 그러나 망막색소변성증의 현실은 시각을 완전히 등지기 어렵게 만든다. 내게 남아 있는 시력이 잃어버린 시력만큼이나 나를 방해하는 기분이었다.

안대를 쓰고 흰 지팡이로 길을 찾아가는 법을 배우던 콜로라도의 훈련센터에서는 낯선 공간에 들어가 방향을 찾도록 시켰다. 나는 지팡이 끝부분에 달린 금속이 각기 다른 표면에 부딪혀 울리는 소리에 귀를 기울여야 했다. 이건 카펫이군, 이건 타일이야, 소리를 들어보니 이건 금속으로 된 방화문이 분명해. 그 어떤 일이건, 익숙지 않은 일을 처음 시작할 때는 똑같은 상황이 벌어진다. 처음에는 낯설고 불친절하게만 보이던 상황을 조금씩 조금씩 더듬어나가며 길을 찾는다. 끈질긴 의지 그리고 새로운 발견을 추구하는 정신만 있다면 그러다 서서히 단단하고 분명한 윤곽이 드러난다. 공간이 차츰 익숙해지다가, 결국은 몇 달, 몇 년이나 살아온 방처럼 느껴진다.

눈멂에 대한 글을 쓰면서 내가 얻은 것도 바로 그랬다. 이제 눈멂은 그저 전설이나 옛이야기에 나오는 SF의 나라가 아니라, 진짜 사람들이 살아가는 진짜 장소가 된 것이다. 이 책이 독자에게도 예전에는 생각해 본 적 없는 다른 삶과 생각의 방식을 발견하는, 눈멂이라는 보이지 않는 풍경을 발견하는 동기가 되기를 바라는 마음이다.

비시각장애인 여행자들이 눈먼 자들의 나라로 당일치기 여행을 떠날 때면 흔히 챙겨가는 기념품들이 몇 가지 있다. 첫째가 공감이라는 가면을 쓴 동정심이다. "저들의 삶은 얼마나 고된가." 이런 결론을 내리는 사람은 속으로 **내가 앞을 볼 수 있어서 참 다행이야** 확언하곤 한다. 관음증적 호기심의 충족도 있다. 시각장애인은 어떻게 먹고, 가게에서 집을 어떻게 찾아갈까? 배우자의 외모가 매력적이라는 사실을 정말 알고 있을까? 그러나 여행이 길어지면 한결 철학적인 의문들이 솟아난다. 그 누가 정말로 세상을 알 수 있는가? 시각이 감각의 위계에서 최우선이라는 특권을 지닐 자격이 있을까? 눈을 통해 일어나는 인식은 얼마만큼이고, 어떤 감각을 통해 자극을 전달받는가와 무관하게 정신 속에서 일어나는 인식은 얼마만큼인가?

눈멂 속에서 발견한 아름다움과 힘이라는, 장애에 담긴 가치 그리고 장애가 가져오는 상실과 배제라는 명확하기 이를 데 없는 감각 사이의 갈등에서 출발한 의문들이 아직도 나를 떠나지 않는다. 이토록 어마어마한 소외를 가져오는 그 무엇이, 어떻게 동시에 성장과 기쁨의 원천이 될 수 있는가? 우리를 대부분의 세상과 갈라놓는 그 무엇이, 어떻게 한편으로는 우리를 세상과 더 가까운 곳에 데려다 놓는 걸까? 때로 장애 활동가들은 다른 주변화된 집단이 사용하는 것과 마찬가지 틀을 사용한다. 억압된 정체성에 자긍심을 불어넣는 것이다. 그런데 눈먼 사람이 자긍심을 가지려면 시각을 완전히 거부해야 할까? 예를 들면 언젠가 기적적인 치료법이 등장했을 때 이를 기꺼이 받아들이는 동시에 나는 내 눈멂을 받아들일 수 있을까?

··· ··

오스카가 얼마 전 제일 좋아하는 TV 드라마가 뭐냐고 물었다. (〈사인펠드〉 에피소드 몇 편을 보여주었더니 오스카는 아주 좋아했다.) 내가 대답하기도 전에 오스카는 얼른 덧붙였다. "분명 눈먼 사람들이 나오는 드라마겠죠?" 나는 그 애한테 내가 좋아하는 드라마는 눈먼 사람들의 이야기가 아니지만(여태까지 내가 본 드라마들의 경우, 주요 등장인물인 맹인들은 멋진 캐릭터가 아니었다) 그래도 지난 몇 년간 일종의 눈멂 수집가가 된 아빠의 이런 성향을 알아봐준 건 좋다고 말했다. 팬데믹 기간 우리는 평일 저녁마다 영화를 보았고 그러다 1940년에 나온 테크니컬러˙ 대작 〈바그다드의 도둑〉을 함께 보게 되었다. 영화 초반에 주인공 눈먼 거지가 등장한다(그는 사악한 마법사의 저주에 걸려 빈털터리가 된 술탄이다). 오스카가 나를 보더니 딱 이렇게만 말했다. "눈이 멀었어요!" 마치 우리 집 뒷마당에 내려앉은 독수리 한 마리를 가리키는 듯했다. 나는 손을 뻗어 아이와 주먹을 맞부딪쳤다. 아이는 잠깐 망설이는 것 같았다. 눈이 멀었다는 걸 왜 또 축하하는 거지? 하지만 곧 아이는 내게 주먹 인사를 돌려주었다. 우리는 눈멂을 긍정하는 가족이 되고 있었다.

영화 속에서 술탄은 공주에게 태어나서 본 여인 중 당신이 가장 아름답다고 말했다. 오스카가 물었다. "잠깐만요, 눈이 멀었는데 공주가 아름다운 걸 어떻게 알아요?" 영화는 술탄이 눈이 멀기 전의 과거와 현재를 오가는 구성이었기에, 이 시점에서 우리는 적어도 30분간 그에게 시력이 있던 시절의 장면들을 본 뒤였다. 술탄은 지하 감옥에서 탈출하고 바스라의 시장을 탐험하는 등 온갖 활동을 했고, 그 과정에서 그가 눈이 멀었음을 내비치는

˙   할리우드에서 1922~1952년 광범위하게 사용된, 흑백 필름에 화려한 색을 입히는 영화 제작 방식.

단서는 전혀 없었다. 그런데 오스카는 어째서 술탄에게 시력이 있었다는 사실을 놓친 걸까?

나는 이 일을 오스카가 영화에 집중하지 못한 것이 아니라, 내 아들이 가진 눈멂에 대한 긍정적 태도를 보여주는 또 한 가지 사례라고 받아들이기로 했다. 대중문화에 빈번히 나타나는, 맹인을 저주받아 추방당한, 비참하게 절뚝거리는 거지로 그려내는 스테레오타입이 오스카에게는 아직 주입되지 않았던 것이다. 오스카에게는 술탄 역시 아빠와 똑같이 눈먼 사람일 뿐인지도 모른다. 어느 정도의 잔존 시력에 의지해 그 시력을 최대한 잘 이용하는 사람 말이다. 그 애한테는 눈먼 주인공이 낯선 도시를 달리며 액션 가득한 모험을 펼치는 것이 자연스러운 일이다. 시력을 잃고 있는 나는 오스카와 릴리 안에, 내 안에, 그리고 세상 안에, 능동적인 주인공으로서 자기 삶을 살아가는 시각장애인이라는 눈멂의 모습을 만들어주고 싶다. 영화, 책, 예술에서, TV에서는 거의 본 적 없는 모습이다. 특히 TV는 눈멂을 조롱하거나 폄하하고 주술적 초능력의 원천으로 떠받들거나, 오만한 동정심으로 다루며, 눈멂을 일상을 살아가는 방식이 아니라 은유로서 활용한다. 내가 바라는 시각장애인의 모습은 다른 곳에서 찾을 수 있었다. 다채로운 투쟁, 적응, 모험의 이야기가 와글거리는 눈먼 자들의 진짜 나라로 들어가 만난 사람들 속에서.

1부 가짜 절뚝임

1장

별 보기

키가 큰 것, 아픈 것, 뜨거운 것에 여러 방식이 있는 것과 마찬가지로 눈멂에도 여러 방식이 존재한다. 그러나 눈멂을 바라보는 가장 일반적인 방법은 눈멂을 총체성이라 여기는 것이다. 고대 일본, 중국, 유럽의 시골을 떠돌던 눈먼 음유시인, 중세의 치료감호소에 수용된 맹인들, 계몽주의 시대에 만들어진 맹학교에 다니는 모든 학생, 눈먼 거지와 변호사, 참전용사와 아기…. 오늘날의 관점이 대개 그렇듯, 역사의 관점에서 볼 때 이들은 전부 아무것도 보지 못하는 자들이다. 현대의 사전들 역시 이런 관점에 동의한다. 눈멂이란 시각의 반의어이자, 시야의 결손을 함축하는 단어다. 눈멂에 달리 무슨 의미가 있겠는가?

눈멂을 곧 어둠과 동일시하려는 시적 충동과는 달리, 세계를 검은 베일로 덮어씌운 것처럼 눈멂을 경험하는 일은 거의 없다. 시각장애인 중 빛을 전혀 감지하지 못하는 이들은 15퍼센트 정도에 그친다. 대부분의 시각장애인은 볼 수 있는 사람들의 기준으로는 그리 쓸모없는 것이라 해도 무언가를 보긴 한다. 중심에는 아무것도 보이지 않지만 주변은 흐릿하게 보인다거나, 반대로 단춧구멍을 통해 보는 것처럼 세상이 보인다. 어둑어둑한 실안개 속에서 풍경이 보이는 사람도 있고, 고통스러울 정도로 밝은 바늘이 쏟아지는 것처럼 빛을 감지하는 이들도 있다. 빛을 전혀 지각하지 못하는 경우조차도 눈멂이 어둠이라는 이들에 대한 흔한 인식은 거의 쓸모가 없다. 뇌는 시각적 자극과 연결되지 않아도 다채로운 색깔과 형체를 만들어낼 수 있기 때문이다. 눈과 뇌를 연결하는 시신경이 끊어진 어느 실명인은 끊임없이 소용돌이치는 (그리고 정신을 산란하게 하는) '시각적 이명'이 보인다고 묘사했다. 아르헨티나 작가 호르헤 루이스 보르헤스는 눈이 멀고 몇십 년이 지난 뒤에도 색깔을 볼 수 있었으며, 때로는 그것에 불편해했다.

완전한 어둠 속에서 잠자는 데 익숙했던 나는 흐릿한 빛을 내는 초록빛이나 푸른빛이 감도는 안개로 가득한 안개의 세계, 즉 눈먼 자들의 세계에서 잠자는 것이 오랫동안 괴로웠다. 어둠 속에 눕고 싶었다.

눈멂의 도래 또는 침입은 이처럼 다양한 경험을 일으키며 눈멂의 다양한 변종들을 개화시켰다. 시각적 기억이 전혀 없는 선천적 실명인의 뇌는 시각 피질을 포함해 네 가지 (또는 그 이하의)

감각을 사용해 세계를 구축한다. 아동기 초기에 시각을 잃은 사람의 경우, 시각적 개념을 직관적으로 이해하는 데 도움이 되는 시각적 기억이 남아 있는 경우가 종종 있다. 이보다 더 훗날 시각을 잃은 사람은 두뇌의 발달 가소성이 굳어진 지 오랜 시간이 지난 뒤 새로운 감각으로 길을 찾고 정보를 수집하는 기초 기술을 다시 배워야 하기에 해야 할 인지적 작업이 아주 많을 수 있다. 성인기에 시각을 잃은 이들 중 어떤 사람들은 낡아서 바래가는 걸작을 덧칠하는 미술품 보존가처럼 정신적 이미지가 담긴 창고를 유지하려고 무진 애를 쓴다.

사람들은 배우자에 의해, 낯선 사람에 의해, 전쟁이나 운동 중 입은 부상 때문에, 산업재해나 잘못된 판단 때문에, 영양실조나 감염 때문에, 유전 질환과 자연적 돌연변이로 인해 시각을 잃는다. 눈멂이 한 사람의 삶을 완전히 뒤바꿀 만한 영향을 주지 않는다고 주장하는 건 표리부동한 일이겠지만, 이 모든 사례에서 눈멂이란 이야기의 일부에 불과하다. 눈먼 사람의 삶을 결코 눈멂으로 완전히 (또는 지배적으로) 정의할 수는 없다.

(보르헤스 그리고 나처럼) 서서히 시력을 잃는 사람들도 있다. 처음 눈에 뭔가 문제가 생겼다고 알아차린 것은 뉴멕시코에 살던 시절이다. 어머니 그리고 어머니의 남자 친구인 짐은, 두 사람의 관계라는 장르에는 뉴욕 교외의 쇼핑몰보다 흔히들 말과 모터사이클을 타고 다니는 미국 남서부 고지대 사막이 어울리는 배경이라는 로맨틱한 생각을 하게 됐다. 내가 5학년이 되기 전 여름 방학에 우리는 샌타페이 시내에서 20분 정도 거리인 집으로 이

사했다. 어색한 기분으로 새 초등학교에 전학한 나는 쉬는 시간이면 정리함에 걸터앉아 1년 내내 걸치고 다닌 하와이안 셔츠와 반바지 차림으로 《호빗》을 읽었다. 드디어 친구가 생겼고, 중학생이 되면서는 1990년대 초기 남서부 사립학교의 보헤미안 무리와 어울렸는데 친구들 대부분이 나보다 몇 살 더 많았다. 나는 친구들을 따라 잣나무와 노간주나무 수풀이 듬성듬성 자라는 모래언덕을 찾았고, 농산물시장의 머리 긴 남자에게서 산 나무 파이프로 마리화나를 피웠다. 마리화나를 피우기에는 너무 어렸던 것은 물론이려니와 환각제를 먹기에도 아주 어린 나이였지만 영국식 드라이빙 햇˙을 뒤로 돌려쓰고 스투시 청바지를 입은, 영리하면서도 때로는 사고를 치던 괴짜 친구들과 어울리고 싶어서였다. 우리는 행크 집에서 모여 놀았는데, 행크의 어머니는 모든 걸 다 허용해 줬고, 우리와 함께 마리화나를 피웠을 뿐 아니라, 행크가 자기 방을 포스트 펑크 버전으로 된 〈이상한 나라의 앨리스〉 세트장처럼 꾸며도 간섭하지 않았다.

눈멂을 향한 나의 여정이 시작된 곳은 행크의 집 뒤에 있는 언덕이었다. 나는 곧 친구들에 비해 어둑어둑한 산기슭에서 길을 잘 못 찾는다는 사실을 알아차렸다. 밤엔 앞사람을 바짝 따라가거나 정신을 똑바로 차리지 않으면 잣나무에 정통으로 부딪치곤 했다. 친구들은 내가 많이 취했다며 웃었고, 나는 그냥 주어진 역할에 충실하기로 했다. 눈에 핏발이 선 데다 동작은 굼뜨면서도

˙ 보통 헌팅 캡이라고 통칭하는, 챙이 달린 납작한 모자의 한 종류.

잘난 척하는 역할이었다. 그러나 환각의 영향으로 이미 밤하늘엔 구멍이 뻥뻥 뚫리고, 가늘게 찢어지고, 조각이 나고, 별자리는 생생히 살아 움직이는 것만 같았다. 환각제가 지각의 문을 그렇게 덜컹덜컹 흔들어대던 당시로서는 눈에 문제가 있다고 어떻게 확신했겠는가? 야맹증을 무시하기 힘든 날들도 있었다. 영화관에 갔다가 불이 켜질 때까지 자리에서 일어나지 않는 일이 늘었다. 어둠 속에서 남들의 무릎과 다리로 이루어진 구불구불한 숲을 헤치고 출구를 찾아 나가다니 생각만 해도 부끄러웠고, 어째서 나만 이럴까 생각하면 혼란스러워지고 더 부끄러웠다. 이런 문제가 있다는 말에 어머니는 별일 아니라고 일축해 버렸다. "야맹증이야 누구에게나 있지. 밤엔 어두우니까!"

결국 나는 그 당시 갓 등장한 인터넷을 통해 자가 진단을 내렸다(어머니와 내가 뉴멕시코로 이사했을 때 베이 에어리어로 간 아버지가 사주신 모뎀이 있었다). 초창기 검색엔진에 '야맹증'이라고 입력한 뒤, 지금은 이름이 기억나지 않는, WebMD**의 할아버지뻘 되는 빈약하고 잊혀진 웹사이트에서 다양한 안과 질환에 대한 정보를 알게 되었다. 이 옛날 웹사이트에 따르면 눈에는 막대세포와 원뿔세포라는 두 종류의 세포가 있고, 두 가지가 합쳐져 홍채를 이룬다. 원뿔세포는 색깔과 중심시를 담당한다. 막대세포는 주변시야를 보여주며, 빛에 더 민감하다. 어둠 속에서 앞을 볼 수 있는 것은 막대세포 덕분이다. 망막색소변성증은 서서히 간상세포

**　미국 최대의 의학 정보 검색 사이트.

를 죽이는 일군의 유전적 안과 질환을 아우른다. 그 결과, 망막색소변성증은 보통 어린 시절 약한 야맹증의 형태로 시작된 뒤 점점 낮에도 터널 시야가 서서히 좁아지는 식으로 발현된다(훗날 찾아본 어느 의학 자료는 내 이야기를 오싹할 정도로 정확하게 요약했다. "환자들은 약한 야맹증을 간과하다가 10대에 저녁 파티를 즐기면서 증상을 명확하게 알게 된다."). 망막색소변성증은 보통 중년에 기능적으로 시각을 완전하게 상실하는 것으로 화려한 결말을 맞는다.

그 당시 나는 몬태나에서 목장을 혹은 캘리포니아 센트럴코스트에서 감귤류 과일 농장을 운영하는 부호들 자녀가 다니는 오하이의 사립학교에 들어갔다(각본가인 어머니의 일이 늘면서 우리가 샌타바버라로 이사한 뒤였다). 미묘한 불편함이던 야맹증은 피할 수 없는 현실이 되었다. 나는 망막색소변성증이나 그 비슷한 병에 걸렸다고 짐작하면서도 간간이 어머니에게 불평을 늘어놓는 것 말고는 아무와도 상의하지 않았다. 다른 학생들은 밤이면 몰래 숲속에 들어가 마리화나를 피웠지만 나는 기숙사에 남아 책을 읽거나 예술가 행세를 하며, 목장집 아이들과 반목하는 소수의 학생과 어울렸다. 뉴멕시코에 살 때 환각제를 너무 많이 먹어서 지적 능력이 회복 불능일 정도로 파괴된 게 아닌가 수시로 걱정이 되었다. 점멸하는 빛, 부유물, 빙빙 돌아가는 실링팬의 환상으로 가득 찬 내 주변시는 완벽하게 멀쩡하던 뇌를 망쳐버렸다는 생각이 자꾸만 들게 했다.

계속되는 불평을 듣다못해 어머니가 나를 전문의에게 보여야겠다고 마음먹은 건 내가 대학교 신입생 때였다. 캘리포니아대학교 로스앤젤레스 캠퍼스에 있는 안과에서 끝도 없이 이어지는 검사를 여럿 했는데, 그중에는 안구를 마취한 뒤 전극을 붙여 망막이 빛에 반응할 때 내보내는 전력량을 측정하는 망막전위도검사ERG도 있었다(배터리 충전량 검사와 비슷한데 그 배터리가 얼굴에 붙어 있다고 생각하면 된다).

마침내 보송보송한 콧수염을 기른 헤켄라이블리 박사를 만났고 그 의사는 내가 오래전 위키피디아의 조상 격이던 그 웹사이트에서 알게 된 사실을 확인해 주었다. 진단에 따르면 나는 '전형적 망막색소변성증'이었다. 20대, 30대까지는 낮에는 좋은 시력을 유지하는 걸 기대할 수 있다고 했다. 야맹증은 갈수록 심해지고, 주변시는 약화된다고 했다. 그러다 중년이 되면 시력이 급속도로 저하된다고 했다. 치료법은 없지만, 과학이 눈부신 발전을 거듭하고 있기에 이삼십 년 뒤 내가 **진짜** 눈이 멀 무렵이면 고칠 수 있기를 바란다고 했다. 그때까지는 유효 시력을 연장할 수 있도록 비타민을 먹는 게 좋겠다고 했다. 의사는 담배를 피는지 물었다. 당연히 피웠다. 대학 방송국에서 〈천 줄기 퀘퀘한 연기A Thousand Frowzy Steams〉라는 라디오 프로그램까지 진행하고 있었다. 음, 당장 끊으셔야 합니다, 라고 의사는 말했다. 흡연은 눈 건강에 치명적입니다. 별은 보입니까? 의사가 물었다. 사실 이미 느끼던 문제다. 별빛은 내 눈에는 너무 어두워서 보이지 않았다. 어머니가 내 문제를 심각하게 생각하게 된 계기이기도 했다. 그 말을 들은 어머니는 자세를 고쳐 앉으며 "별이 안 보인다니!" 했던 것이다.

진단을 받았을 때 내가 어머니만큼 경악하지는 않았던 것 같다. 아마 오래전 이미 자가 진단을 내렸고, 인터넷에서 찾아 꿰맞춘 정보들을 의사가 확인해 줌으로써 인정받은 기분도 들었으리라. 그날에 관해 기억나는 건, 현재 나를 담당하는 망막 전문의가 경외심에 차서 "업계의 거인"이라 표현하는 헤켄라이블리 박사의 모습이다. 박사가 너무 심각하게 굴었던 나머지, 그 말에 약해 빠진 반응을 보이면 안 될 것만 같았다. 마치 박사의 부대에 입대하거나, 소수 정예 인턴십 프로그램에 합격이라도 한 기분이었다. 이제부터 우리가 함께할 노력이 중요했고, 앞으로 내게는 중대한 책임이 생긴 셈이었다. 울고불고할 시간이 없었다.

나는 확장된 동공을 로스앤젤레스의 정오 햇살에서 보호할 수 있게 안경알 아래 어둡고 얇은 플라스틱 시트를 붙인 채 어머니와 함께 안과를 나섰다. 점심을 먹으러 환한 식당으로 들어갔다가 빛에 적응하느라 더듬거리며 아이스티를 향해 손을 뻗는 바람에 소금 통을 넘어뜨린 기억이 난다.

그 뒤 어머니와 나는 시내 미술관에 가서 리처드 세라의 〈비틀린 타원Torqued Ellipses〉이라는 전시를 보았다. 거대한 금속 시트를 말아서 서로 겹치는 곡선으로 된 열린 터널을 만들어 세워놓은 작품들이었다. 두세 번만 방향을 틀면 안으로 들어갈 수 있는 간결한 미로 속을 드나드는데 온 세상의 형태가 변한 것만 같았다. 그 세상은 외부의 가느다란 파편만이 튀어 들어오는 비틀린 타원이었다. 폐소공포와 확장되는 느낌이 동시에 찾아왔다. 이 작품들 속에 있자니 어쩐지 세상이 더 크게 느껴졌다.

완전히 눈이 먼 전맹을 뜻하는 고대 그리스어는 튀플로스tu-phlos였고, '둔한 시력'을 뜻하는 암블루오피아ambluôpia라는 단어도 있었다. 현대인이 못내 좋아하는, 눈멂을 경솔함을 비롯한 온갖 도덕적·지적·영적 결함의 은유로 보는 관념을 고대 작가들도 마찬가지로 가지고 있었다. 그리스인과 로마인들은 맹목적blind 무지, 맹목적 리더십 그리고 부와 사랑이 지닌 맹목성을 이야기했다. 구약성서는 뇌물은 수신자의 눈을 멀게 하는 것이라 했으며, 주의 목소리에 귀 기울이지 않는 이들, "눈이 있어도 보지 못하는"(《이사야서》 43장 8절) 이들의 눈멂을 묘사한다.

브뤼헐의 1568년 작품 〈장님을 이끄는 장님〉은 "장님이 장님을 이끌면 둘 다 구덩이에 빠질 것이다"라는 성경의 잠언을 문자 그대로 그려냈다(그뿐 아니라 장님을 몇 명 더하기까지 했다). 캔버스 위에는 여섯 명의 장님이 한 줄로 죽 늘어서서 앞사람의 어깨나 지팡이를 붙들고 있다. 맨 뒤에 선 장님은 멀쩡히 걷고 있는 것처럼 보인다. 그러나 눈으로 그림의 구성을 훑어갈수록 재난의 요소는 점차 증가한다. 얼굴을 찡그리고 발을 헛디디면서 사람들의 얼굴은 점점 혼란과 고통으로 일그러지는데, 그러다 맨 앞에 서 있는 장님이 팔다리를 벌린 채 잠언이 말하는 구덩이로 벌러덩 떨어지는 모습이 보인다. 뒷사람들 역시 곧 그 위로 떨어질 것이다.

장애의 역사는 대개 맹인이 겪는 고초를 이런 식으로, 한평생

차디찬 진창 속에서 살아가는 것처럼 묘사한다. 리처드 S. 프렌치는 대표작이라 할 만한 연구 《호메로스에서 헬렌 켈러까지》에서 이렇게 쓴다. "결핍과 고난은 예외라기보다는 원칙이었고, 맹인들은 경제적 골칫거리였다. 이 혹독한 빈궁을 견디는 방법이라고는 인내뿐이며, 맹인이 이를 극복하는 일은 드물었다." 서양 고전들을 쭉 읽어보면 맹인의 비천한 신세들을 담은 하이라이트 장면들을 볼 수 있다. 끝을 뾰족하게 깎아 벌겋게 달군 장작개비로 오디세우스에게 눈을 관통당한 키클롭스 폴리페모스의 가련한 비틀거림, 어머니의 옷에서 브로치를 뽑아 자기 눈에 찔러 넣은 오이디푸스("동공이 뽑는 피가 / 그의 수염을 적셨다. 피는 방울방울 흐르는 것이 아니라 / 시커먼 소나기가 되어, 피의 우박이 되어 뿜어져 나왔다."). 기원전 300년경 성경에는 제비의 배설물을 맞고 눈이 먼 토빗의 이야기가 나오는데, 그는 아내가 자신을 부양하는 것이 범죄라고 생각해 죽게 해 달라고 기도한다.

아테네와 스파르타에는 선천적으로 눈이 멀거나 "굽은 발, 물갈퀴 발, 붙은 손가락" 등 기형이거나 그보다 더 심각한, 그리스인들이 테라타terata라고 분류한 상태로 태어난 아기들을 죽이는 관습이 있었음이 여러 문헌에 등장한다. 이런 아기들은 마을 밖으로 데려가 때로는 그냥, 때로는 진흙으로 빚은 통에 넣어 길가나 구덩이 속에서 '환경에 노출되어' 죽게 내버려두었는데, 여기서 환경이란 굶주림, 추위, 더위, 짐승의 습격, 홍수 같은 실제 사인을 기묘하게 돌려 말하는 표현이다.

1990년대에 장애학이 등장하기 전까지는 이런 음울한 묘사를 제외하면 장애인의 삶을 재구성하는 학술 연구는 거의 없다시피 했다. 눈멂의 역사 대부분은 홍보의 수단이었는데, 시각장애인 단체들은 (미국시각장애인재단American Foundation for the Blind의 지원으로 쓰인 프랜시스 케스틀러의 《보이지 않는 소수》처럼) 공식적인 역사책을 의뢰했으며, 맹학교 교장들은 기부금에 박차를 가하고자 시각장애인이 겪는 고통의 개요를 조합한 관점을 담아 책을 집필했다. 캘리포니아맹학교의 교장이자 앞을 볼 수 있는 리처드 S. 프렌치는 1932년의 연구에서 "괴물과 무능력자들만 말살당한 것이 아니라 다수의 눈먼 아기들 역시 틀림없이 비슷한 숙명에 시달렸을 것이다"라고 썼다(프렌치는 이어서 주장한다. "원시적인 사람들에게서… 늙고, 병들고, 불구인 사람들은 자유로운 이동을 방해하고 사회의 짐이 되었다. 이들은 다양한 방식으로 제거되었는데 심지어 생매장이 되거나 잡아먹히기도 했다.").

그러나 장애라는 주제로 서양 문화에서 이루어진 첫 주요 연구인 《장애: 약체들과 사회들》에서 앙리-자크 스티케는 맹인과 농인이 테라타에 포함되었다는 근거가 거의 없다고 본다. 일부 아동들이 실제로 '노출되었다는' 데는 반론의 여지가 없다. 플라톤도 아리스토텔레스도 이런 관습에 찬동했던 것으로 보인다. 그러나 스티케는 고대 그리스인이 **결함**('적합성을 위협하며' 신에게 저주받았음을 시사하는 것)과 **질병**(단순한 약점으로 여겼기에 연민할 가치가 있는 것)을 구분했다고 지적한다. 스티케의 주장대로라면 감각장애는 결함이 아닌 질병으로 분류된다. 또한 그는 눈멂과 귀먹음이 "보고 들을 수 있는 이들은 즐길 수 없는 '어둠과 침묵의 기쁨'"을 주는 가치 있는 것일 수 있다는 키케로의 글도 인용한다.

고대 세계의 글을 읽는 독자는 아마도 호메로스를 떠올리리라. 훗날의 연구자들은《일리아스》《오디세이아》외에도 엄청난 양의 시를 남긴 호메로스의 정체가 역사적 인물인 한 명의 맹인이라는 사실에 의문을 제기했다. 그러나 여러 도시를 떠돌며 신과 전쟁을 다룬 서사시를 노래하는 맹인 음유시인 또는 광상시인의 이야기는 널리 알려지고 존중받았던 것이다.

아마 호메로스의 전설은 또 다른 문을 열어젖힌 것 같다. 역사학자 마서 L. 로즈는 맹인이 호메로스 같은 눈먼 음유시인이나 구덩이에 굴러떨어지는 눈먼 거지라는 스테레오타입에 그치지 않는 방식으로 고대사회(및 경제)에 기여했음을 시사하는 여러 1차 자료들을 발견했다. 로즈는 고대 그리스에 눈먼 점쟁이, 떠돌이 음유시인과 거지가 존재했을 가능성을 인정할 뿐 아니라 (중국과 일본에도 눈먼 음유시인과 신비주의자라는 유사한 전통이 존재한다) 눈먼 학자들이 존재했다는 역사적 증거 역시 제시한다. 재력이 있는 이들은 (고대사회에서는 분명 평범한 맹인보다 더 큰 억압에 시달렸을) 맹인 노예에게 글을 받아쓰게 했을 것이다. 눈먼 양치기와 낙농업자, 광부, 뱃사공도 존재했을 것이다. 로즈는 나아가 맹인들이 전쟁에서 싸웠을 가능성을 제기하며 플루타르코스가 그리스의 티몰레온 장군을 묘사한 구절을 인용한다. "밀레의 막사에서 그의 시야는 백내장으로 침침해졌으며, 그의 눈이 멀고 있음을 모르는 사람이 없었다. 그러나 그는 이 때문에 포위 작전을 굽히지는 않았고 전투를 이어가 폭군들을 생포했다."

발전한 현대의 맹인은 위험천만한 차들로 가득한 도로와 몇십 킬로미터나 떨어진 곳을 찾아야 하는 약속 그리고 활자를 읽고 시각 정보로 소통할 수 있는 능력에 주어진 엄청난 사회적·시민적 혜택과 다투며 살아야 한다. 반면 고대 그리스 마을에는 사람을 치어 죽일 차가 없었으며, 걸어서 가지 못할 곳에 갈 일도 대체로 없었다. 필요한 정보가 있다면 청각으로 전달받을 수 있었다. 고대 세계는 갓 눈이 먼 사람들도 곧 적응할 수 있는 세계였다. 이런 생각을 친구 셰리 웰스-젠슨에게 말하자 동의하며 답했다. "평화봉사단으로 파견 갔던 에콰도르의 작은 마을에서는 시각장애인으로 살아가기가 미국보다 조금 더 쉬웠어."

···· ··

헤켄라이블리 박사의 예측은 정확했다. 시력에 큰 변화를 느끼지 못한 채 20대가 지나갔다. 한번은 조명이 어둑한 허름한 술집에서 실수로 어느 록 음악 마니아의 부츠 신은 발을 밟았다가 두들겨 맞을 뻔했다. 영화를 볼 때면 무슨 영화건 엔딩 크레디트가 전부 끝날 때까지 제자리에 앉아 기다렸다. 테니스 같은 경기는 점점 힘들어졌다. 주변시가 부재하는 곳에서 휙 날아들어 오는 공을 쫓을 수가 없었다. 그러나 아직도 진정한 눈멂은 아버지가 되는 것이나 죽음과 마찬가지로 대체로 추상적인, 한참 뒤에 찾아올 만일의 사태였다. 아마 언젠가는 일어나겠지만 오늘은 아닌 것. 내 삶에는 얼음물 주전자 속에 둥둥 뜬 레몬 한 조각처럼 아주 옅은 눈물의 맛이 감돌고 있었다.

그 기간, 여러 번의 연애를 화려하게 말아먹었다. 그러다 고등학교 시절의 유대인 선동가 친구 하나가 자신의 친구 릴리를 소개해 초면인 우리는 블라인드 데이트로 만났다. 릴리는 비교문학 박사과정 5년 차로 버클리대학교에서 박사 논문을 마무리 중이었고 나는 샌프란시스코에 살면서 문예지 일을 하던 시절이었다. 우리의 눈이 마주쳤다. 릴리는 긴 갈색 머리에 크고 주의 깊은 눈을 가지고 있었고 이름엔 하이픈이 들어갔다. 하이픈 뒤쪽 이름 베히터Wachter는 독일어로 '감시자'라는 뜻이다. 원래의 성은 베흐나히터Wachnachter로, 이는 '야경꾼'을 뜻하는 나흐트베히터Nachtwächter를 치환한 단어임 직하다. 릴리의 박사 논문 주제는 주의에 관한 것으로, 전쟁 중인 국가는 어떤 경계 태세를 취해야 하는가 그리고 주의의 경험이 이 국가의 시詩에 어떻게 재현되는가를 다룬 논문이었다. 근사했다.

나는 릴리와 사랑에 빠졌다. 야맹증에 걸린 나와 야경꾼인 릴리가 동거를 시작하고 개를 입양했다. 머지않아 릴리는 미주리 어딘가의 대학에 첫 직장을 얻었다. 나는 빗속에서 운전을 해 릴리를 마린 헤드랜즈까지 데려간 뒤, 태평양이 내려다보이는 절경을 자랑하는 곳에 올라가 개를 산책시켰다. 허물어져가는 대공포가 있는 언덕 바로 근처였다. 릴리가 앞장서 걸어가자 나는 무릎을 꿇고 개에게 말했다. "아이고, 뭘 먹은 거야?" 그러자 릴리가 돌아서서 물었다. "뭘 먹은 건데?" 그때 내가 조그만 반지

상자를 내밀었다. "이게 대체 뭐야?" 나는 릴리에게 청혼했다.

오솔길을 다시 걸어 내려와 차로 향하는 길, 나뭇잎은 여전히 비를 뚝뚝 떨어뜨렸고, 나는 이 말을 하겠다고 결심했다. "내 눈이 점점 멀어가는 거 기억하지?" 그 시절, 이 이야기를 농담처럼 느꼈다. 그 이야기가 정말 농담이었던 건 당연히 릴리도 기억한다는 데서 알 수 있다. 우리는 그 이야기를 아주 여러 번 나누었으니까. 또, 그 이야기가 농담이었던 건 눈이 먼다는 걸 아주 먼 일로 생각했기에, 꼭 내가 언젠가 죽는다는 말을 재차 하는 것이나 마찬가지로 느껴서였다. 그러나 눈멂은 처음부터 우리 둘의 관계에 존재했다. 약혼한 날 밤에 그랬듯 춤을 추러 가면 또다시 어느 록 마니아의 발을 밟지 않도록 릴리의 어깨에 한 손을 짚은 채 클럽 안을 헤치고 다녀야 했다. 그 시절에는 여전히 낮에는 운전할 수 있었는데, 운전이 (더욱더) 위험해지기 전 집에 도착하려고 해 지기 전 급히 서두른 적이 여러 번이었다. 그러나 내심 정말 알고 싶었다. 릴리는 자신이 어떤 상황에 들어서게 되는지 알까? 눈이 먼다는 게 어떤 의미인지 알까?(그렇다면 나는 알까?) 릴리는 내 농담을 이렇게 받아쳤다. "아, 정말? 그래? 그럼 당신이랑 결혼하면 안 되겠다." 하지만 곧바로 덧붙였다. "알고 있어. 그리고 좋아. 여전히 당신이랑 결혼하고 싶어."

그해 말, 나는 운전을 완전히 그만두었다. 분명 아무도 없는 걸 확인한 뒤 좌회전하는데, 머리끝까지 성이 난 보행자가 갑자기 차 후드를 쾅쾅 두들기며 "눈을 어디다 두고 다니는 거야" 하고 고함을 쳤다. 몇 주 뒤 사거리 정지선에서 나는 가속페달을 밟았고, 릴리가 비명을 지르는 동시에 자전거 탄 사람이 내 차 그릴을 아슬아슬하게 스쳐 지나갔다. 30대 초반이었고 망막 쇠퇴에 속도가 붙을 무렵이었다. 릴리가 일자리를 구하면서 우리는 미주리 한가운데의 대학 동네인 컬럼비아로 이사했다. 가는 길의 운전은 릴리가 도맡았다.

우리 집은 시내에서 걸어서 40분 거리에 있었다. 해는 점점 짧아졌고, 땅은 눈으로 뒤덮였고, 아는 사람은 거의 없다시피 했다. 재택근무를 하던 나는 고립감을 느꼈다. 마치 산책만 기다리다가 차 키 짤랑거리는 소리를 듣고 불쑥 생기를 얻어 "어디가? 공원? 함께 가도 돼?"하며 꼬리를 붕붕 흔들어대는 강아지처럼.

인터넷에서 무심하게 시각장애 지지 모임을 검색하기도 했다. 오래전 샌프란시스코의 망막 전문의가 브로슈어 뒷장에 그같은 모임 이름을 하나 써주었지만, 그때는 그런 자료가 필요하다는 생각이 들지 않았다. 그 당시 내 야맹증은 그저 대화거리이자 파티에 갈 때 생기는 시시껄렁한 골칫거리에 지나지 않았으므로. 하지만 시력을 더욱 상실했을 땐 호기심이 생겼고, 인정하긴 싫지만 아마도 지지가 필요했던 것 같다. 전국시각장애인연맹National Federation of the Blind 지역 지부의 모임을 알게 되어 조직 위원 두 사람에게 연락하자, 이들은 우리 집에서 16킬로미터 떨어진 어느 공원에서 열리는 가을 소풍에 나를 초대했다. 릴리와 함께 가기로 했는데, 택시를 타고 싶지 않아서였지만 내심 혼자 가고 싶지도 않았다.

공원에 도착한 우리는 쏟아지는 매미 울음 속에서 가제보*처럼 생긴 거대한 쉼터들 사이를 헤맸다. 마침내 야외 테이블 몇 개에 철저히 중서부다운 포틀럭 음식들을 차려놓고 모여 있는 열다섯 명쯤 되는 모임 구성원들이 눈에 띄었다. 모임은 이미 시작된 뒤였다. 몇 안 되는 비시각장애인이 말없이 우리를 바라보았고, 시각장애인들은 아무도 우리가 도착한 줄 모르는 것 같았다. 우리는 쉼터 가장자리에 어색하게 서서 모임 구성원들이 기금 마련을 위한 퀴즈의 밤 행사를 홍보할 방법을 놓고 토론하는 모습을 지켜보았다. 지역신문에 돈을 내고 광고를 거는 게 그만한 가치가 있을까요? 내 옆에 서 있는 릴리가 불편해하는 기색을 라디에이터의 열기처럼 몸으로 느낄 지경이었다. 나는 속삭였다. "괜찮아? 갈까?"

"당신이 원하면 있을게." 하지만 릴리는 이곳을 벗어나고 싶은 마음이 간절해 보였다. 다시 차로 돌아가자 릴리가 말했다. "진짜 이상하더라." 나도 맞장구쳤지만, 한편으로는 릴리의 표현에 발끈하는 기분이었다. 모임에서 휠체어를 탄 시각장애인 여성이 신기한 도구를 사용하는 모습을 보았었다. 아마도 노트북 화면의 글자를 금속 점자로 바꾸어주는 것처럼 보였다. 다른 사람들도 다중의 장애를 지니고 있었고, 이 모임이 몇 푼 안 되는 홍보비를 어떻게 쓸지를 놓고 토론하는 소규모로 운영된다는 것도 알아차렸다. 만약 측은히 여길 만한 사람이나 배우고 싶은 사람,

---

* 공원 같은 야외에 설치하는, 기둥과 지붕만을 이어놓은 휴식 공간.

친해질 사람을 찾으러 그 모임에 갔더라면, 첫인상이 예상보다 더 비호감이었을 것이다. 그건 어느 정도는 순전히 지리학적 문화 충격 때문이었겠으나 더 큰 이유는 또 다른 종류의 문화 충격이었다. 바로 장애 앞에서 우리가 느낀 불편함이었다. 그곳에 있던 사람들이 날 도울 만한 경험과 지식을 지녔음을 지금은 안다. 그러나 그 모임에 다시는 가지 않았다.

근처 몇백 킬로미터에는 친구도, 가족도 없이 미주리 중부에 사는 신혼부부에게 아이를 가지는 건 자연스러운 수순이었다. 망막색소변성증은 유전되는 질환이지만 내가 아는 한 이 질환을 앓는 가족은 없었고, 이 병이 자식에게 유전될 가능성을 놓고 오래 걱정하지 않았다. 우리는 유전에 대해 애매하게만 알고 있었다. 의사들 역시 어떤 유전자 변이가 내 질환을 유발했는지 알지 못했다. 산과 병원 검사실에 들어가 어떤 장애를 검사할지, 어떤 장애를 발견하면 임신을 중단할지 논의하기 전,《하나님의 세계를 이해하기 Understanding God's World》라는 창조생물학 활동책이 잡지 꽂이에 처박혀 있는 걸 발견하는 바람에 우리의 방문에는 고대 미신의 분위기가 감돌게 됐다. 의료기사가 종잇조각에 아들이라고 끄적여 쓰더니 반으로 접었다. 우리는 거위 배설물로 번들거리는 해변 옆 호숫가 공원에 걸어가 그 종이를 읽었다.

그해 시월 릴리의 출산 예정일 며칠 전, 우리는 폴 라이언과 조 바이든이 부통령 토론에서 서로를 헐뜯고 말다툼하는 모습을 보다가 잠들었다. 선잠이 든 지 몇 분 만에 릴리가 양수가 터졌다며 나를 깨웠다. 아이의 탄생을 기다리며 와 계시던 장모님이 우리를 병원까지 태워주셨다. 도로는 텅텅 비었고, 젖어 있었고, 나는 뒷좌석에 앉아 쓸모없을 경계를 늦추지 않았다. 분만실에서 나는 물러서 있으려 노력했다. 내가 차지한 자리가 필요해 누군가 신호를 보내도 놓치는 경향이 있었기 때문이다. 그래서 의료 기기가 놓이지 않은 벽 한 켠을 발견해 자리를 잡고는 앞으로 다가가 릴리의 등을 쓸어주다가 간호사가 다가오면 비켜주기를 반복했다.

다음 날 아침, 드디어 오스카가 작고 아름다운 모습으로 우렁차게 울음을 터뜨리며 태어났을 때, 간호사는 '아빠'가 탯줄을 자르겠냐고 물었다. 시력을 잃어가는 남자에게 수술용 가위를 건네며 지구상에서 가장 연약한 생물체에 사용할지 묻다니 말도 안 되는 끔찍한 생각 같았다. 어색하게 거절했지만, 간호사는 이건 우리가 인쇄해 챙겨온 출산 계획서에도 나온다며 굴하지 않았다. "아니요, 이건 아빠가 할 일이에요!" 그들은 두 개의 클램프를 물려 표시해 놓은 탯줄을 보여주었다. 나는 이 번들거리는 가위를 받아 들어 바로 그 자리를 잘라버려야 했다. 그 지시를 따르기가 얼마나 힘들었는지 모른다. 내가 실수로 아기의 배를 갈라버리거나 구멍을 뚫어버릴 가능성이 실제로 존재한다고 느꼈다. 그러다 심호흡을 하고 나서 탯줄을 잘랐다.

처음 아기를 안아 들었을 때, 그 작고 새빨간 얼굴이 내 중심시를 가득 채웠다. 아이 말고는 아무것도 보이지 않았다.

한밤중에 기저귀를 사러 가게까지 운전할 수는 없었지만, 기저귀가 집에 있다면 능숙하게 갈 수 있었다. 오스카를 안고 걸을 때는 두 배는 조심해야 했다. 때때로 찬장에 머리를 부딪치기도 했기에 실수로 내 아이의 얼굴을 문틀에 짓이길지도 모른다는 생각이 머릿속을 떠나지 않았다. 정말 그럴 뻔한 적이 몇 번 있었다, 물론 완전한 시력을 지닌 부모라도 겪을 만한 일이긴 해도. 놀이터에서 약한 뇌진탕을 겪기도 했다. 굳이 변명하자면 그곳은 그 어떤 아이한테도 상당히 위험했다. 우리는 간신히 오스카를 죽이지 않을 수 있었다.

말을 배우던 오스카가 왜 내가 방금 떨어뜨린 포크를 못 찾는지 묻는 바람에 아이에게 내 시력을 설명해 주어야 했다. 왠지 모르지만, 이런 대화에서 나는 늘 **눈알**이라는 말을 사용했다. 예를 들면 "아빠가 눈알이 나빠서 포크를 못 찾았어"라는 식으로. 나는 눈멂을 말하는 부드럽고 재미있는 언어를 찾으려 애썼다. 아이가 네 살 때, 친구에게 하는 말을 언뜻 엿들었다. "장난감을 지금 치우자. 안 그러면 우리 아빠가 걸려 넘어질 수도 있거든. 우리 아빠는 눈알이 나빠."

세상은 예전과 엇비슷했지만 내 맹점blind spot은 점점 더 커져갔다. 예전에는 연필이나 머그컵이 안 보여서 놀랐다면, 이젠 자동차나 작은 건물도 그쪽으로 완전히 고개를 돌리지 않으면 전혀 보이지 않았다. 나는 대학에서 시간제 강의를 했는데, 영문학과 사무실의 두 여직원이 점심을 먹으러 가는 길에 인사를 건넸다.

"다리는 좀 어때요, 앤드루?" 섀런이 물었다.

"다리라뇨?"

폴라가 거들었다. "어제 절뚝거리더군요. 다쳤나요? 이제 괜찮아요?"

한참을 생각하고 나서야 영문을 알 수 있었다. 내 시력은 이제 낮에도 사람들이라든지 소화전 같은, 점점 더 커지는 주변시 빈 틈에 들어오는 무언가에 부딪칠까 봐 걱정될 정도였다. 이 때문에 나는 예기치 못한 충돌에 대비하는 조심스러운 걸음걸이를 갖게 됐다. 그걸 가짜 절뚝임phantom limp*이라 불러도 좋겠다. 거 짓 동작은 아니었다. 나는 캠퍼스 안의 예상치 못한 구역에서 무리 지어 돌아다니는 남학생 사교 클럽 학생들 속을 가볍고 조심 스러운 발걸음으로 돌아다녔다. 이미 접이식 흰 지팡이를 사서 가방에 넣어 다녔지만 쓰는 일은 거의 없었다. 남의 시선을 크게 의식한 나머지, 어둡고 사람 많고 낯선 장소에 혼자 있거나 여행 할 때만 지팡이를 펼쳤다. 안 그러면 남들이 나와 부딪쳐 마시던 맥주를 자기 허벅지에 쏟아버릴지도 모르니까(실제로 샌프란시스 코에서 그런 일이 한 번 있었다. 두 여성의 허벅지에 맥주 두 병을 병째 쏟아버렸는데, 나중에 친구에게 듣기로는 둘 중 한 명이 인기 요리 프로 〈톱 셰프〉에서 승승장구하던 참가자라고 했다).

릴리가 지원금을 받아 한 해 동안 강의 없이 책 집필을 마칠 수 있게 되자, 우리는 릴리의 아버지와 새어머니가 사는 집 아래층 인 정원 딸린 아파트 1층으로 잠시 이사했다. 시력은 빠른 속도 로 감소하고 있었고 1~2년 단위가 아니라 계절이 바뀔 때마다

---

* 실체 없는 장해물을 조심하느라 절뚝이는 걸음(limp)을, 마치 존재하는 것처럼 절단된 팔다리의 감각을 느끼는 환상지(phantom limb)에 빗대 표현한 말장난.

변화를 느꼈다.

어느 날 밤, 친구 제이슨과 할렘에서 열린 콘서트를 본 뒤 조인트*를 한 대 피운 우리는 맨해튼을 쭉 걸어서 시내로 돌아오기로 했다. 그날 드디어 지팡이를 제대로 써보겠다고 마음먹었다. 나는 앞이 보이지 않는다는 걸 온몸으로 표현하면서 어설프게 몸 앞에 지팡이를 휘두르며 깜깜한 공원을 지나고, 수많은 바를 이곳저곳 드나들며 남쪽으로 향했다. 첼시 부두 근처, 패션 파티가 열리고 있는 곳을 지나치다가, 우리는 이 지팡이를 이용해 파티에 입장해 보기로 했다. **이것 좀 보세요, 이 친구는 그저 이 행사에 가보는 게 소원인 완전히 눈먼 장님이라고요! 좀 들여보내 주시죠?** 제이슨이 경비원의 동정심을 자극하는 동안 나는 술에 취한 채 옆에 서서는 지팡이를 거대한 만년필처럼 손가락 사이에 끼우고 보도 위에 끼적끼적 그림을 그렸다. 경비원은 들여보내 주지 않았다. 그날 밤, 침대에 쓰러지듯 누우며 지팡이를 사용한 보행이 봉인을 깨뜨린 기분을 맛보았다.

다음 주, 어린이집에서 오스카를 데리고 오는 길에 지하철역 계단을 내려가며 지팡이를 펼쳤다. 아기띠 속 오스카가 내 상체에 딱 붙은 채 열차를 기다리는 동안 우리는 우리에게 쏟아지는 시선을, 눈먼 남자가 죄 없는 어린아이를 가슴에 끈으로 매단 채 조만간 철로 위에 고꾸라질 게 분명하다는 시선을 온몸으로 흡수했다.

* 궐련 형태로 만 마리화나.

릴리 앞에서 처음 지팡이를 사용한 것은 오스카를 처가에 맡겨두고 친구들과 저녁 식사를 하러 그린포인트로 간 날 밤이었다. 식사 장소는 유행을 따르는 레스토랑이었다. 이 말인즉슨 조명이라고는 절반의 전력만 가동한 에디슨 전구 하나뿐인 곳이었다는 뜻이다. 깜깜한 식당에서 화장실을 찾는 일은, 깊은 불안감을 불러일으키는 평범한 사회적 활동이라는 면에서 영화가 끝나기 전 자리에서 일어나는 것과 마찬가지였다. 하지만 그때, 제이슨과 보낸 그날 밤 흡수한 새로운 힘으로 여전히 흐릿하게 빛나는 지팡이의 존재가 떠올랐다. 나는 친구들에게 양해를 구한 뒤 수줍게, 타인의 시선을 의식하느라 과장된 동작으로 지팡이를 펼쳤다. 그런데 뜻밖에도 릴리는 이곳에서는 지팡이가 필요 없을 거라고 말했다. 릴리에게 그 말을 듣기 전부터 이미 수치심을 느끼고 있었던 나는 릴리의 말을 따랐다. 지나가는 종업원에게 화장실이 어디냐고 물어본 뒤 지팡이를 접고 종업원을 따라갔다.

그전에 우리는 지팡이를 주제로 이야기해 본 적이 거의 없었고, 릴리는 내게 지팡이가 왜 필요한지 완전히 이해하지 못했다. 내가 사람들 앞에서 지팡이를 사용하는 모습을 본 적도 없었다. 예를 들어 화장실을 찾아갈 때 느끼는 불안감을 릴리는 전혀 몰랐다. 지팡이의 등장 자체가 릴리에게는 뜻밖의 일이었던 것이다.

눈멂이라는 단어와 마찬가지로 사람들이 이를 시력의 완전한 부재를 나타내는 기표라 느낀다는 점에서 지팡이는 문제가 된다. 나는 딜레마와 마주했다. 지팡이를 사용하면서 장님 행세를 하는 사기꾼이 된 기분을 느끼느냐, 아니면 볼 수 있는 사람인 척하며 나와 타인에게 갈수록 더 심각한 위해와 아수라장을 일으킬 위험을 감수하느냐. 그날 레스토랑에서의 일 때문에 내 지팡이 사용이 1~2년 더 미뤄지지 않았나 싶다.

지팡이를 자주 사용하면 장점이 많다는 건 알았다. 완전한 실명인들처럼 지팡이를 내 몸의 연장으로 이용하며 여기저기 두드리고 다니는 것 외에도, 타인이 내게 공간을 내어주게 만드는 신호로 사용할 수 있다는 의미다. 그러나 릴리에게 지팡이는 나를 취약해 보이게 만드는 것, 지팡이를 펼치는 순간 무력한 사람으로 보이게 만드는 것이었다. 이날의 저녁 식사 때문에 우리는 불편한 진실과 마주해야 했다. 10년 가까이 지난 지금도 지팡이와 관련한 수치심이나 사기꾼이 된 듯한 기분이 나를 쿡쿡 찔러대는 걸 거의 매일 느끼니까.

릴리는 뉴잉글랜드에 있는 인문대학에 교수 자리를 얻었다. 나는 그곳에서는 벽장에서 나와 지팡이를 휘두르는 완연한 눈먼 자의 모습으로 새로 시작하기로 마음먹었다. 릴리의 새 동료들을 만났을 때, 나는 지팡이를 잘 보이도록 들고 있었다. 그 시절의 나는 여전히 큰 활자를 읽고, 사람 얼굴을 알아보고, **건너지 말 것** 표시가 깜빡이는 것도 볼 수 있었지만, 어디를 가든 지팡이를 들고 다녔다. 더는 절뚝이지 않게 되었다. 나로서는 있는 줄도 몰랐던 도로 연석이나 소화전에 지팡이가 닿으면 너무나 감사했다. 눈먼 사람처럼 팬터마임을 한다는, 사기를 치고 있다는 기분은 서서히 사라졌다. 잠깐이지만 진짜 맹인이 된 것 같았다. 지금은 내 시력이 감소하고 있음을 1년 단위가 아니라 한 달 단위로 느낄 수 있다. 때로는 숨도 못 쉴 정도로 무섭다. 그러나 공황 증상과 더불어 묘한 위안도 시작되었다.

얼마 전 어느 봄날 오후 뉴욕에서 집으로 돌아가는 암트랙*을 타러 펜역을 향해 걷다가, 한 남자가 식품점 벽에 등을 기댄 채 나를 보는 것을 알아차렸다. 그 앞을 스쳐 지나가다 잠깐 눈이 마주친 순간, 그의 얼굴에 불쾌한 표정이 떠올랐다. 시선을 피하자 그 남자는 내가 지팡이를 사용하면서 수없이 많은 낯선 이들의 얼굴에서 읽었던 바로 그 말을 했다. "보이는군요." 마치 누구 앞에서 사기를 쳐라고 말하는 것처럼 조소가 담긴 목소리였다. 다들 나를 사기꾼이라고 생각하리란 믿음을 기나긴 유예 끝에 마침내 확인한 순간, 그 믿음을 인정받는 고통과 만족을 동시에 느꼈다. 나는 약간 날카로움을 띤 목소리로 대답했다. "사실은, 보입니다!"

그러고 나서 펜역의 군중 사이에 선 채, 차라리 병이 빠르게 진행되어 남은 시력까지 모두 앗아가 버렸으면 하는, 주기적으로 찾아오는 욕망을 생각했다. 사람들이 눈멂을 바라보는 시선을 보며 안도하고 싶었다. 경멸, 오만, 특권적인, 거의 성적인 곁눈질. 의심, 동정, 혐오, 호기심. 나 역시 눈먼 사람들을 이런 식으로 바라봐 왔음을 안다. 찌는 듯 더웠던 그 여름, 릴리와 함께 미주리에서 열리는 전국시각장애인연맹 소풍에 갔다가 불편한 마음

* 전미철도여객공사에서 운영하는 열차 노선.

으로 멀찍이 떨어져 서 있었을 때처럼 말이다. 그러나 그 시절의 나는 다른 사람이었다. 그때는 내가 정말로 눈이 멀었다고는 생각하지 않았으니까.

얼마 전부터 연대와 공동체를 얻고 싶은 마음이 더 강해졌다. 볼 수 있는 이들의 세계가 눈멂을 향해 다양한 방식으로 표현하는 두려움, 불편함 또는 오만함 같은 경험들을 가진 다른 사람들을 만나 보고 싶었다. 이 경계를 넘어 눈먼 자의 나라로 단호하게 한 발 내딛을 준비가 되었다고 생각한다.

2장
지팡이들의 연대와 갈등

컨벤션센터의 슬라이드식 문으로 들어가는 순간, 모두가 눈먼 자였다. 비시각장애인 어머니의 품에 안긴 채 잠들었는지, 그저 어머니의 목덜미를 끌어안은 채 위안을 구하는지 모를 눈먼 아이의 손에는 짤막한 흰 지팡이가 매달려 있었다. 색이 화려한 휴가 복장을 입은 4인 가족이 내 앞을 지나쳤는데, 비시각장애인인 두 자녀가 눈먼 부모를 안내했다. 안내견이 사고를 친 장소를 호텔 직원 두 명이 지키고 서서 사람들이 그쪽으로 들어가는 것을 막았다.

전국시각장애인연맹이 매년 여는 전국 대회 참가자는 3000명이 넘고 거의 모두가 시각장애인이다. **난 플로리다에서 3000명의 시각장애인과 함께 있다!** 눈멂이 단체 활동이 되다니, 정말이지 참신한 일이었다. 지팡이 몇십 개가 타일 바닥을 두드리는 소리가 로비에 메아리쳤다.

이곳에 볼 수 있는 사람보다 눈먼 사람들이 더 많다는 사실은 또 다른 공간감을 자아냈다. 움직임, 사람들 사이의 거리에 대한 사회 질서가 바뀌었다. 눈먼 사람들이 둘씩 짝을 지어 널찍한 복도를 걸었다. 그들이 길을 아는 것처럼 보였기에 나도 따라갔다.

잠시 후, 나는 어떤 감정에 압도당하고 말았다. 한쪽으로 비켜서서, 문 닫힌 상점 유리창에 기대선 채 방금 일어난 일을 이해하려 애썼다. 이곳에 있는 건 육체적으로 스트레스가 되는 일이었다. 가만히 있으면 누군가 다가와 가볍게 부딪칠 가능성이 컸으므로. 해변 옷가게에 기대서 있으면서 그저 잠정적으로 눈먼 초심자일 뿐인데도 얼마나 외로웠던가. 눈멂이 보통이 되는 공간, **우리**가 **그들**을 수적으로 넘어서는 공간에 있다는 건 압도적 경험이었다. 아직 누구하고도 대화하기 전이었지만, 작지만 진실한 방식으로 내가 눈먼 이들의 공동체의 일원이라 생각할 수 있었다. 나는 녹음기를 가지고 갔었는데 그때 한 녹음을 다시 들어보면, 지팡이가 바닥을 탁탁 두드리는 소리가 나의 코 훌쩍이는 소리를 뒤덮는다. '정말 강렬하다.' 나는 녹음기에 대고 중얼거렸다. 복도를 계속 걸어가다가 자꾸만 이런저런 구석으로 들어가 울고, 중얼거려야 했다.

로젠 싱글 크리크는 웅장한 건물이다. 전국시각장애인연맹이 홀 전체를 차지했지만, 이 대회는 훨씬 더 큰 벌집의 한 조각일 뿐이었다. 그날 센터에서 열릴 다양한 모임들의 리스트를 읽고 있자니 눈멂이란 그저 정기간행물과 소위원회, 저녁 만찬, 기업 스폰서를 갖춘 미국의 또 한 가지 산업이자 노동조합처럼 보였다. 나는 수많은 지팡이 사이를 헤치며 메인 홀을 찾아갔다.

···

시각장애인의 삶의 질을 결정하는 데 가장 핵심인 요소는 그 사람이 살아가는 문화 또는 역사적 시기가 아니라, 그 사람이 태어난 가족의 상황이나 경제적 상황일 것이다. 여전히 중세와 마찬가지로 가족에게 내쳐지고 끊임없는 빈곤에 시달리며 사회 주변부에서 살아가는 시각장애인이 있는가 하면 오늘날의 시각장애인은 상대적으로 수월한 삶을 산다. 14세기 보헤미아 국왕이던 얀 룩셈부르크는 죽기 전 10년간 시력을 완전히 상실한 채 왕좌를 지켰다. 유아기에 시력을 잃은 니컬러스 손더슨은 아이작 뉴턴이 물러나고 10년이 지난 뒤 케임브리지대학교 루카시언 석좌교수가 되었다.

그러나 현실은, 이런 사람들은 시각장애인의 경험 중 극소수만을 대표한다는 것이다. 장애 역사를 연구하는 학자 캐서린 커들릭과 지나 베이강은 "통계는 전혀 존재하지 않으나, 우리는 19세기 프랑스에서는 과거와 다름없이 맹인 대부분이 하층계급 출신으로 극도로 고된 삶을 살았음을 확신할 수 있다"고 쓴다. 하층계급은 인구 중 대부분을 차지하며 "질병, 빈약한 위생, 영양실조, 업무 중 재해" 등 눈멂의 원인은 모두 "빈곤을 수반할 가능성이 높았다".

시각장애인 공동체들을 돌아다니면서 "1퍼센트의 맹인"이라는 농담을 몇 번 들었다. 스마트 고글까지 합산하면 몇만 달러에 달하는 점자 장비와 최신 보조장치를 가지고 시각장애인 여름 캠프에 참가하는 아이들을 일컫는 말이다. 시각장애인들이 매년 구입하는 장치가 얼마나 많은지 태연하게 써놓고, 최신 아이폰으로 업그레이드하고 나서는 애플 워치와 아이패드 프로의 동기화가 너무 어렵다고 불평하는 게시물들을 보면서도 놀랐다.

나 역시 이런 특권계층 시각장애인 중 하나일지 모른다. 나의 할아버지 마빈 닐 사이먼은 러시아 이민 3세로, 워싱턴 하이츠의 복작복작한 아파트에서 어린 시절을 보냈다. 하지만 이름에서 '마빈'을 떼버린 뒤 코미디 작가로 성공해 노동계급으로 보낸 어린 시절 이야기를 〈브라이튼 해변의 추억〉〈용커스가의 사람들〉 같은 블록버스터 브로드웨이 연극 및 영화로 만들었다. 그 결과 내겐 눈멂으로의 추락을 누그러뜨릴 재정적 여유가 생겼다. 한 예로, 얼마 전 나는 PC가 맥보다 접근성이 좋다고 확신하자마자 비용 때문에 속을 끓이거나 정부의 시각장애인위원회에 보조금을 요청하지 않고도 충동적으로 윈도우가 탑재된 두 번째 노트북 컴퓨터와 적응형 웹 서버JAWS 스크린 리더 소프트웨어(마이크로소프트 워드와 잘 연동된다)의 라이선스를 사버렸다.

나는 편집자, 오디오 제작자 그리고 작가로 경력을 쌓았고, 모두 이론적으로는 남아 있는 중심시가 사라지더라도 계속할 수 있는 일이었다. 앞으로도 일을 구할 수 있다는 자신감이 있지만 나는 이제야 막 눈멂이 정말로 방해가 되는 공간에 들어왔으며, 누군가 나를 인터넷에서 검색하면 시각장애인임을 곧바로 알게 될 것이다. 나는 지금까지 축적된 전문 경력이 나를 보호하리란 순진한 생각을 갖고 있다. 즉 등의자 엮기나 짚으로 빗자루 엮기 같은 '맹인 노동'으로 내몰리지 않으리란 것이다. 그러나 시각장애인을 다른 일자리에서 내쫓는 의심들이 곧 내게도 영향을 미칠 것이다. 잡지의 사실 확인 담당자들은 교묘한 솜씨로, 내 기사에 실린 글들에 대해 분명 비시각장애인 작가들에게는 묻지 않을 질문들을 하기 시작했다. 독자적으로 시각적 세부 사항을 수집할 수 없다면 나는 어떻게 기자 일을 계속할 수 있을까?

올랜도에서 열린 전국시각장애인연맹 전국 대회를 돌아다니는 동안 내 눈멂의 경험에서 특징이 된, 소속감과 소외감을 동시에 느꼈다. 잠정적 눈멂이란 사실이 이 모호함의 큰 부분을 차지했기 때문이다. 진정으로 이 클럽의 일원이 되기에 나는 시력을 너무 많이 가진 것이 아닐까? 모호함의 또 다른 부분은 일부 활동가들이 "내면화된 비장애 중심주의•ableism"라고 부르는 것이었다. 나는 시각장애인들을 내가 그 대상이라면 상처를 받을 병적이고 오만한 호기심으로 바라보았기 때문이다.

수면 아래에서 보글보글 끓는 계급의식 또한 한몫했다. 미국 시각장애인 중 대학을 졸업한 이들은 16퍼센트에 불과하고(평균의 절반에 못 미친다) 5분의 1이상이 고등학교를 졸업하지 못했다 (비시각장애인의 두 배 이상이다). 시각장애인은 빈곤하게 살아갈 가

• ableism은 사회적 정상성을 바탕으로 한 가치 체계로, 비규범적 신체와 정신에 대한 차별을 포함한다. 오로지 장애인에 대한 차별만을 가리키는 용어가 아니므로 이 책에서는 '장애인 차별주의'가 아닌 '비장애 중심주의'로 옮겼다.

능성이 갑절이다. 가장 충격적인 통계는 시각장애인의 노동에 관련된 것이다. 미국의 실업률은 보통 5퍼센트 언저리인데 팬데믹이 정점에 이른 2020년 미국인 15퍼센트가 실직하며 최고조에 달했다. 시각장애인의 실업률은 일반 인구보다 14배 높은 70퍼센트 언저리다. 2023년, 심지어 미국에서 전일제 일자리, 아니 그어떤 일자리라도 갖는 사람이 시각장애인 중에서는 소수라는 사실이 충격으로 다가왔다. 눈멂을 이해하려 할수록 암울한 현실이 점점 보였다. 시각장애인 대부분이 공유하는 근본적 경험은 바로 무직 상태였던 것이다.

이런 통계를 알게 되면서 눈먼 자들의 공동체에 소속된다는 건 다른 의미를 띠게 되었다. 처음에는 일종의 문화적 또는 철학적 의문을 품고 눈멂에 접근했다. 눈멂의 현상학은 무엇인가? 눈멂의 특색은, 민담은, 분위기는 무엇인가? 그러나 시각장애인 대다수의 삶에 대해 생각하자 눈멂이란 무엇인가라는 질문은 불가피하게 정치적 질문이 되었다. 미국의 모든 주에는 주립시각장애인위원회가 있어서 훈련을 마친 재활 상담사들이 시각장애인의 구직을 돕고 지팡이, 스크린 리더 소프트웨어, 확대경, 훈련등 필수 도구와 서비스를 위한 정부 예산을 배정한다.

그러나 운영 위원 대부분이 비시각장애인 행정 인력과 교사인이 시스템은 시각장애인을 실망시키고 만다. 70퍼센트라는 놀라울 정도로 끈질긴 실업률 앞에서 국가 지원금이나 시설 자선기관의 보조금으론 불충분하다는 것을 스스로 증명한 셈이니까. 이 문제의 근원은 무엇일까? 이는 순수하게 비시각장애인들이 시각장애인에게 갖는 기대치가 낮아서일까, 아니면 시각장애인 당사자들도 여기에 한몫할까?

전국시각장애인연맹의 공식 역사는 보고한다. 이 연맹의 창립자인 제이코버스 텐브룩의 "가장 큰 실망"은 "직업을 가진 중산층 출신의 성공한 시각장애인들 대부분이, 실업 상태일 뿐 아니라 고용이 불가능하다고 분류되는 일반 시각장애인들의 운동과 자신을 동일시하기를 꺼렸던 일"이었음을. 시각장애인들이 이러한 경제적 주변화에서 벗어나려면 어떤 일을 할 수 있을까?

··· ··

메인 홀을 찾아갔다. 거대한 홀 안은 3분의 2 정도 차 있었다. 몇몇 사람들이 기둥에 달린 각 주의 기관을 표시하는 점자 레이블을 사용해 목적지를 찾는 모습이 보였지만, 대부분은 내가 '허공에 말 걸기'라 이름 붙인 기법을 사용했다. 눈먼 사람은 사람들 사이에 멈춰 서서 정지한 위치에 지팡이를 수직으로 세운다. 그 다음에는 눈먼 사람들이 흔히 하는 대로 머뭇거리듯 망각 속을 응시한다(시력은 응시에 따라갈 표적을 제공한다. 시력이 상실되어도 응시는 남는다. 그리고 내가 사용하는 '응시'라는 말은 오로지 지성을 가진 얼굴이 보고자 하는 대상의 방향을 향하고 있다는 의미다. 실제로 작동하는 눈이 없어도 응시는 존재한다. 조각상도 응시한다. 그러나 시력을 상실한 응시는 기울어지고 방황한다). 세상 속에서 정지한 눈먼 응시자의 얼굴에 떠오른 표정은 내면적으로 가동되고, 계산적이며, 깊이 귀를 기울이는 것처럼 보인다. 그렇게 유심히 집중한 채로 얼어붙은 듯 몇 분간 정지한 끝에, 이 사람은 단호하고 큰 소리로(속삭이는 것은 무의미하다. 이 질문에 답하는 이는 누구든 목소리를 듣는 동시에 자신이 말 거는 대상이 되었다는 사실을 알 필요가 있으므로) 선언한다. "여기가 노스다코타입니까?" 메인 홀은 사람들로 북적거렸으므로 이 같은 접근법은 실제로 효과가 있었다. "네브라스카예요!" 누군가가 명랑한 목소리로 대답했는데, 그의 응시는 질문한 사람을 빗나가 있었다. "계속 가세요!"

나는 자립 마켓 바깥에서 저널리스트인 윌 버틀러와 만나기로 약속한 참이었다(말하는 온도계부터 디지털 점자 필기구까지 볼 수 있는 사람들 도움 없이 시각장애인의 기능적 자립이 가능하도록 해 주는 도구를 팔기에 자립 마켓이라는 이름이 붙었다).

몇 년 전 인터넷에서 처음으로 윌의 글을 읽었다. 윌은 음악 페스티벌을 비롯한 여러 행사에 관해 "시각장애인의 입장에서 경마는 엄청나게 침울한 경기다" 같은 태그라인을 단 다소 선정적인 기사들을 〈바이스〉에 기고했다. 그는 샌프란시스코에 있는 시각장애인 재활기관인 '시각장애인 및 시각결손인을 위한 라이트하우스LightHouse for the Blind and Visually Impaired'(이하 '라이트하우스')의 커뮤니케이션 디렉터였다. 그에게 내 소개를 하면서 망막색소변성증이 어디까지 진행되었는지 언급했다. 법적 실명인이고 지팡이를 사용하지만, 여전히 활자를 읽을 수 있다고. 사람들은 보통 이런 정보를 들으면 연민과 이도 저도 아닌 안타까움을 표한다. 윌이 대답했다. "미친 소리로 들릴 걸 아는데, 누가 자기 아들이 망막색소변성증을 앓는다거나 눈이 멀어간다고 말하면 '진짜 멋진데요!'라고 말하고 싶어 참기 힘들답니다. 명백한 어려움이 몇 가지 있기는 하지만, 실명은 진정 내게 수많은 지적 문을 열어주었거든요."

우리는 지팡이를 사용해 자립 마켓을 돌아다니며 몇십 개의 부스, 미끈한 기업 디스플레이, 지역 대표단이 직접 차려놓은 설치물 사이를 지나쳤다. 청각적으로 두들겨 맞는 기분이었다. 대회 참가자들의 시끌시끌한 대화에 더해 자원봉사자들이 "위스콘신 지부에서 준비한 초콜릿 바예요!" "전국시각장애인연맹 티셔츠가 여기 있어요!" 외쳐대며 '말하는 간판' 노릇을 하고 있었다.

월은 시각장애인을 위한 기술 스타트업 CEO와 예정된 미팅이 있어 떠나야 했다. 다음 날 점심 식사를 위해 다시 만났을 때, 가까이 다가갔는데도 그가 내 기척을 알아차리지 못한다는 사실에 놀랐다. 일반 세션이 진행되는 동안 월이 물론 코에 붙을 정도로 바짝 얼굴에 대기는 했지만 휴대폰을 시각적으로 사용하는 모습을 보았으니 그에게는 시력이 일부 남아 있는 게 분명했다. 하지만 나는 그가 볼 수 있는 것이 실제보다 많다고 짐작했던 모양이다. 옆에 있다고 월에게 자연스럽게 알릴 방법을 고민하던 나는 결국 필요한 것보다 두 배쯤 큰 소리로 쩌렁쩌렁 외쳤다. "월!" "무슨 일입니까?" 월이 흠칫 놀라는 바람에 스스로가 싫어졌고, 눈먼 사람에게 나의 도착을 알리기 위해서라면 이렇게 난폭한 명랑함보다는 더 나은 방법을 찾아야 한다는 사실을 머릿속에 새겼다.

우리는 식당으로 갔다. 큰 글자 메뉴를 읽던 중, 월은 자리를 옮기자고 제안했다. 왜냐고 묻자 그가 답했다. "이 자리에 있으니 스트레스를 받네요. 앞이 안 보이는 사람들이 길을 잘못 들어서 자꾸만 우리한테 부딪치는 모습이 보이잖아요." 우리 자리는 컨벤션센터와 호텔을 잇는 복도에 있는 첫 번째 테이블이었는데, 알고 보니 이 자리는 홀로 들어가려는 사람들이 차례차례 밀려오는 해변 같은 곳이었다. 우리 둘 다, 한 여성이 우리 테이블을 향해 똑바로 걸어오는 모습을 보았다. 여성은 사과한 뒤 로비가 어디냐고 물었다. 나는 방향을 잘못 알려주고 말았다. "왼쪽으로 꺾어서⋯ 1.5미터 직진한 뒤⋯ 오른쪽으로 돌아요." 여성은 경로를 벗어나 낮은 테이블이나 천을 씌운 윙 체어로 장식한 호텔의 막다른 길로 가 버렸다. "가서 도와줘야 할까요?" 내가 물었다.

"알아낼 겁니다." 월이 말했다. "여긴 내가 길을 잘못 알려주고도 죄책감을 느끼지 않는 유일한 곳이에요. 저들을 도와줄 사람이 정말 많으니까요."

⋯ ⋯

시각장애인은 줄곧 비시각장애인과의 긴장 속에 살아왔다. 그들은 시각장애인을 돕는 것이 자기네 일이라 여긴다. 1260년경 파리에는 세계 최초로 국가가 운영하는 맹인 호스피스인 캥즈뱅 Quinze-Vingt(프랑스어로 '300'을 의미하며 처음 이곳에 살았던 300명의 맹인을 가리킨다)이 설립되었다. 이곳에 수용된 맹인들은 국왕의 보호를 의미하는 특별한 노란색 플뢰르 드 리스(백합 모양으로 된 장식 문양) 배지를 달았고 노동의 대가로 숙식을 제공받았다. 역사학자 지나 베이강은 "종지기와 포고꾼은 맹인이었으며, 이곳의 부지 내에 있는 선술집들도 맹인들이 운영을 도맡았다"고 쓴다. 이처럼 고정된 일자리도 있었지만 대부분은 전업 구걸꾼으로 고용되어 앞을 볼 수 있는 안내자를 대동하고 매일 정해진 시간만큼 시내로 나갔다. 처음에는 맹인 수용자들이 어느 정도 자치권을 행사했고 행정가들을 만나 변화를 요구하기도 했다. 그러나 1522년에는 수용자들의 활동을 감시하는 수위가 등장했고, '바른 행실' 유지와 여러 종교적 의무의 수행이 수용자들의 책무가 되었다.

캥즈뱅은 전업 구걸꾼이라는 맹인의 공적 이미지를 강화하고 이들에 대한 적개심을 불러일으켰는데, 베이강의 표현에 따르면 이들이 "구걸을 일삼는 귀족 그 자체"라는 인식이었다(어쩌면 오늘날의 '복지 여왕'*의 이미지에 비해서 더 고상할 뿐 아니라 인종주의가 덜 가미된 표현일지도 모른다). 파리 시민들은 1425년 호스피스 시설에서 몇 블록 떨어진 곳에 조성한 잔혹한 '유희'로 이 적개심을 표현했다. 맹인 네 사람에게 전투용 갑옷을 입히고 돼지 그림을 그린 펼침막을 들게 한 뒤 진짜 '튼튼한 돼지' 한 마리와 함께 근

---

* Welfare queen. 복지제도를 남용하는 이를 가리키는 경멸적 표현으로 로널드 레이건 전 대통령이 대선 캠페인에서 언급한 뒤 널리 쓰인다. 특히 홀로 아이를 키우는 흑인 여성에게 따라붙는 낙인이다.

처 공원까지 행진하게 한 것이다. 여기서 맹인들에게 곤봉을 하나씩 주고, 돼지를 죽이면 그 돼지를 주겠다고 했다. 그렇게 폭력적이고, 역전된 까막잡기 놀이가 펼쳐졌다. 한 기록자의 표현대로라면 그것은 "무척이나 이상한 싸움"이었다. "힘센 이들은 자기가 돼지를 때렸다고 믿었으나 서로를 때렸고, 실제로 무장했다면 아마 상대방을 죽였을 것이다." 프랑스 문헌에는 이런 '유희'가 정기적으로 일어났음을 입증하는 증거들이 있다.

유럽에 최초의 맹학교가 생긴 것은 18세기 후반이다. 빈곤한 맹인이 '무능한' 구걸꾼으로서 수용되는 것이 아니라 처음으로 교육기관에 입소하게 되었다. 이런 발전이 무엇보다도 점자 개발과 맹인의 문해력 증진 면에서 혁명적이었던 것은 사실이나, 주류 사회의 수용이라는 문제까지 해소하지는 못했다.

새뮤얼 그리들리 하우가 미국 최초의 맹학교인 퍼킨스학교를 설립했을 때, 그는 자신이 맹인 아동들의 사회화와 교육에서 이룬 성공이 고등교육이나 산업화 사회에서의 취업 기회로 이어지지 못했음을 깨달았다. 학생들은 구직하다 좌절해 학교로 돌아왔고, 1840년 하우는 퍼킨스학교 학생들을 위해 반숙련 노동, 즉 '맹인 노동'을 훈련하는 작업장을 만들었다. 20세기 전반에는 맹학교 그리고 이후에는 독립적인 도급 업체에서 이런 '보호작업장'을 만들어 빗자루나 대걸레를 생산하는 대가로 맹인들 몇천 명에게 최저 생활임금을 주었고 때로는 정부와 독점 계약을 맺고 제품을 판매하기도 했다. 하우는 이렇게 쓴다. "이 작업장에서 맹인들은 자신이 먹는 빵을 보장받기에 완벽하게 독립적이라고 느낀다. 조금이라도 남은 돈이 있다면, 그것은 구호금의 액수보다 열 배 이상 값지다."

··· ··

나는 윌에게 전국시각장애인연맹에서 운영하는 센터에서 시각장애 기술 훈련을 받았는지 물었다. 그가 능숙하고 편안해 보였기 때문이다. 윌은 아무 훈련도 받은 적 없지만 이대로도 괜찮다는 생각이라고 대답했다. 얼마 전 혼자 일본을 며칠간 여행하고 막 돌아온 참이라고도 했다. 그러고는 곧 자신의 능력에 대해 겸손한 태도를 보였다. "사실, 지팡이가 그렇게 복잡한 물건은 아니잖아요. 저차원 기술의 본보기죠."

윌은 캘리포니아대학교 버클리 캠퍼스 신입생 시절 한쪽 눈의 시력을 완전히 상실했지만, 그 밖에는 '평범했다'. 운전을 했고, 진지하게 사귀는 여자 친구가 있었으며, 그 여자 친구와 여름방학을 맞아 파리로 여행할 계획을 세웠다. 그러던 중 다른 쪽 눈이 나빠졌다. 망막박리 수술을 세 번 했고, 의사는 회복을 위해 석 달간 가만히 엎드려 있게 시켰다. 명상적이지만 고통스럽던 그 기간이 끝날 무렵, 그는 법적 실명인이 되어 있었다. 윌과 여자 친구는 파리에 가지 못했고, 오래지 않아 헤어졌다.

그 뒤 윌은 서서히 다시 세상으로 돌아오기 시작했다. 나처럼 윌도 첫 몇 년간은 지팡이를 가지고는 있었지만 사용하지 않을 정도로 수치스러워했으나, 결국은 변화의 필요성을 느꼈다. 어느 날 밤 윌은 화장실을 찾지 못해 아무도 없는 주차장에 소변을 보았는데, 알고 보니 경찰서 주차장이었다. 그는 체포를 가까스로 면했다. 이런 사고들이 자꾸만 생겨났다. 친구들은 윌에게 시각장애가 있음을 알았지만, 도움을 받아보라고 권한 사람은 오로지 어머니뿐이었다.

"비시각장애인은 '지팡이를 들고 다니라고, 친구' 같은 말을 절대 하지 않죠." 윌이 말한다. "그런 생각조차 감히 하지 못할 겁니다. 비시각장애인의 눈에 지팡이란 슬픈 것이고 비극이니까요."

친구들과 함께 떠난 몬트리올 여행이 전환점이었다. 여행 마지막 날 밤, 윌은 밤새 파티를 하고 오전 5시 버스에 올라 뉴욕으로 돌아왔다. 국경에 도착한 뒤, 버스에 있던 다른 사람들이 이미 세관을 통과하고 나서야 세관 직원이 무뚝뚝하게 윌 일행을 잠에서 깨웠다. 숙취가 심했던 윌은 자신보다 훨씬 키가 작은 친구를 붙들고 몸을 지탱해야 했다. "우린 아마 마약에 취한 일행들로 보였을 겁니다." 윌은 여권 검색대에서 남들보다 더 긴 시간 시달려야 했고, 국경 요원에게 마약을 복용한 게 아니라고 해명하는 동안 버스에 탄 모두를 기다리게 했다. 뉴욕으로 돌아오자마자 윌은 앞으로 지팡이를 사용하기로 마음먹었다.

그날 저녁, 윌은 처음으로 지팡이를 가지고 외출했다. "다행히 '야, 그냥 가지고 와. 걱정 말고'라고 격려하는 좋은 친구들이 있었거든요." 윌 일행은 바에 가서 다른 모임과 합석했는데, 그중에는 친구의 친구인 처음 보는 여성도 있었다. 그들이 테이블에 자리를 잡고 앉는데 두 테이블 떨어진 곳에 앉은 그 여성이 친구에게 말하는 소리가 들렸다. "저 사람 누구야?" 월을 두고 한 말이었다. "세상에, 내 룸메이트가 진짜 좋아하겠다. 완전 개 이상형이야." 월은 이 순간에 대해 경외심이 가득한 목소리로 이야기했다. "그러니까 지팡이를 가지고 그곳에 들어가면서 나한테 말을 거는 사람이 있기나 할까? 생각했거든요. 없는 사람 취급을 당하진 않을까? 그 어느 때보다 자존감이 낮았어요. 그런데 그 친구한테는 보이는 것 너머를 보는 능력이 있었던 거죠. 심지어 지팡이가 아예 안 보이는 듯했죠. 신에게서 선물을 받은 기분이었어요. 다 괜찮을 거라고. 사람들도 잘 대해 줄 거라고."

월에게 내가 가진 불안감에 대해 털어놓았다. 맹인이라기에는 시력이 어느 정도 있고, 맹인이 아니라기에는 잘 보이지 않는다는 사실 때문에 자꾸만 감정의 동요를 겪고, 사기꾼이 된 기분이라는 이야기였다. 월은 말했다. "아주 오랜 기간에 걸쳐 눈이 멀어갈 겁니다." 월은 잠시 음식을 씹다가 덧붙였다. "그러다가 어느 시점, '눈이 멀어간다'는 서사를 버려야 하는 순간이 올 겁니다. 심한 말 같겠지만… 그냥 눈먼 사람이 되는 거죠. 눈이 덜 멀었다, 더 멀었다 같은 건 있어도 그래도 결국은 눈먼 사람인 겁니다." 정말 심한 말이었다. 심지어 월처럼 극적이고 집중적인 방식으로 '눈이 멀어가는' 순간을 이미 겪은 사람 앞에서마저 어떤 효과를 내려고 눈멀어가는 경험을 과시한다는 것처럼 들렸으니까. 심지어 눈이 멀어간다는 표현 역시 지금은 문제적이라 생각한다고 월은 말했다. "눈이 멀어간다는 말은 우리가 눈멂과 연관

짓는 고독과 고립을 굳어지게 만들었습니다. 이 일을 훨씬 더 정확히 묘사하는 말은 **눈먼 사람이 된다**겠지요. 눈멂은 출발이라기보다는 도착이기 때문입니다."

월과 함께 앉아 대화하니 기분이 좋았다. 여태까지 만나 본 몇 안 되는 시각장애인은 전부 나보다 적어도 서른 살은 많았고, 따라서 도저히 지금 월과 하듯 편하고 솔직한 대화를 나눌 수 없었다. 월은 자신이 처음 시력을 잃었을 때 이렇게 대화할 사람이 있었으면 좋았겠다고 했다. 지금은 전국시각장애인연맹을 만났고, 이곳에서 월은 수많은 이들보다 더 많은 시력을 가지고 있다. "그래서 그 점을 이용해 남들의 머리 위에 서 있죠." 우리는 이 농담에 함께 웃었지만, 실은 둘 다 이 말이 완전한 농담만은 아니라는 걸 알았다. 알고 보니 시각의 위계는 내가 어렴풋이 짐작한 것 이상으로 시각장애인들 사이에 흔한 역학이었다. 월이 그 사실을 인정하는 걸 들으니 마음이 놓였다. 월이 말했다. "상상해 보세요. 여기 전국시각장애인연맹에는 매일의 일상에서 무능한 사람으로 취급받는 사람들이 800명쯤 모여 있습니다. 그런데 이곳에 와서 남을 돕잖아요. 기분이 엄청 좋을 거예요."

· · ··

초기 맹학교들은 학생들의 대학 진학을 돕거나 비장애인 고용인들의 편견을 바로잡는 역할을 할 준비가 되어 있지 않았다. 그럼에도 맹학교들은 새롭고 정치화된 시각장애인 집단의식의 핵

그리고 조직적 시각장애인운동의 씨앗을 형성했다. 이 운동을 포함한 미국 장애운동의 대부분은 베이 에어리어에서 탄생했다. 1880년대, 뉴얼 페리는 곧 통합될 도시 버클리에 있던 캘리포니아맹학교 10학년 학생이었다. 페리는 졸업 후의 전망을 진지하게 고민했고, 밤이면 친구들과 함께 미래의 모습을 상상하곤 했다. "시각장애인이 대학에 진학했다는 이야기를 들어본 적은 없었다." 페리의 회상이다. 그래서 페리와 친구들은 자신들이 아는 모든 주립시각장애인 중등학교 교장에게 편지를 써서 자신들의 재능을 설명하고 그들의 고등교육 계획에 대한 생각을 물었다. "절반 정도가 답장을 주었는데 그중 대학에 진학하는 게 좋겠다고 말한 사람은 아무도 없었다." 훗날 페리는 이렇게 회상했다.

> "시도도 하지 마"라고 하는 사람이 많았다. 한 사람은 "교육을 받아보았자 평생 불만족스러울 뿐이다"라고 했는데, 그건 당연히 우리가 대학을 마쳐도 아무것도 할 수 없으며 비참한 신세가 되리란 뜻이었다. 어쩌면 우리는 무식한 채로 있는 쪽이 나을지도 몰랐다.

그럼에도 그의 야망을 북돋아준 교사 덕분에 페리는 1890년 버클리고등학교에 진학한 최초의 시각장애인 학생이 되었다. 그는 나아가 캘리포니아대학교 버클리 캠퍼스 최초의 시각장애인 졸업생이 되었으며 누가 봐도 뛰어난 학문적 커리어를 갖게 됐다. 대학교에서 연구 장학금을 받으며 수학 강의를 한 뒤, 마침내 뮌헨대학교에서 수학 박사 학위까지 받았다. 그러나 취업 시장에 뛰어들자 맹학교 교장들의 낮은 기대치는 대학 수학과들에서도 되풀이되었다.

1912년 페리가 버클리로 돌아와 캘리포니아맹학교 교사가 된 것은 어떤 관점에서는 볼 수 있는 자들의 세계에서 거절당하고 눈멂의 영역으로 귀환한 실패로 보일 것이다. 그러나 한편으로 이 결정은 시각장애인의 앞날을 드높이고자 했던 그의 열정에서 비롯된 강력한 것이기도 하다. 이는 아직도 시각장애인에게 흔한 삶의 궤적이다. 대학을 졸업하고, 진짜 세상에서 일하면서 주류 사회에서 성공을 거두지만, 이후 다시 눈멂의 영역으로 돌아가 교사, 보조 기술 트레이너, 접근성 문제 상담사로 일하는 것이다. 이런 움직임은 어떤 면에서는 비시각장애인 세계의 편견에 부딪쳐 좌절한 탓이기도 하지만, 한편으로는 시각장애인 동포들과의 연대감에서 비롯되기도 했다.

아이들이 "박사님"이라고 부르는 페리는 캘리포니아맹학교에서 인기 있는 멘토가 되었고, 훗날 학생들도 뒤를 이어 일반 고등학교와 대학교에 진학했다. 그는 기차에 올라 캘리포니아를 종횡무진 돌아다녔고, 결국은 시각장애인이 주체가 되어 자신들의 권리를 수호하는 주립 단체인 캘리포니아시각장애인협의회California Council of the Blind를 창설하기도 했다. 정치적 주체로서의 지식을 갖춘 그는 종종 직접 법안을 꾸려 국회의원들에게 제안하기도 했다. 캘리포니아시각장애인협의회 초기 회장으로 재임하던 시절 그는 캘리포니아 주 정부가 모든 시각장애인 대학생들에게 책 읽어주는 이를 고용할 비용을 지원하고, 맹학교에 취업 상담사를 고용하고, '시각장애인에 대한 법적 지원'을 다룬 여러 법을 개혁하게 만들었다.

위대한 교사들이 으레 그렇듯, 페리의 유산은 제자들이 거둔 성공으로 입증된다. 제자들은 국회의원이 되고 학자가 되고 사업가가 되었다(캘리포니아맹학교는 남녀공학이지만, 페리는 남학생들에게만 집중적인 노력을 기울였다. 아쉽게도, 비록 장애에 대해서는 시대를 앞서가는 생각을 품었을지 몰라도 그의 젠더 관점은 시대를 크게 벗어나지 못했다. 또한 일반 학교와 마찬가지로 맹학교 역시 인종 분리법을 적용받았으며 캘리포니아맹학교는 백인 전용 학교였다).

페리의 가장 유명한 학생인 제이코버스 텐브룩은 페리와 공통점이 많았다. 둘 다 시골에서 가난한 어린 시절을 보냈으며 초기 아동기에 겪은 외상성 사고로 시력을 잃었다. 페리는 여덟 살 때 심각한 옻 중독으로 안구가 터지고 한동안 혼수상태에 빠졌다. 텐브룩은 일곱 살 때 친구가 당긴 활시위가 정중앙을 맞힐 운명임을 까맣게 모른 채 과녁의 구멍 속을 들여다보았다. 그는 화살을 맞은 즉시 왼쪽 눈을 실명했고, '교감성 안염'으로 곧 오른쪽 눈도 실명했다.

'칙chick'(병아리)이라는 별명을 가진 텐브룩은 페리의 발자취를 따라갔다. 일반 학교인 오클랜드대학교 부설 고등학교에 입학했고, 1930년대에는 캘리포니아대학교 버클리캠퍼스에 다녔는데 당시에는 이곳에 그와 나란히 시각장애인 학생들 여럿이 다니고 있었다. 페리처럼 텐브룩도 하버드대학교 법학과에서 특별 연구원으로 지내다가 캘리포니아대학교 버클리 캠퍼스에서 정치학 박사 학위를 받았다. 그러나 탄탄한 이력서를 갖춘 그 역시 취업 시장에서 페리와 마찬가지로 선입견과 마주했다. 중서부의 어느 큰 대학교의 학과장이 그에게 공법 강의를 맡길 생각을 보였다가 시각장애인임을 알고 제안을 취소하기도 했다. 텐브록은 잠시 페리처럼 캘리포니아맹학교로 가서 시각장애인 교사가 될 생각을 했으나, 결국 버클리 캠퍼스에 새로 생긴 연설학과의 교수 자리를 얻었다. 원하던 법학 교수직은 아니었으나, 이 자리는 그가 탁월한 경력을 이어가는 발판이 되었다.

이 시기 정부 차원에서 이루어지는 시각장애인 지원에는 지형 변화가 일어났다. 1910~1920년대까지 페리는 주법의 입법을 위해 집중적인 노력을 쏟았다. 그러다 대공황이 왔고 연방 정부가 복지에 힘을 기울이기 시작했다. 미국 최초로 '빈곤 시각장애인 지원'을 도맡는 연방기관들이 생겨났다.

페리와 텐브록은 이제 사고를 넓혀야 한다는 걸 깨달았다. 1940년 11월, 텐브록은 캘리포니아시각장애인협의회 대표로 펜실베이니아주 윌크스배러로 향했고, 그곳에서 유사한 단체를 이끄는 15인과 만났다. 텐브록은 2차 세계대전 이전 아이비리그 법학대학의 공부 벌레였던 그의 배경에 딱 어울리는 깔끔한 반 다이크 수염●과 트위드 양복 차림이었다. 참가자들의 투표를 통해 텐브록은 새로이 탄생한 전국시각장애인연맹 초대 회장으로 선

● 뺨의 수염을 면도하고 턱수염과 콧수염을 분리해 기른 모양.

출되었다. "시각장애인 문제는 이제 국가 단위의 문제가 되었습니다. 그리고 시각장애인 단체 역시 국가적 특성을 띨 필요가 있습니다." 1944년의 연회 연설에서 텐브록이 한 말이다.

··· ···

전국시각장애인연맹의 철학은 서로 대립하는 두 가지 생각에 한 발씩 걸치고 있다. 이 단체는 눈멂이란 부차적 특성에 불과하며 볼 수 있는 사람이 하는 거의 모든 일을 할 수 있는 능력에 영향을 미치지 않는다고 주장한다. 한편으로, 이 단체는 시각장애인을 위한 편의 제공과 특별 혜택을 요구한다. 동시에 고수하기는 어려운 두 가지 생각이다. 시각장애인은 다른 이들과 동등한가, 아니면 특별한 요구를 지니는가? 그런데 현실에서 이 두 가지가 반드시 상호 배제적이지는 않다.

사실 미국적 삶의 방식에서 핵심이 되는 긴장 관계를 자아내는 것이 바로 이런 문제다. 미국의 법은 개인의 자유(예를 들면 팬데믹 기간에 의무화된 마스크를 쓰지 않겠다는 결정)와 공공의 복지(면역력이 약한 사람들을 치명적 바이러스로부터 보호하기) 사이의 끊임없는 긴장으로 이루어진다. 미국이라는 공화국의 모순은 우리의 편익을 지키는 동시에 우리의 자유를 고집한다는 데 있다. 이는 시각장애인이 맞닥뜨리는 모순이기도 하다. 고용주의 절대다수가 시각장애인이 식당을 운영할 수 있는지는 물론 혼자 버스를 타거나 달걀을 구울 수 있는지 여부조차 전혀 모르는 취업 환경에서 연금이나 세금 우대 같은 혜택은 반드시 필요하다. 그러나 시각장애인이 사생활, 존엄성 그리고 자신의 앞날과 직업을 선택할 자유를 가질 수 있도록 이런 혜택들을 신중하게 집행해야 한다는 것이 전국시각장애인연맹의 주장이다.

1940년 열린 제1회 전국시각장애인연맹 전국 대회에서 텐브록은 대표단들이 가장 집중한 문제는 "사회보장국이 빚어낸 대혼란, 국가 연금의 타당성 그리고 사회복지사들의 지독한 옹졸함"이었다고 회상했다. 사회보장국은 일평생 착취한 육체노동의 대가로 구호금을 제공하던 엘리자베스 구빈법 시대에나 어울릴 법한 시각장애인에 대한 시각으로 운영되며, 사람을 빈곤에서 벗어나게 할 지렛대가 없다고 주장했다. 미국의 복지 체계에서 혜택은 수입에 따라 조건부로 주어진다. 시각장애인이 운 좋게 직장을 얻으면 특정 액수 이상을 저축하는 순간 혜택이 즉각 중단되는 식이었다. 텐브록은 시각장애인이 수입을 더 많이 저축하고 시각장애인의 노동을 장려하게끔 중간 경로가 있어야 한다고 주장했다.

전국시각장애인연맹의 로비 덕분에 시각장애인들은 이제 다른 장애를 가진 집단들에 비해 혜택을 받기 위한 소득 금액 상한선이 70퍼센트 가까이 높다. 그러나 다른 장애를 가진 집단보다 시각장애인에게 훈련이 더 필요하다는 이유로 다른 집단보다 후한 혜택을 받는 것이 공정해 보이지는 않는다. 게다가 이런 차이가 무색할 만큼 미국 장애 수당의 1차 원천인 생활 보조금Supplemental Security Income; SSI 분배에 관한 법은 아주 낡은 것이어서 보조금 수령인을 빈곤에서 빠져나가지 못하게 만든다. 매기 애스터가 2021년 〈뉴욕타임스〉에서 보도했듯이 SSI의 연간 최대 혜택 금액은 9528달러로 "연방 최저 소득 기준의 4분의 3 수준"이다. 수령인이 85달러 이상의 기타 소득을 얻거나, 저축액이 2000달러 이상이거나, 심지어 "사랑하는 이에게 식료품 또는 거주지"를 선물로 받는다면 불이익이 주어지며, 이런 혜택에 대해서는 1972년 이후 물가상승률에 따른 조정이 없었다.

텐브록은 최초의 전국시각장애인연맹 구성원들에게 그들의 목표는 "전투적이고 공격적이며, 집단의식을 가진 시각장애인 전국 단체를 통해서만 실현될 수 있다"고 말했다. 그 뒤 오랫동안 전국시각장애인연맹은 전투적인 면에서는 꾸준히 잘해 왔다. 사회보장국과 입법 싸움을 벌였으며 존 F. 케네디 상원의원을 통해, 각 주의 시각장애인위원회가 가하는 일종의 장애인 조합 깨부수기 같은 압력으로부터 자신들을 보호하는 권리인 시각장애인 '단결권' 지원을 얻어내기도 했다(최종적으로 입법에는 실패한다).

또한 연맹은 거주지 임대, 헌혈, 공무원 임용, 배심원 의무를 거부당하는 개인들에게 주목하게 만들었다. 오늘날 연맹은 기초 프로그램에 접근할 수 없는 시각장애인 수감자들, 선거에서 비밀투표를 할 수 없는 시각장애인들 그리고 오로지 실명을 이유로 자녀와 분리된 시각장애인 부모들을 옹호하는 데 앞장선다.

텐브록은 노동조합을 본떠 전국시각장애인연맹을 만들었다. 시각장애인과 산업 노동자 사이에 직접적 유사성이 있다고 여겼기 때문이다. 두 집단 모두 "서로 상당한 도움을 주고받으며, 사

회에 보호와 어느 정도 지원을 요구할 수밖에 없다". 텐브록의
멘토 뉴얼 페리는 자신이 대체로 공화주의자로 알려졌으나 "시
각장애인 문제에 있어서 나는 사회주의자다"라는 말을 남기기도
했다.

연맹 회원들은 대체로 미국의 정치적 스펙트럼을 반영하며,
시골 지역의 보수적 백인 회원들도 상당수 포함한다. 그러나 시
각장애 관련 의제를 다룰 때면 집단적 연대감이 보수주의 정서
를 압도하는 경향이 있다. 올랜도에서 열린 전국 대회에 갔을 때,
나는 점자도서전 부스에서 일하는 네브라스카 출신 시각장애인
바버라 루스를 만났다. 연맹에서 활동하게 된 계기를 묻자 루스
는 자신이 "민권을 지지하는 공화주의자"라고 답했다. 처음에는
급진적 단체로 알려진 연맹에 거부감을 느꼈다고 한다. "그러다
가 **급진적**radical이라는 단어를 사전에서 찾아봤어요. 그건 그저
'모든 것의 뿌리에 존재하는'이란 뜻이더군요."

이 급진성 때문에 연맹은 공격적이고, 교조주의적이며, 독재
적이라는 악명을 얻었다. 노동조합에서 따온 조직 구조 역시 평
회원의 투표로 선출된 회장에게 막강한 권한을 부여한다. 창립
이후 40년간 카리스마 넘치는 두 회장이 연맹을 이끌어왔기에,
이들의 목소리는 곧 연맹의 운동과 동의어가 되었다. 연맹 회원
중에는 아직도 텐브록의 후계자인 케네스 저니건 이야기를 하며
마치 그가 시각장애인운동의 맬컴 X라도 되는 듯 일종의 향수를
불러일으키는 운동가에게 열정을 내비치는 이들이 있다.

그러나 1950년대 말, 텐브록이 연맹을 쥐락펴락하는 것을 답

답해하는 회원들이 생겨났다. 이들은 텐브록의 부실한 재정 관리와 비민주적일 정도로 강력해진 회장의 권한에 불만을 품었다. 그러면서 일명 '내전'이라 부르는 시기가 찾아왔고, 이 내전은 결국 연맹에서 몰려난 '반체제' 파벌이 캔자스시티에서 열린 1961년 전국 대회에서 극적인 장면을 자아내며 마무리되었다. 반체제 구성원들은 전국 대회 현장에서 항의 퇴장을 실행한 뒤 길 건너 호텔에서 새로운 전국 단위 단체인 미국시각장애인위원회American Council of the Blind를 창립했던 것이다.

미국시각장애인위원회와 전국시각장애인연맹은 여러모로 닮았다. 멤버 대다수가 시각장애인이어야 한다는 정관이 있으며(이 역시 시각장애인을 위한 단체일 뿐 아니라 시각장애인의 단체로 만드는 요소였다) 전국 대회, 각 주별 기관, 지역 지부, 워싱턴의 로비스트 등을 보유한다. 그러나 미국시각장애인위원회는 규모가 작고, 전국시각장애인연맹이 신나게 비난을 퍼붓는 정부기관에 한층 회유 조로 접근한다는 차이가 있다(또 적어도 일부 시각장애인 사이에서는 전국시각장애인연맹보다 정치적으로 더욱 진보적인 단체로 알려졌다).

분파 이후 전국시각장애인연맹의 체제가 정비되고 회원 수가 늘어나면서 연맹은 시각장애인에게 영향을 주는, 또한 연맹의 표현대로라면 이들을 억압하는 정책에 대한 공격적 개입을 이어갔다. 이런 행동은 때로는 연맹이 미국시각장애인위원회를 비롯한 다른 시각장애인 단체들과 대립하게 했다.

미국에 청각 보행 신호가 도입된 것은 1970년대의 일이다. 안전하게 사거리를 건널 수 있을 때 새 소리를 닮은 전자음을 들려주는 신호다. 이때 연맹이 곧장 이 신호의 사용을 반대하고 나섰다. 그들은 청각 보행 신호가 시각장애인의 이미지를 신호등이 바뀌어도 차들의 소음 변화를 감지할 수 없는 무능력한 사람으로 강화한다고 주장한다. 몇십 년간 미국시각장애인위원회와 전국시각장애인연맹은 의견 대립을 계속했고, 청각 보행 신호 사용을 지지하거나 반대하는 시각장애인 단체들끼리 대립하면서 지역 정부들 사이에서도 혼란이 가중되었다.

각 단체의 일부 회원들은 상대 단체를 여전히 헐뜯는다. 나와 대화한 전국시각장애인연맹 회원 다수가 미국시각장애인위원회 전국 대회는 비시각장애인 활동 보조자에게 의존하는 노인들만 잔뜩 있는 곳이라고 폄하했다. 한편, 전국시각장애인연맹에 대해 말할 때면 매번 이 연맹이 지닌 교조주의와 공격성을 열띤 어조로 묘사하는 미국시각장애인위원회 회원들도 있었다. 그러나 이런 불만은 대체로 내전 시기의 감정을 여전히 곱씹는 윗세대에 한정된다. 젊은 회원들 사이에는, 시각장애인의 충만한 삶을 방해하는 장벽을 없앤다는 근본적으로 같은 목표를 공유한 두 단체 사이의 묵은 갈등을 넘어서려는 움직임이 있다.

• • ••

월과 점심을 먹고 이틀 뒤, 길고 지루한 오후 세션이 끝나고 모두가 마지막 연회를 위해 옷을 갈아입으러 방에 돌아갔다. 로비에 앉아 꾸벅꾸벅 졸다가 눈을 뜨자 격식을 갖춘 휘황찬란한 파티 의상으로 차려입고 엘리베이터에서 내리는 사람이 보였다. 순간 내가 시각장애인의 기본적 존엄성에 의문을 제기하고 있다는 사실을 또 한 번 깨달았다. 시각장애인 전국 대회란 재택근무 같은 것 아닌가? 다들 잠옷을 입어도 상관없지 않나? 어째서 다들 화려함과 격식 같은 걸 이토록 중시하지?

대회 나흘째가 끝나가던 이때, 나는 내 안의 눈멂 그리고 타인의 눈멂과 자꾸만 마주하는 데 소모되는 감정적 노력에 지쳐 있었다. 사람들이 시각장애인에 관해서 하는 최악의 생각들이 자꾸 떠올랐다. 안 보이는데 멋있게 보여서 좋을 게 뭐지? 하지만 엘리베이터에서 내리는 사람들은 모두가 근사해 보였다. 그리고 이런 생각을 차마 삼킬 수도, 뱉을 수도 없는 약처럼 머릿속에 굴릴 때조차 그 생각이 얼마나 어리석은지를 알고 있었다. 연회의 복장 규정은 자기 존중, 모두가 갖고 있거나 모두가 가질 권리가 있는 인간의 존엄성 때문에 존재했다. 이는 상황이 어떻건, 스스로 보기 좋고 우아하다고 느낄 수 있는 능력을 말한다. 볼티모어에 있는 전국시각장애인연맹 본부 화장실이 세상에서 제일 깨끗한 화장실인 것도 이 때문이라고 들었다(듣기로는 연맹의 대학 장학금 위원회는 시각장애인 지원자의 겉모습 역시 의사 결정 과정의 일부로 평가할 수 있도록 비시각장애인을 고용해 지원자의 옷차림을 설명하도록 했다고 한다).

내 테이블에는 나이 든 여성과 지적장애를 가진 내 또래의 휠체어 탄 남성이 이미 앉아 있었다. 자기소개를 하자 그 수전이라는 여성은 곧바로 자신들 이야기를 들려주었다. 만난 지 채 1분이 지나기도 전에 수전은 아들 이름이 재러드이며 흔들린아이증후군*을 겪었다고 알려주었다. "난 출근 중이었고, 남편이 아들을 돌보고 있었어요. 재러드는 시신경을 상실했고 뇌성마비에 상응하는 증상을 겪었어요. 재러드가 퇴원할 때 의료진이 그러더군요. '아, 그건 그렇고 아이가 실명했습니다.' 그래서 나는 눈먼 아이 키우는 법을 알려줄 사람들을 찾아다녔죠." 수전은 그렇게 시각장애 아동의 부모를 위한 분과가 있는 전국시각장애인연맹을 만났다.

수전의 말을 들으면서 나는 나를 비장애 중심주의자ableist로 느끼게 만드는 어떤 생각을 했다. 심지어 나 자신도 시각장애를 갖고 있으면서도. 그러니까, 다른 장애가 그토록 심각한데 시각장애가 그렇게 중요한가? 이 사람들은 흔들린아이증후군 전국 대회에 가야 하지 않나? 시작부터 잘못된 질문이었다. 재러드와 수전은 나만큼이나 시각장애인 공동체에 속할 권리가 있었으니까. 그런데 어째서 나는 재러드가 이렇게 불편했을까?

나는 눈멂이 장애가 아니라 오히려 드물고 근사한 문학적 특성이라는 감각을 키워왔다. 그러니까 호메로스나 보르헤스 같은 위대한 시인들에게도 있었던 특성 말이다. 눈먼 사람의 지혜를 보여주는 짤막한 글들도 모았는데, 그중엔 존 밀턴이 그의 눈멂

---

* 발달이 덜 이루어져서 머리가 손상되기 쉬운 유아를 심하게 흔들어서 생기는 질환으로 뇌와 망막, 늑골 등의 심각한 손상이나 심지어 사망을 유발할 수 있다.

을 이성에 난 구멍을 은유하는 말로 사용한 어느 비평가에게 답변 삼아 쓴 에세이의 한 구절도 있었다. 밀턴은 시각 손상과 정신적 손상을 분명히 나눈다.

> 선생님, 나는 당신의 눈멂보다는 나의 눈멂이 좋습니다. 당신의 눈멂은 정신에 드리운 구름으로, 이성의 빛과 양심의 빛 모두를 꺼뜨립니다. 나의 눈멂은 사물의 알록달록한 표면을 내 눈에서 가릴 뿐, 한편으로는 덕과 진실의 아름다움과 안정성을 명상할 자유를 줍니다. 의도적으로 보고 싶지 않은 것이 얼마나 많습니까, 내 의지와 상관없이 보아야 하는 것은 얼마나 많습니까, 그런데 내가 간절히 보고 싶은 것은 얼마나 적습니까!

지적장애는 눈멂에 관한 이토록 고양된 생각에는 들어맞지 않는다. 나는 눈멂이 지적인 문을 열어주었다는 윌 버틀러의 이야기에 너무 크게 의존한 것이다. 시력 상실에도 파토스가 존재하지만, 그것은 눈먼 글로스터 공작에게 "네 머리에는 눈이 달려 있지 않으냐… 너는 세상이 어떻게 돌아가는지 알지"라고 했던 리어왕의 웅장하고 세련된 파토스다(글로스터 공작의 대답도 근사하다. "나는 느낌으로 봅니다.").

재러드의 이야기는 이 유려한 판타지에 딴지를 건다. 그 결과 내가 보인 반응은 장애 앞에서 불편과 두려움을 느끼는, 낯부끄러울 만치 수준 낮은 것이었다. 물론 지적장애 역시 고유의 다양한 경험을 지닌 손상이며 마찬가지로 낙인, 소외, 공포에 파묻힌다는 사실을 안다. 그러나 그 순간 이 사실을 전혀 이해하지 못한 채 재러드를 무시하고 그의 어머니하고만 대화했다.

루이지애나에서 온 존슨 가족 네 식구도 우리 테이블에 앉았다. 오스카 또래로 보이는 시각장애인 소년 그리고 모두 비시각장애인인 아이의 누나와 부모였다. 수전처럼 아이 어머니도 만나자마자 마치 아이가 그 자리에 없다는 듯 묻지도 않은 아들의 병력을 줄줄 읊었다. "이 아이는 아이삭이에요. 저시각 이형성증을 앓죠. 아이가 6개월 무렵, 왜 보통 아기처럼 장난감에 집중하지 못할까 의아해졌어요."

아이삭이 내 옆에 앉았다. 체구가 작고 재미있는 아이였다. 나는 물었다.

"몇 살이니?"

"열 살요."

"생일이 언제지?"

"기억 안 나요. 알았는데… 잊어버렸어요."

우리는 무대에서 울려 퍼지는 장학금 발표를 들으며 한동안 말없이 식사를 했다. 아이삭이 말했다. "샐러드가 맛있었어요. 토마토를 5개월 만에 먹네요."

"토마토 좋아하니?" 내 물음에 아이삭이 대답했다.

"예전에 학교에서 토마토를 발견했어요. 그래서 교무실로 가져갔죠. 바구니에서 굴러 나온 토마토였어요."

이제 와 돌아보면, 컨벤션 전체에서 가장 좋았던 순간이 이때다. 토마토를 좋아하는, 루이지애나의 열 살짜리 눈먼 소년이 학교 운동장에서 놀다가 바닥에 떨어진 무언가를 발견한다. 발에 차였을까? 지팡이에 걸렸을까? 아마 발에 닿았을 것이다. 소년은 무릎을 꿇고 관찰한다. 따뜻하고, 부드럽고, 단단하다. 소년은 얼굴에 가져가 냄새를 맡아본다. 토마토가 분명하다. 아무도 이쪽을 보지 않는 걸 알았더라면 아이삭은 토마토를 먹어치웠을까? 앞을 못 보는 사람이, 아무도 이쪽을 안 본다는 사실을 알기는 할까? 어린 시절, 아무도 나를 보지 않는 순간마다 고독을 즐기던 기억이 난다. 그러나 아이삭은 이 토마토를 슬쩍 먹어버리지 않는다. 소년은 교무실에 가져가서 보고했고 그곳에서는 누군가 운동장을 지나다 바구니에서 떨어뜨린 토마토가 맞다고 한 교사가 확인해 준다.

내가 이 이야기를 좋아하는 까닭은, 이야기하는 아이삭의 목소리에 담긴 아주 솔직한 경탄 때문이었다. 그 순간 너무나 그리운 오스카가 떠올랐다. 또 다른 이유는 시각장애인 정치학, 시각장애인 기술, 시각장애인 문화, 시각장애인 투쟁 속에서 일주일을 보낸 나에게 평범한 윤곽을 지닌 시각장애인의 삶의 감각을 다시금 일깨웠기 때문이다. **내가 토마토를 발견했어요**라는 이 아무것도 아닌 이야기는 그 후 보고 들은 그 무엇보다도 전국시각장애인연맹의 에토스를 조명하는 데 큰 역할을 했으리라. 바로 **눈멂은 당신을 정의하지 않는다**는 것이다. 아이삭과 그 아이의 토마토는 내게 희망을 주었다. 내가 사랑하는 것을 앞으로도 사랑할 수 있으며, 앞으로도 세상 속에서 그런 것들을 찾을 수 있다는 희망. 내가 사랑하는 것들을 으스러뜨리거나 매번 잃어버리진 않는다는, 언젠가 실수로 지팡이나 발로 그것과 접촉할 테고, 이를 축복으로 여기리란 희망.

대회는 전국시각장애인연맹 회장 마크 리코보노가 연단에 올라 연회 연설을 하는 것으로 끝이 났다. 그가 이번 연설의 주제는 '시너지'라고 선포하는 순간 작은 공포가 밀려왔다. 알고 보니 이 말은 기업식 표현법이 아니었다. 아니, 정확히 말하면 이 말은 1975년 이래 거의 매년 전국시각장애인연맹 전국 대회에 참석하고, 연단 뒤 테이블의 자기 자리에 앉아 수긍한다는 듯 고개를 끄덕이는 유명한 미래학자이자 구글 엔지니어링 디렉터 레이 커즈와일을 통해 전해지는 특별한 종류의 기업식 수사법이었다.

리코보노는 학자들과 밀레니얼 세대가 (그리고 몇 년 뒤면 문화 전체가) '교차성intersectionality'이라고 부를 개념을 포착하는 말로 **시너지**를 사용했다. 이는 여러 정체성이 맞물리며 만들어내는 시너지를 말한다. 전국시각장애인연맹은 여성이고, 성소수자이고, 시각장애인이라고 그는 말했다. 그는 연설 대부분을 이 조직의 역사에서 잊혀졌던 여성의 역할에 집중하는 데 바쳤지만, 페미니즘에 대한 강조는 여기까지였다. 정체성 지표로서의 눈멂은 다른 모든 특성을 대신한다는 것이 연설의 골자였다. "그들이 여성이라는 사실은 결코 그들이 평등을 믿고, 미래에 대한 희망을 품고, 연맹의 노력에 적극 참여하려는 의지를 가진 **시각장애인**이라는 사실만큼 중요하지 않습니다." 하나의 정체성에 찬사를 보내는 동시에 다른 정체성에 부여된 강력한 특권을 희석하지 않는, 묘한 종류의 교차성이었다. 이는 연맹 지도자들이 설립 초기부터 견지해 온, 시각장애인의 연대가 그 무엇보다 중요하다는 집단의식을 최우선시한다는 경향을 드러냈다.

연회가 끝난 뒤 연맹 역시 어색할 정도로 낯선 영역에 발을 들였음을 알게 되었다. 전국시각장애인 연맹 내에서 성소수자 소모임은 연맹의 인정을 받고자 몇 년 동안이나 싸워왔으며, 내가 대회에 참가하기 전해인 2017년에야 최초의 공식 모임을 열었다고 했다. 아이삭은 큰 소리로 말했다. "연설이 얼른 끝나면 좋겠어요."

연설이 막바지에 접어들자 청중은 열광했다. "세상에서 성공을 거두기 위해 꼭 시력이 있어야 하는 건 아닙니다!" 리코보노가 고함을 치자, 아이삭 역시 그 말에 주목한 듯 다른 이들처럼 손뼉을 쳤다. 사람들은 고함치고, 울음을 터뜨리고, 서로 끌어안았다. 귀가 아플 지경이었다. 재러드도 휠체어에 탄 채 주먹을 힘껏 흔들어대며 소리를 질렀다. 연설이 끝나자 등 뒤에서 울부짖음이 들렸다. 테이블에 앉아 있던 세 사람이 일어서서 서로를 꽉 끌어안았던 것이다. 그중 한 명이 정신없이 우느라 주저앉자 다른 두 명이 일으켜 세웠다. 연회장에서는 커다란 파도처럼 감정이 일렁였다. 차별당하고, 소외와 고립감을 느끼고, 종속되고, 업신여김을 당하던 이 사람들에게 찾아온 지금은 압도적인 저항, 연대, 영감의 시간이었다. 그들이 한 해 내내 기다린 순간이었다.

연설이 끝난 뒤에도 발표는 이어졌지만, 존슨 가족은 아이들이 지쳤다며 떠날 준비를 했다. "안녕히 계세요, 앤드루 씨." 아이삭이 말했다. 따뜻하게 작별 인사를 건네자, 아이는 내 옆에 앉았다. 잠깐의 어색한 침묵 끝에 아이삭은 단지 "손"이라고만 했다. 그제야 아이가 내 주변시론 보이지 않는 곳에 한동안 왼손을 내민 채 기다렸다는 사실을 알았다. 나는 아이삭의 손을 찾아 꽉 쥐었고, 존슨 가족은 곧 아이를 잠자리에 데려갔다.

3장
실명을 정의하는 자

매스 아이 앤드 이어Mass Eye and Ear를 찾았다. 이곳의 진료도 다른 안과와 마찬가지로 시력검사표 읽기부터 시작이었다. 나는 중심시가 좋았기에 아직 맨 위에 있는 커다란 E를 읽을 수 있었고, 안경을 착용한 상태에 조명도 적당하면 그 아래 작은 글씨도 몇 줄 더 읽을 수 있었다. 나는 감정을 담아 시력검사표를 읽었다. "비-아이-씨." 그렇게 스스로에게, 간호사에게, 집에서 귀를 기울이는 청취자들에게 말했다(언젠가 실명 경험을 다룬 팟캐스트를 만들겠다는 막연한 생각으로 녹음기를 가져갔었다). "오, 디? 엘 케이, 큐 엠 비 티. 오, 피…." 아래로 점점 내려갈수록 글자들은 서로 겹치면서 읽을 수 없는, 진동하는 은빛 픽셀 덩어리로 변해 갔다. 녹음 속 내 목소리가 좀 더 절박해진다. "케이-티?? 엘-지 케이??? 오 디, 오 지, 저건… 케이?!?!?"

간호사가 내 눈을 〈스타트렉〉 트라이코더*로 스캔해서 모든 정보를 읽어내면 얼마나 좋을까? 그러나 시력은 무척이나 주관적이어서 여전히 환자의 보고가 가장 정확하게 시력을 측정하는 방법이 된다.

의사들은 이처럼 포착하기 어렵고 해석에 크게 의존하는 인상을 표준화하도록 고안한 기묘한 퀴즈들을 감각 평가에 사용한다. 환자는 행복한 표정부터 눈을 질끈 감고 괴로워하며 피부가 새빨갛게 달아오른 채 찡그린 표정에 이르기까지 고통의 수준을 정서적 스펙트럼 속 한 점으로 표시한다. 청력학자들은 개니 어린이니 하는 무해한 명사들로 이루어진 시력검사표의 음향 버전을 귀에 들려주고 환자가 들은 말을 따라 하게 한다. 의사의 권위를 숭배하는 문화에서 자란 나로선 내가 하는 보고를 완전히 신뢰하기가 참 힘들다. 시력검사표를 읽고 의사의 질문에 답하고 있자니 자신의 직접적 관찰이라는 반박의 여지가 없이 마땅한 것을 전하는 나 자신이 꼭 신뢰할 수 없는 내레이터인 것만 같았다.

의사의 시력 측정 도구는 최근에 고안한 것들이다. 1836년 독일의 안과 의사 하인리히 퀴흘러는 시력검사에 일관성이 없다는 데 답답함을 느끼고 달력, 책, 신문에 실린 그림들을 잘라내 농기구, 무기, 동물(그는 낙타, 개구리, 새를 골랐다)의 이미지를 배열한 콜라주를 만들었다. 내가 지금 읽고 있는 알파벳으로 된 시력검

•　〈스타트렉〉에 나오는, 주변 환경을 인식해 다양한 정보를 알려주는 가상의 휴대용 기기.

사표처럼 밑으로 내려가면서 점점 크기가 작아지도록 한 것이었다. 다양한 곳에서 잘라 붙인 퀴흘러의 개구리와 대포알 그림은 스타일도, 인쇄 품질도, 선 두께도 저마다 달랐다(또한 이 시력검사표를 읽으려면 다양한 공업 용품이나 동물 종을 식별할 능력이 환자에게 있어야 했다). 콜라주 시력검사표는 널리 쓰이지 못했다.

몇 년 뒤, 퀴흘러는 이번에는 글자를 이용해 또 한 번의 시도를 했다. 검은색 활자체 한 가지를 골라(《뉴욕타임스》 로고에 쓰이는 활자체와 비슷하지만 더 굵고, 밀도 있고, 폭이 좁았다) 완전한 단어를 시력검사표에 인쇄했다. 이때의 문제는 환자들이 가장 잘 보이는 글자에 의지해 맥락에 따라 단어를 유추해 낼 수 있다는 것 그리고 인쇄소마다 검은색 활자체가 달라 크기가 다양했기에 환자의 시력 정밀도를 측정하기에는 부적합하다는 것이었다.

이 모든 문제는 20년 뒤 네덜란드 안과 의사 헤르만 스넬렌이 오늘날 사용하는 것과 엇비슷한 시력검사표를 만들면서 해소되었다. 어떤 인쇄기를 사용해도 똑같도록 스넬렌이 굵기와 크기, 형태를 통일해 고안한 서체인 표준시표Optotype로 무작위 글자를 아래로 갈수록 크기가 작아지게 인쇄한 것이었다. 이 시력검사표가 커피잔, 샤워 커튼, 러그 등 어디에나 등장할 정도로 널리 쓰이면서 일부 환자들이 유행하는 노랫말을 외우듯 첫 몇 줄을 외워버리는 바람에 스넬렌 차트 제작자들은 글자 배열을 바꾼 여러 버전을 만들어야 했다.

·· ··

매스 아이 앤드 이어는 집에서 161킬로미터가량 떨어져 있었기에, 진료 전날 밤 비컨힐* 지역의 병원 단지 주변에 있는 한 호텔에 묵었다. 얼어붙은 병원 캠퍼스를 돌아다니며 흐릿한 눈으로 안과 병원 간판을 찾아 건물 외벽을 살폈다. 스타벅스에 들르려고 줄을 서는데, 문득 누군가의 단단한 손이 양어깨를 붙들더니 나를 옆으로 비켜 세웠다. 자신이 도움을 준다고 믿는 어느 낯선 사람이 방금 내 앞을 지나쳐 가려던, 내가 보지 못한 어떤 여성과 부딪치지 않도록 나를 움직인 것이다. 실제로 나는 그 여성을 보지 못했고, 얼마 남지 않은 내 주변시에 비친 것은 여성을 닮은 흐릿한 흔적뿐이었다.

우리를 가구나 동물이나 어린애처럼 움직일 필요를 느낀 낯선 사람들이 공공장소에서 이처럼 경고도 허락도 없이 시각장애인의 몸을 만지고 이끄는 일이 잦다는 사실을 나는 알게 되어간다. 이런 일이 일어난 건 그때가 처음이었기에 너무 겁이 나서 아무말도 할 수 없었다.

유전성 망막장애 클리닉은 매스 아이 앤드 이어 3층에 있었다. 음성 신호가 나오는 엘리베이터 문이 등 뒤에서 닫힌 뒤, 이 병원의 역사가 남긴 유물을 전시한 진열장을 지나쳤다. 매스 아이 앤드 이어는 미국에서 두 번째로 오래된 안과 병원으로, 애초에는

---

* 미국 보스턴의 부유한 주거지역.

'자격 있는 빈자貧者'를 치료하기 위해 만든 자선 의료의 요새였다. 여기서 자격 있는 빈자들이란 주로 백내장이나 산업재해로 실명한 아일랜드 노동자들을 뜻한다. 나는 매사추세츠 출신의 저명한 안과 의사들을 그린 유화 여섯 점 앞에 멈춰 서서 휴대폰으로 사진을 몇 장 찍었다. 시력의 보존과 확장에 인생을 바친 온화한 남자들을 시각적으로 칭송한다는 기묘한 형태가 인스타그램용이라고 생각해서였다.

대기실에서, 수줍었던 나머지 누군가에게 감히 녹음 허락을 구하지도 못한 채 소심하게 녹음 장비를 무릎에 올린 채 앉아 있었다. 동공확장제를 넣는 중이라는 여성의 남편이 하는 말이 어딘가에서 들렸다. 그는 아내가 시력 저하 때문에 이미 한참 전 운전을 그만두어야 하는데도 계속했다고 했다. 순간 녹음했으면 좋았을 텐데 생각했다. 어느 날 아내는 덤프트럭을 뒤에서 들이받았고, 차체가 트럭보다 낮았던 나머지 말 그대로 차가 트럭 아래에 끼어버렸다. 이 무시무시한 이야기 중간쯤 남자의 아내가 검사실에서 돌아와서는 신이 난 목소리로 끼어들었다. "목이 잘릴 뻔했다니까요! 조수석에 사람이 탔더라면 분명 그렇게 됐을 거예요." 남편은 몇 년 동안이나 아내한테 출퇴근길 아니면 운전을 하지 말라고 설득해 왔다. "출퇴근길은 짧거든요." 그러니 뭐 그리 위험하겠는가? 그의 아내는 일흔 살에 망막색소변성증을 진단받았다.

샌프란시스코 라이트하우스 소장 브라이언 배원은 "망막색소변성증이야말로 가장 강력한 방어기제"라고 했다. 이 질환을 앓는 사람들은 시력이 쇠퇴하는 내내 "마지막 광자光子 한 톨까지" 시력에 매달리기 때문에 음, 아직 보이는군…, 아직은 **진짜 실명이 아닐 거야** 하고 생각할 구실이 아주 충분하다는 이야기였다.

시력검사표 다음은 시야검사였다. 나중에 하게 될, 〈시계태엽 오렌지〉* 스타일로 눈꺼풀을 벌리는 망막전위도검사보다 이 검사가 더 두려웠다. 바퀴 달린 사무용 의자에 앉자, 간호사는 웅웅 소리를 내며 전류를 흘리는 납작한 금속 기계를 불편하게 끌어안고 몸을 꽉 붙이라고 지시했다. 그런 다음 한쪽에 달린 렌즈를 통해 한가운데서 흐릿한 노란 불빛이 빛나는 초소형 원형극장 같은 풍경을 들여다보았다. 간호사는 게임 쇼에 등장할 법한 버저를 건네주며 원형극장 주변부에서 작게 일렁이는 빛이 가운데 불빛 쪽을 향해 가는 모습이 보일 때마다 누르라고 했다.

웬만한 사람에게 이 검사는 시력검사표처럼 판에 박은 듯한, 의학 버전으로 된 사소한 놀이공원 게임에 불과할 것이다. 그런데 긴 침묵 속에서 무력하게 버저를 움켜쥔 채 내 죽어버린 주변시가 그 일렁이는 불빛을 포착하기를 기다리며, 보통 시력을 가진 사람은 분명 한참 전에 불빛을 보았겠지 생각하고 있으려니 불안감이 스멀스멀 몰려왔다. 마침내 정면에 불빛이 나타나는 순간 버저를 꽉 눌렀다. 〈제퍼디!〉** 역대 최악의 참가자가 된 기

---

* 앤서니 버지스가 쓴 동명의 소설을 1971년 스탠리 큐브릭 감독이 영화화한 작품. 여기서는 작중에서 주인공의 폭력성을 교정하기 위해 눈꺼풀을 벌리는 기구를 사용해 잔인한 영상을 강제로 시청하게 하는 유명한 장면을 언급하고 있다.

** 1964년 시작된 미국의 장수 퀴즈쇼.

분이었다.

　시야검사를 마친 뒤 간호사는 진지하기 짝이 없으면서도 무표정하게 이제 내게 한 쌍의 안대double eyepatch를 주겠다고 했다. 그 말뜻을 알아듣기까지는 시간이 걸렸다. 한 쌍의 안대라면 그냥… 눈가리개blindfold 아닌가? 나는 안대가 외발자전거처럼 단수로만 존재하는 사물의 범주에 속한다고 생각한다. 두발자전거를 "한 쌍의 외발자전거"라고 부르지 않는 것과 마찬가지다. 그러나 안과에서는 감히 실명을 연상하게 만드는 **눈가리개**라는 표현을 쓰지 않는 모양이었다. 그 표현은 마치 전염병 매개체가 담긴 것 같은, 내 지팡이가 대기실에 가져다준 것과 똑같은 불쾌감을 가져오는, 작은 소리로만 말해야 하는 단어(blind)를 품고 있기 때문이다.

　차트에 따르면 내게 있는 건 맹점이 아닌 암점scotomas이다. 안대는 의료적인 사물로, 어린이가 몇 달간 착용하기도 한다(릴리는 다섯 살 때 1년간 안대를 착용했고 덕분에 어릴 적 사진이 세 배로 귀여워졌다). 반면에 눈가리개는 서커스 단장이 누군가의 머리에 얹힌 사과에 활시위를 겨냥하기 전, 아니면 총살당하기 직전에 착용해야 하는 사물이다.

　이 기호학에 대해 충분히 생각할 겨를이 생기기도 전 간호사가 안경을 벗으라고 하더니 한쪽 눈에 거즈 한 장을 올린 다음 테이프로 고정했다. 마치 상승하던 롤러코스터가 올라가다 정점에 도달했을 때처럼 짧은 휴지의 순간이 있고 난 다음, 간호사는 다른 쪽 눈에도 같은 조치를 했다. 그렇게 나는 완전히 눈먼 신세가 되었다. 이 상태를 설명할 다른 표현이 없다.

간호사는 나를 대기실로 안내해 의자에 앉혔다. 아까 앉았던 자리와 다른 자리여서 이 사소한 존엄성 상실에, 원하는 의자조차 직접 골라 앉을 수 없다는 사실에 발끈했다. 그다음에는 휴대폰을 보고 싶다는 어마어마한 욕구를 참아냈다. 계속 돌아가는 녹음기를 무릎에 놓았고, 녹음기는 (그리고 나는) 대기실에서 일어나는 모든 일에 맹목적으로blindly 귀를 기울였다.

시각이란 크기와 방향을 가진 벡터다. 눈은 하나의 방향을 가리킨다. 그러나 들을 때는 대상을 직접적으로 응시하는 대신, 우리의 주의와 우리가 듣는 대상을 분리한 채 청각의 장에 귀를 기울인다. 소리의 철학자들(그리고 록 콘서트를 찾아온 약에 취한 관중들)은 우리에겐 눈꺼풀이 있는 반면 귀를 닫을 수는 없다는 사실을 지적하곤 한다. 듣기를 한 방향에 집중하기란 더 힘들다. 소리는 듣고 싶건 그렇지 않건 우리를 에워싼다.

대기실에서 누군가 옆자리에 앉는 소리가 들리기에 허공에 대고 인사를 한 후 엉덩이가 의자와 만나며 삐걱거리는 소리에 대고 자기소개를 했다.

"안녕하세요." 목소리가 말했다. 병원 진료를 위해 미국의 서쪽 절반을 가로질러 온다는 이야기를 아까 나누었던 그 남자와 같은 사람일까? 그러다가 종이컵에 물이 채워지며 진동하는 소리 그리고 이에 맞춰 플라스틱 꼭지가 타악기처럼 낮게 꾸르륵거리는 소리 때문에 대화가 중단되었다. 내가 정수기 옆에 앉아 있구나! 그것이 이토록 근접한 곳에 있다는 놀라움이 평범하기 그지없는 소리를 폭발적 방해로 바꾸고 말았다.

알고 보니, 한 쌍의 안대를 낀 채 대화하는 게 더 편했다. 눈을 맞춰야 한다는 부담감도 없었으며, 마치 침묵이 실체를 얻고 승화되어 문득 대기실 안을 포근한 안개처럼 가득 채운 듯한 기분이었다. 남자는 아내의 눈 문제를 이야기했다. 아내가 검사를 마치고 돌아오기를 기다린다고 했고, 고개를 끄덕이던 나는 앞이 보이지 않는 상황에서 이렇게 하는 게 이상하다고 생각했다. 내가 고개를 끄덕이는 걸 상대는 알아차렸을까? 이제 고개를 끄덕이는 데 의미가 있긴 한가?

그렇게 30분이 지난 뒤, 간호사가 돌아와 망막전위도검사를 하는 곳으로 안내했다. 한 쌍의 안대를 착용한 것은 검사를 위해 완전한 암순응이 필요해서다. 이 장비를 구비한 곳은 오로지 대형 안과뿐이다. 첫 진단을 받은 후로 망막전위도검사는 처음이었다. 방엔 새까만 어둠뿐이었고, 간호사가 안대를 떼어내고는 두 눈에 특수 콘택트렌즈를 삽입했다. 렌즈에는 작은 철사가 붙어 있어서 눈을 감고 뜨기 괴로웠다. 눈을 깜박이노라면 마치 목구멍에 두꺼운 플라스틱 튜브가 들어 있는 상태에서 침을 삼키는 불가능한 일을 하는 기분이었다. 나는 철사가 닿지 않게 눈을 깜박여보려고 애를 썼다.

모든 검사가 끝나고 의사와 대면해 나눈 대화는 여태 만난 모든 망막 전문의의 이야기와 하나도 다를 바가 없었다. 나는 전형적 망막색소변성증을 앓고 있고, 치료법은 없으며, 비타민 보조제가 효과가 있을 수도 있고, 2년 뒤에 다시 보자는 것뿐이었다.

자연히 이번 진료가 굳이 필요했나 하는 생각이 들었다. 의학적 장비 없이도 관찰할 수 있는 증상의 진척을 굳이 과학적으로 측정하는 과정이 지나치게 불쾌하다는 이유로 망막색소변성증 환자 다수가 어느 시점 이후 병원 방문을 그만둔다. 의사는 나의 시각적 〈제퍼디!〉 출연의 실패한 결과물, 즉 시야검사 결과를 보여주었다. 예전에 보았을 때 빙산을 연상케 했던, 얼마만큼의 시력을 잃었는지 보여주는 도식이었다. 두 눈에 해당하는, 그럭저럭 대칭을 이루는 한 쌍의 다이어그램 정가운데에는 작고 기우뚱한 타원형이 하나씩 있고(남아 있는 중심시라는 둥근 창 두 개) 그 양옆에 길쭉한 곡선 형상(남아 있는 주변시)이 두 개 있는 모습이다. 의사는 이 길쭉한 형상이 돌아다닐 때 사용하는 시력이라고 했다. 임상 용어로는 **보행 시력**ambulatory vision으로 환자가 근거리 사물을 볼 수 있는 능력이다. 큼직한 글자를 읽거나 사람의 외모를 볼 수 있는 능력과 무관하게 시각을 사용해 방 안을 돌아다닐 수 없으면 의사는 환자가 보행 시력을 상실했다고 진단한다.

"돌아다닐 때 사용하는 시력"이라는, 의사가 사용한 믿을 수 없을 만큼 무해한 표현이 그날 내도록 귓가를 떠날 줄 몰랐고, 다음번 진료까지 2년 동안 머물렀다. 보행 시력이라는 개념은 마치 시력 상실이 실제로는 다리를 잃는 것과 같다고 느끼게 했다. 이 가느다란 주변시를 잃는 순간 릴리가 고개를 주억거린 뒤 일어나 조용히 지하실에 간 후 이날을 위해 숨겨두었던 흔들의자를 꺼내 오는 광경을 상상했다. 아내가 나를 조심스레 의자에 앉힌 다음 담요를 건네면, 나는 그 담요를 무릎에 펼칠 것이다. 나는 리모컨을 찾아 커피 테이블을 더듬을 테고, 그것을 찾아내는 순간부터 50년간 리모컨을 꽉 붙들고 놓지 않은 채 TV에 귀를 기울이다가 흔들의자에 앉은 그대로 평화로이 숨을 거둘 것이다. 내 공식 사인은 장기화된 실명일 것이다(나는 사뮈엘 베케트의 《엔드게임》을 읽기 전까지 **불치의 실명**이라는 이 가상의 질병을 내가 지어낸 줄로만 알았다. 이 희곡에 등장하는 반맹半盲인 클로브는 극에 모습을 드러내지 않는 인물인 마더 페그의 죽음이 전맹인 함 탓이라고 생각한다. 함이 마더 페그에게 램프에 넣을 기름을 주지 않았기 때문이다. "마더 페그가 왜 죽었는지 알아요?" 클로브는 함을 비난하듯 묻는다. "어둠 때문이에요.").

물론, 의사의 말은 그저 보행 시력이 없으면 내가 지금처럼 돌아다닐 때 시각을 사용할 수 없다는 뜻에 지나지 않았다. 2001년 에릭 와이헨마이어가 했던 것처럼 시각장애인으로서 에베레스트산을 오르거나 제임스 홀먼(1786~1857년)처럼 시각장애인과 비시각장애인을 통틀어 역사상 누구보다 더 많은 세계여행을 홀로 해낼 가능성을 부정하는 것이 아니었다. 만약 의사가 이렇게 영감을 주는 시각장애인의 업적을 끄집어내거나 자립해 살아갈 수 있는 시각장애인의 잠재력을 입에 올렸다면 그 말은 무척 불쾌하고 감상적으로 들렸을 테고 그런 순간이 딱히 도움이 되지도 않았을 것이다.

그러나 내 의사는 그런 유형이 아니었다. 의사는 기본적으로 건조하며, 솔직함에 공감을 담은 여성이었는데, 상대에게 당신은 하루하루 눈이 멀어가며 치료법은 없다는 사실을 알려주거나 상기하게 해 주는 업을 가진 사람으로서는 아마도 효과적인 자세인 듯싶었다. 의사의 솔직함은 다행한 일이었지만, 의사가 한 말은 자기 해골 속에 꼼짝 못 한 채 갇힌 무력한 이미지를 떠올리게 했고 이를 바꾸려는 그 어떤 행동도 의사는 하지 않았다.

대화가 끝날 무렵 의사는 매사추세츠주의 법적 실명인 자격을 충족할 것으로 보이지만 그날 오전에 한 시야검사는 주 정부가 인정하는 적절한 지침을 따르지 않았기에, 공식적으로 장애인으로 지정되려면 재검사를 받아야 한다고 알려주었다. 미국에서 실명에 대한 법적 정의는 1930년, 뉴딜 정책의 일환으로 시각장애인을 위한 연방 정부의 서비스와 혜택을 받을 자격이 있는 이들을 결정하기 위해 등장했다. 시각장애 재향군인회Blinded Veterans Association는 훗날 이렇게 논평했다. "그 어떤 사유로 실명한 사람보다 법적 정의에 의한 실명인이 더 많다."

오늘날 법적 실명을 인정받는 방법은 두 가지가 주를 이룬다. 첫 번째는 시각 정밀도가 떨어지는 경우다. 스넬렌 시력검사표 맨 꼭대기의 커다란 E를 양안 중 더 좋은 눈의 교정시력으로도 읽을 수 없다면 법적 실명의 자격을 충족한다.

내 경우 법적 실명을 인정받을 가능성은 나머지 한 가지 척도인 시야에 달려 있었다. 시야검사는 터널 시야가 얼마나 좁은지를 측정한다. 보통의 시야는 약 140도에 해당하며 20도 이하의 터널 시야를 지닌 경우 법적 실명의 범위에 들어간다. 이 질문에 있어서 담당의는, 내가 기존에 가졌던 이동성을 조만간 잃는다고 말할 때와는 사뭇 다른 어색한 태도를 보였다. 그러면서 시야검사를 한 번 더 할 수 있다고 조심스레 권한 뒤, 이는 전적으로 원할 경우 내 선택에 달렸으며, 검사를 받지 않아도 이해한다고 했다. 하지만 법적 실명을 인정받고 싶지 않을 이유라도 있을까? 의사는 법적 실명인이 되기를 거부하는 환자들도 있다고 했다. 실명한 기분을 느끼고 싶지 않고, 실명하고 싶지 않으며, 실명이란 단어에 얽매이고 싶지 않다는 말이다. 이들 다수가 (그러면 안 되는데도) 여전히 운전을 하거나 시력이 필요한 분야의 커리어를 이어간다. 그들은 타인이 내린 정의로 인해 실명하길 원치 않는다. 나는 한쪽 구석에 충실히 기대서 있는 지팡이를 슬쩍 보았다. 법적 실명인이 되는 것은 그저 내가 기다리던 합리화의 일종일 뿐이었다. 법적 실명인이 되면 내 눈멂의 주인이 좀 더 잘될 수 있을 터였다.

잠시 후 또 한 번 버저를 움켜쥐고 조그만 원형극장을 들여다보며, 이번에는 새로운 상품이 걸린 불운한 시각적 〈제퍼디!〉 최종 라운드에 들어섰다.

검사가 끝난 뒤 돌아온 의사는 정말로 법적 실명의 기준을 충족했다며, 서류를 줄 테니 주 위원회에 발송해 시각장애인을 위한 서비스를 신청하라고 했다. 의사는 마치 내가 별안간, 자신이 아까 언급한 법적 정체성에 **실명**이라는 단어가 들어간다는 사실로 인해 충격에 빠진 환자 중 하나가 될까 봐 엄숙한 말투로 이 사실을 전달했다. 나는 이 소식에 흥분이 밀려오는 느낌이었다. 축하받을 일이었다. 그날 들어 처음으로, 시험에 통과한 기분이었다.

＊ ＊＊

몇 년 뒤, 우리 가족은 집 근처 시나고그에서 열리는 로쉬 하샤나* 야외 예배에 갔다. 이런 예배에 참석한 적이 한 번도 없었지만, 조만간 오스카가 히브리어 학교에 다닐 예정이었기에 아이를 일주일에 두 번 시나고그에 던져 넣기 전 어떤 식으로건 참여하겠다고 생각했다. 마침 어머니가 우리 동네에 계셨다. 날씨가 좋았고, 우리 모두 거대한 흰색 텐트 아래 모여 앉았다.

코비드-19 방역 지침에 따라 대화가 금지되었고, 우리가 도착했을 때 말을 거는 사람은 아무도 없었다. 늘 그렇듯 내 지팡이에 관심이 쏠린다고 느꼈는데, 특히 어린이들이 그랬다. 아이들은 섬세하지 못하게 눈을 굴려대는 법이니까. 예배는 다정하고, 지루하고, 괜찮았다. 음악을 많이 사용했고, 히브리어 학교에 다니는 아이들이 여러 번 앞에 나와 기도문을 읽거나 노래를 이끌었다. 오스카가 히브리어 학교에 다닌다는 생각이 그다지 기쁘지는 않았지만 그렇다고 그 반대 감정이 들지도 않았다.

그때 랍비가 어린이 프로그램을 이끄는 한 사람에게 시를 읽어달라고 했다. 소년의 목소리로 쓰여진 빌리 콜린스의 시였는데, 아이가 늘어놓는 모든 불평불만에 어머니는 "**무릎을 꿇고 시력을 주신 하느님께 감사하거라**"라는 경고로 답한다. 그 시를 듣자 나는 영화나 TV 프로에서 눈멂을 부정적으로 또는 동정의 대상

•   나팔절이라고도 하는 유대교의 신년제.

으로 다루는 것을 볼 때 매번 그렇듯이 뻣뻣이 굳어버렸다. "내 자전거에는 기어가 3단까지밖에 없어요." 아이들이 시를 읽었다. **"무릎을 꿇고 시력을 주신 하느님께 감사하거라."** 시는 그런 식으로 후렴구를 반복하며 이어졌고, 화자의 유치한 불만은 어른이 된 화자가 어머니 그리고 하느님께 감사하는 목소리로 변해 갔다. 그 이유는 "이 세상을 볼 수 있고, 이 말들을 볼 수 있는 두 눈을 주셔서"였다.

예배가 끝난 뒤 집으로 걸어가면서 릴리와 어머니 그리고 오스카는 그 시 때문에 불편했다고 입을 모았다. 오스카는 시나고그와 빌리 콜린스에 대해 점점 비판적으로 변해 가는 어른들의 대화에 참여할 수 있어 신이 나는 모양이었다. 우리 가족이 내게 보여주는 연대가 기분 좋았다. 우리는 잠시 그 시를 다른 식으로 해석할 수 있을까 생각해 보았다. 우리가 뭔가 놓친 건 아닐까? 정말 그 시가 우리 기억만큼 나빴던가? 그러다가 휴대폰으로 그 시의 원문을 발견했는데 진보적인 유대인 잡지 〈티쿤〉에 실려 있었다. 그랬다, 우리의 기억만큼 나쁜 시였다. 오해할 여지가 무에 있는가? **무릎을 꿇고 시력을 주신 하느님께 감사하거라.**

일주일 뒤, 릴리는 내 이메일 주소를 참조에 넣은 이메일을 랍비에게 보냈다. "제 남편 앤드루는 법적 실명인입니다. 새로운 공동체를 찾았다가 시력을 가진 데 감사하라고 가르치는 시를 들은 우리 가족은 모두 불편한 감정을 느꼈습니다. 앞으로는 이런 문제와 이런 글이 강화하는 비장애 중심주의에 대해 보다 감수성을 가지고 임하시기를 바랍니다. 세상에는 감사를 다루는 더 흥미롭고, 덜 문제적인 시들도 많습니다."

이상한 일이지만, 그 이메일이 우리 결혼 생활에 하나의 이정표가 된 것만 같았다. 릴리가 내 편을 들어서만은 아니다. 무척 기분이 상한 데다 머리끝까지 화가 났더라면 내가 랍비에게 직접 이메일을 썼을 터이다. 그런데 이메일을 보고 나는 아내가 내 눈멂 경험을 내면화했음을 알 수 있었다. 릴리가 이 시를 듣고 불편해한 건 오로지 나 때문만이 아니었다. 릴리 자신의 불편함이었다. 그 사실이 감동적이었다.

랍비는 문제의 씨앗을 우리의 반응에 돌리는 식으로 사과를 전해 왔다("여러분을 불편하게 한 것에 사과드립니다."). 이를 흔하디흔한 비장애 중심주의 탓이라 여기기로 했지만, 한편으로는 이 일이 종교가 눈멂을 바라보는 특정한 태도를 반영하는 건 아닌가 하는 의혹이 서서히 찾아왔다. 그 랍비는 장애나 신체 기형을 가진 사람이 제물을 바치거나 사제가 되는 것을 금지하는《토라》의 한 구절을 떠올린 건 아닐까?

> 결함을 지닌 자는 자격이 없다. 장님, 절름발이, 사지가 지나치게 짧거나 긴 이, 다리나 팔이 부러진 이, 곱사등이, 난쟁이, 안구 종양이 있는 이, 끓는 물에 입은 화상, 괴혈병, 으스러진 고환을 가진 이는 자격이 없다.

《탈무드》의 어느 구절은 시각장애인을 '죽은 이로 간주하는' 네 가지 '유형' 중 하나에 넣는다(이 목록은 가난한 자, 나병 환자 그리고 '자식이 없는 자'도 포함한다).

오스카는 히브리어 학교에 들어가기를 겁냈다. 그러나 히브리어 학교에서는 그때처럼 기나긴 명절 예배가 아니라 대체로 놀이와 노래를 한다는 걸 안 뒤로는 즐겁게 다니기에 나도 받아들였다. 또한 내가 이미 내 눈멂과 내가 유대인이라는 사실을 연결지을 다른 이유를 발견한 뒤였다. 지난번 진료 후 2년이 지나 보스턴의 안과 병원에 갔을 때가 그 시작이었다.

⋯⋯

나는 단 한 번 눈이 머는 것이 아니라 여러 번 거듭해 눈이 먼다. 임상적으로 아주 작은 시력을 잃을 때도, 예를 들면 내 시야 중 8분의 1도를 잃을 때도 이 쇠퇴를 재난에 가깝게 느낀다. **또한 덩어리의 시야가… 사라졌군! 하고 나는 생각한다. 이제 모든 게 무너지고 말 거야….** 그러다 내 시력은 다시 안정을 찾는다. 아무런 변화 없이 그대로 몇 달이 흘러간다. 무너져가는 폐허 속 뻥 뚫린 구멍처럼 느꼈던 것을 다시금 평범하고 보이지 않는 일상의 풍경으로 느낀다.

나는 마음속으로 나 자신을 치료하고 또다시 진단하는 일을 여러 번 거듭했다. 변화에 적응하고 한동안 안정적인 기분이 들면, 내 망막색소변성증이 실제로는 보기만큼 심하지 않다는 환상을 품는다. 이 정도 눈멂은 감내하고 살 수 있다. 그러다 보면 진단을 받기 10년 전, 망막색소변성증 그리고 눈멂이라는 세계 전체에 대한 정보들을 무심한 학생이 영국의 종교개혁 관련 정보를 바라보듯 취급하던 시절로 돌아간 기분이 된다. 즉 누군가에게는 아주 중요한 정보일지라도 그 슬프고 외로운 누군가는 지금 이곳과는 아주 먼 곳에 있다는 기분이다. 그러다가 시력이 조금 더 소실되면, 처음 진단을 받았던 때의 드라마가 또 한 번 발동된다. 진짜로 일어나는 일이야! 나는 퇴행성 망막 질환을 가지고 있다고!

이렇게 고조된 상태에서는 일상적인 순간 하나하나가 난폭하게 바뀐 것처럼 느낀다. 어느 날 아침 도마에 칼과 래디시 한 개를 올려놓는다. 냉장고 쪽에 갔다가 돌아오니 칼이 사라지고 없다. 나는 놀라움과 공포가 뒤섞인 눈으로, 내가 알기로는 분명 아직도 칼 옆에 놓여 있을 래디시를 빤히 쳐다본다. 그러나 칼은 보이지 않는다. 이렇게나 눈이 멀어버렸구나! 부지런히 도마를 이리저리 살피다 보니, 칼이 다시금 내 시야에 풍덩 뛰어든다. 칼은 놓아둔 그 자리에 순진하게 그대로 있다. 나는 비통한 심정으로 래디시를 썬다.

다음 진료를 받으러 매스 아이 앤드 이어를 방문하기로 한 주가 되자 마치 세상이 사라지는 듯한 참담한 기분이었다. 나를 처음 진단한 의사는 20대에서 30대에 걸쳐 서서히 시력이 감소하다가 중년에 접어들면서 감소하는 속도가 빨라진다고 했었다. 이제 막 중년에 접어든 나는 지팡이를 휘두르며 매사추세츠의 전도유망한 안과 의사들을 그린 익숙한 초상화 앞을 지나고 있었다. 평소 하던 검사들을 마친 다음, 아무도 없는 검사실에 앉아 녹음기를 만지작거리던 나는 웬 젊은 의사가 들어오는 바람에 놀랐다. 원래 나를 담당하던 의사 밑에서 수련 중인 펠로우라고 했다. 그는 시력이 어떠냐고 물었는데, 그의 눈앞에 오늘 아침에 마친 검사의 결과지가 있었으니 교묘한 질문이었다. 여전히 참담한 기분이었기에 마침내 그 일이 일어나고 있다고, 10대 때 전해 들은 예후가, 시력이 감소하는 속도가 빨라지다가 마침내 절벽에서 뚝 떨어지는 순간이 코앞에 다가왔다며 감상적이고도 다급하게 대답했다. 그러면서 도마에서 칼이 사라졌던 불길한 일화를 들려주었다. 젊은 의사는 내 말을 끝까지 들은 뒤 사무적인 어조로 말했다. "망막색소변성증은 그런 식으로 진행되지 않습니다. 감퇴는 로그함수가 아니라 선형적으로 일어나지요." 내 마음의 작고 축축한 칠판에 쓰인 그의 수학적인 표현은 잘 해석되지 않았다. "망막색소변성증은 별안간 가속화하는 것이 아닙니다. 시력 감소는 안정적이고 변함없는 속도로 일어납니다." 그 말을 신중하게 곱씹었다. 지난 20년간 알았던 것과 완전히 상반되는 설명이었다. 나는 말했다. "놀라운데요. 좋은 소식입니다! 와우… 놀라운 소식이에요."

의사는 주립시각장애인위원회의 지원 서비스를 받는지 물었다. 안과 의사들은 시력 손상을 진단하고 측정하지만, 실제 경험에 대해서는 잘 모르는 경향이 있다. 2021년의 어느 연구에 따르면, 미국 의사 중 80퍼센트 이상이 중대한 장애를 지닌 사람들은 "비장애인보다 삶의 질이 낮다"고 믿는다. 수많은 장애인이 가진 태도와는 크게 상반되는 숫자다. 내가 받을 수 있는 (시력 없이도 계속해서 충만하고 생산적인 삶을 사는 법을 알려주는) 시각장애 재활 서비스의 존재를 안다는 사실만으로도 그는 웬만한 의사들보다 우위에 있는 셈이다.

법적 실명 조건을 충족하니 심지어 코팅된 특별한 신분증까지 나왔다! 나는 위원회 소속 전문가들에게 첫 번째 훈련을 받았다. 그들은 지팡이를 제대로 사용하는 법을 알려주었는데, 그건 마치 근처에서 기다리는 눈먼 CEO에게 전달이라도 하듯 격식을 차려 지팡이를 들고 다니던 여태까지와는 다른 방법이었다. 강사는 앞으로 한 걸음씩 내디딜 때마다 지팡이를 발로 찬다고 상상하라고 했다. 왼발을 뻗을 때는 지팡이를 내 오른편으로 움직이고, 그 반대 발을 뻗을 때도 마찬가지로 움직여서, 나가는 걸음걸음마다 발이 나갈 길을 열어주라고 했다.

위원회 전문가들은 아직은 내 시력이 너무 많이 남아 있어 그다지 쓸모가 없는 여러 보조 기술을 소개하기도 했다. 예를 들어 머그잔 가장자리에 달아 커피를 따르다 잔이 가득 차면 고막이 찢어질 듯 전자음을 울려대도록 한 장치 따위였다. 상담사 몇몇은 내가 아직은 서비스를 받을 만큼 충분히 실명하지 않았다는 생각을 내비치기도 했다. 한 상담사는 "나는 당신의 시력을… 지금 상태와는 다르게 생각했던 것 같습니다"라고 털어놓기도 했다.

나는 이 펠로우에게 조만간 다가오리라 느끼는 어느 이정표를 지나치고 나서 다음 훈련을 잡을 예정이었다고 말했다. 그 이정표란, 보행 시력 그리고 활자 읽는 능력을 잃을 때였다.

"활자를 읽는 능력이 그렇게 빨리 사라지지는 않을 겁니다." 펠로우는 짜증이 날 정도로 무심하게 툭 던졌다. 또 한 번 사기꾼이 된 것만 같다는 기분이 속에서 끓어올랐다. 이 소식을 듣고 기분 좋게 놀라야 마땅했으나 행복하면서도 묘하게 실망스러웠다. 전날 밤 내가 제안한 시각장애인의 책 읽기 기술 스토리를 한 유명 팟캐스트가 채택한 참이었다. 나는 조만간 잃어버릴 활자 읽는 능력에 어떤 감정을 느끼는지에 중점을 두어 이 스토리를 구상해 두었다. 그런데 이제 어떤 관점을 제공해야 하나? 아직도 눈멂에 대한 책을 쓸 자격이 있나? 윌은 내가 눈이 멀어가는 단계를 곧 통과할 거라고 했었고, 나는 이 이야기를 스스로에게, 또 타인에게 전하고 싶어 안달이 나 있었다. 그런데 이제는 내가 이 여정의 어디쯤 서 있는지 더더욱 알 수 없어졌다.

그날 진료는 몇 가지 검사를 더 한 뒤 원래 담당의와의 대면으로 끝이 났다. 펠로우는 내가 말했던 것처럼 내 시력이 빠르게 감소한다는 증거가 전혀 없다고 재차 말했다. 반면 담당의는 굿 캅역할을 하면서 그렇게 느끼는 데는 물론 그럴 만한 이유가 있겠지만, 검사로 측정하는 데는 한계가 있다고 덧붙임으로써 펠로우의 주장을 누그러뜨렸다. 알맹이 없는 위로로 들렸다. 두 의사가 모두 의학적 검사를 신뢰하면서도 환자의 주관적이고 궁극적으로는 결함이 있는 인식에 대해 입에 발린 소리를 늘어놓는 건 일종의 책임감 때문이 분명했다.

놀랄 일은 하나 더 있었다. 지난번 진료가 끝날 무렵, 채혈해 유전자검사를 맡겨두었다. 몇천 달러를 내고 검사 결과를 빨리 받아보겠다는 신청을 하지 않았기에, 내 혈액 표본은 의학적 분석을 받으려고 몇 년이나 대기했다. 그 결과가 이제 막 나와서 드디어 내 망막색소변성증을 유발한 특정 유전적 변이를 알게 된 것이다. 이는 MAK-1 변이라고 하는 것으로, 아슈케나지 유대인* 사이에 가장 흔하다고 했다. 나예요! 나는 전혀 즐거운 기색이 없는 두 의학박사를 향해 보드빌** 배우처럼 씩 웃으면서 말했다.

이 정보에는 몇 가지 중요한 의미가 있었다. 만약 이 변이에 대한 유전자 요법의 임상시험이 시행된다면 나는 그 대상자가 될 수 있었다. 예전에는 일반적인 치료만 받을 수 있었다. 그런데 가장 가능성 있는 망막색소변성증 치료법으로 표적 유전자 요법이 있다. 망막색소변성증을 유발하는 100가지가 넘는(연구자들이 매년 새로운 요인을 발견한다) 인자 중 하나인 MAK-1 변이는 2010년에 와서야 식별되었으며 이 변이를 가진 환자에 대한 연구는 아직 규모도 수도 적다.

의사가 알려주길, 어느 연구에서는 이 변이를 가진 24명을 관찰했는데 그중 5명이 70대까지 약간의 중심시를 유지했다고 한다. 70대까지! 펠로우가 내 시력 상실 경험을 의심할 때 느꼈던 사기꾼이 된 기분은 사라지고 몇십 년은 더 앞을 볼 수 있다는 짜릿한 가능성이 그 자리를 차지했다. 머릿속에 빠른 속도로 몽타

---

* 스페인을 기원으로 하는 스파라드 유대인과 구분되는 유럽계 유대인 집단으로, 미국에 거주하는 대부분의 유대인이 이 집단이다.

** 가벼운 버라이어티쇼의 일종.

주가 흘러갔다. 오스카의 고등학교 졸업식, 릴리의 사랑이 담긴 눈길, 낯선 아기들, 그러니까 내 손주들의 얼굴, 그런 것들이 섬광처럼 펑펑 터졌다. 일몰, 샌드위치, 영화, C-SPAN,••• 2060년까지 세상이 내 기쁨과 지식을 위해 생산하게 될 수많은 이미지들. 잠시 후, 그해 초 우리 집을 찾아왔던 보조 기술 강사가 떠올랐다. "망막색소변성증은 느리게 진행됩니다. 예전에 만난 망막색소변성증 고객 중에는 아직까지 스크린을 볼 수 있는 사람들도 있답니다!" 나는 그 사람들이 얼마만큼 볼 수 있는지 물었다. "글씨도 읽을 수 있나요?" "아, 그건 아닙니다." 강사는 대답했다. "제 말은, 경고 창이 떴다든지 하는 일이 발생하면 이해한다는 정도란 의미였습니다."

혹시 연구 대상이던 70대 노인들에게 여전히 남아 있다는 중심시라는 것이 이처럼 무시해도 좋을 만큼 극히 미약한 것일까?(연구자들이 제공한 간식을 두고 불평을 늘어놓는 늙고 눈먼 유대인들로 가득한 실험실이 떠올랐다.) 아니면 단어, 얼굴, 풍경을 볼 수 있는 그보다는 나은 시력일까?

이 질병이 오스카에게 유전되진 않았을까 하는 의문도 들었다. 내가 가진 유전자 변이가 어떤 종류인지 몰랐을 때는 유전여부를 알 수 없었지만 이제는 쉽게, 또 상당히 정확하게 알 수 있었다. 유전자 상담사는 참을성 있게 내가 8학년 때부터 마땅히 기억했어야 할 유전의 기본 개념을 설명했다. 내가 가진 망막

••• 　미국 정치를 다루는 케이블 채널.

색소변성증의 유형은 상염색체 열성 질환이었다. 즉 릴리 역시 MAK 변이를 지니고 있다면 오스카에게 망막색소변성증이 있을 확률은 4분의 1이 된다. 나와 마찬가지로 아슈케나지 유대인인 릴리는 보균자일 확률이 높다. 만약 릴리가 보균자가 아니면 오스카에게 이 병이 있을 확률은 거의 없다. 나는 상담사에게 릴리가 검사를 받아볼 거라고 말했다.

문득 내 눈멂을 생물학적 유전인 동시에 문화적 유전인 것으로 느꼈다. 물론, 생물학은 문화와 떼놓을 수 없다. 부모가 누구인가는 우리 존재의 근본적인 생물학적 사실이자, 대부분의 사람에게 문화적 DNA의 원천이다. 나는 여태 살아오며 대체로 내가 생물학적으로는 막연히, 대체로 세속적이며 극히 문화적 방식으로 유대인이라고 생각했다. 할아버지는 어른이 된 뒤로 시나고그에 발길을 끊었으나 세속적이며 동화된 유대인 정체성을 표현하는 연극과 영화 대본을 쓰는 작가였다. 할아버지는 유대인 정체성이 20세기 중반을 거치며 대중의 구미에 맞는 미국적인 문화적 향취를 가지는 방향으로 변화하도록 몰고 가는 데 한몫한 작품을 남기셨다. 〈사인펠드〉의 조상 격인 작품이었다.

반면 눈멂은 문화 없이, 또는 내가 단 한 번도 겪어본 적 없는 낯설기만 한 문화를 안고 내게 도착했다. 내 무지한 관점으로 보았을 때 장애란 동정과 자선을 중심으로 이루어졌으며, 지적 폄하와 떼려야 뗄 수 없는 것이었다. 예를 들면 공립학교에 다닐 때 몇 년간 말 한번 섞은 적도, 같이 논 적도 없는 특수교육 대상 아동들처럼.

그러나 이제 눈멂은 내가 물려받은 유전의 일부였고, 여태 이를 유대인 정체성과 연관 지어 생각해 본 적은 단 한 번도 없었으나, 실제로 유대인과 이 질병 사이에는 특별한 관계가 있는 것처럼 보였다. 유대인으로 보이지 않는 쾌활한 유전자 상담사의 말대로라면, MAK 변이가 전개된 것은 소규모 디아스포라 공동체들 사이에서 교혼을 거듭한 유대인의 밀집한 인구 때문이었다. 세대가 갈수록 유전자풀이 좁아졌기에 유방암이나 낭포성섬유증 같은 특정 질환들이 우리들 사이에서 매우 흔하다고 했다.

할아버지의 자전적 희곡 〈브라이튼 해변의 추억〉에서 가장 좋아하는 부분은 질병을 다루는 장면이다. 연극 속 어머니인 케이트는 특정 질병의 이름을 소리 내어 말하는 것에 미신적 두려움을 품고 있다. 그래서 **암**이라든지 **결핵** 같은 단어는 반드시 속삭이듯 작게 말한다. 케이트의 아들이자 할아버지 당신을 반영한 이 희곡의 화자 유진은 어머니의 이런 두려움을 신나게 놀려대며 천식 같은 덜 심각한 병의 이름을 자꾸만 속삭여댄다. 훗날 (수전 손택의 《은유로서의 질병》을 읽다가) 할아버지가 의식적이건 아니건 스탕달이 1827년 소설 《아르망스》에서 처음 내세운 개념을 이 희곡에 담았음을 알게 되었다. 손택은 "주인공의 어머니는 아들이 앓는 병의 진행이 빨라질 거란 두려움 때문에 '결핵'이라는 단어를 입 밖에 내지 않는다"고 썼다.

할아버지는 비록 이런 의학적 미신을 조롱했음에도 세계적 수준의 건강염려증에 시달리는 분이었다. 이 병의 원리 같은 사소한 사항들이나 가장 유망하다는 줄기세포 치료 등 망막색소변성증의 이해에 저항감을 느낀다고 털어놓자 어머니는 말씀하셨다. "아빠도 너랑 똑같았어. 의사한테 '그냥 무슨 약을 먹으면 되는 지나 말해 주시오' 하면서 얼른 끝내고 싶어 하셨지."

불평과 조롱이 넘쳐나고 병과 죽음과 고통에 집착하지만, 궁극적으로는 공감과 진심이 담긴 할아버지 특유의 코미디를 무척이나 유대인답다고 느꼈다. 그리고 지금, 눈멂의 세상에 들어가게 된 나는 세상에 맹목의blind 유머 감각이라고 불러 마땅한 무언가가 존재한다는 생각을 한다. 올랜도에서 열린 전국시각장애인연맹 전국 대회에 갔을 때, 연단에 올라선 시각장애인 지도자들은 이따금 어둡고 부조리한 감수성을 언뜻 내비쳤다. 전국시각장애인연맹 회장 마크 리코보노는 추첨 행사 도중 말했다. "좋아요, 당첨자는 손을 높이 들고 소리를 내세요. 아니면 안내견을 머리 위로 휘둘러도 됩니다."

비슷한 농담을 예전에도 들은 적이 있다. 전국시각장애인연맹의 비시각장애인 변호사로 일하다 얼마 전 은퇴한 댄 골드슈타인은 연맹이 유머에 대해 가진 태도를 보여주는 (그리고 안내견을 휘두른다는 농담의 원조에 대한) 이야기를 들려줬다.

2000년 연맹이 댄의 도움으로 아메리카 온라인이라는 기업을 상대로 최초의 디지털 접근성 소송을 걸었던 때였다. 당시 전국시각장애인연맹 회장이던 마크 마우러는 댄의 실력을 칭찬했다. 댄의 말에 따르면 텍사스 출신인 자신은 무슨 일이건 불평부터 늘어놓는 천성이 있어서, 별생각 없이 마우러의 칭찬을 사양하느라 토속적 표현을 써서 받아쳤다. "뭐, 눈먼 돼지도 한밤중

옥수수밭을 돌아다니다 때로는 도토리를 찾는 법이니까요." 그들은 볼티모어의 전국시각장애인연맹 본부 식당에 앉아 있었고, 주변은 온통 점심시간을 맞은 시각장애인 전문직들이었다. 순간 온 사방이 조용해졌고 댄은 민망해서 죽고 싶을 지경이었다.

그날 밤, 댄의 전화기가 울렸다. "마음이 편치 않죠?" 마우러 박사가 물었다. "뭐, 좋습니다. 시각장애인에 대한 농담에는 두 가지 종류가 있어요." 마우러의 말로는, 첫 번째는 용인할 수 없는 것으로 스테레오타입을 이용한 농담이라고 했다. 자신에게 곧 닥칠 신체적 위험을 까맣게 모르며 갈팡질팡 헤매는 만화 속 노인 캐릭터인 미스터 마구*는 용인될 수 없다. 자신은 물론 가는 길에 있는 모든 것에 위험을 초래하는 무능한 시각장애인이라는 스테레오타입을 증폭시키기 때문이다. 마우러가 눈멂에 대한 조롱의 예시로 들 만한 것은 무궁무진하게 많았을 것이다. 무장한 맹인들이 돼지를 죽이게 했던, 중세 파리 공원의 구경거리 역시 이에 포함된다. 이와 대조적으로 용인할 수 있는 농담은 주로 부조리한 것들이다. 마우러가 든 예시는 이렇다. "한 시각장애인이 백화점에 들어가더니 안내견을 머리 위로 휘둘렀다. 점원이 물었다. '도움이 필요하세요?' 그러자 그가 대답했다. '아니요, 괜찮습니다. 그냥 둘러보는 중이거든요.'"

• 영국 CITV에서 방영한 프로그램 〈미스터 마구〉의 주인공. 심각한 근시를 가졌음에도 특유의 고집으로 자꾸만 코믹하고 위험한 상황을 자초하는 인물이다.

‥‥

　파리의 캥즈뱅에 살던 맹인 수용자들은 유니폼에 노란색 플뢰르 드 리스 배지를 달아 이곳이 왕립 시설임을 알렸다. 그리고 에드워드 휘틀리가 중세 유럽 문학 속 맹인들을 다룬 저서에서 짚어낸 대로, 캥즈뱅을 설립한 루이 9세는 프랑스계 유대인들에게 노란 배지를 달게 했는데 후대의 어느 왕은 캥즈뱅의 맹인 수용자들에게도 같은 배지를 달게 했다. 휘틀리는 유대인도 맹인도 탐욕스럽고 게으르다는 비난을 받았다고 쓴다. 두 집단 모두 사회적으로 일탈적인 것으로 간주했으며 부정직함 및 범죄 행위와 연관 지었다. 또 "두 집단 모두 적어도 부분적으로는 자신들의 주변화를 직접 선택한 것이라고 비난받았는데 유대인은 개종을 거부함으로써, 맹인은 죄 또는 믿음의 부족으로써 그랬다는 것이다".

　20세기가 되자 유대인 정체성과 실명 둘 다 개인이 선택적으로 벗어날 수 없는 유전적 사실로 이해하기 시작했다. 나치 역시 유대인에게 노란 배지를 달게 했고, 1930년대 전반 나치 공무원들은 최소 30만 명의 유대인에게 강제 불임수술을 자행했는데 특히 어린이나 실명을 유발하는 원인을 포함해 유전 질환을 지닌 사람이 그 대상이었다. 2차 세계대전 중 나치의 행위는 불임수술에서 일명 '안락사'로 옮겨갔다. 유대인들에게 가스실을 이용하기 전 나치 과학자들은 가스실을 이용해 맹인을 포함한 장애인 몇천 명을 죽였다. 악티온 T4라는 암호명이 붙은 이 작전을 통해 나치는 전쟁 기간 총 20만 명이 넘는 장애인을 살해했다.

오늘날 장애를 유전적 사실(눈이 기능하지 않는다) 또는 사회적 구성(실명이 문제가 되는 것은 세계가 볼 수 있는 이들을 위해 만들어져서다)으로 이해할 수 있다. 그러나 눈멂의 체현된 현실은 유대인 같은 정체성과 마찬가지로 양극단 사이 어딘가에 존재한다. 오늘날 장애학 연구자들은 이런 의학적·사회적 이분법을 밀어내고, 비평가 조너선 스턴의 유용한 표현을 빌리면 "생물학이 역사적 차원을 지니며, 역사가 생물학적 차원을 지닌다는 개념"을 향해 나아간다.

내가 유대인인 것은 내 부모가 유대인이기 때문이지만, 동시에 생물학적이라기보다는 문화적이라는 느낌이 강한, 보다 더 형언할 수 없는 무언가 때문이기도 하다. 비록 이 애착이 피상적이며 그릇된 것이란 사실을 종종 깨달을지라도, 내가 다른 시각장애인들에게 끌리는 것은 공통의 경험이라는 비슷한 감각을 통해서다. 비록 이 두 집단에 소속되어 있고 이로부터 벗어날 수 없을지라도 나는 때로 이 집단들과 아무런 관계가 없다고, 또는 어떤 관계도 맺고 싶지 않다고 확신할 때가 있다. 자기혐오에 빠진 유대인이란 닳고 닳은 비유다. 그렇다면 자기혐오에 빠진 맹인은 어떤가?

• • ••

안과 진료가 끝난 뒤 호텔로 돌아온 나는 미니바에 있는 어처구니없이 비싼 엠앤엠즈 땅콩 초콜릿 한 봉지를 먹은 다음 확장된 동공이라는 너울을 뚫고 이메일을 읽으려 노력했다. 그때 의사가 예정에 없이 전화해서는 혈액검사 결과를 알려주겠다고 했다(간 손상 위험성을 높이는 비타민 A를 복용 중이었기에 매년 혈액검사를 받았다). 모두 별문제 없다고 하면서 의사가 전화를 끊으려 할 때 내가 입을 열었다. "오늘 오전에 모두 설명해 주신 건 알지만, 이해하기가 좀 어렵습니다." 여러 의사가 여러 번, 여러 가지 다른 방식으로 말해 주었는데도 여전히 내가 제대로 들은 게 맞는지 확신이 없었다. "처음 진단을 받았을 때, 의사 선생님은 시력 감소가 서서히 이루어지다가 중년이 되면 감소하는 속도가 빨라진다고 했어요. 그런데 오늘 선생님들은 그렇지 않다고, 시력은 느린 속도로 꾸준히 감소할 거라고 하셨지요. 뭐가 달라진 겁니까?"

의사는 내가 첫 진단을 받았던 20년 전에 비해 시력 손실을 예측하는 척도가 진화했다고 설명했다. 중심시의 시각 정밀도 안정성은 예측하기 어려운 것으로 악명이 높지만, 막 발견한 유전자 프로파일 그리고 첫 진단과 이번 진료 사이에 이루어진 변화의 속도로 보건대 내 시력은 첫 진단에서 들었던 것보다 느린 속도로 감소하고 있다는 것이다.

"난 점자를 배우고 있었습니다." 그렇게 말하는 내 목소리가 내 귀에도 애처롭게 들렸다. "유효 시력이 몇 년 내로 없어진다고 생각하며 살았거든요."

"나라면 서둘러 점자를 배우진 않을 거예요." 의사가 말했다.

"성인이 되고 나서 점자를 배우는 게 정말 어렵다고 알아요. 그렇기도 하지만 내 생각에 선생님의 시력은 한동안 안정적일 것이기 때문이에요. 시력이 롤러코스터를 타고 내려가며 가속도가 붙을 걱정은 안 하셔도 됩니다. 네, 물론 선생님의 중심시가 변할 가능성도 있지요. 하지만 앞으로 20년 사이엔 아닐 것 같군요." 의사는 이렇게 이야기를 마무리했다.

부모님께 전화로 이 소식을 알렸고 두 분의 흥분한 목소리를 들으며 더욱 현실감을 느꼈다. 20년이라니! 릴리에게도 전화했다. "이제 책 쓰는 건 물 건너갔네!" 아내의 농담이었다. 릴리도 들뜬 목소리를 내기 기다렸으나 오히려 비판적인 태도였는데 아내는 원래 분석적 방식으로 상황을 파악하는 편이었다. "그 짙은 석류 이야기는 다 뭐였어?" 아내가 물었다. 나는 오스카를 걱정시키지 않으려고 시력 감소를 느낄 때마다 "오늘 눈이 먼 기분이야"라고 말하는 대신 암호를 쓰기로 했다. 그래서 우리 사이에서 실명은 **짙은 석류**라는 별명으로 통했다. "지어낸 이야기는 아니었잖아?" 합당한 질문이었다. 나 역시도 자문해 본 문제였다. 아내에게 "오늘은 특히 더 눈이 먼 기분이야" 하며 동정의 포옹을 자아내던 여태껏, 그 짙은 석류는 전부 내가 지어낸 거였나?

그날 밤 호텔 바에서 사우스 쇼어 출신 사업가 두 사람을 만났다. 흠뻑 취한 채 방금 전해 들은 좋은 의학 소식을 전하자 그들이 자꾸 술을 사는 바람에 나는 고주망태가 되어버렸다. 다음 날 심한 숙취에서 깨어나 집에 가는 버스를 타려고 사우스역으로 갔다.

화창한 아침이었다. 지난 며칠처럼 뼈가 시리게 춥지는 않았지만, 도로변에는 아직도 눈과 얼음이 무더기로 쌓여 있었다. 여태까지는 늘 T*를 탔기에 역까지 걸어간 건 처음이었고, 길을 두 번이나 잘못 드는 바람에 어느새 뉴잉글랜드 전성기의 고풍스럽고 고상한 매력을 간직한, 자갈 깔린 콜로니얼 양식의 마을로 접어들었다. 18세기에 지은 타운하우스가 늘어선 작은 골목은 그 어떤 움직임도 싹 씻어내 버린 것처럼 텅 비어 고요했다.

내 시야가 다르게 느껴졌다. 지금까지 나는 시력 상실에 대해 엉뚱한 태도를 가꾸어왔었다. 내가 구상한 팟캐스트 제목은 '불쾌한 젤리'로, 《리어왕》에서 콘월이 글로스터의 눈알을 뽑을 때 했던 "나오거라, 불쾌한 젤리야! 그 광채는 어디로 갔는가?"라는 대사에서 따온 것이었다. 시력은 늘 나를 좌절하게 만들었고, 나는 시력을 놓아주려고, 극도의 희극적 열정으로 이 실패를 받아들이려고 애쓰며 살아왔다. 그러나 비컨힐을 걸어 올라가던 그날 아침, 눈멂은 마치 정오가 다가오면 걷히는 아침 안개처럼 물러갔다. 어쩌면 이제는 내가 시력을 지니고 살아가는 삶을 계획하도록 허락해 주어도 되지 않을까. 여태 시각의 사형선고가 드리운 기분이었는데, 어제 만난 젊은 의사는 태연하게 그 선고를 감형해 주었다. 손에 든 흰 지팡이를 바라보았다. 이런 게 꼭 필요할까? 잘못 생각한 게 또 뭐가 있을까?

자갈 깔린 거리를 벗어나 눈, 잔디, 낮은 돌담이 얼기설기 이어

진 보스턴 커먼 공원으로 접어든 나는 황급히 걸음을 멈췄다. 공원으로 내려가는 가파른 계단으로 하마터면 굴러떨어질 뻔했던 것이다. 지팡이가 허공을 휘젓기 전까지 계단이 있는 줄도 몰랐다. 그렇군, 심장이 쿵쿵 뛰었지만 아마 아직 지팡이가 쓸모가 있는 모양이라고 인정했다. 아무튼 적어도 주 정부 눈에는 나는 아직 실명인이니까.

공원을 걸으며, 지난 몇 년간 마음 놓고 시각적 아름다움을 즐긴 적 없었다는 걸 깨달았다. 곧 눈이 멀 남자가 산등성이를, 파랑새를, 아이의 얼굴을 바라보며 다정히 경탄을 느끼는 것은 너무 가슴 아프고, 가식적이며, 고통스러웠으니까. 나는 아마 언젠가 그리워할 아름다운 것에 해당하는 무언가를 볼 테고, 그 즉시 혼란과 반발에 시달릴 터였다. 이 이미지를 기억하려 노력해야 하나? 그건 불가능한 일이다. 세상엔 볼 것이 너무 많고, 나는 어떤 이미지를 기억하고 또 잊을지 선택할 수 없다. 그것은 보는 기쁨의 일부였고, 결국 마음의 눈에서 지워지지 않게 되는 이미지에 대한 놀라움이었다. 그래서 그 대신, 나는 눈먼 내가 이 장면을 어떻게 경험할지 생각했다. 내가 느낄 수 있는 청각적·촉각적·후각적 요소는 무엇이 있을까? 이를 통해 무엇을 얻을 수 있을까? 내가 이 풍경을 설명해 달라고 하면 릴리나 오스카는 뭐라고 말할까?

나는 나를 보호하려고 끊임없이 이중적이며 거부하는 시각을 택했다. 그러나 나무와 새, 조깅하는 사람들과 오솔길 사이를 헤매며 드문드문 눈 쌓인 공원을 걷던 그때, 몇 년 만에 처음으로 순수한 시각적 기쁨의 경험을 스스로에게 허락했다. 세상이 내 눈에 쏟아져 들어오는 동시에, 눈에서 쏟아져 나가는 것만 같았다.

지금까지 내 시각은 막히고, 멈추고, 봉인되어 있었다. 보는 일은 어려운 일, 궁지에 몰린 일, 몽매한 일이었다. 그날 아침 나는 시각이 눈에서 거칠 것 없이 흘러나와 몇 미터를 수월하게 흘러가는 것처럼 편안하게 바라보았다. 아주 오랜만에, 내게 보이는 건 사라지는 모습이 아니었다. 세상은 그저 경이로움이 가득한 모습으로 나타날 뿐이었다. 여태 무릎을 꿇고 시력을 주신 하느님께 감사해 본 적은 없지만, 아마 그때가 그것에 가장 가까운 순간이었으리라.

이런 느낌은 한 달가량 이어졌다. 다시금 내 시력이 감소하기 전까지.

2부 잃어버린 세계

4장

남성 응시

어느 날 밤, 우리는 잘 알지 못하는 어느 가족의 집에 저녁 식사 초대를 받아 갔다. 이 동네로 이사하고 얼마 안 되어 그 집 아빠와 커피를 한잔한 적이 있는데 서로 공통점이 좀 있음을 알게 되었다. 우리 모두가, 그러니까 엄마들끼리, 아빠들끼리, 아이들끼리 서로 친해질 거라는 암묵적 낙관주의로 인해 식사 계획이 잡힌 것이다. 오스카와 아이들이 식사를 금세 끝내고 공들여 꾸민 뒷마당을 뛰어노는 동안, 그 집 아빠는 어른들의 대화 주제를 내 시력에 대한 심문으로 끌어오기로 마음먹었다.

그의 질문은 내가 정확히 무엇을 볼 수 있는가에 대한 평범한 호기심이라기보다는, 내가 이 일에 대해 어떤 기분을 느끼는가를 묻는 공격적이고 침투적인 것들이었다. 전에도 이런 사람들을 만난 적이 있다. 이들은 보통의 식사 시간 대화를 자신이 지닌 기자다운 인터뷰 능력을 뽐낼 기회로 활용하며 제멋대로라 느낄 만큼 거친 질문들을 퍼붓는다. 이내 지쳤으나 정말로 지긋지긋할 만큼 녹초가 된 건 그가 내게 할 질문들을 끝내고 릴리에게 이렇게 물었을 때였다. "눈이 멀어가는 **남편**을 둔 건 정말 힘들 것 같습니다." 그는 직접 구운 고기를 씹으며 말했다. "**그건** 어떤 기분이죠?" 매끈매끈한 작살이 내 몸을 의자에 꽂아 꼼짝 못 하게 만드는 기분이었다. 릴리와 나는 눈이 멀어가는 사람과 결혼 생활을 하는 어려움에 대해 제대로 이야기한 적이 없었다. 그런 이야기를 일상적 대화 주제로 꺼냈다는 사실에 몹시 화가 났다. 어째서 릴리가 여기, 지금, 이 잘생기고 해로운 아빠 앞에서 그런 이야기에 대답해야 한단 말인가? 몹시 당황한 기색인 릴리는 질문을 적당히 피했다.

한두 해 뒤, 릴리가 지역신문에서 그 잘생기고 해로운 아빠 이름을 발견했다. 그날의 만남 이후 내가 그를 적대시한다는 걸 눈치챈 릴리는 "와, 신문에 누가 실렸는지 봐!" 하고 놀렸다. "난 그 남자 싫어." 그렇게 대답한 뒤에야 번쩍 정신이 들었다. 그를 싫어하지도 않을뿐더러, 오스카가 누굴 싫어하기를 원치 않았기 때문이다. 오스카는 크게 해롭지 않고 그저 조금 불편한 일들(우유가 떨어지거나, 우노 게임의 패가 별로라든가)을 농담조로 "끔찍하다"고 말하는 우리의 염세적 말버릇을 벌써 본받기 시작했기에 말조심을 하려고 노력 중이었다. 당연한 일이지만 오스카는 내 말을 흘려듣지 않았다. "그 아저씨가 왜 싫어요?" 오스카가 묻자 나는 더듬거렸다. "안 싫어해, 그냥⋯." 그 남자가 왜 싫더라? 나는 설명했다. "우리가 그 집에 갔을 때 말야, 그 아저씨가 엄마한

테 '우와, 눈이 멀어가는 사람과 결혼 생활을 하는 건 힘들 것 같아요'라고 했거든." 내 귀에도 만족스럽거나 논리적인 답으로 들리진 않았다. 그래도 오스카는 찰떡같이 알아들었다. "눈먼 사람과 결혼 생활을 하는 게 왜 **힘들다**는 거예요?" 오스카가 물었다. 아이가 그 사람 말을 부정하는지, 순전히 궁금해서 묻는지는 알수 없었다. 그러나 나는 아이의 질문을 그 해로운 아빠의 건방진 생각이 도저히 믿기지 않는다는 반응으로 받아들이기로 했다.

"내 말이!" 아이에 대한 사랑이 넘쳐흘렀다. 내 아들이 내 편을 들다니! 눈먼 사람과 결혼하는 게 뭐가 힘들단 거야? 우리는 한 편이 되어 그 눈치 없는 아빠와 맞서게 됐지만 순간 혹시 우리가 함께 어쩌면 감히 눈멂을 짐이라고 생각하는 **누군가**와 맞서게 된 건 아닌가 생각했다, 아마도 릴리와. 아내를 슬쩍 보았다. 릴리는 말없이 우리의 대화를 듣고 있었다.

• • • •

릴리와 내가 함께 만들고 지켜온 세계는 점점 더 눈먼 세계로 변해 갔다. 나는 내 실명을 서서히, 실제 시력 상실의 속도보다 몇 발짝 늦게 받아들였고, 릴리는 보통 내 뒤로 몇 발짝 늦게 따라왔다. 우리가 처음 만났을 때 내 시력 손상은 거의 티가 나지 않을 정도였다. 릴리는 어두운 바에 갔을 때 나를 테이블까지 인도하는 걸 좋아했다. 내가 자기 어깨에 손을 올리는 걸 귀엽다고 생각하기도 했다. 그러나 연애 시절, 릴리는 어두운 곳에서의 사소하고 친밀한 접촉들이 눈멂이라는 더 큰 현실을 가리킨다는 생각은 하지 못했다. 그가 아는 실명인은 나 말고 아무도 없었다.

지팡이를 사용하기 전에는 릴리의 친구들이 내 시력 때문에 당황할 때가 있었다. 악수하거나 포옹을 건네려고 뻗은 손을 내가 못 보면, 나중에 릴리에게 어찌 된 일인지 물어보곤 했다. 친구들과 한 대화를 릴리가 전해 준 건 얼마 전 일이다. 어떤 친구들은 매우 걱정하며 내 상태를 자세히 물었고, 언젠가 완전히 실명할 거라는 말을 듣고 충격을 받기도 했다. 도저히 이해가 안 된다며 릴리 말을 의심하는 친구들도 있었다.

릴리도 혼란스럽긴 마찬가지였다. 내가 물건에 부딪히고 사람들 손을 보지 못하는 일이 여러 번 일어난 뒤에야 릴리는 내 시력이 어떤 상황인지 이해했다. 그 뒤 내 시력이 변하고 또 변하자 릴리는 따라잡느라 애를 써야 했다. 상태가 점점 심각해지고, 내가 운전도 자전거 타기도 그만두자 퇴행은 더 명확히 드러났다.

많은 파트너들이 그렇지만, 나 역시 내 생각이나 감정을 매일 가까이서 접하는 릴리는 내가 겪는 일을 분명히 안다고 짐작하는 경향이 있다. 하지만 아무리 가까운 사이라도 마음을 읽진 못한다. 나는 실명에 대한 이야기를 꺼낼 때마다 나를 불편하게 만드는 다른 이야기들을 할 때처럼 애매모호하게 아이러니하며 농담 섞인 표현을 쓰곤 한다. 처음 지팡이를 꺼내던 날은 릴리에게는 그저 평소와 다름없이 브루클린으로 놀러 나간 밤 중 하나였으며, 그때까지 아내는 나를 진짜 실명인이라고 생각해 본 적이 없었다. 릴리는 그날 일을 마치 우리 삶에서 실명이 갑작스레 분출해 나온 것처럼 받아들였다. 세월이 흐른 뒤 릴리는 그날 내가 너무나도 취약해 보인 나머지 누가 우리에게 날치기라도 시도할까 봐 겁이 났다고 했다. 릴리에게는 눈멂이 취약함과 동의어였던 것이다.

릴리가 나를 취약한 사람으로 본 것이 싫었다. 심지어 심리치료사나 연인 앞에서 드러내는 좋은 종류의 취약함조차 아니었다. 릴리에게 눈멂은 적이 내게 원하는 종류의 취약함이며, 약하고 쉬운 표적이라는 뜻이었다. 실명을 다룬 팟캐스트를 계획하던 중, 라디오 장비를 가진 친구를 집에 초대해 릴리와 나의 대화를 녹음하기로 했다. 그러니까 그 눈치 없는 아빠가 듣고 싶을 만한 대화를 할 생각이었다. 마이크 덕분에 그리고 편집자 정신을 지니고 부부 상담사처럼 굴었던 친구의 존재 덕분에 릴리에게 평소라면 묻지 않았을 질문을 할 수 있었다. 우리는 오스카의 놀이방에 있는 조그만 의자에 앉아 있었다. 적어도 오스카가 유치원에 가 있는 동안에는 집에서 제일 조용한 방이었다.

"남성이 실명할 때는 남성만의 어려움이 있는 것 같아." 릴리가 말했다. "실명엔 남성성을 무너뜨리는 부분이 많잖아. 남성이 책임을 지고 사람들을 보호해야 한다는 통념이 있으니까." 릴리는 내가 느끼는 감정을 인정하고 공감하기 위해 애써 솔직히 말했겠지만 그 말은 고백처럼 들렸다. 내가 앓는 병은 파트너로서의 생활력을 빼앗아갔으며, 시력을 잃을수록 이 능력은 점점 감소할 테다. 이미 내 남자다움이 손상되었음을 느끼던 차였다. 릴리는 바에서 어깨에 손을 얹는 내가 귀여웠을지 모르지만 나는 그 순간 테이블 사이로 릴리를 이끄는 역할은 내가 도맡아 하는 게 마땅하다고 본능적으로 느꼈기 때문이다.

어쩌면 오스카가 그 집 아빠를 왜 싫어하느냐고 물었을 때 이 말을 했어야 하는지도 모른다. 왜냐하면 그 아저씨는 친하지도 않은 사이면서, 아빠가 눈이 멀었으니 아빠와 엄마가 복잡한 사이가 될 거란 말을 불쑥 던진 셈이거든. 그 말이 아무리 사실이라 해도, 그건 그 아저씨가 할 말이 아니니까 엄마와 아빠는 불편했 단다. 그 질문은 꼭 아빠가 남성으로서 부족하고 모자란 남편이 라는 말처럼 들렸어. 아빠가 눈이 멀고 난 뒤에도 엄마가 눈먼 남 자인 아빠를 여전히 사랑하고 존중하는 삶을 상상할 순 있지만 그럼에도 아직 우리가 샅샅이 탐색해 보지 못한, 피할 수 없고 고 통스러운 감정의 수렁이 존재한단다. 그 아저씨는 꼭 L. L. 빈* 모 델처럼 생겼잖아. 그런데다 그 집에 있는 내내 아빠가 거세당한 기분으로 간이의자에 앉아 칩과 살사를 먹는 동안, 줄곧 자기가 아버지로서 가진 능력을 뽐내는 것 같아서 싫었어. 이 녀석, 이제 궁금증이 풀렸니?

· · ··

릴리와 내가 1년간 뉴욕에서 살던 시절, 나는 길을 걸으며 갑 작스레 뒤처지기 시작했다. 그러면 릴리는 짜증을 냈고, 짜증은

• 　미국의 대표적 아웃도어 브랜드.

싸움이 되었다. 내 입장은 이랬다. 대체 왜 그러는데? 그걸 못 기다려줘? 릴리 입장은 이랬다. 난 평생 길을 막고 서 있는 관광객들을 재빠르게 피해 다니는 뉴요커로 살았어. 당신이 왜 뒤처지는지 이해가 안 돼. 릴리에게 내 상황을 다시 한번 알려줘야 한다는 사실이 믿기지 않았다. 망막색소변성증이라니까? 당신이 날 두고 가버리면 내가 상처받지 않겠어? 릴리는 잠시 생각에 잠겼다. 그러다 이해했다. 또 사과했다. 그 뒤 릴리는 길을 걷다가 나를 위해 발걸음을 늦추었고, 그렇지 않으면 내 팔을 붙들고 길을 막은 사람들 주위를 빙 둘러 갔다. 나중에는 지팡이가 강력한 기호학적 힘을 발휘해 모여 선 행인들을 해산시킨 덕분에 저절로 문제가 해소되었다.

그러나 이런 일들은 매번 조금씩 다른 형태로 자꾸만 반복되었다. 내가 부엌을 청소하다 먼지 무더기를 못 보고 지나친다든지, 조리대 위를 4분의 3만 닦아놓고 전부 청소했다고 생각하는 식이다. 릴리는 "왜 갑자기 청소를 못 하게 된 건데?" 하고 처음에는 짜증스레 반응하다가 곧 무슨 상황인지 이해하게 됐다. 그러나 마치 내가 시력을 잃었다는 이유로 화를 내는 것처럼 보이는 그 짧은 순간을 나로서는 견디기 힘들었다.

앞으로 있을 두 가지 중요한 사건에 맞닥뜨리면 무슨 일이 일어날지 릴리가 마음의 준비를 할 수 있게끔 한동안 노력하기도 했다. 눈으로 글씨를 읽지 못하게 되는 것 그리고 문, 출구 표지판, 거리 주소를 읽을 때 사용하는 보행 시력이 사라지는 것 등이다. 우리가 앞으로 무슨 일을 해야 할지 설명하려고 시도했지만 나 역시 정확히 무엇을 해야 할지 알지 못했다. 당시로서는 필요하지 않았지만 초급 점자 수업을 듣고 있었는데 나는 점자 라벨기 사용법을 익힌 뒤 쾌활한 투로 말했다. "앞으로 콩 통조림을 살 때마다 이걸로 하나하나 이름표를 만들어 붙이는 거야!" 나역시 그게 무슨 의미인지 모른단 사실을 숨기고 싶었기에 자신 있는 목소리였다.

훗날 부부 상담을 닮은 그 팟캐스트 녹음 현장에서 내 말이 릴리에게 얼마만 한 충격을 주었는지 알고 놀랐다. 통조림 하나하나에 모조리 이름표를 붙이는 자기 모습을 상상하던 릴리는 도저히 감당할 수 없을 만큼 버거운 느낌이었다고 했다. 부주의하게도 릴리에게 온종일 내 개인 활동 보조인이 되어 매주 몇 시간씩 식료품에 이름표를 붙이고, 또 (릴리의 말에 넌지시 담긴 숨은 의미대로라면) 내 음식을 잘라주고, 옷도 입혀주어야 한다는 생각을 주입한 모양이었다. 다 큰 아기인 나를 돌보느라 릴리의 경력은 끝장나 버릴 것이다.

우리는 아직 통조림에 이름표 붙이는 문제를 해결하지 못했지만, 어차피 생각만 한 게 전부다. 이 문제는 내가 검은콩과 병아리콩을 구분할 수 없을 때까지 미루기로 했다.

내 시력이 나빠질수록 우리가 나누는 대화들은 나아졌는데, 아마 애써 대화하려 노력한 덕분이리라. 이제는 팟캐스트 제작자 없이도 방향을 찾을 수 있었다. 얼마 전 나는 릴리에게 욕조 테두리에 아방가르드 스타일의 컨디셔너 병이나 수수께끼 같은 각질 제거제 병을 늘어놓지 말라고 부탁했다. 내가 샤워를 하려고 들락거릴 때마다 요란한 소리를 내며 그것들을 전부 넘어뜨렸기 때문이다. 예전에는 사소한 부탁도 하기 어려웠고, 릴리는 팽팽하게 긴장된 분위기의 협상에서, 내 시력이 자신의 생활 방식에 부담이 된다는 양 부탁을 받아주었다. 릴리는 내가 부탁할 때 쓰는 말투도 싫어했다. 상대가 어떤 반응을 보일지 겁이 난 나머지, 오만함과 이죽거림이 뒤섞인 해롭기 짝이 없는 말투를 썼으니까. 하지만 지금은 욕조 주변을 치워달라고 직설적으로 말하고, 릴리도 그저 "알았어. 그럴게"라고 대답한다. 그러면 아무 문제 없다. 우리 가족 역시 내 현재 시력에 적응한 것이다.

•• ••

아기 오스카가 한밤중 몇 시간에 한 번꼴로 깨어나 요란하게 울어대면 나는 오스카를 가슴에 안고 필라테스 볼에 앉아 난폭할 정도로 몸을 세게 들썩였다. 나는 오스카의 얼굴은 내 쪽으로, 내 얼굴은 정면으로 향한 채 〈워킹데드〉 첫 시즌을 시청했다. 소중하고 연약한 갓난아기를 품에 안고, 아이의 울음소리가 좀비 희생자의 비명과 뒤섞이는 가운데, 좀비들이 비프스튜를 가득 담은, 인간 모양으로 된 물풍선처럼 펑펑 터지는 시각적 이미지를 보는 불협화음의 경험이었지만 몇 달째 밤잠을 설친 나는 필라테스 볼 위에서 끝없이 몸을 들썩이는 동안 집중할 무언가가 필요했다.

머지않아 〈워킹데드〉는 우리 집에서 세상의 종말을 뜻하는 약어로 통하게 되었다. 예를 들면 "〈워킹데드〉 시나리오가 펼쳐지면 먹을게"라든지, "여기가 〈워킹데드〉 속이라면 이걸 무기로 쓰면 되겠어"처럼. 〈워킹데드〉의 매력 중 하나는 이 드라마를 지배하는 고양된 긴박감이 아기를 맞이한 우리의 삶과 약간 닮았다는 점이었다. 더 이상 엉망이 될 게 남지 않았다고 생각할 때쯤 숲에서 또다시 몇십 마리 좀비가 나타나는 식이었다. 궁지에 몰린 주인공들은 이번 난관을 어떻게 벗어날까?

오스카가 태어나기 전 릴리가 임신했을 무렵부터 처음으로 강한 보호 본능을 느꼈다. 쇼핑몰에서, 식당을 찾아가면서 나는 혹시라도 암살자나 위험 요소가 도사리지 않는지 바짝 경계하고 주위를 둘러보곤 했다. 오스카가 태어난 뒤 이런 기분은 더 강화되었다. 나는 필라테스 볼에 앉아 미친 듯이 엉덩이를 들썩거리면서, 좀비 떼가 우리 집을 급습하면 이 두 사람을 어떻게 지켜야 할지 생각하곤 했다. 난 차를 운전할 수도 없는데. 야구 배트나 산탄총으로 평범한 위해를 가하는 정도는 할 수 있겠지만 우리 집에는 그런 물건이 하나도 없다. 그러다 만약 내가 보행 시력을 잃고 난 뒤에 좀비들이 찾아오면?

좀비들은 때를 기다렸다. 나는 부지런히 기저귀를 갈고, 오스카를 도서관에 데려가고, 우편으로 주문한 가구를 조립했다. 남성성을 빼앗기고 위축된 기분은 여전했다. 남성성은 누수처럼 잠재적으로, 점진적으로, 느릿느릿 새어나갔고 나는 온 힘을 다해 새는 곳을 틀어막았다.

팟캐스트 녹음을 빙자한 상담 치료에서 릴리는 오스카와 내가 단둘이 공공장소에 있을 때 남들이 우리를 어떤 눈으로 볼지 걱정했다고 털어놓았다. 그 당시 오스카는 유치원에 다녔는데, 흰 지팡이를 든 남자가 어린아이와 단둘이 있으면 사람들이 위험하다고 여긴다는 게 릴리의 생각이었다. 나의 신중함을 아는 **자신**은 우리가 안전하다고 생각했다고 릴리는 말했다. 하지만 남들은 우리를 어떻게 볼까? 그것이 릴리의 〈워킹데드〉 시나리오였다.

만약 우리가 기후 난민이 된다면, 아니면 트럼프 정부가 사회를 《시녀 이야기》*의 실제 상황처럼 만들어버린다면 내가 가족을 어떻게 지킬 수 있을지를 상상해 보았다. 릴리의 두려움은 그보다는 덜 디스토피아적인 우리 가족의 수준에서 일어나는 재난에 집중한 것이었다. 누군가 지팡이 든 나를 보고 "저 맹인의 아이를 납치하기는 식은 죽 먹기겠군" 생각하면 어쩌나?(당시 우리는 실명한 부모가 아이를 안전하게 돌볼 수 없다고 생각한 사회복지사들이 갓난아이를 부모와 분리한 실제 사례가 있음을 알지 못했다.) 그런데 우리 둘의 두려움은 둘 다 눈멂을 오랫동안 취약함으로 생각한 데 바탕을 두고 있었다. 나의 시력 상실은 내가 되어야 마땅한, 내가 되고 싶은 종류의 남성상으로 나를 보기 어렵게 만든다. 바로 야구 배트와 사슬톱으로 무장한 아포칼립스물의 보안관 말이다.

---

* 1985년 출간된 마거릿 애트우드의 소설로 여성의 자유와 권리가 심각하게 억압된 사회를 그렸다.

....

섹스는 물론 촉각적 행위지만 볼 수 있는 사람의 성적 욕망은 보통 시각에서 시작한다. 먼저 눈이 마주치고 나머지가 뒤따른다. 욕망하는 상대의 이미지는 우리가 애정을 느끼는 모든 것의 그리고 운이 좋다면, 사랑의 상징물이 된다. 릴리와 처음 사귈 때 나는 릴리 아파트에서 몇 블록 떨어진 사무실에 앉아 릴리가 올린(우리가 막 페이스북에 가입했을 때였다) 자신의 사진 다섯 장을 한없이 보고 또 보았다. 주말 내내 함께 시간을 보냈고 그날 저녁 또 만날 텐데도. 저녁을 먹을 때 릴리는 수줍음, 나를 꿰뚫어 보는 듯한 지성 그리고 아직도 정확히 뭐라 말할 수 없는 신비롭고 폭발적인 제3의 요소가 한데 뒤섞인 눈빛으로 나와 마주 보았다. 릴리와 사랑에 빠진 건 정말 행운이다. 나는 릴리의 모습이, 그 눈이 그리고 오스카가 뭔가 굉장한 말을 할 때마다 아무렇지 않게 우리가 주고받던 눈빛이 그리워질 것이다. 그렇다고 해서 그 무엇도 사랑은 물론 애정을 느끼는 데 필요한 전제 조건이라 생각지는 않는다.

오스트레일리아 신학자 존 헐은 중년의 나이에 시력을 잃고 변화한 세상 경험을 관찰해 카세트 일기장에 녹음했다. 변한 것들은 가족과 친구, 소리와 공간, 그의 꿈을 포함해 모든 것과의 관계였다. 헐은 이 녹취를 글로 옮겨 《돌을 만지다 Touching the Rock》라는 책으로 펴냈는데, 성인기에 시각장애인이 된 경험을 그 어느 책보다도 철저히 현상학적 방식으로 담아낸 책이다. 또한 〈워킹데드〉의 그 어느 에피소드보다도 공포스러우며, 당연히 내가 읽은 가장 무서운 책이기도 하다.

헐이 자기 경험을 고요하게 관찰하는 데 쓴 방법론을 똑같은 방식으로 내 정서적 삶에 적용해 보면 가슴이 찢어질 정도로 괴롭다. 헐이 자신이 느끼는 두려움, 폐소공포, 고립감, 우울감, 슬픔의 정도와 구성 요소와 이유를 차분하게 측정하는 동안 나는 호러 소설을 읽는 속도로 페이지를 넘겼다. 《돌을 만지다》를 읽고 잠들었다가, 한 시간 뒤 숨도 쉴 수 없고 아무것도 보이지 않는 깜깜한 침실에서 공황 발작에 시달린 것도 여러 번이었다. 이명으로 귀에서 괴성이 울렸다. 생매장을 당한 기분이었다.

1984년 1월 7일에 헐이 쓴 일기는 가장 무시무시한 구절은 아니지만, 그럼에도 실명이 그의 자아감을 어떻게 변화시켰는지를 잘 보여준다. 헐에 따르면 욕망과 이미지는 근본적으로 하나다. 사물을 보는 일이 그 사물에 대한 욕망을 일으킨다. 허기라는 신체적 욕구는 느낄 수 있지만, 실명이 이미지를 욕망에서 분리했기에, 접시에 놓인 음식을 보았을 때는 느낄 수 있었던 음식을 향한 갈망을 이제는 경험하지 못한다는 것이다. 헐은 이렇게 쓴다.

누군가가 "수프가 나왔습니다"라든지 "아직 드시지 마세요, 웨이터가 테이블마다 채소를 서빙 중이거든요" 하고 말한다. "그런데 이게 뭡니까?" 내가 묻는다. "송아지 커틀릿이에요." 이제는 안다. 하지만 내가 무엇을 안단 말인가? 나는 이 문장을 들었고, 그 문장을 믿는다. 하지만 실제 욕망을 자극하고 이 욕망을 내게서 끄집어내 대상으로 향하게 하는 시각적 신호는 존재하지 않는다.

헐에게는 섹스도 마찬가지 방식으로 작동한다. 욕망이 이미지에서 분리되자 흥분은 사그라졌다. 허기와 마찬가지로 여전히 신체적 욕구를 느낄 수는 있으나 "앞을 볼 수 있는 남자가 매력적인 여성의 모습을 마주했을 때 느끼는 압도적 충격에 비하면, 향수의 은은한 향기나 목소리에 담긴 미묘한 변화는 대단치 않은 것이다". 생애 초기에 시력을 잃었거나 오랫동안 실명 상태였던 사람은 대부분 헐의 주장이 말도 안 된다고 생각하리란 것을 언급할 필요가 있다. 그 사람들 역시 맞은편에 앉아 저녁 식사를 즐기는 앞을 볼 수 있는 사람들과 마찬가지로 음식과 섹스를 즐긴다. 그러므로 헐의 회고록은 실명에 대한 일반적인 경험을 담았다기보다는 잃어버린 시력을 애도하는 과정을 기록한 문서에 가깝다.

나는 릴리가 헐의 책을 읽어보는 것과 관련해 막연한 믿음을 미신처럼 품고 있었다. 책을 읽은 뒤 릴리가 내 두려움 그리고 진정한 실명에는 나름의 지적이며 철학적인, 정신을 확장할 가능성이 담겨 있으리라는, 내게서 점점 싹트는 느낌을 이해할 거라 생각했다. 어느 토요일 아침, 릴리는 부엌 조리대에 몸을 기댄 채 책을 팔락팔락 넘기다 헐이 상대의 얼굴을 모른다는 것에 담긴 사회적 함의를 탐구하는, 앞서 나온 인용과 비슷한 부분을 읽기 시작했다.

헐은 때로 앞을 볼 수 있는 친구들에게 방금 만난 사람에 대해

"일종의 간략한 스케치"를 해 달라고 부탁하곤 했다. 새로 만난 사람이 어떻게 생겼는지 알고 싶은 그의 욕망은 특히 만난 사람이 여성일 때 극심했다. "머리카락은 무슨 색이지? 무슨 옷을 입고 있지? 예쁜가? 때로 나는 그것이 간절히 알고 싶다. 결국 나도 시각 중심의 문화에서 자라난, 남성적 기대에 길들여진 남성이므로." 헐은 자신의 호기심에 양가감정을 느끼면서도 일기라는 고백적 형식에 충실하게 자기 감정을 있는 그대로 보고한다. "어쩌면 내가 남성적 길들임이 빚어내는 여성에 대한 판단에 덜 영향받는 방향으로 변해야 할지도 모르지만, 이런 변화를 그저 실명 때문에 강제로 이루게 되는 것이 고통스럽다." 그는 이런 식으로 이야기를 이어가며, 여성의 생김새를 알고 싶은 욕망을 기록했다가 그런 자신을 비난했다가를 반복한다.

내가 여성 지인에 대해 느끼는 감정은 어느 동료가 그 여성더러 아름답다고 말하느냐 평범하다고 말하느냐에 따라 달라진다. 여기엔 이중의 비논리가 담겨 있다. 우선, 여성의 외모에 따라 내 감정이 달라져선 안 된다. 나도 알고 있고 이를 미안하게 생각한다. 그럼에도 나는 여전히 그런 감정을 느낀다. 두 번째는, 더는 내게 중요하지 않을 수 있는 어떤 기준에 이토록 휘둘리는 일은 개탄스러울 정도로 자립심이 부족하다는 의미이기 때문이다.

"참 나." 릴리는 그렇게 말하며 책을 덮었다. 릴리의 말뜻을 알

앉고 헐도 마찬가지였을 것이다. 갑자기 나의 방어기제가 작동하는 바람에 스스로도 놀랄 정도였다. 나는 이 책이 일종의 연민을 자아내기를 바랐다. 대신 릴리는 예리한 눈을 지닌 학자답게 헐이 자신이 가진 반페미니즘적 맹점을 스스로 드러내고 탐구하고자 한, 가장 이데올로기적으로 징후적인 순간에만 초점을 맞춘 것이다.

그리고 지금 느끼는 나의 이 방어적인 감정은 나에 대해 무엇을 말해 줄까? 나도 헐처럼 퇴보적인 감정을 공유한다는 뜻인가? 나 역시 나쁜 페미니스트일까?

나는 나중에 보지 못해서 그리워할 것 같은 게 무엇일지 명절을 맞이하듯 1년에 한 번꼴로 꼭 질문을 받는다. 이럴 때마다 항상 부적절한 농담으로 대답을 대신함으로써 그토록 우울하고 말도 안 되는 생각을 접어버리려 한다. 늘 반쯤은 안개에 가려진 톰 산이 보고 싶을 것 같다고. 뉴욕현대미술관(이하 'MoMA')에 걸린 프란츠 클라인의, 서예를 연상시키는 거대한 회화가 그리울 거라고. 또 요가 팬츠처럼 쭉쭉 늘어나는 현대식 청바지로 감싼 엉덩이들이 보고 싶을 거라고….

이런 농담은 결코 통하지 않는다. 이런 농담이 별로라는 말을 하도 많이 들은 나머지 아무리 짜증 나는 질문을 들어도 농담으로 대꾸하지 않게 되었다. 한동안은 **시각이 사라지면 남성 응시**•에

• 성적으로 불균형한 사회에서 여성은 남성의 권력에 의해 응시의 대상인 육체적 스펙터클로 보여진다는 인식에 바탕을 둔 페미니스트 영화학자 로라 멀비의 용어.

144

는 무슨 일이 일어날까?처럼 철학적으로 되물어보려는 시도도 했지만 친구들 말에 따르면 이 역시 그다지 재미있는 질문은 아니었다. 그러나 나는 남몰래 아직도 이 질문에 사로잡혀 있다. 헐이 여성의 외모를 보고 싶어 하는 건 잘못된 일일까? 아니면 내가 앞으로 보지 못해 아쉬워할 시각적 현상들의 목록에 여성을 끼워 넣는 것도 잘못된 일일까?

혹시 내가 끈질기게 이 문제를 생각하는 건 생각을 딴 데로 돌리기 위함일까? 내가 진정으로 그리워할 것들을 생각하는 건 너무나 감상적이고, 또 지독할 정도로 뻔하기 때문이다. 이를테면 오스카와 함께 놀 때 음모를 꾸미듯 그 아이와 재빨리 주고받는 눈길이라든지, 내 마음을 단숨에 녹여버리고 무장해제시키는 릴리의 따뜻한 미소라든지 하는 전형적인 것들이다.

중년의 나이에 실명한, 꼼꼼한 관찰력을 지닌 대학교수 로버트 헤인은 "실명인에게 무엇보다 크나큰 상실은 사랑하는 이들의 얼굴이 흐려지는 것이다. 미소 나누기를 대신할 만한 건 아무것도 없다"고 썼다. 그러면서도 헤인 역시 시각과 섹스의 불가피한 연결 고리를 인정했다. 실명하고 15년이 지나 65세에 실험적 수술을 통해 시력의 일부를 되찾은 그는 자신이 "섹스에 집착했다"고 고백했다. 그는 '의욕적인' 아내 셜리와 함께 《섹스의 기쁨 *The Joy of Sex*》과 그 속편을 읽었으며 주로 많고 많은 섹스로 실명이 끝난 것을 기념했다고 알려주었다.

아마 나는 얼굴들을 잃는 고통을 엉덩이를 잃는 농담으로 누그러뜨리려 한 모양이다. 이 농담이 왜 현명하지 못한지는 잘 안다. 여성은 **시각적 현상**이 아니라 복잡하고 풍요로운 내면을 지닌 주체다. 일리 있는 말이다. 하지만 동시에, 미세하지도 투명하지도 흐릿하지도 않은 모든 사람, 모든 사물과 마찬가지로, 여성 역시 시각적 현상이기도 하지 않은가? 이에 대한 해법은 여성이 응시의 중립적 표적이 아님을 인지하는 것이리라. 남성이 여성을 바라보는 방식과 관련한 길고 폭력적인 역사가 존재하기 때문이다.

어느 날 저녁 이런 생각들을 붙들고 씨름하려니 릴리가 말했다. 남성 응시는 여성을 소유욕과 대상화라는 관점에 붙들어두는데 이러한 특권적이고 침투적인 응시에서 체계적 폭력이 발생한다고. 나는 눈먼 사람들이 자신의 섹슈얼리티 그리고 (비록 해설의 도움을 빌릴지언정) 매력적인 사람을 볼 수 있는 능력을 유지하는 동시에, 이에 수반될 수 있는 대상화에 참여하지 않을 방법을 알고 싶다. 존 헐과 마찬가지로 나도 사람들의 외모가 무척 궁금하며, 여성은 논외인 척한다면 솔직하지 못한 일일 것이다. 여성 혐오 문화를 확장하지 않고도 이런 호기심이 존재하도록 허용할 수 있을까? 농담처럼 들리겠지만, 이러한 논리의 흐름에 따르면 내게 반드시 도래할 완전한 시력 상실은 페미니즘의 입장에서는 승리가 될 수도 있으리라. 결국 또 하나의 남성 응시가 결국 사라진 셈이니까!

그러나 시력을 잃는다고 해서 실제로 남성 응시가 종식되지는 않는다. 눈먼 사람도 사람이기에, 시력이 있는 사람과 마찬가지 이유로 타인이 어떻게 생겼는지 알고 싶어 하며, 그 이유 중에는 성적 대상화도 포함된다. 직업, 연애, 가족, 일상을 포함한 모든 교환에서 외모가 중심을 차지하는 스펙터클한 사회에서 타인의 외모는 중요하다. 내가 아는 어느 20대 남성 시각장애인은 잔존 시력이 어느 정도 있지만 사람과 마주했을 때 상대의 외모를 잘 볼 수 있을 정도는 아니다. 그러나 휴대폰으로 만남 앱을 볼 때는 확대와 콘트라스트 기능을 이용해 여성들이 올린 사진을 충분히 제대로 볼 수 있다. 한편, 시각장애인은 구직할 때와 비슷한 어려움을 온라인 만남에서 겪는다. 장애가 있음을 밝히자마자 대화가 그대로 끊기는 일이 비일비재하다.

그래서 내 친구는 주로 파티에서 사람을 만나고, 상대가 잘 보이지는 않지만 최선을 다한다. 상대 여성이 어떻게 생겼는지 알 수 없어 미칠 노릇이라고 했다. 그는 나름대로 이 사태를 해결해 보고자 시각적 매력에 대한 자신만의 지론을 만들었는데, 비슷한 이야기를 다른 시각장애인들에게도 들은 적이 있다. 그 이론이란 바로 목소리로 외모를 판단하는 것이다. 그 친구가 말하길, 매력적인 사람은 어린 시절부터 또래나 가족을 통해 자신감을 얻고 긍정적 강화를 겪는다. 그렇게 길들여진 매력적인 사람은 목소리에서도 자신감이 묻어난다는 주장이다. 그는 상대의 목소리를 들으면 매력적인지 아닌지 알 수 있다고 했다.

내 생각에 이 이론은 허무맹랑한 헛소리에 불과하다. 청력과 시력 둘 다 가진 사람들도 좋아하는 라디오 진행자의 사진을 본 후 목소리를 들으며 상상했던 모습과 실제 외모가 너무나도 달라 충격받은 경험이 있을 것이다. 내 친구가 여기에 몰두한 건 이 이론이 연애 시장에 나선 젊은 남성인 그가 잃어버린 힘, 즉 자신의 외모 취향에 따라 섹스 파트너를 평가하는 힘을 어느 정도 복권해 주기 때문이었다. 물론 친구 역시 자신의 이론을 온전히 믿는 것 같지는 않지만, 그래도 어느 정도 위로가 되는 모양이었다.

이런 얄팍함을 비웃기란 쉽다. 래리 데이비드가 〈열정을 억제하세요Curb Your Enthusiasm〉라는 시트콤에서 여러 번 했던 농담이 있다. 이 프로그램에는 매력적인 여성들과 사귀는 데 집착하는 경박한 시각장애인 청년이 등장한다(래리는 이 남자가 얼굴과 온몸을 부르카로 덮어쓴 무슬림 여성을 만나게 만든다).

이런 집착 그리고 자신을 시각적으로 매력적이게 드러내고 싶다는 욕망은 여성과 남성을 불문하고 시각장애인 사이에 흔하다. 맹학교에서도 학생들이 주류 일터와 성공적 대인 관계에 다가가는 데 꼭 필요한 기술인 자기표현을 가르치는 경우가 많다. 시각장애인 여성 유튜버 몰리 버크는 메이크업 강의 영상을 여러 번 올리기도 했다(이 중 가장 유명한 영상은 뷰티 유튜버 제임스 찰스에게 메이크업을 하는 영상으로 조회 수 2380만 회를 기록했다. 이 영상에 달린 2만 6778개 댓글에는 "이렇게 아름다운데 자신은 그 사실을 모르다니 너무 슬퍼요!"란 댓글도 있다).

선천적 실명인일지라도 음악이나 TV 광고 속 대화, 시각장애인으로서 접근 가능한 책과 잡지, 또 친구들과 가족들 말을 통해 감당할 수 없을 정도로 시각적 이미지가 쏟아져 그들의 미의식에 기여한다. 특히, 시각장애인 아동들이 휴대폰이나 컴퓨터의 스크린 리더를 통해 인터넷(그리고 점점 수를 늘려가는 음성 포르노)

에 접근할 수 있는 오늘날엔 더욱 그렇다. 예전 세대 시각장애인 아동은 보수적 가정에서 자랐거나 억압적 맹학교에 다닌 경우 주류 언론이나 성교육에 전혀 접근할 수 없는 경우가 많았고, 따라서 초등학교 수준 이상의 성적 지식에 직접 접근할 수 있을 때까지 기다려야 했다.

현실이 이런데도 사람들은 여전히 시각장애인은 외모에 신경써서는 안 된다고 여긴다. 지미 키멜은 자신이 진행하는 심야 토크쇼에 출연한 배우이자 뮤지션 도널드 글로버와 함께 시각장애인을 대놓고 인간 이하로 취급했다. 글로버는 FX 네트워크에서 방영된 자신의 쇼 〈애틀랜타〉의 어느 에피소드에 스티비 원더의 곡을 쓰려고 허락을 구했던 이야기를 했다. 에피소드의 가편집본을 보냈더니 스티비 원더가 정말 재미있었다고 답해 왔다는 것이다. 글로버는 진행자 키멜에게 "그게 가능하긴 한가요?" 물었고, 관객들은 눈먼 사람이 어떻게 TV 프로를 재미있게 볼 수 있을까 하는 수수께끼 앞에서 웃음을 터뜨렸다. "스티비 원더의 앨범 커버도 마찬가집니다. 그러니까 너무 멋지죠! 그렇게 멋지단 걸 그는 어떻게 **알 수** 있는 거죠?" 진행자 키멜 역시 냉큼 대화에 끼어들어 덧붙였다. "스티비 원더의 아내나 여자 친구를 보면 '우와, 정말 아름답잖아!' 생각하게 되잖아요."

글로버와 키멜 둘 다 시각장애인인 스티비 원더가 아내의 아름다움을 인식할 수 있는 세계를 조금도 가늠하지 못했다. 두 사람의 대화에 담긴 속뜻은 스티비 원더의 앨범 커버 또는 아내가 차라리 평범해야 말이 된다는 것이었다. 이 대화는 다음 질문들을 중심으로 맴돈다. 눈먼 사람에게 시각적 아름다움이 어떤 의미를 가지는가? 눈먼 사람이 시각적으로 아름다운 무언가와 결합할 권리가 있기는 한가?

18세기 프랑스 철학자 드니 디드로는 눈먼 사람이 아내의 신체적 아름다움을 알아본다고 상상하는 것을 키멜처럼 어려워하지 않았다. 그의 《맹인에 관한 서한》(1749)에는 이런 구절이 등장한다. "그에게 겉모습은 목소리에 비해 그만큼 미묘한 차이를 드러내지 않는다. 또한 그가 다른 이득이 있어 일부러 그러지 않는 한 자기 아내를 다른 여자와 혼동할 일도 없다."

몇몇 시각장애인들은 디드로가 말한 바와 동일한 입장이다. 이들은 네 가지 감각을 사용해 배우자의 매력에 관해 알아야 할 모든 것을 얻는다. 당연한 말이지만 누군가를 아름답게 여기는 건 눈에 보이는 외모에 국한된 것만은 아니며 매력은 한 사람이 풍기는 체취, 목소리, 피부의 감촉, 그가 자신을 표현하는 방식, 우리를 대하는 방식, 우리가 머릿속에서 그 사람에 관해 쓰는 서사 등 다양한 감각이 혼합된 결과다. 그러나 솔직한 심정으로는 자신들도 시각적 요소를 궁금해한다고 말하는 시각장애인이 많다. 어린 시절 실명한 내 친구 하이는 말했다. "어느 시점에서 '이 사람은 어떻게 생겼을까?' 의문을 품게 돼. 왜냐면, 궁금하니까!"

전국시각장애인연맹 매사추세츠 대회에 갔을 때, 전국위원회 구성원 론 브라운은 연회 연설에서 자신처럼 시각장애인인 아내 진과의 만남에 얽힌 일화를 들려주었다. 만난 지 얼마 안 되었을 무렵 그는 진에게 데이트 신청을 했고, 동생에게 진의 집에 데려다 달라고 부탁했다. "이렇게 해 보자고. 외모가 그저 그렇다면 '비가 올 모양이네'라고 말해 줘. 반대로 괜찮게 생겼으면 '오오오오, 오늘은 해가 쨍쨍하네? 와, 진짜 멋진 날이다!'라고 하는 거야. 계획 잘 새겨들었지?"

론은 동생과 함께 진의 집 현관문을 두드렸다. 20대 초반에 망막색소변성증으로 실명하기 전 모델 에이전시와 계약하기도 했던 진이 문을 열었다. 론이 말했다. "동생은 가만히 서서 진을 바라봤어요. 나는 신호를 기다렸죠." 마침내 동생이 입을 열었다. "우우우우, 해가 쨍쨍하구먼!" 그러자 진이 대답했다. "그래요, 날씨가 좋네요." 동생은 또다시 되풀이했다. "아뇨, 그러니까 해가 **진짜로** 쨍쨍하다고요. 엄청나게 **아름다운** 날이네요!" 동생이 자꾸만 그런 말을 주워섬기자 진은 생각했다. '왜 저러지? 자기가 일기예보관이라도 되는 것처럼 말야.' 대회장에 모인 이들은 흥미진진하게 이야기에 귀를 기울였다. 이어서 론은 결혼하고 6년이 지난 뒤에야 진에게 그때 일을 설명해 주었다고 했다. "그런데 그거 아세요?" 론은 자랑스러운 어조로 이야기를 끝맺었다. "우리가 결혼한 지 33년째인데, 오늘도 해는 **여전히** 쨍쨍하답니다."

당연히, 눈먼 여성들 역시 타인의 외모를 궁금해한다. 인류학자 질리 해머는 시각장애인 여성들의 젠더와 섹슈얼리티 경험을 담은 민족지학 연구에서 이스라엘의 시각장애인 여성 40명을 인터뷰했다. 한 응답자는 말했다. "나는 사람들 외모에 정말 관심이 많아요. 대학 수업에 신임 강사가 오면 친구들이 꼭 묻죠. '아비바, 누군가 저분이 어떻게 생겼는지 말해 주었니?'" 해머에 따르면 일부 시각장애인 여성은 비시각장애인 여성과는 다른 방식으로 남성 응시를 경험한다. 어느 응답자는 시각장애인으로 보낸 10대 시절을 이렇게 표현했다. "나는 꼭 공기가 된 기분이었어요. 남들의 시선이 날 그대로 통과해 버리는 것만 같았죠…. 나는 여성은 물론이려니와 특정 성별에 속한 사람으로도 대우받지 못했어요."

이런 일이 최악은 아니다. 시각장애를 가진 트랜스젠더 여성 에밀리 브라더스가 노동당 경선에서 하원 의원 후보로 선출되자 (그 결과 브라더스는 2015년 최초의 시각장애인 국회의원이 되었다) 타블로이드지 〈더 선〉의 칼럼니스트는 물었다. "눈이 멀었는데 자신의 성별이 잘못되었음을 어떻게 알았을까?" 문화라는 시선에서 볼 때 시각장애인은 성욕과는 거리가 멀고, 무성적이며, 심지어 자신의 젠더나 섹슈얼리티조차 알 수 없는 존재다.

···

최근 몇 년 사이 성폭행 행위로 고소당한 사람들 중에서 가장 유명하다고 할 코미디언 빌 코스비와 카지노 큰손 스티브 원은 모두 재판 당시 법적 실명 상태였다. 코스비는 말년에 각막이 돌출되는 퇴행성 안구 질환인 원추각막을 진단받았다. 코스비는 한 여성에게 마약을 먹이고 성폭행한 것에 더해 59명에 달하는 여성들에게서 이와 유사한 일로 고발당했는데 신빙성이 있어 보였다. 코스비와 변호인단은 기소당한 그의 대외적 이미지를 갈고닦고자 노력하는 과정에서 코스비의 시각장애를 명성을 회복하는 열쇠로 삼았다. 다음은 코스비의 변호인단이 쓴 성명문의 일부다. "50년 전 단 한 번 만난 여성을 성폭행했다는 주장 앞에서 스스로를 변호할 수 있는 일흔아홉 살 시각장애인 남성은 존재하지 않습니다. 시력을 잃은 코스비 씨는 자신을 변호하거나 무죄를 입증할 증거를 모을 수 없음은 물론 이 고발자를 본 적이 있는지도 단언할 수 없습니다." 말도 안 되는 주장이다. 눈이 멀었다고 해서 고발자를 식별하지 못하거나 법적 대응이라는 기본적 행동에 참여하지 못하는 게 아니기 때문이다.

원의 변호인단은 실명한 남성은 적대적이고 성애화된 눈빛을 보내는 것 자체가 불가능하다고 주장하는 식의 접근법을 택했다. "무대 위에 있는 ***을 향해 '음흉한 시선'을 보냈다고 주장하지만 그 시점 스티브 원 씨는 법적 실명인이었습니다." 눈먼 사람이 음흉한 시선을 보낼 수 있는가? 변호인단은 말도 안 되는 생각이라고 주장했다. 하지만 망막색소변성증으로 인해 원의 시각이 감소하거나 나아가 소실되었다 한들, 남성 응시는 시력의 부재라는 부차적인 일 때문에 좌절되기에는 너무나 깊고 끈질긴 것이다.

전국시각장애인연맹 전국 대회에 참가했을 때 나는 연맹 지도부가 노골적인 학대와 환락의 잔치를 벌여 회원들을 추행했다는 식으로 자극적인 비난을 주고받는 트위터 계정들을 발견했다. 당시엔 그 고발이 어처구니없이 과장되었다고 여겼다. 그런데

2년 뒤인 2020년 자신들이 당한 성적 학대와 추행을 묘사하며 지도부의 부적절한 대응을 고발하는 연맹 회원들의 글이 몇십 건 올라오면서 소셜 미디어가 떠들썩해졌다. 전국시각장애인연맹은 외부 로펌을 고용해 전면 수사를 벌였고(고발 건수는 총 93건이었다), 그 결과 조직 내에 광범위한 성적 위법행위가 있었음을 입증하는 중대한 증거들이 드러났다.

연맹의 유명한 지도자 중 한 사람인 프레드릭 K. 슈뢰더는 미국 교육재활서비스국 국장으로 예산 25억 달러를 투입해 장애인을 위한 서비스 프로그램을 운영하는 등 시각장애 분야 경력에서 두각을 드러내는 중이었다. 30년 가까이 연맹 회장으로 제임한 마크 마우러는 그를 후임자로 점찍어둔 듯했다. 그러나 외부 조사에 따르면 슈뢰더는 "그가 멘토링하거나 감독한 젊은 여성들에 대한 가학적 그루밍 행위" 및 "알코올 섭취가 연루된 신체 더듬기 및 공격적 행동들"에 가담했다. 수사를 통해 연맹 지도부가 일찍이 2002년부터 이런 행동 패턴에 대해 알고 있었고, 수많은 고발이 이어졌음에도 "마우러 박사는 전혀 개입하려 들지 않았다"는 사실이 밝혀졌다. 보고서에 따르면 "슈뢰더를 피하거나 그와의 상호작용을 최소화하기 위한 창의적인 기법들을 고안해 그의 성적 위법행위에서 젊은 여성 회원들을 보호하려는 여성들의 비공식 네트워크가 생겨났다".

슈뢰더는 전국시각장애인연맹 회원 전체에 어떠한 설명이나 사과도 하지 않고 지도부에서 조용히 사임했다. 그러나 연맹을 떠나지는 않았고, 2016년 연맹의 지지를 받아 세계시각장애인연맹World Blind Union(전 세계 주요 시각장애인 단체를 모두 연결하는 상부 조직) 회장이 되었다. 2019년 라스베이거스에서 열린 전국시각장애인연맹 전국 대회에서 연사 한 명이 갑작스레 연설을 취소하는 바람에 슈뢰더가 연단에 오르자 청중 모두 충격을 받았다. 그를 소개하자마자 회원들 몇십 명이 항의의 의미로 퇴장했다. 수사는 그때부터 18개월 뒤 시작되었다.

폭행을 당한 피해자가 시각장애인일 경우 한 겹 더 불신이 쌓인다. 내가 소속된 지역 시각장애인 모임의 한 여성 회원은 이런 이중의 의심에 대한 경험담을 들려주었다. 그 회원은 안내견과 동네를 산책 중이었다. 건널목을 건너려고 기다리는데, 오른편에 누군가 다가오는 발소리가 들렸다. 그러더니 별안간 낯선 손이 가슴을 움켜쥐었고, 회원은 보이지 않는 가해자에게 그만두라고 비명을 질렀다.

집에 돌아와 경찰에 신고하자 경찰관 두 명이 찾아와서 물었다. 가해자의 목소리가 들렸습니까? 아니요. 그는 아무 말도 하지 않았어요. 흠, 하면서 경찰관들이 물었다. 사건이 일어난 시간이 오후 3시 35분이라고 했는데 시간은 어떻게 아셨습니까? 회원은 점자 손목시계를 착용한다고 알려주었다. "경찰은 내가 시간을 알 수 있다는 사실을 못 믿는 듯했어요. 왜 혼자 외출했는지 묻고 나선 겨울인데 왜 외출을 했는지 묻더군요. 지금은 마약이니 하는 더 중요한 사건들 때문에 시간이 없지만 혹시 비슷한 사고가 발생할지 모르니 사람을 붙여줄 수 있다고 했어요. 그러면서 오후가 아닌 다른 시간대에 외출하길 권했어요."

그 여성 회원의 이야기는 비시각장애인 여성이라면 누구나 마주할 수 있는 의심과 무관심의 혼합물에 시각장애로 인해 생겨난 책임 지우기와 의심을 한 겹 더 덧씌운 것이었다. 애시당초 혼자 외출한 게 잘못이며, 오후에 안내견과 단둘이 외출하면서 그런 일을 예상치 못 했느냐는 말이었다.

.. ..

타블로이드지들은 빌 코스비의 실명은 죄의 대가로 신이 내린 벌이라고 떠들어댔다. "그 사람이 자신만의 지옥에 빠져 있다는 사실은 피해자들에게 어느 정도 위안이 될지도 모르겠어요." 익명의 취재원이 〈뉴욕포스트〉의 연애 섹션 '페이지 식스'에 전한 말이다. "그는 퇴행성 안구 질환을 앓아왔고 지금은 완전한 실명 상태입니다…. 할리우드 친구들도 그에게 등을 돌렸죠."

13세기의 어느 변호사가 쓰길, 중세 잉글랜드에서는 강간범을 실명으로 처벌했다. "눈을 통해 들어온 욕구와 그 호색한의 통제력에 스며든 간음의 열기를 지우기 위해 눈을 뽑고 고환을 제거했다."

상징적 거세 처벌로서의 실명이라는 개념은 고대 그리스 연극과 소포클레스의 《오이디푸스왕》 신화로 거슬러 간다. 자신이 부지불식간에 아버지를 살해하고 어머니와 잠자리했음을 알고 나서 브로치로 눈을 찌른 왕의 이야기다. 〈워싱턴포스트〉의 한 독자는 편집자에게 이런 편지를 썼다. "빌 코스비가 검은 선글라스를 끼고 지팡이를 든 채 수양딸(안티고네*?)의 부축을 받아 법원을 드나드는 모습을 보았을 때, 테베를 떠나는 눈먼 오이디푸스를 연상했습니다." 그러나 이 편지는 코스비가 오이디푸스 같은 "비극적 운명의 희생자"가 아님을 지적했다. 물론 코스비의 실명은 자초한 것이 아니다. 그렇다고 대중이 그의 실명을 죄의 징후이자 그의 악행에 대한 정의의 심판이라 읽어내는 걸 막을 수는 없다.

실명과 섹슈얼리티의 이미지라는 점에서, 나로서는 오이디푸스가 유용하다고는 전혀 느끼지 못한다. 비록 욕망이 시각과 밀접하게 연관된다 해도 실명을 상징적 거세로 읽는 것이 탐탁지 않다. 그보다는 소포클레스의 희곡에 나오는, 오이디푸스의 종말을 예지한 눈먼 예언자 티레시아스에게 훨씬 더 이끌린다. 오비디우스가 쓴 판본 속 티레시아스의 기원 이야기에서 그는 짝짓기 중인 거대한 두 마리 뱀과 마주친다. 그는 지팡이로 뱀들을 후려쳤고, 이 행위로 인해 티레시아스의 성별은 남성에서 여성으로 바뀐다. 일곱 해 동안 여성으로 살던 그는 또다시 거대한 뱀 두 마리가 짝짓기하는 형상을 본다. 또 한 번 지팡이로 뱀들을 후려치는 순간, 그는 "그 테베인이 출생할 때 띠었던 형상"을 되찾는다.

세월이 흘러 제우스와 헤라는 신들의 음료인 넥타르에 취한 채 남성과 여성 중 어느 쪽이 성교를 더 즐거워하는지를 두고 말

---

* 오이디푸스가 생모 이오카스테와 근친상간으로 낳은 딸.

씨름을 벌였다. 그러다 두 가지 성별 모두의 입장에서 성교한 경험이 있는 티레시아스를 생각해 내고 그를 불러 중재를 맡긴다. 티레시아스는 제우스의 생각이 옳다며, 성교는 여성의 입장에서 더 즐겁다는 것을 확인해 준다. 그러자 헤라는 분노해 티레시아스의 눈이 멀게 만든다. 제우스는 헤라의 저주를 되돌릴 수는 없었으나 갑작스레 눈이 먼 티레시아스에게 미래를 보는 힘을 주어 "고통에 예지력이라는 짝을 줌으로써" 보상한다.

나는 티레시아스에게도 불편한 부분을 느낀다. 그가 가진 초능력은 하나의 감각을 잃으면 다른 감각들이 더욱 고양된다는 시각장애인에 대한 잘못된 믿음을 영속시키기 때문이다(이런 이야기들 때문에 사람들은 **나보다 청력이 좋겠죠? 음악이 엄청나게 멋지게 들리죠?**라고 묻곤 한다). 나로서는 그 안에 담긴 기괴한 성적 함의를 포함해 티레시아스가 겪는 변신에 이끌린다(짝짓기하던 거대한 뱀들이 기다란 나무 막대기에 얻어맞아 성전환을 일으키다니). 티레시아스는 남성으로서, 또 여성으로서, 그리고 눈먼 자로서, 앞을 볼 수 있는 자로서 삶과 섹스를 경험했다. 그는 다양한 형상들 사이의 전환과 변신의 상징이다. 그의 실명은 성적 규범의 위반과 명시적으로 연결된다. 헤라가 티레시아스의 눈이 멀게 만든 것은 그가 자신보다 더 많은 육체적 쾌락을 안다고 주장했기 때문이다(이 신화의 다른 판본에서는 아테나 여신이 나체로 목욕하던 중 이곳에 실수로 들어온 티레시아스를 눈멀게 한다).

나는 실명의 경험을 때로 변신의 시작으로 느끼기도 한다. 젠더와 섹슈얼리티의 정치학은 장애와 비교할 수 없는 고유하게 체화된 경험이지만, 동시에 이 경험에 유용하게 들어맞는 언어와 틀을 제공한다. 지팡이를 접어 가방에 숨기고 걸어 다닐 때 어떤 의미로는 벽장에 숨어 있는 기분이었으나 처음으로 지팡이를 꺼집어냈을 때는 위험천만하게도 자신을 드러내고, 눈먼 사람임을 커밍아웃하는 기분이었다. 장애는 동성애와 마찬가지로 낙인을 지니며(낙인stigma의 어원은 자상, 찔린 자국, 소인燒印처럼 뾰족한 도구로 인해 생긴 자국을 뜻하는 그리스어로, 바로 오이디푸스가 자기 눈에 낸 것과 같은 종류의 상처다) 이런 낙인의 극복 방법에 관해 떠오르는 가장 강력한 예시는 게이 프라이드 그리고 성소수자 권리운동이다. 나를, 퀴어가 그렇듯 장애인권운동이 재전유한 단어인 불구crip라고 부르는 게 아직 편하진 않지만, 그럼에도 이런 예에서 힘을 얻는다.*

어떤 사람이 새로운 형상을 갖게 될 때 그 사람을 어떻게 예전의 그와 같은 사람이라고 말할 수 있을까? 매기 넬슨의 《아르고호의 선원들》은 젠더 정체성의 유동성을 이해하고자 또 다른 그리스 신화를 읽어낸다. 제목에 등장하는 '아르고'는 그리스의 배 이름이며 넬슨은 아르고호 그리고 고대의 사고실험인 테세우스의 배를 하나로 엮는다. 테세우스의 배는 몇 년에 걸쳐 널빤지를

---

* 오늘날 중립적이거나 긍정적 의미로 받아들이는 퀴어(queer)란 단어는 애초 비하어로 쓰이던 표현을 자긍심이 담긴 당사자의 언어로 확장하고자 성소수자 권리운동이 적극적으로 재전유한 결과물이다. 불구(crip) 역시 단어가 가진 멸시의 의도를 넘어 장애 공동체의 당사자성과 자긍심을 담은 언어로 재전유된다.

하나씩 교체해 나갔고, 급기야 원래의 널빤지는 하나도 남지 않는다. 그렇다면 이 시점에도 배는 여전히 같은 배일까? 넬슨은 이렇게 쓴다. "아르고호를 이루는 부분이 교체되었음에도 이 배는 여전히 아르고호라고 불린다." (T. S. 엘리엇이《황무지》에서 묘사한 대로라면) "두 개의 삶 사이에서 고동치던" 티레시아스는 남성이건 여성이건, 앞을 볼 수 있는 사람이건 눈먼 사람이건, 여전히 티레시아스라 불린다.

눈멂을 향해 고동치며 나아가는 내 앞에는 선택지가 놓여 있다. 내가 기존에 지녔던 자아상에 매달릴 것인가, 아니면 그것을 버리고 앞으로 다가올 알 수 없는 무언가와 화해할 것인가. 내가 과거에 가지고 있던 남성성 개념에 매달리는 건 마치 아르고호의 선원들이 배의 부서진 널빤지를 교체하지 않고 항해하는 것처럼 재난으로 향하는 길로 느껴진다. 내 기대를 변화시키지 않는다면 나는 앞을 볼 수 있는 아빠라면 누구나 할 수 있는 경험들, 가족을 데리고 수월하게 장거리 자동차 여행을 떠나고, 아이들과 함께 오랫동안 자전거를 타고, 붐비는 방 저 너머에 서 있는 배우자의 눈빛을 알아보는 경험들을 질투에 차서 시기하는, 영원한 애도의 삶을 스스로에게 처방하는 것이다. 이런 경험들을 버려야 한다는 생각만으로도 가슴이 미어질 듯 아프다. 그러나 나는 눈먼 티레시아스를 생각하면서 내게 맞는 새로운 형상을 찾으려 애쓴다. 비록 그 형상이 과거의 형상과는 완전히 다를지라도.

5장

카메라 옵스큐라

2010년 10월 어느 화요일 아침, 남자 친구는 사랑한다고 말하며 에밀리 가시오의 머리에 자전거 헬멧을 씌웠다. 둘은 스물한 살이었고, 브루클린의 작업실에 함께 살고 있었다. 뉴욕의 예술학교 쿠퍼 유니온에 다니던 가시오는 한 학기를 휴학하고 그린포인트°에서 어느 예술가의 조수로 일하는 중이었다. 가시오는 인공와우 전원을 켜고, 다른 쪽 귀에는 보청기를 낀 다음 자전거에 올라 일터로 향했다. 페달을 밟으며 번잡한 거리를 달리던 가시오를 우회전하던 대형 트레일러가 들이받았다. 벨뷰 병원으로 이송된 가시오의 심장은 1분간 완전히 정지했다. 가시오는 외상성 뇌손상과 뇌출혈을 겪었고 골반, 두 다리, 얼굴에 골절상을 입

° 뉴욕 브루클린 남동쪽에 있는 지역으로 노동자 계층과 이민자들이 많이 거주한다.

었다. 이틀 뒤, 간호사는 가시오의 어머니에게 딸이 되살아날 가능성이 없다며 장기 기증 의사를 물었다.

병원 침대에서 깨어났을 때, 가시오의 눈에는 아무것도 보이지 않았고, 꿈과 현실이 뒤섞였다. 의료진이 귀에 보청기를 끼우거나 인공와우를 재부착하려고 하면 상대방 손을 꼬집거나 때리는 등 난폭한 반응을 보이기도 했다. 가시오는 회상했다. "그저 잠을 자고 싶었어요. 전부 다 귀찮았죠." 병원에서는 다량의 약물을 투여했는데, 돌아보면 그것이 해리 반응을 더욱 악화시킨 게 분명했다. 가시오는 내게 말했다. "불이 켜지기를, 해가 뜨기를 기다렸던 기억이 나요. 일어나 일하러 갈 시간이라는 걸 알 수 있도록. 끝없는 잠을 자고, 끝없는 밤을 보내는 기분이었어요. 동시에 수많은 장소에 있는 것만 같았죠. 사람들이 내 몸을 만진다는 사실은 알았지만, 그들이 누구인지는 알 수 없었죠."

의사들은 가시오가 사고로 심각한 부상을 입었을 뿐 아니라 시력을 완전히 상실했다고 결론 내렸다. 기도 삽관을 제거한 뒤 가시오는 앞뒤가 안 맞는 말을 하고, 욕설을 내뱉고, 모든 사람을 "대시우드 양●"이라고 부르기도 했다(얼마 전 가시오는 남자 친구와 〈센스 앤 센서빌리티〉를 보았다). 의사들은 가시오와 소통할 방법이 전혀 없다고 판단해 요양병원으로 옮길 계획을 잡았다. 낮엔 어머니가 간병했고, 밤이면 남자 친구가 밤새 자리를 지켰다. 소통이 불가능한 상태에서 며칠을 보낸 뒤, 청력 전문의들은 일부 농

● 영화 〈센스 앤 센서빌리티〉의 원작인 제인 오스틴 소설의 주인공.

맹인DeafBlind**이 소통할 때처럼 가시오의 손바닥에 손가락으로 대문자 글자를 써서 대화를 시도해 보라고 권했다. 남자 친구가 이 방법으로 질문을 던지자, 가시오는 곧바로 입을 열어 대답했다. 자신의 이름을 알았고, 올해가 몇 년인지도 알았다. 어머니가 말했다. "보청기를 낄지 물어봐." 그러자 아무렇지도 않게 괜찮다고 답했다. 인공와우와 보청기를 재부착하자마자 가시오는 꿈에서 깨어났다. 그 순간, "나는 다시 세상으로, 다시 현실로 돌아왔어요".

물리치료를 마친 가시오는 시각장애인으로 살아가는 방법을 배워야 했다. 그러다 뉴욕의 보조 기술 트레이너이자 전국시각장애인연맹 지도자이기도 한 챈시 플릿과 인연을 맺었다. 플릿은 미니애폴리스에 있는 전국시각장애인연맹 입주 훈련센터인 BLIND, Inc.를 소개했다. 가시오는 그곳에서 11개월 동안 점자 읽기와 지팡이 사용법을 배웠다. 공예 수업을 받으며 물레로 컵과 그릇 만드는 법, 크고 작은 망치로 나무 조각하는 법도 배웠다. 밤에는 버스를 갈아타며 시내에 가서 도자기 수업을 받았는데, 수강생 중 유일한 시각장애인 학생이었다. 훈련이 끝날 무렵, 가시오는 쿠퍼 유니온에 재입학해 예술 학사 학위를 마치기로 했다. 가시오는 말했다. "처음에는 불가능하단 생각에 두렵기만 했어요. 학교로 돌아갈 생각은 정말 없었거든요. 할 수 있을지 의

•• 한국에서는 DeafBlind에 대해 시청각장애인, 시청각중복장애인, 맹농인, 농맹인 등 다양한 번역어가 통용되고 있다. 이 책에서는 '농맹인'과 '농인이자 맹인'으로 번역했다.

심스러웠어요. 그러다 BLIND, Inc.에서 야심 찬 시각장애인들을 만난 뒤에야 해내게 되었죠."

대학을 졸업한 가시오는 메트로폴리탄미술관에서 미술관 교육자로 일하며 투어와 드로잉 수업을 도맡았다. 결국엔 예일대학교에서 조소로 예술 분야 석사 학위를 받았고 지금은 MoMA PSI, 스컬프처센터, 독일 프랑크푸르트현대미술관 등의 공간에서 개인전을 펼치고 있다.

가시오는 무른 고무 매트에 종이 한 장을 올려놓은 다음 볼펜으로 힘주어 그림을 그려 종이에 굴곡이 생기게 한다. 그러고는 솟아오른 선을 손가락으로 더듬으면서 전체 구성을 파악한다. 채색할 때도 마찬가지로 촉감을 느낄 수 있도록 뻑뻑한 잔여물을 남기는 크레욜라를 사용한다. 도자기 작품에서는 가시오의 그림을 3D로 만든 것 같다는 인상을 받는다. 장난스럽고 만화 같으면서도 불완전하게 떨리는 선으로 그려졌는데, 이는 실명으로 인해서일 수도 있지만 그저 가시오의 표현주의적이고 인상주의적인 화풍의 특색일지 모른다.

예술에서 시각 손상이 혁신적이며 표현주의적인 형태와 맺는 관계는 적어도 인상주의의 태동기부터 존재해 왔다. 모네는 말년에 시력이 쇠퇴하자(훗날 양안에 백내장을 앓았는데 치료가 불가능했다) 갈수록 색상을 거칠게 쓰게 되었다. "내 눈에 빨간색은 혼탁해 보이고, 분홍색은 무미건조하며, 그 중간이나 그보다 낮은 채도는 보이지 않는다. 내 그림은 점점 더 어두워졌고, 점점 '옛 그림'을 닮아갔다." 이 시기 모네가 남긴 말이다. 후기인상주의

화가 폴 세잔은 근시였지만 안경은 '천박하다'며 쓰지 않았다. 세잔의 그림이 급진적으로 형태에 접근하는 이유를 나쁜 시력 때문이라고 주장하는 비평가들도 있다. 세잔과 동시대인이었던 예술 비평가 J. K. 위스망스는 세잔을 "시력의 결함으로 인해 성이 난 나머지 새로운 예술의 근본을 발견한, 망막 질환을 앓는 예술가"라고 표현했다.

2022년 트라이베카에서 열린 가시오의 개인전 제목은 〈중요한 타자성Significant Otherness*〉으로 복잡하게 뒤엉킨 인간과 개 사이의 종의 역사를 다룬 도나 해러웨이의 에세이 〈반려종 선언〉에서 따온 말이다. 이 제목은 장애 경험의 핵심을 차지하는, 동시에 존재하는 소외와 연결에 관한 말놀이다. 그의 작품에 빈번히 등장하는 노란색 래브라도 안내견 런던은 파트너, 즉 '중요한 타인'인 동시에 가시오가 가진 다름을 드러내는 증표다.

가시오는 거의 열두 살 다 된 런던에게 안내받는 한편으로 늘 런던의 건강을 염려한다. 2022년 5월, 내가 전시장을 방문해 가시오를 만났던 날 가시오는 지하철역 계단을 내려가면 런던의 엉치뼈가 상할까 봐 안내견 없이 혼자 나온 참이었다.

개와 함께 사는 반려인은 대개 반려동물 이야기를 사람 얘기를 하듯 하는 경우가 많고, 특히 안내견을 데리고 다니는 이들과 동물의 관계는 더욱 친밀하다. 자신에게 의지하고, 자신 역시 적

---

* 여기서 언급되는 작품들은 https://mothergallery.art/significant-otherness에서 볼 수 있다.

어도 정서적으로 의지하는 생물을 향한, 부모 또는 배우자를 대하는 것 같은 이 감정은 공공장소를 안전하게 돌아다닐 때조차 동물에게 의지해야 할 경우 더욱 강렬해진다.

개인전에 등장한 조소 작품 중 다수는 목걸이, 목줄, 몸줄, 물어뜯은 장난감 등 런던이 사용하는 소모품을 소재로 한 것이었다. 가시오가 '도그걸doggirl'이라 이름 붙인 존재를 소재로 삼은 조소와 그림도 있었다. 도그걸은 때로는 런던과 비슷한 모습이기도 하고, 때로는 젖꼭지 세 쌍과 기다란 사람 다리가 달린, 인간과 개의 교배종 같은 형상이기도 했다. 전시에는 '앨리게이터걸alligatorgirl'도 몇 점 등장했다(어린 시절 가시오는 뉴올리언스 교외에 살면서 집 건너편 운하에서 종종 악어를 보았다고 했다). 〈알터에고 Alter Ego〉라는 제목이 붙은 그림은 악어의 입속에 빼꼼 드러나 있는 소녀의 얼굴을 보여준다. 소녀는 악어의 일부가 되어도 괘념치 않는 모습이며, 호기심과 열린 마음을 품은 듯 보인다. 소녀는 잡아먹힌 것이 아니라 소녀와 괴물의 융합체로 바뀐 것이다.

갤러리에서 만났을 때 가시오는 나처럼 전시를 보러 오기로 한 친구 캐럴라인을 기다리고 있었다. 캐럴라인과 가시오는 메트로폴리탄미술관에서 함께 갤러리 투어를 담당하다 만난 사이였다(가시오는 메트로폴리탄미술관의 접근성 및 공동체 프로그램을 통해 실명인과 저시력자 방문자들에게 드로잉 수업을 하기도 했다). 캐럴라인이 갤러리에서 가시오를 인도했으나, 실제로는 가시오가 우리에게 전시를 안내했다. 처음 갤러리에 입장했을 때, 한 큐레이터가 내 지팡이를 보고 필요하면 작품을 설명해 주겠다고 제안했지만 거절했다. 나도 이미지를 볼 수 있으니까. 하지만 가시오와 캐럴라인을 따라 전시장을 돌다 보니 도움을 받아도 좋았단 생각이 들었다. 나는 하마터면 런던의 장난감을 소재로 한 여러 작품을 밟을 뻔했고, 벽에 걸린 몇몇 작은 그림은 아예 보지 못했다. 가시오는 색칠한 부분을 촉감으로 구분할 수 있도록 유화 물감에 왁스를 섞어 채색한 도자기 작품을 우리가 만져보도록 해 주었다.

투어의 마지막은 잉크와 크레용으로 그린 〈런던, 한여름 축제 No.1London, Midsummer No. 1〉라는 대형 회화 작품이었다. 작품을 유리로 덮어놓아 촉각으로 접근할 수는 없었는데 당연히 가시오는 이 작품의 면면을 속속들이 알았다. 가시오가 설명했다. "제 안내견 런던이에요. 여러 런던이 장식 기둥 주위를 빙빙 돌며 춤추는 모습이죠. 그런데 이 기둥은 제 흰 지팡이예요. 이렇게 접이식이고요." 캐럴라인의 팔을 잡고 있던 가시오는 크기와 모양이 곤봉만 한 지팡이를 꺼내더니 자기 코에 닿는 높이까지 길게 펼치는 모습을 시연해 보였다. 나는 가시오의 지팡이를 바라보다가 다시 그림 속 지팡이로 눈을 돌렸다. 시골 풍경을 배경으로 기념비처럼 우뚝 서 있는 지팡이는 손잡이에 연결된 빨간 리본(실제로는 목줄)을 쥐고 두 발로 선 채 흥겹게 춤을 추는 세 마리 안내견에 둘러싸여 있었다. 놀랍도록 섬세한 그림이었다. 땅에 흩어진 나뭇잎의 밝은 보랏빛 색조 그리고 개들의 더없이 행복한 표정. "정말 기쁨이 담긴 그림이야." 캐럴라인이 말했다.

그림을 보고 우는 사람들을 보면서 교향곡을 듣고 눈물을 흘리는 사람들을 떠올렸다. 그들의 감정을 의심하진 않았지만, '이토록 형식적인 것이 그만한 감정을 자아내다니 참 이상하군' 하고 느끼곤 했다. 나는 냉정한 눈으로, 대화와 생각을 나눌 흥미로운 주제로서 예술 작품을 바라보지만 강렬한 감정을 느끼는 경우는 별로 없었다. 그러나 가시오 옆에 서서 캐럴라인의 말을 들은 후 작가가 눈멂에 존재하는 덫들 사이에서 발견한 기쁨에 벅찬 감정을 느낀 나머지 그 그림을 보며 울고 말았다.

줄여서 O&M이라 부르기도 하는, 시각장애인의 궁극적인 기술인 방향정위와 이동성orientation and mobility은 훈련받지 않은 시각장애인이 적대적이거나 혼란스러울 수 있는 환경에서 안전하게 길을 찾는 능력이다. 흰 지팡이와 안내견은 완전한 자립의 상징이며, 시각장애에 있어서 구소련 국기 혹은 성조기와 같은 것이다.

그러나 실전에서 O&M은 두려움을 자아낼 때도 있다. 나는 잔존 시력에 의지하지 않으려고 수면안대를 낀 채 이 기술을 익히곤 한다. 시력 없이는 고작 몇 블록을 걷기만 해도 좌절감과 탈진을 불러올 만큼 불안과 에너지가 소모된다. 그러나 가시오의 그림 속 지팡이와 안내견은 더는 그냥 도구가 아니다. 보조 도구라는 틀에서 풀려난 지팡이와 안내견은 풍경 속을 자유로이 뛰논다. 머리 위 하늘에는 오렌지빛 태양과 푸른 초승달이, 마치 낮과 밤이 하나인 것처럼 함께 걸려 있다. 구분할 수 없는blind 시간이다.

〈런던, 한여름 축제〉는 비슷하게 원을 그리며 춤추는 신체들이 등장하는 마티스의 〈춤 1〉(1909)을 떠올리게 했다. 마티스와 가시오 모두 우아하되 초심자가 그린 것 같은 기법으로 주제를 표현한다. 스케치를 닮은 그들의 화풍이 춤 추는 축하 분위기를 고조시킨다. 높이 2.5미터, 너비 4미터에 달하는 마티스의 작품은 내가 좁아지는 시야 때문에 전체를 볼 수 없었던 최초의 그림이기도 했다. 처음 지팡이를 사용할 무렵 MoMA를 찾은 나는, 그림 전체를 보려고 조금씩 뒷걸음질 치다가 마침내는 인접한 옆 전시장까지 들어갔고, 몇 미터 떨어진 자리에서 전시장 입구를 사이에 둔 채 그림을 감상해야 했다.

나중에 MoMA 오디오 투어를 통해 이 작품의 해설을 들었다. "마티스에게는 둥글게 모여 추는 춤이 실제로 어떤 모습인지를 현실적으로 묘사하는 게 중요하지 않았다." 투어 해설자인 MoMA 큐레이터 앤 템킨의 말대로라면, 〈춤 1〉은 "당신이, 식별할 수 있는 특정 장소가 아니라 **마음의 눈**이라는 이상적인 장소에 있다는 사실을 깨닫게 해 주는 방식으로 그려졌다". 가시오의 작업 역시, 이 마음의 눈이라는 세계에서 일어난다는 생각이 들었다. 그러나 가시오의 작업은 한편으로는 모순을 제기하기도 한다. 눈이 없어도 볼 수 있는 사물들을 표현하는 능력은 예술의 경이로운 점인데 그럼에도 이 작품을 보기 위해서는 기능하는 눈이 있어야 한다는 모순이다.

1863년 영국의 한 문예지는 〈눈먼 사람이 국제 박람회를 보는 법〉이라는, 저자를 명기하지 않은 에세이를 실었다. 익명의 눈먼 필자는 네 가지 감각을 맹렬하게 사용하며 1862년 런던 세계박람회를 관람했다. 그는 박람회의 오스트리아관 근처를 탐험하다가 마치 발아래 땅을 흔드는 듯한 우르릉 소리를 들었다. "몇 발짝 만에 나는 완전히 새로운 지역으로 들어왔다." 그러면서 "발아래 진동 그리고 들어가자마자 내 콧구멍을 간질이는 뜨거운 기름 냄새"를 기록한다. 그가 들어온 곳은 박람회의 기계장치를 모아놓은 별관이었는데 그는 이곳에서 오랫동안 다양한 기계 소리를 가려내려고 세심하게 귀를 기울이거나 각 기계의 기능과 배치를 설명해 주는 관계자들과 유쾌하게 대화하며 시간을 보냈다. 박람회 내내, 그는 이런 식으로 전시물을 만져보게 하고 말로 해설해 주는 친절한 박람회 출품자들을 만난다. 눈먼 필자는 일본관에서 만난 출품자를 이렇게 평한다. "그는 신난 기색으로 신기한 것들을 수도 없이 내 앞에 가져다주었으며 내가 각각의 전시품을 마음에 새길 수 있도록 정성껏 해설을 해 주었다."

그러나 그림을 걸어놓은 전시장에 들어간 그는 불쾌한 경험을 한다. "사람은 많지만 고요한 이 휴식처에서는 모두가 소리를 죽였다. 심지어 발소리조차 조심스러웠고, 관람객들의 목소리 역시 낮은 웅얼거림으로 잦아들었는데, 그 속에서 예술 비평가나 쓸 법한 온갖 용어들이 이따금 튀어나왔다." 다른 전시장에서는 구경꾼이었지만, 미술 전시장에 들어오자 그가 구경거리가 되었고, 사람들은 수군거렸다. "예를 들면 '저런! 저 사람은 왜 왔지?'

'여기 온다고 무에 좋을까? 그림도 보지 못하는데?' 등이다. 그러면 누군가 그 질문에 대답했다. '맙소사, 당연히 못 보지! 딱 봐도 장님이잖아?'"

이런 경험, 즉 작품에 대해 유용한 설명을 들을 기회가 거의 없고 예술 작품과 엇비슷한 수준으로 매혹의 대상이 되는 기분은 아직도 갤러리나 미술관을 찾는 시각장애인들이라면 흔하게 겪는 문제다. 그러나 포용적인 공간을 만들고자 하는 기관들도 있다. 메트로폴리탄미술관과 MoMA는 미술계에서 '터치 투어'라는 이름으로 알려진 관람을 제공한다. 시각장애인 관람객이 (대개는 라텍스 장갑을 낀 채) 일반 관람객은 접촉 금지인 작품을 만지도록 해 주는 것이다. 이 투어에는 조소 작품은 물론 대형 작품을 축소한 복제품, 심지어 회화나 드로잉 작품의 입체적 복제품도 포함된다.

작가 조지나 클리게는 탁월한 저서《보이는 것 이상으로: 눈멂이 예술에 가져다주는 것》에서 터치 투어가 미술관 관람객에게 부여할 수 있는 성공과 실패에 관해 이야기한다. 클리게는 복제품을 부정적으로 보는 관점인데, 전체 구조를 감각하도록 해 주기는 하지만 촉각적 진정성이라 할 만한 무언가의 결여 때문이다. 영국박물관에서 파르테논 마블스* 모형을 만져본 클리게는 그 촉감에 실망하고 말았다. "석고에서는 미끈하고 인공적인 감

---

* 영국박물관 소장품. 조각가 피디아스의 대리석 작품으로 원래 아테네 파르테논 신전에 있었다.

촉이 느껴졌는데 자연석이 주는 서늘하고 기분 좋은 감각과는 딴판이었다." 그러나 MoMA에서 마티스의 청동 조각 작품을 직접 만져본 순간 클리게는 눈으로만 작품을 관찰한 감상자들이 놓친, 예술 작품에 대한 명쾌하고 특권적인 관점으로 이 작품에 다가갈 수 있다는 사실을 발견했다.

두상에서 머리카락을 틀어 올려 툭 튀어나와 있는 부분을 양 손바닥으로 감싸는 순간, 나는 한때 예술가의 손이 쉬었던 곳, 주조된 청동이 되기 전 점토 모형에서 내 손이 잠시 쉬고 있다는 느낌을 받았다. 내 생각에 예술을 감상할 때 얻는 여러 기쁨 중 하나는 그림이나 조각 앞, 예술가가 작품을 제작하며 서 있었을 바로 그 자리에 섰을 때 느끼는 감각이다. 이때 예술가의 눈으로 작품을 보고 있다는 환상을 갖게 되는데, 실제로 그러하다. 여기서 나는 예술가가 거푸집을 만들 때 느꼈던 촉각적 감각과 먼 친척처럼 닮은 유사한 기쁨을 느꼈다.

그러나 클리게의 에피파니°가 작품에 대한 시각적 이해로 이어지지는 않는다. "나는 이 작품이 어떻게 생겼는지 흐릿한 감조차 잡을 수 없었다. 이 조각이 살아 있는 여성의 머리와 얼마나 닮았는지도 딱 꼬집어 말할 수 없다." 19세기 런던박람회를 찾은 익명의 맹인 관람객 역시 비슷한 사실을 깨닫는다. "내가 눈먼

°   신적인 것의 출현에 비견할 만한 큰 깨달음을 뜻한다.

사람에게 인간의 얼굴과 형상이 어떻게 생겼는지를 제시할 생각이 있다면, 그에게 그 대상을 담은 조각을 보여줄 생각을 해서는 안 된다. 그 사람이 이를 인식하지 못하고 따라서 이해할 수 없다는, 단순하기 그지없는 이유 때문이다."

농인이자 맹인인 시인 존 리 클라크는, 촉각적 미학에는 사물의 시각적 모양새와 완전히 분리된 고유한 문법이 있다고 주장한다. 촉각 예술을 다룬 한 에세이에서 클라크는 2차원 이미지의 입체적 복제품을 만드는 3D 포토웍스 운영자이자 포토저널리스트인 존 올슨의 작업을 비난했다. 클라크는 묻는다. "재현의 재현이 무슨 소용이 있는가? 시각적 외양을 완전히 건너뛴 촉각적 재현은 불가능한가?" 그는 진짜처럼 생긴 장난감 탱크가 시위자 무리에 굴러가는 장면을 표현한 전시를 상상한다.

촉각의 세계에서 장난감 탱크는 그저 농담거리일 뿐이다. 조잡한 플라스틱 부품으로 만든 데다 바닥짐ballast 없이 안이 텅 비어 있어 가볍기 때문이다. 탱크가 시위자들을 판지처럼 깔아뭉개는 전체주의의 공포를 다루는 전시를 기획한다면 내겐 실제의 무게감이 있는 탱크가 필요하다. 판지로 시위자들을 만들 수 있고, 심지어 탱크보다 더 크게 만들 수도 있다. 그러나 힘은 무게에 담긴 것이며, 탱크에는 그 무게가 있다.

터치 투어는 이처럼 새로운 사실들을 깨닫게 한다. 창의적인 큐레이터들은 시각예술을 고유한 촉각으로 번역했다. 클리게는 런던 테이트 모던에서 열린 한 전시를 예로 들었다. 이 전시는 "입체주의의 파편성은 큼직한 플렉시글래스*의 파편들로, 살바도르 달리의 녹아내리는 시계는 유방 보형물과 유사한 실리콘 패드로 그 늘어지는 질감을 표현했다".

그러나 터치 투어는 성공 아니면 실패다. 터치 투어를 제공하는 미술관이 몇 군데 없는 데다 미술관을 찾는 경험에서 자연스러움이 사라지고 만다. 몇 주 전 예약을 해야 하고, 만질 수 있는 작품들은 몇 없다(게다가 상당히 오래된 작품이 많다). 전시물 전체 또는 새로운 전시에 접근하려면 시각장애인 관람객은 말로 하는 해설에 의존해야 한다.

• •• ••

눈멂이 주는 첫 번째 문제는 정보 접근성이다. 책, 잡지, 리플릿, 메뉴, 이름표, 표지판, 지도, 그래프, 차트, 스프레드시트, 발표용 슬라이드, 화이트보드, 사진, 영상, 설계도, 표, 다이어그램, 삽화, 도판에 이르는 정보의 매체들은 기본적으로 극히 시각적이다. 한 시각장애인 친구는 어린 시절 장난감 가게에서 친구들에게 상자 뒷면에 쓰인 글자를 읽어달라고 했다고 한다. 새 장난감을 사고 싶어서가 아니라 이 글자 속에 다른 방법으로는 알 수 없는 정보의 세계가 담겨 있음을 알았기 때문이다.

•   흔히 아크릴판이라 부르는 유리 대용 투명 플라스틱.

회복된 에밀리 가시오에게 컴퓨터 사용법을 알려준 사람이자 디지털 접근성 세계의 선도자인 챈시 플릿은 이런 상황을 '이미지 빈곤'이라 불렀다. 뉴욕공공도서관 보조 기술 코디네이터인 플릿은 3D 프린터나 점자 지도처럼 시각장애인이 자신만의 이미지를 설계하도록 해 주는 다양한 기술에 열정을 보인다. 플릿은 말한다. "촉각 그래픽을 생산하는 수단에 접근하지 못하는 한, 또한 촉각 그래픽이 우리가 창조하는 것이 아니라 우리 손에 건네받는 것인 한 우리는 앞으로 나아갈 수 없습니다." '이미지 빈곤'이라는 레토릭 그리고 시각장애인이 생산수단을 손에 넣어야 한다는 레토릭으로 인해 내게는 플릿이 시각적 접근성에 있어 일종의 마르크스주의자로 보였다. 물질적 빈곤에 시달릴 뿐 아니라 도처에 존재하는 시각 자본의 흐름에서도 배척당한 시각장애인 프롤레타리아를 옹호하는 혁명가.

접근하기 어려운 시각 정보의 커다란 간극을 저마다 소소한 방식으로 메꾸고자 하는 두 팟캐스트가 있다. 〈내게 해설해 줘 Talk Description to Me〉는 뉴스(소셜 미디어에 등장한 우크라이나 대통령 볼로디미르 젤렌스키, 2021년 1월 6일 미국 국회의사당 습격 등) 또는 시각장애인(특히 어린 시절 시력을 잃은 이들)이 시각적 세부 사항을 전혀 듣지 못했을 상징적 이미지(동굴 벽화, 망자의 날** 장식, 달)에서 가져온 이미지를 성실하고 철저하게 해설한다.

** 죽은 이를 기리는 멕시코의 기념일로 집 안에 죽은 자들의 사진을 놓고 해골과 메리골드꽃을 장식한다.

월 버틀러가 공동 진행자를 맡은 〈세이 마이 밈〉은 같은 방식으로 인터넷 밈meme에 담긴 이미지와 글자를 해설하고 농담의 의미를 설명한다("엄청 피곤한 스폰지밥을 상상해 보세요…. 길고 천천히 숨을 내뱉느라 양 볼이 바람 빠진 풍선처럼 된 모습이에요." 그러면 공동 진행자가 설명한다. "짧은 시간 온 기력을 짜낸 다음 내쉬는 그런 한숨 아시죠? 그리고 사진에는 '혼자 침대 시트를 씌우고 난 뒤 내 모습'이란 글이 쓰여 있어요.").

작가 제임스 브라우닝은 1990년대 후반 존스홉킨스대학교 대학원에 다니던 시절 지금은 은퇴한 시각장애인 철학 교수 킹슬리 프라이스의 조교였던 때의 이야기를 들려준다. 프라이스는 전국시각장애인연맹 첫 세대 회원으로, 제이코버스 텐브록이 졸업하고 몇 해 뒤 유니버시티고등학교에 진학했고, 그 뒤에도 텐브록의 뒤를 밟아 캘리포니아대학교 버클리 캠퍼스에서 학사 학위를 받았으며, 1940년대에는 철학 박사 학위를 받았다.

브라우닝은 프라이스를 위해 책과 논문을 녹음하고, 장보기와 서신 교환을 도왔다고 했다. "그분은 스팸메일을 잘 읽어줄 사람을 원했습니다. 정말 부지런하게 스팸메일을 **전부 다** 읽었죠." 브라우닝은 프라이스에게 모든 것을 읽어주어야 했다. 신용카드 광고부터 철학 학술지의 게재 거절 통지까지도. "그러다 스팸메일에서 실수나 잘못 쓰인 단어를 발견하면 일주일 뒤에도 그 바보 같은 일을 이야기하곤 하셨죠. 그런 일들은 선생님의 마음속에 신화 하나를 통째로 자아냈던 거죠. '이런 걸 내게 보낸 얼간이들이 누구지?'"

브라우닝의 말을 듣자 깨달음이 찾아왔다. 시각 세계를 잃는다고 상상할 때면 나는 중요한 이미지와 정보의 특정 층위에 특권을 부여해야 한다는 의무감을 느낀다. 이를테면 아내와 아이의 얼굴, 멸종 위기에 처한 동물들, 피카소 같은 것들이다. 그러나 나는 여전히 일회성을 띤 사소한 사물들에 붙들린다. 무언가를 연상시키는 길에 버려진 쓰레기라든지, 반대 방향으로 지나가는 열차 속에서 짧은 찰나 목도한 잠든 남자의 얼굴 같은 것. 바로 롤랑 바르트가 사진의 푼크툼punctum이라고 이름한 것들이다. 이는 본 것을 내게 너그럽게 해설해 주는 이가 굳이 언급하지 않을 정도로 사소하지만, 이미지에 담긴 크고 중요하고 명백한 주제보다 보는 사람을 훨씬 더 깊이 꿰뚫는 세부 요소다. "사진의 푼크툼은 나를 찌르는 우연한 사고다." 바르트는 이 말 뒤에 "(그러나 동시에 나를 멍들고, 가슴 아프게 하는)"이라고 삽입구를 덧붙인다.

프라이스가 브라우닝에게 신용카드 광고와 신문광고를 모두 읽어달라고 부탁하며 찾은 게 바로 그것 아니겠는가. 이는 보는 행위에 담긴 가장 개인적인 요소다. 보는 일을 타인에게 의존할 때 가장 아쉬운 일이 그것이리라.

몇 년 전 오스카가 유치원에 들어갔을 때 또래 아이의 아빠 역시 시각장애인이라는 기분 좋은 우연이 일어났다. 유치원 입학 몇 주 전 열린 오리엔테이션의 밤에 그 아이 엄마인 유메가 다가오더니 "우리 가족도 시각장애인 아빠가 있답니다!"라고 했다. 오스카는 그 아이와 친해졌다(둘 다 아빠가 시각장애인이어서였을까? 나는 두 아이가 어떻게든 친해졌으리라 생각하지만 장담하긴 어렵다).
이제 우리 두 가족은 상당히 많은 시간을 함께 보내고, 때로 나는
아이 아빠 하이와 유메가 소통하는 모습을 보며 미래에 하이만큼
실명 상태가 되었을 때 릴리와 내가 어떻게 될지 단서를 찾아보려
애쓴다. 오스카의 여덟 살 생일 파티에서(팬데믹이 닥치기 8개월 전,
옥수수밭의 미로에서 열렸다) 조그만 축제 마당을 함께 걷는데, 유메
가 하이에게 눈앞의 광경을 해설하는 말이 귀에 들어왔다. "동물
들이 사는 조그만 우리 앞을 지나는 중이야." 유메가 말하는 동
안 하이는 아내 팔에 손을 얹고 있었다. "사료를 컵에 담아서 팔
고 있네. 이제 플랫폼 앞을 지나는 중이야. 그 위에 올라가면 미
로 속이 내려다보여…." 사람이 더 많을 때면 유메는 이런 묘사
를 대화에 자연스레 끼워 넣는 기교를 부려 자신이 하이를 위해
해설하는 중이라는 사실을 숨긴다.

　이 축제 마당의 구경거리 중 하나는 카메라 옵스쿠라 실물이
었다. 칠흑처럼 까만 작은 텐트 위로 튀어나온 잠망경이 텐트 내
부 한쪽 벽에 축제 마당의 풍경을 거꾸로 투사했다. 카메라 옵스
쿠라는 카메라 또는 눈과 같은 방식으로 작동한다. 빛이 좁은 조
리개를 통과해 굴절되고 투사된 후에야 이미지를 분간할 수 있
는 것이다. 어두운 텐트에 처음 들어갔을 때 내겐 아무것도 보이
지 않았다. 오스카는 나를 이끌고 가서 텐트 안 벤치에 앉혔다.
눈이 어둠에 순응하자 벽에 비친 바깥의 거꾸로 뒤집힌 세상이
텐트 천의 움직임에 따라 물결치는 모습을 흐릿하게나마 알아볼
수 있었다.

•• ••

시각장애인이 비시각장애인과 함께 영화나 TV를 볼 때면 하이와 유메 사이에 오가던 역동적 현상이 영화관이나 소파에서 벌어진다. 시트콤이나 퀴즈 쇼처럼 말이 많은 프로그램을 볼 때는 해설이 거의 필요하지 않다. 대화나 내레이션이 행동을 따라가기 위해 알아야 할 모든 정보를 들려주기 때문이다. 그럼에도 눈먼 시청자를 혼란에 빠뜨리거나 무슨 일이 벌어지는지 궁금할 때가 생기게 마련이다(때론 무언가를 놓치고 있다는 사실도 모를 경우가 있다). 그럴 때면 눈먼 시청자는 친구의 갈비뼈를 쿡 찌르며 **무슨 일이 벌어지는 거야?** 낮은 소리로 묻는다.

샌프란시스코 기업가 그레고리 T. 프레이저가 최초의 TV와 영화용 공식 음성 해설 프로그램을 개발한 건 바로 이런 식으로 갈비뼈를 찔린 경험 덕분이다. 1970년대 초의 어느 날 밤, TV로 함께 〈하이 눈〉을 보던 시각장애인 친구가 무슨 일이 일어나고 있는지 설명해 달라고 부탁했다. 서부영화 〈하이 눈〉에는 눈먼 시청자로서는 음악, 총성, 말발굽 소리, 고함이 분간 못 할 정도로 뒤범벅이 된 수프처럼 느낄 만한 장면들이 가득했다. 프레이저는 영화 장면을 실시간으로 빠르게 설명하며 인물들의 대화 사이에 축약된 해설을 끼워 넣었다.

"게리 쿠퍼가 프랭크 밀러를 쏘아 죽일 무렵, 그는 완전히 다른 사람이 되어 있었다." 〈뉴욕타임스〉에 실린 프레이저의 부고에 등장하는 말이다. 프레이저는 샌프란시스코 주립대학교에서 방송학과 석사 학위 과정에 등록했고, 1975년 시각장애인을 위한 새로운 해설 서비스의 가능성을 다룬 논문을 제출했다. 졸업 후 모교에 취업한 프레이저는 학과장 어거스트 코폴라와 함께 세계 최초의 음성 해설audio description; AD 회사 오디오비전을 설립했다. 1990년대에 오거스트는 프레이저를 동생 프랜시스 포드 코폴라에게 소개했고, 직접 자동차를 개발하다 실패한 인물을 다룬 코폴라의 영화 〈터커〉는 상업 영화 최초로 가정용 비디오판을 출시하며 음성 해설 트랙을 수록했다.

전국시각장애인연맹의 일부 회원들은 연맹과의 불화로 1961년 소비자 단체 미국시각장애인위원회를 설립했는데 1990년대 말 이 위원회는 방송사들이 일정 비율의 프로그램에 의무적으로 방송 자막을 제공하듯 일정 비율의 음성 해설 제공도 의무화하는 법안을 제정하고자 정부 대상 로비를 주도했다. 전국시각장애인연맹은 미국시각장애인위원회와 정반대 입장을 택한 당시의 기조에 충실하게(청각 보행 신호나 액면가에 따른 지폐 크기 차별화라는 위원회의 주장에 반대했듯이) 연방 정부의 음성 해설 의무화에 깊은 회의를 표명했다. 그럼에도 위원회의 노력은 성공을 거두어 1999년 미국연방통신위원회는 네 군데 주요 상업 방송사 및 인기 케이블과 위성방송 제공 업체는 반드시 음성 해설을 제공해야 한다는 규정을 발표했다.

미국연방통신위원회의 새 규정 덕분에 음성 해설을 제작해 방송사에 제공하는 소규모 회사들이 번창했다. 업계에 얼마간 이름을 알린 몇 안 되는 시각장애인 배우 릭 보그스도 회사를 차렸다(그는 샌드라 불럭이 출연한 영화의 케이블판 스핀오프 시리즈 〈네트〉의 한 에피소드에 눈먼 포르노 사이트 운영자로 출연한 이야기를 내게 들려주며 환상적 역할이었다고 자랑했다. 그에 따르면 시각장애인들이 캐스팅되는 배역은 비참한 신세로 동정심을 유발하는 '흠잡을 데 없는' 인물에 국한되는 경향이 있기 때문이다. 단, 캐스팅이 되기는 한다면. 그는 논란의 여지가 있는 인물을 연기해서 좋았다고 했다). 릭은 음성 해설 필수화 소식을 듣고 배우 활동으로 모은 자금으로 노스리지에 최신식 스튜디오를 세운 후 We See TV라는 음성 해설 회사를 차렸다(이후 오디오 아이즈로 이름을 바꾼다). 국가가 지정한 필수 음성 해설 시간은 방송사당 일주일 3시간 30분에 불과했지만, 그는 오래지 않아 ABC 방송국과 계약을 맺었다. "재방송을 하는 동안엔 쫄쫄 굶었죠." 그의 회고다.

처음 고용한 직원은 릭이 멘토링했던 젊은 시각장애인 기술자 크리스 스나이더로, 청력이 엄청나게 좋은 사람이었다. 다이얼 음색만 듣고도 전화번호를 외운다며 릭이 뻐길 정도였다.

애리조나주 스코츠데일에서 어린 시절을 보낸 스나이더는 〈스타트렉: 딥 스페이스 나인〉처럼 좋아하는 TV 프로의 음향효과를 녹음해 혼자만의 음향도서관을 만들었다. 자전거 회사 영업 사원이던 아버지가 남서부 지역 자전거 상점들을 오가며 장거리 운전을 할 때 들을 테이프를 만들기도 했다. 4트랙 믹서와 더블 테이프 데크를 사용해 의회도서관에서 제공하는 시각장애인용 무료 오디오북의 질을 향상시키고 여기에 TV에서 녹음한 음악과 음향효과를 입혀 완성한, 라디오 드라마를 닮은 오디오북이었다. 그가 이후 오디오 아이즈에서 제작한 작업물들은 이같은 어린 시절의 테이프를 좀 더 발전시킨 것이라 볼 수 있다. 그 작업물들이 바로 TV의 음향효과, 내레이션, 음악을 모두 합쳐 일관성 있는 오디오 드라마를 만들어내는 일이었으니까. 그렇게 음성 해설이 붙은 TV 프로그램과 영화는 오늘날 〈라디오랩〉이나 〈디스 아메리칸 라이프〉처럼 고품질 내레이션을 곁들인 팟캐스트와는 미학적으로 동류인 셈이다.

그 뒤로 몇 년간 오디오 아이즈는 〈말콤네 좀 말려줘〉나 〈요절복통 70쇼〉 같은 드라마의 음성 해설을 제작하며 승승장구했다. 그러나 전국시각장애인연맹은 여전히 음성 해설 반대 입장을 거두지 않았다. 비록 회원들 개개인이 음성 해설로 영화나 TV 프로를 즐길지언정, 조직 차원에서는 시각장애인 단체가 여흥에 대한 접근성이라는 사소한 문제를 추구하느라 자원을 쓴다는 생각에 반감을 가진 것이다. 2003년, 미국영화협회가 워싱턴 D.C. 순회법원을 통해 연방 정부의 음성 해설 명령에 맞섰을 때(전국시각장애인연맹도 지지 의견서를 제출했다) 연맹의 한 지도자는 이렇게 썼다. "시각장애인에게는 황금 시간대 TV 프로를 즐기는 것보다는 더 중요한 문제들이 있다. 취업 연령인 시각장애인의 높은 실업률, 시각장애 아동의 낮은 점자 문해율, 독립을 위한 훈련을 못받아 요양원에서 나올 수 없는 시각장애인 노인의 곤경이 즉각적으로 떠오른다."

워싱턴 D.C. 순회법원은 판결에서 "미국연방통신위원회는 시각장애인이 실제로 영상 해설을 원하거나 필요로 하는지 평가하는 데 실패했으며, 따라서 이 규제는 임의적이고 가변적이므로 부결해야 한다"는 전국시각장애인연맹의 주장을 인용했다. 연맹은 공식적으로 반대 입장을 펼칠 때 이 주장을 빈번히 사용했는데, 의사 결정 과정에 연맹이 포함되지 않았다는 이유였다. 따라서 연맹은 시각장애인 당사자와 충분한 논의가 이루어지지 않았다고 결론 내렸는데, 이는 미국시각장애인위원회를 비롯한 여타 단체도 시각장애인의 권익을 주장할 수 있다는 사실을 무시하고 깎아내리기 위함이었다.

법원은 미국영화협회(그리고 전국시각장애인연맹)의 손을 들어주었고, 2004년 음성 해설 의무화가 사라지자 음성 해설 제작 업계는 몰락했다. 그 후 2010년까지 미국에서는 음성 해설이 거의 제작되지 않았다. 스나이더는 애리조나에 돌아갔고, 릭은 직원들을 최소 인원으로 감축했다. 이들은 생계를 위해 잡다한 일들을 했다. 상당수 시각장애인 학생이 재학 중인 어바인의 한 로스쿨이 의뢰한 교육용 영상 제작이나 국립공원관리청 안내센터 키오스크에서 틀 영상 제작 따위였다.

고된 6년을 보내고 2010년, 릭은 스나이더에게 의기양양하게 연락했다. "음성 해설이 다시 의무화됐어!" 미국시각장애인위원회와 미국시각장애인재단은 상원의원 에드 마키(당시 미국시각장애인위원회 지부의 힘이 특히 강했던 매사추세츠주 대표였다)는 물론 전국청각장애인협회National Association of the Deaf를 비롯한 장애 소비자 단체를 지원군 삼아 로비를 이어왔던 것이다. 마키 상원의원이 의회에 법안을 제출했고, 2010년 오바마 대통령은 연방 정부

차원에서 다시금 방송사의 음성 해설 제작을 의무화하는 21세기 통신 및 비디오 접근성법에 서명했다. 스나이더는 로스앤젤레스에 돌아왔고 오디오 아이즈 스튜디오에는 일거리가 쏟아져 들어왔다.

···

나는 두 시각장애인이 음성 해설 트랙을 제작하는 모습을 보고 싶어서 릭과 스나이더의 회사를 찾았다. 스튜디오는 미국의 상업 포르노그래피 대부분을 제작하는 첨단 산업 지역 샌 페르난도 밸리가 있는 도시 노트리지에 자리했다. 1970년대 후반 분위기를 역력히 간직한 업무 지구였다(2016년 인터넷에서 가장 유명한 포르노 사이트였던 폰허브는 자선사업의 일환으로 폰허브 케어스를 통해 사이트에서 인기를 끈 50가지 영상의 음성 해설 프로젝트를 시작했다).

정오쯤 회사에 출근한 스나이더는 밤새 장편영화 음성 해설을 마무리하느라 세 시간밖에 못 잤다고 불평했다. 릭이 서로 소개시키며 비록 지팡이를 사용하지만, 아직도 중심시가 상당히 남아 있다고 나에 관해 설명했다. "그러면 선생님도 거의 우리 같은 사람이군요." 스나이더가 친근하게 히죽 웃었다.

릭은 자리를 권하면서 자신은 얼룩말 무늬 의자에 앉겠다고 했다. 그러자 또 한 번 비시각장애인이나 할 법한 생각이 들었다. **의자가 얼룩말 무늬라는 걸 어떻게 알지?** 순간 곧바로, 어째서 비실명인은 실명인에게 시각적 세계에 관한 지식이 있다는 사실을 이토록 못 받아들이지 의아했다. 나중에 용기를 내 릭에게 물었다. 알고 보니 이전에 스튜디오를 만들 때 가구를 사러 갔는데 첫 아내가 갑자기 "어머, 얼룩말 의자네!"라고 외쳤다고 했다. 릭은 무슨 뜻인지 물었고 의자에 대한 아내의 설명을 들으며 기분이 매우 좋아졌다. 그 후 릭은 이 의자를 쭉 간직해 왔다.

어린 시절 그는 대체로 실명에 대해 슬픔, 좌절감, 분노를 느꼈고 비시각장애인보다 못한 존재라는 기분으로 살았다고 한다. 그러나 20대와 30대를 지나며 인생의 한 모퉁이를 돌고 나니 "잠깐, 실명이란 건 알고 보니 꽤 재밌잖아?" 하는 깨달음이 찾아왔다. 지금 그는 비시각장애인의 음성 해설에 의존하는 것이 짜증 나기보다는 즐겁다. 해석이 예상할 수 없을 정도로 다양하다는 사실도 좋아한다. 세 자녀에게 똑같은 셔츠를 보여주며 어떻게 생겼는지 물으면 근본적으로 다른 세 가지 대답이 돌아오기 때문이다.

릭은 머리가 하얗게 셌고 마른 체격이다. 때때로 번호를 붙여 말하므로 그의 복잡하고 빠르게 내달리는 생각의 가지를 쉽게 따라갈 수 있었다. 나 역시 라디오를 직접 제작하며 알게 된 사실인데 말로 하는 스토리텔링에서 번호 붙이기는 무척 탁월한 기법이어서 시각장애인 발화자와 청자에게도 유용하다. 눈으로 보는 독자는 페이지 위의 정보가 어떻게 구성되는지 한눈에 알지만, 귀로 듣는 청취자의 경우 번호가 의지할 수 있는 틀, 즉 청각적 길잡이 역할을 해 준다.

릭은 휴대폰 알림을 듣느라 대화를 멈추기도 하고, 자막 제작자나 기술자 등 팀원들에게 메시지를 보내는 동시에 초고속으로 로봇 목소리를 내는 스크린 리더와의 짤막한 대화에 빠져들기도 했지만, 이 간편한 기억술 덕분에 이야기를 중단한 바로 그 자리에 돌아와 대화를 계속 이어갔다.

그는 몇 년간 음성 해설을 제작하며 확립한 이론을 이야기했다. "길에서 눈먼 남자를 하나 붙잡아 어떤 식의 해설을 좋아하는지 묻고 답을 들으면 다음 사실을 알아맞힐 수 있습니다. 첫째, 그는 언제 눈이 멀었는가. 둘째, 그에게 잔존 시력이 얼마나 남았는가. 셋째, 지금까지 그가 들어본 음성 해설이 얼마나 되는가." 선천적 실명인들과 잔존 시력이 전혀 없는 이들은 미니멀리스트 음성 해설을 선호하는 경향이 있다. 이때는 오직 필요한 만큼 정보를 주고 나머지는 빼야 한다. 대화로 추론할 수 없는 것은 해설하되, 의견을 생략한다. 감정을 설명하거나 어째서 그런 일이 일어났는지 알려주려고 애써서는 안 된다. 해설은 "완벽하게 객관적이어야" 한다고 릭은 말했다. "'아름다운 금발 미녀'라고 해서는 안 됩니다. 그저 어떻게 **생겼는지** 말해야 하죠."

다섯 살 때 시력을 잃은 릭은 미니멀리스트 스타일의 해설을 선호한다. 그럼에도 조금의 시각적 기억은 남아 있기에, 때론 사물이 무슨 색인가 하는 이야기를 즐겁게 듣기도 한다.

잔존 시력이 어느 정도 있거나 생애 후반기에 시력을 잃은 사람들은 맥시멀리스트의 접근을 선호하는 경향이 있다. 대체로 세계에 대한 시각적 지향성을 유지하거나 강한 시각적 기억이 있는 사람들이다. 릭의 말에 따르면 이들은 '많은 색깔과 표정'을 원한다. "저 남자 미쳤나요? 이야기 흐름을 계속 알려주세요" 하는 식이다. 나는 서서히 이런 사람들 범주에 가까워지고 있다. 나는 모두 다 알고 싶다. 지역 뉴스에 등장한 기상 해설자의 앞니가 벌어졌다든지, 뉴스 진행자의 헬멧 같은 금발이 웃을 때마다 살짝 흔들린다든지 하는 바르트적 푼크툼을.

릭은 시각장애인 음성 해설 소비자들을 상대로 설문 조사를 진행하고, 점점 늘어나는 음성 해설을 다룬 연구 논문을 읽었다 (한편으로 이런 연구에 기여했다). 그리고는 한때 시력이 있었던 사람들 가운데 어느 정도는 다시 시력을 갖길 원하고, 프로그램을 시청할 때 음성 해설에서 시력의 역할을 기대한다고 결론 내렸다. 그러나 음성 해설이 궁극적으로 시력이 될 수 있는가에 대해 릭은 회의적 관점이다. 그는 얼룩말 의자에 앉아 천천히 몸을 돌리며 말했다. "그림은 천 마디 말을 대신할 수 있지만, 말은 그림을 따라잡을 수 없으니까요."

오디오 아이즈는 두 종류의 시각장애인 모두를 위한 서비스이기에 맥시멀리스트와 미니멀리스트를 구분해 접근하고자 한다. 릭이 생각하기에 가장 결정적이며, (대부분 비시각장애인이 운영하는) 다른 회사들이 놓치고 있는 사실은, 오디오 아이즈는 시각장애인이 이미 알고 있는 정보가 무엇인지를 중요하게 생각한다는 점이다. 나쁜 음성 해설이 저지르는 가장 터무니없고 또 기분 나쁜 일은 시각장애인이 맥락이나 사운드트랙을 통해 이미 아는 사실을 설명하는 것이라고 했다. "전화벨이 울린다, 존이 어머니 일로 슬퍼한다 같은 말을 해서는 안 됩니다. 차 문이 쾅 닫히는 소리가 들린다면 인물이 차에 탔다고 설명하면 안 되고요." 비시각장애인 다수가 부지불식간에 시각장애인에 대해 과도하게 낮은 기대치를 갖는다. 그들을 깔보는 태도를 보이는 경우도 지나치게 잦다. **의자가 얼룩말 무늬라는 걸 어떻게 알지?** 그의 것인 데다 그가 직접 꾸민 사무실에 놓인 의자인데도.

하루는 오디오 아이즈에 점심을 배달하러 온 남자가 음식을 건네며 릭에게 물었다. "식사는 어떻게 하시죠?" 이런 온정주의적 태도는 비시각장애인들이 작성하는 음성 해설에도 깃들어 있다. 그렇기에 전국시각장애인연맹이 음성 해설 기술에 담긴 보호 관리주의적인 면에 반기를 든 것이다.

작가 헥터 세비니는 실명한 1943년 전후를 포함해 라디오의 전성기 내내 승승장구해 왔다. 그는 자서전에서 청취자가 상상할 여지를 크게 열어두는 좋은 라디오 작법과 시각장애인으로서의 경험을 나란히 연결 지어 설명한다. 나쁜 라디오 대본은 청취자가 쉽게 추론할 수 있는 것들을 설명하는 내레이터를 남용한다. 그 결과,

> 상대가 나를 조금은 내려다보거나 어린아이로 대한다는 느낌이 든다. 시각장애인이 모든 것을 완벽하게 이해했음에도, 선의를 품은 개인이 굳이 방금 들은 대화를 꼼꼼히 설명해 주겠다고 우길 때 어떤 기분이 드는지 조금은 전달되는가?

내가 찾아간 날 릭과 스나이더는 파나소닉 카메라 홍보 영상

에 들어갈 해설 트랙을 편집 중이었다. 비시각장애인 직원이 이 영상을 보고 대본을 작성해 기존 영상에 들어간 내레이션과 대화 사이 빈 곳들에 채워 넣었다. 그 뒤 시각장애인 직원이 대본이 혼란스럽거나 업신여기는 투는 아닌지, 주제넘거나 산만하지는 않는지 확인했다. 이제 남은 건 릭이 점자 대본을 읽으면 해설 트랙을 녹음하는 것뿐이었다. 우리는 인접한 스튜디오에 자리했고 스나이더가 릭의 연기를 연출해 그의 내레이션을 영상 내 군데군데 삽입했다(업계 표준 오디오 편집 소프트웨어인 프로툴스의 거의 모든 기능에 시각장애인 사용자도 접근할 수 있다. 컴퓨터에서 나온 합성 음성이 화면 속 일을 알려주기 때문이다. 릭이 크게 기여한 바였다).

릭이 일하는 모습을 한동안 보다가 마침내 나를 줄곧 괴롭히던 질문을 던졌다. 카메라 홍보 영상에 시각장애인 시청자를 위한 음성 해설이 왜 필요하죠? 릭은 웃었고, 터무니없어 보이는 것도 이해한다며 그 이유를 설명했다. 첫째, 시각장애인도 카메라를 사용한다. 마침 유명한 시각장애인 사진가 브루스 홀이 릭의 친구였다. 그러나 사진가가 아닐지라도, 시각장애인 역시 어떤 이유건 카메라에 관해 알고 싶을 수도 있지 않을까? 릭은 사진가였던 첫 아내의 선물로 카메라를 샀다. "'난 눈이 멀었으니 당신한테 카메라를 사줄 수 없어!'라고 할 수는 없잖아요?"

뿐만 아니라 릭의 팀은 페인트 제조사인 셔인-윌리엄스 홍보 영상 350편가량에 음성 해설을 입히기도 했다. "시각장애인이 페인트 색의 품질을 서로 비교하고 감상하지는 않을 겁니다." 그럼에도 이들 역시 홍보 문구를 듣고 싶을 수 있다. 자기 방에 페인트를 칠하겠다고 하는 10대 딸에게 릭은 너무 어두운 색을 골랐다고 잔소리를 했다. 딸은 아랑곳하지 않았지만, 6개월 뒤 릭의 말이 옳았음이 판명되었다.

오디오 아이즈를 방문하는 동안 나는 그들 앞에 놓인, 마치 시시포스를 연상시키는 작업에 압도당할 지경이었다. 해설이 필요한 TV 파일들 무더기 위에 날마다 새로운 콘텐츠가 산처럼 쌓였다. 들어오는 광고 작업은 대체로 스튜디오와 방송사 측에서 음성 해설 의무량을 채우기 위해 선택한 것이므로 되는대로 작업을 한다. 이럴 때면 콘텐츠의 우선순위에 위계를 만들고 싶은 유혹이 생긴다. 당연히 맨 처음엔 비상 경보부터 시작해야겠지만 그다음엔?

어느 시각장애인 친구가 얼마 전 크라이테리온 컬렉션*에는 대부분 음성 해설이 없다고 내게 불평했는데, 비디오 아트의 전체 역사에도 같은 말을 덧붙이고 싶다. 오락물은 이 위계의 맨 마지막에 있는데, 오락물 또한 고품격 프로그램에서 시작해 (내가 스튜디오에 있는 동안 비시각장애인 기술자가 다른 방에서 작업 중이던) 디스커버리의 〈인간과 곰의 대결 Man vs Bear〉이라는 프로그램을 거치며 내려간다. 그 아래 맨 밑바닥, 음성 해설 지옥의 특별한 자리는 광고를 위해 마련되어 있다.

그러나 얼핏 실용적으로 보이는 이런 태도는, 궁극적으로는 마치 시각장애인이 어떤 것에 관심을 가져야 할지 부모라도 된

• 고전 영화와 예술 영화를 주로 다루는 미국의 영상 매체 제작사.

것처럼 이래라저래라 하는 것이나 다를 바 없다. 나는 자연 다큐멘터리와 비상 경보로 가득한 자선품 꾸러미를 받느니, 차라리 다양한 미디어 영역을 목적 없이 떠돌아다니면서 예술이건 쓰레기건 내키는 대로 아무거나 잡아 뽑기를 바란다. 킹슬리 프라이스가 문예창작학과 대학원생을 불러다 스팸메일을 읽힌 것도 같은 종류의 충동이다. 나는 관심을 가지는 것만으로도 지레 낯부끄러워지는 이상한 운동기구 광고에서 대사 대신 화면 자막으로 표시한 인터넷 주소를 알 자유를 원한다. 영혼까지 으스러지는 운동 영상이나, 질 낮은 시트콤이나, 페인트 광고라 할지라도, 남들이 보는 것은 모두 보기를 원한다.

스나이더는 다시 파나소닉 광고로 돌아가 방금 녹음한 부분을 들었다. 컴퓨터 그래픽 이미지로 만든 도시를 배경으로 모델들이 카메라의 뛰어난 색감 포착 능력을 시연하며 서 있었다 "진홍색 옷을 입은 금발 여성이 창 앞에 있고, 등 뒤 지평선에는 핫 핑크색 줄무늬가 보인다." 스튜디오 모니터에서 나오는 릭의 목소리가 말했다.

"나는 색깔 이야기는 하지 않습니다." 릭의 내레이션을 듣던 스나이더가 낮게 속삭였다. "아무튼… 재미있는 그림이지요."

6장

바벨의 도서관

제임스 조이스는 《피네간의 경야》를 집필하고 수정하는 동안 때로는 손상된 눈에 휴식을 선사하고자 친구들을 불러 자신이 하는 말을 받아쓰게 했다. 그는 몇십 년간 홍채염, 녹내장, 홍채 유착으로 여러 번 병치레를 했다. 눈 수술을 여남은 번이나 했는데 성공은 간헐적이었다. 《피네간의 경야》를 쓸 땐 거의 실명 상태였다. 그가 이 소설을 위해 쓴 노트는 지나치게 큰 손 글씨로 채워져 있다. 이 시기 지팡이를 짚고 걸을 때도 많았다.

1930년대 초반의 어느 날, 친구 사뮈엘 베케트가 조이스의 말을 받아쓰는데 누군가 문을 두드렸다. 그 소리를 듣지 못한 베케트는 조이스가 "들어와요"라고 하는 말까지 충실히 받아썼다. 나중에 베케트가 원고를 읽어주자 조이스는 그 부분에서 멈추게 했다.

"이 '들어와요'는 뭐지?"

"자네가 말하지 않았나." 베케트가 대답했다.

잠시 생각한 뒤 조이스가 말했다. "그대로 두지."

《피네간의 경야》는 지극히 청각적(그리고 구술적)인 소설로, 다국어로 된 말놀이와 지어낸 의성어로 가득하며, 개중에는 첫 페이지에 나오는 악명 높은, 100글자로 된 번개 치는 듯한 단어 소리가 있다. 바바바달가라크타캄미나론콘브론토너론투온선트로바호우나운스카우투후호으레넨터르누크! 이는 **소음**, **천둥**, **배변**을 나타내는 단어들을 결합한 것이다. 《피네간의 경야》를 청각적 소설로 홍보하는 것이 즐거웠는지 조이스는 1929년 케임브리지 언어규범연구소Cambridge Orthological Institute에서 그중 한 부분을 직접 낭독해 녹음했으며, 친구 클로드 사이크스에게 이렇게 말하기도 했다. "단순한 거라네. 이해되지 않는 구절이 있으면 소리 내서 읽어 보면 되지."

그런데 조이스의 전기를 쓴 리처드 엘먼은《피네간의 경야》에 담긴 청각성이 저자의 시력 감소와 관련이 있다는 주장을 일축했다. "조이스가 볼 수 없어서 듣기 위한 소설을 썼다는 가설은 창조적 상상력에 대한 모욕일 뿐 아니라 사실이 아닌 오류이기도 하다. 조이스는 볼 수 있었다. 일정 기간 반맹인 것은 영구한 실명과는 다르다."

이 말이 사실임을 나도 입증할 수 있다. 그러나 엘먼이 쓴 전기 역시 조이스가 구술과 창조적 관계를 맺었던 일화를 담고 있는 한편, 실명이 실제로《피네간의 경야》창작에 영향을 주었음을 보여준다. 작가라면 대부분 자신의 일상적 경험이 원고에 녹아드는 걸 경험했을 텐데, 베케트가 '합성의 대가synthesizer'라고 부르기도 한 조이스 같은 작가는 그런 경향이 극도로 심했다. 베케트는 말했다. "그는 모든 것을, 인간 문화 전체를 한두 권의 책에 담아내고 싶어 했다. 그것은 읽기 위한 책이 아니다. 아니, 읽기만을 위한 책이 아니었다고 해야 맞겠다." 베케트는 또 다른 지면에서 조이스의 소설에 대해 다음과 같은 말을 남겼다. "이는 바라보고 귀 기울이기 위한 책이다. 조이스의 글쓰기는 무언가에 관한 것이 아니다. 그 자체로 무엇이다."

자신의 문학적 스타일에 장애가 끼친 영향을 명쾌하게 인정하는 시각장애인 작가들도 있다. 영화감독 로드니 에반스는 에세이 스타일의 다큐멘터리 〈비전 포트레이츠〉에서 망막색소변성증으로 인한 자신의 시력 상실과 마주하기 위해 시각장애인 예술가 세 사람을 만난다. 그중 하나가 감독과 마찬가지로 망막색소변성증을 가진 라이언 나이턴이다.

나이턴이 문예창작을 가르치는 캐필라노대학교 연구실에서 촬영한 장면을 보면, 그는 자기의 글을 컴퓨터가 읽어주는 소리를 자신이 얼마나 빠르게 들을 수 있는지 감독에게 시연해 보인다. 이 음성은 나이턴에게 그만의 사적인 사뮈엘 베케트 로봇인 셈이다. 등 뒤에서 도시바 노트북이 내보내는 합성 음성이 알아들을 수 없을 만큼 빠른 속도로 재생되는 사이 그는 말한다. "더 빨리 재생할 수도 있어요. 하지만 빠른 속도로 듣는다고 해서 생각의 속도도 그만큼 빨라지는 건 아니더군요." 이제 화면 위 글자를 읽을 수 없는 나이턴은 실명이 자신의 글쓰기 스타일을 근본적으로 바꾸었다고 말한다. "이 컴퓨터를 중재자 삼아 지속적으로 이상한 삼각관계를 맺는 셈이죠."

그러나 나는 이에 대해 무척 미신적이어서 그 관계를 바꾸지 않죠. 내 글쓰기 스타일은 굉장히 구술적으로 변했습니다. 굉장히 구술적이에요. 책 읽는 경험도 마찬가지고요. 사람들이 눈으로 글을 읽을 때는 머릿속에 목소리가 들리죠. 내겐 들리지 않아요. 직접 글을 읽을 수 없으니 들리지 않은 지가 꽤 되었습니다.

이 글을 쓰는 몇 년 사이, 나는 인쇄물에서 물러났다. 책을 쓰기 시작할 무렵에는 여백에 휘갈겨 쓴 메모, 훑어보거나 톺아보는 능력, 에러가 나거나 지연되거나 재부팅이 필요한 일이라고는 결코 벌어지지 않는 질서정연한 물리적 책꽂이를 도저히 포기하고 싶지 않았기에 일반적 방식으로 인쇄한 책을 붙잡고 씨름했다. 하지만 그것이 갈수록 고되고 지속할 수 없는 일이 되는 바람에 전자책으로 이동했다.

전자책 리더기의 글자 크기를 조정하는 막대는 곧 기록적 더위를 자랑하는 여름날 온도계처럼 올라갔고, 기온은 계속 치솟았다. 나는 최대 크기 바로 아래 단계에서 지나치게 오래 머물렀다. 최대 크기를 택하면 다섯 단어에서 열 단어마다 화면을 넘겨야 했기 때문이다. 그래서 버텼다. 글자 크기를 키우려 할 때마다 온도계에 남은 얼마 안 되는 공간을 걱정스레 쳐다보고는 다시 돌아갔다. 글을 읽을 때마다 머릿속에 들리는 그 목소리를 다시는 들을 수 없게 되다니, 상상조차 할 수 없는 일이었다. 글자 크기를 최대한으로 키웠는데 그 크기마저도 너무 작아지면, 그다음엔 어디로 가야 하나?

... ..

컴퓨터에 설치된 스크린 리더를 켠 뒤 벌벌 떨며 이런저런 명령을 실행하고 작동을 바라고 있으려니, 마치 난생처음 컴퓨터를 사용해 보는 기분이었다. 스크린 리더는 시각장애인 사용자가 시력 없이도 컴퓨터를 제어할 수 있는 소프트웨어다. 스크린 리더를 켜면 파일 정리, 텍스트 편집, 링크 클릭, PDF 파일 훑어보기까지 컴퓨터의 모든 기능이 키보드로 옮겨간다. 또한 메뉴 항목부터 블로그 글, 워드 문서까지 글을 말로 옮기는 합성 음성(시리나 알렉사를 생각해 보라)으로 크게 읽어준다. 물론 이는 스크린 리더가 읽을 수 있는 형태로 코딩된 글자인 경우만 가능하기에, 오늘날 시각장애인은 자꾸만 오류가 나거나 중요한 정보를 누락하는 소프트웨어로 웹페이지와 문서들을 끊임없이 헤치고 나아가는 수밖에 없다.

그러나 제대로 작동한다면 스크린 리더는 시각장애인이 인터넷에 있는 수많은 정보와 점점 더 늘어나는 전자도서관의 책들을 읽는 게 가능하도록 해 준다. 프로젝트 구텐베르크나 인터넷 아카이브 같은 퍼블릭 도메인, 킨들 스토어나 애플북스 같은 디지털 서점, 북셰어나 국립도서관서비스NLS 같은, 활자를 읽을 수 없는 독자를 위한 도서 서비스도 이에 포함된다.

과거에는 책을 읽으려는 (또는 쓰려는) 시각장애인에게는 극히 제한적 선택지만 주어졌다. 점자 같은 촉각 읽기 체계가 개발되기 전 눈먼 독자가 할 수 있는 일은 남들에게 책을 읽어달라고 하는 것, 눈먼 작가가 할 수 있는 일은 필경사를 찾는 것이 전부였다. 존 밀턴은 1650년대부터 《실낙원》의 대부분을 머릿속으로 써나갔고, 그러다 그의 표현대로라면 밀턴 자신을 '쥐어짤' 사람을 아무나 붙들어 간밤에 쓴 시를 받아 적게 만들었다. 밀턴의 식구, 집을 방문한 친구, 돈을 받고 고용된 대필자들이 이 잡다한 조각 글을 받아쓴 후 깔끔한 판본으로 써주었다.

맹인이 독립적으로 책을 읽기 시작한 것은 (몇 번의 눈에 띄는 그러나 개별적 역사적 사례들 이후로는) 18세기 말 프랑스에서 일어난 행복한 우연 덕분이었다. 1784년 파리에 세계 최초의 맹학교를 만든 발랑탱 아우이는 처음 학교에 입학한 조숙한 제자를 조교로 삼았다. 어느 날 조교 프랑수아 르 쉬외르가 책상에 놓여 있던 종이 무더기 중 부고장을 아우이에게 건네며 자신은 글자들을 촉각으로 상당히 잘 식별할 수 있었다는 말을 덧붙였다. 당시 맹학교 학생들을 위한 세계 최초의 교육과정을 구상 중이던 아우이는 이 말에 흥미를 느껴 돋을새김 글자로 된 읽기 체계를 연구하고 설계하는 일에 착수했다.

이렇게 시각장애인을 위해 만든 최초의 책들은 거대했다. 나도 보스턴 인근 퍼킨스학교 아카이브에서 한 권을 본 (그리고 만진) 적이 있는데, 꼭 물을 잔뜩 먹어 폭발한 마법서 같았다. 초대형 서류 가방 크기의 책은 무게가 4.5킬로그램은 거뜬히 나갔고 글자는 페이지 위에 흉터처럼 선명히 도드라져 있었다.

돋을새김 글자 체계는 비시각장애인과 시각장애인 모두 읽을 수 있다는 장점이 있기에 맹학교의 비시각장애인 교사들이 선호했다. 그러나 돋을새김 글자의 형태를 손으로 더듬어 읽는 책이 시각장애인 학생들에게는 이상적이지 못했는데, 특히 아우이가 18세기 인쇄 관행에 따라 화려한 장식이 멋들어진 고딕체를 사용했기 때문이다.

손가락으로는 단순한 글자 형태도 구분하기 어렵다. 눈을 감고 검지를 이용해 대문자 C를 왼쪽에서 오른쪽으로 더듬었을 때 어떤 촉감일지 상상하라. 그런 다음 같은 방식으로 대문자 O를 읽어낸다고 상상하라. 글자의 끝에 손끝이 다다른 뒤에야 글자를 식별할 수 있고, 아마 글자를 구분하기 위해 몇 번씩 손가락을 앞뒤로 움직여 확인해야 할 것이다. 그러니 유창하고 효율적인 읽기를 위해서는 적합하지 않은 방식이었다.

돋을새김 글자 책은 너무 커서 가지고 다니거나 보관하기 어렵고, 제작비가 엄청나게 비싼 것도 문제였다. 학생들은 아우이의 학교에서 돋을새김 글자 읽는 법을 익히더라도 졸업하는 순간 이런 책들에 접근할 수 없게 되니 금방 문해력을 잃고 말았다.

그럼에도 촉각책의 등장은 시각장애인 문해력의 탄생을 알렸으며, 아우이의 학생들은 새로이 등장한 이 거대한 책을 열렬히 환영했다. 퍼킨스도서관 아카이브에서 한 연구자가 이런 초기 촉각 책의 한 페이지를 보여주며 눈에 띄게 시커매진 **침**spit이라는 단어를 가리켰다. 예수가 신성한 침을 손바닥에 묻혀 벳새다의 어느 맹인 눈에 문지르자 기적적 치유가 일어났다는 〈마가복음〉의 한 구절에 등장하는 글자였다. 연구자는 글자가 시커매진 건 수많은 사람들이 읽고 또 읽으며 반복적으로 만진 탓에 손기름이 묻어서라고 했다. 그 말을 들으니 뉴욕시 지하철 노선도 속, 지금이 무슨 역인지 나타내는 표식인 **현 위치**가 매일같이 몇천 개의 손가락이 닿는 바람에 지워진 모습이 떠올랐다.

1808년 과거 루이 16세 군대의 장교였던 샤를 바르비에는 자신만의 대안적 문자 체계를 개발하고자 했고 그 실험 결과를 세상에 내놓기 시작했다. 널리 알려진 점자의 역사에서 바르비에는 군사적 용도로 이 부호를 만든 직업군인으로 묘사된다. 이 부호는 적군에 위치를 노출할 위험이 생기는 불빛 없이도 프랑스군끼리 서로 의사소통을 하기 위한 것이었다. 그러나 19세기 초반 이미 바르비에는 군대를 떠난 뒤였다. 당시 그는 기술자이자 발명가로서 보편 언어의 가능성에 대한 글을 썼다. 보편성에 대한 흥미로움으로 인해 시각장애인이 읽기에서 겪는 어려움을 생각하게 된 것이다.

바르비에는 1815년 발표한 책에서 자신의 가장 성공적인 촉각 읽기 체계를 설명하며 "우리의 책이나 글을 읽을 능력을 영영 빼앗겼으며 또한 우리의 글자 형상을 제대로 그려내는 데도 크나큰 어려움을 겪는 태생적 맹인들"에게 이 체계가 쓸모 있으리라 썼다. 그가 개발한 새로운 글쓰기 체계의 이름은 에크리튀르 녹튀른écriture nocturne, 즉 '야간 문자'였다. 아우이의 책과는 달리 바르비에의 책은 돌출된 점을 이용한 부호를 송곳으로 페이지에 양각한 것이었다. 바르비에는 곧 아우이가 설립한 파리 국립청소년맹학교 교장 알렉상드르-르네 피니에와 편지를 주고받는다. 피니에는 학생들에게 야간 문자를 소개했고, 지금까지 사용하던 돋을새김 글자 체계와 견주어 이 새로운 체계가 가진 가치를 즉시 알아본 학생들은 야간 문자가 가진 단점을 토론하고 개량해 나갔다.

이렇게 야간 문자를 손보는 이들 중 루이 브라유라는 학생이 있었다. 브라유는 세 살 때 전지용 칼을 사용하다 사고로 실명했다. 사유지 내에 작업장을 차려놓고 마구 제작자로 일하던 아버지를 흉내 내 전지용 칼로 가죽에 구멍을 뚫으려 했던 것이다.

열두 살이 된 브라유는 그 전지용 칼과 비슷한 도구로 바르비에의 체계를 손보고 개선해 맹인 독자와 작가들의 필요를 반영했다. 한 칸에 들어가는 점의 개수도 절반으로 줄였다. 바르비에는 칸 하나에 12개의 점을 사용했기에 독자는 모든 점을 구분하기 위해 왼쪽에서 오른쪽뿐 아니라 위아래로도 손을 움직여야 했다. 반면 브라유는 한 칸에 돌출될 수 있는 점 여섯 개를 2×3 격자로 배열해 맨 위 왼쪽을 1번, 맨 아래 오른쪽을 6번이라고 번호 매겼다. 이 여섯 개의 점 가운데 어느 것이 돌출되는가에 따라 의미가 결정된다. 1번 점만 돌출된 칸의 의미는 a다. 1번과 2번 점이 돌출된 칸은 b, 1번과 4번 점이 돌출된 칸은 c라는 식이다. 여섯 개의 점이 들어가는 브라유의 점자 칸에서는 어린이의 작은 손가락으로도 한 번에 모든 점을 읽을 수 있다.

브라유는 이 부호가 프랑스어와 맺는 관계 역시 바꾸었다. 바르비에는 자신이 만든 체계가 자모음의 발음을 옮긴 표음식이기를 원했고, 점이 글자가 아닌 소리를 나타내기를 바랐으며, 대문자는 포함하지 않았다. 그러나 브라유는 맹인 독자들이 앞을 볼 수 있는 독자들과 같은 수준의 문해력을 가질 수 있도록 바르비에의 소리글씨sonography•가 아니라 인쇄 활자를 구두점까지 포함시켜 그대로 읽을 수 있는 점자를 만들었다. 이는 시각장애인 독자들이 라이언 나이턴이 시력과 함께 잃어버렸다고 했던 내면의 조용한 목소리를 계속 들을 수 있다는 뜻이었다. 점자 독자의 손가락이 페이지 위를 스칠 때 그들은 시각을 사용하는 독자와 마찬가지로 글을 읽는 목소리를 들을 수 있다.

1829년 브라유는 교장 피니에의 도움을 받아 《과정 *Procédé*》을 출판했다(영어판 전체 제목은 *Procedure for Writing Words, Music and Plain-song Using Dots*). 나도 퍼킨스도서관에서 이 책을 보았는데, 마치 로제타 스톤••처럼 두 가지 촉각 문자 체계가 한 페이지에 등장해, 절반은 돋을새김 글자로 쓴 프랑스어로 문자 체계를 설명하고 나머지 절반은 새로 개발한 점자 알파벳으로 채운 모습이 짜릿하기 그지없었다. 한 시각장애인 비평가는 돋을새김 인쇄가

•　소리를 의미하는 접두사 sono-와 글자, 표현을 의미하는 접미사 -graphy의 합성어로 보아 '소리글씨'로 옮겼다.

••　기원전 196년 고대 이집트에서 제작된 석비(비석)로 고대 이집트어 법령을 세 가지 언어로 번역해 한 면에 새겼다.

비시각장애인 교사가 "눈의 언어로 손가락에 말을 건" 예시라고 썼다. 점자의 발명과 함께 손가락은 태초의 언어를 찾은 셈이다.

맹학교 학생들은 곧 점자 체계에 빠져들었지만, 새롭고 '임의적인' 부호를 배우지 않아도 되는 익숙한 돋을새김 글자를 선호한 비시각장애인 교사들의 반발에 부딪쳤다. 로마자 알파벳을 구성하는 기호들 역시 임의적이라는 점에선 다를 바 없건만. 점자는 돋을새김 글자에 비해 장점이 엄청나게 많았다. 더 압축적이고, 빨리 읽을 수 있으며, 제작비가 저렴한 데다 결정적으로 맹인 학생들에게 독립적으로 글을 쓸 수 있는 능력을 선사했다. 평량이 높은 종이, 종이를 제자리에 고정할 틀(점판slate) 그리고 송곳(점필stylus)만 있으면 종이 위에 돋을새김 점을 양각할 수 있기 때문이다. 그럼에도 점판과 점필로 글 쓰는 법을 배우기는 까다로웠는데, 식자공이 하는 것처럼 글을 거꾸로 써야 했기 때문이다. 페이지를 점판에서 들어내 반대쪽에 양각된 돋을새김 점이 보이게 뒤집으면 오른쪽에서 왼쪽으로 양각한 점들의 방향이 반대가 된다.

브라유의 점자는 아우이의 모델을 따라 유럽 전역에 설립된 맹학교들로 퍼져나갔다. 이 학교들은 돋을새김 글자를 자신들이 사용하는 언어에 맞게 응용해서 사용하던 참이었다. 모든 곳에서 점자는 파리와 비슷한 역동성을 낳았다. 학생들은 점자가 가진 힘을 즉각 받아들인 반면 비시각장애인 교사는 낯설고 임의적인 모양에 거부감을 보였다. 교사들은 맹인 교육의 목적이 주류 사회에 통합되는 것이라면 시각장애인과 비시각장애인 모두가 같은 책을 같은 판본으로 읽을 수 있는 돋을새김 글자가 점자처럼 모호하게 생긴 부호보다 낫다고 주장했다. 이런 태도는 어쩌면 바르비에로 하여금 모든 이가 사용할 수 있는 '언어'를 발명하도록 했던 보편주의의 또 다른 변종이었는지도 모른다. 즉 가장 많은 이들이 이해할 수 있는 문자 체계가 최고의 체계라는 생각이다.

미국 최초의 맹학교 설립자 새뮤얼 그리들리 하우(초기의 영향력 있는 구화법 지지자로 농인 학생들의 독순법과 발화를 중시했으며 이와 유사하게 미국 수화에 반대하는 주장을 펼쳤다)는 1831년 파리의 맹학교를 방문했다. 브라유가 점자 체계를 만들던 무렵 하우는 각이 진 글자체인 점을 제외하면 표준 로마자 알파벳과 크게 다르지 않은 보스턴 라인 활자Boston Line Type를 개발하고 홍보했다.

1850년경 유럽의 맹인 학생들 사이에서 점자가 인기를 얻자 미국은 양립할 수 없는 촉각 문자 체계들의 각축장이 되었다. 그 뒤 10년간 맹학교 도서관에는 대여섯 개는 되는 촉각 문자 체계 책들이 자리했다. 문 활자Moon Type나 보스턴 라인 활자, 필라델피아 라인 활자Philadelphia Line Type 같은 돋을새김 글자, 브라유의 점자 그리고 미국 점자와 윌리엄 웨이트가 개발한 뉴욕 포인트New York Point를 비롯해 브라유 점자를 모방한 점자가 있었다(웨이트는 이 상황을 "시각장애인들에게는 바벨탑의 언어 같은 활자들의 혼란"이라고 표현했다).

농인이자 맹인인 작가 모리슨 히디는 부분적 통합을 위한 수단으로 스위치 조작만으로 세 가지 다른 종류의 활자(점자, 뉴욕

포인트, 표준 로마자)를 제작할 수 있는 '디플로그래프diplograph'(중복 문자)라는 기계를 제작하기도 했다.

헬렌 켈러를 비롯한 동시대의 여러 시각장애인은 이 모든 체계를 배울 수밖에 없었다. 시각장애인을 위한 도서관이 각 체계를 강력하게 홍보하고 수호하려는 지지자들이 배포한 다양한 책들을 소장하고 있었기 때문이다. 학생들은 훗날 점의 전쟁War of the Dots이라고 불리게 될 사태에 그리고 자신들에게 주어진 몇 안 되는 책을 읽기 위해 여러 부호를 자꾸만 배워야 할 필요성에 분개했다.

19세기 내내 미국 학교에서 점자는 일종의 밀수품으로 남았다. 미주리맹학교에서 학생들은 점자로 쓴 쪽지와 연애편지를 건넸는데, 잡히더라도 교사들이 점자를 읽을 수 없다는 것을 노린 것이다. 1876년 하우에 이어 퍼킨스학교 교장이 된 마이클 아나그노스는 이렇게 말했다고 전한다. "누가 맹인을 위한 활자 체계를 또다시 발명하거든 그 자리에서 쏘아 죽여라."

나는 쾌활한 시각장애 역사 큐레이터 마이크 허드슨을 통해 점자의 역사를 처음 알게 되었다. 그는 비시각장애인으로 켄터키주 루이빌의 미국시각장애인인쇄소 박물관에서 상주 역사가로 일한다. 이곳은 1858년부터 연방 정부의 지원을 받아 미국의 시각장애인 학생들을 위한 교과서와 교육 자료를 생산하는 핵심 기관이었다. 마이크는 점의 전쟁이 사실상 끝난 것은 1909년, 뉴욕을 비롯해 빠른 속도로 확장하던 도시들에서 처음으로 시각장애인 아동들 수가 주간 학교를 설립할 정도로 늘어났을 때라고 설명했다. 그는 켄터키의 박물관 도슨트답게 모음을 길게 늘이는 근사한 말투로 설명했다. "그렇게 뉴욕교육위원회는 이틀이나 들여 가차 없고 질질 끄는 대규모 회의를 열어 뉴욕 시내 학교에서 사용할 부호를 결정했습니다."

마이크와 나는 하버드대학교가 개최한 시각장애와 문해력 학술 대회의 쉬는 시간, 하버드 야드 도서관의 유리 벽으로 된 스터디 룸에 앉아 있었다. 뉴욕교육위원회 회의를 설명할 때 마이크는 진심으로 신이 난 것만 같은 목소리로 말했다. "끝내줬죠. 유력 인물들을 다 불러왔거든요. 웨이트 씨도 왔어요. 맹학교 교장들도 모였고, 미국시각장애인인쇄소 사장도 데려왔어요. 그러니까 시각장애인 분야에서 한 가닥 하는 사람이라면 전부 이 회의에 나왔던 겁니다. 회의가 끝날 무렵 대규모 투표를 했고, 그 결과 점자가 뽑혔습니다. 수정된 미국 점자가 아니라, 프랑스의 브라유 점자였어요. 마침내 경합하던 부호들의 전쟁이 끝난 겁니다."

1917년이 되자 새로이 표준화된 점자는 미국 내 시각장애인 아동들이 읽는 법을 배우는 주된 방식으로 자리 잡았다. 독립적으로 읽고 쓰게 된 시각장애인들은 주류 사회에 원활히 통합되었다. 공립학교에 입학하고 이후 대학에 진학하는 시각장애인의 수도 늘었다. 1890년대 영국에서 점자 속기가 개발되고, 몇 년 지나 최초의 점자 타자기가 등장한 후로는 여러 시각장애인이 비서나 속기사 같은 사무직 일자리도 갖게 되었다.

그러나 점자가 유럽과 미국의 표준이 되자 도저히 점자 체계를 익힐 수 없다고 느끼는 이들이 존재하게 되었다. 시각장애인 아동은 제대로 지도받으면 비시각장애인 아동이 활자를 읽는 것처럼 수월하게 점자를 배울 수 있지만, 성인 학습자는 점자 읽기에 필요한 손가락의 민감성을 발달시키는 것만도 고역이었고, 몇십 가지는 되는 임의적으로 보이는 조합들을 익히느라 헤매야 했다. 이런 장애물을 넘은 후에도, 성인 점자 학습자는 여전히 어린 시절 점자를 배운 이들이나 비시각장애인 독자들이 읽는 속도에 한참 뒤떨어졌다.

• •••

나 역시 같은 경험을 했다. 어렵고 오랜 세월이 걸릴 줄 알면서도, 읽고 쓰는 일을 중심으로 삶을 살아온 사람으로서 점자를 배우겠다는 시도조차 않는 건 어리석다고 느꼈다. 나는 보통 크기의 인쇄 활자를 포기하기도 전에 점자를 배우기 시작했다.

망막 전문의가 내려준 법적 실명 진단 덕분에 매사추세츠시각장애인위원회에서 서비스를 받을 수 있었기에 담당 사회복지사에게 연락해 점자를 배우고 싶다고 말했다. 사회복지사는 오디오북이든 이메일이든 읽고 싶은 글은 전부 귀로 듣게 해 주는 스크린 리더가 있는 지금 같은 첨단 기술 시대에는 대부분의 시각장애인에게 점자가 꼭 필요하지는 않다고 알려주었다. 또한 점자를 능숙하게 익히기까지는 오래 걸리고 나처럼 중년의 나이에 시작하면 더 오래 걸릴 거라고 덧붙였다. 사회복지사의 말을 들자니 마치 내가 번역된 서사시 몇 편을 읽고, 샌들 신은 사람들이 검을 들고 싸우는 영화 몇 편을 본 뒤 고대 그리스어를 배우겠다고 덤비는 중년 남성이 된 기분이었다.

최초의 오디오북은 오로지 시각장애인을 위해 1930년대에 개발되었는데 오디오북 이후 세대인 시각장애인 학생들은 굳이 점자를 배울 필요성을 느끼지 못했다. 오디오북 이후에는 영상 확대 기술과 광학문자인식OCR 소프트웨어, 스크린 리더가 등장했다. 교사와 사회복지사들은 매사추세츠시각장애인위원회와 비슷한 주장을 펼쳤다. 학생이 글을 읽기 위해서는 그저 '기술을 이용하면' 되고, 학교 과제는 확대 기능을 사용하거나 스크린 리더를 설치한 아이패드가 읽어주도록 하면 된다는 것이다. 오늘날 주류 학교에 다니는 시각장애인 학생 대다수는 시각장애인 교사를 만날 일이 거의 없고(전국적으로 시각장애인 교사 부족 사태가 벌어진다), 점자 교육이 있다 해도 최대가 일주일에 한 번이다. 비시각장애인 아동은 어딜 가든 시각 언어에 둘러싸여 있는데 우리는 그 정도를 당연하게 여긴다. 시각장애인 아동이 그만큼 점자에 흠뻑 빠지게 하려면 혼신의 노력이 필요하다.

일부 점자 전도사들은 스크린 리더에 의지하면 학생들이 문자 그대로 문맹 상태가 된다고 주장하기도 한다. 언어를 듣기만 하고, 대학을 졸업할 때까지도(물론 대학 졸업 단계까지 갔을 경우다. 학사 학위 과정에 입학한 시각장애인 학생 60퍼센트가 중퇴를 택한다) 실제 글의 철자, 구두법, 맞춤법과 직접 접촉하지 못한 채 보고서를 쓰고 책을 읽고 시험에 통과한다는 것이다. 그것이 그들이 정당한 문해력이라고 부르는 것의 핵심에 놓인 함정들이다. 확대 기능에 의지하던 학생들도 나이가 들면 시력을 잃거나, 글자 크기를 너무 크게 키우는 바람에 고속도로 표지판만 한 단어를 한 번에 하나씩 읽어나가게 되기에, 시각적 읽기에 지나치게 의존하면 방해를 받는다고 했다(어느 시각장애인이 글자를 식별하려고 얼굴을 종이에 바짝 대다시피 한 채 "나는 코로 글자를 읽고 손가락으로 점자를 읽지"라고 농담했다는 이야기도 들었다).

그런데 문해력이란 무엇인가? 시각장애인이 청각을 사용해 대학 수준의 책을 읽고 이해하고 그만큼 고도의 주장을 담은 에세이를 써낼 수 있다면, 그들이 발음이 같은 '데어their'와 '데어they're'의 차이를 아는 게, '슈도사이언스pseudoscience'(의사과학)의 첫 글자가 묵음인 p임을 아는 게 그렇게 중요한 문제일까? 오자에 민감한 사람들은 스크린 리더의 설정을 조정해 모든 글자와 문장부호를 소리 내어 읽도록 만들 수 있다. 물론 이런 읽기가 자주 있지는 않다. 1분에 500단어씩 맹렬한 속도로 읽어나가는 게 더 편하니까.

훈련되지 않은 귀를 가진 사람에겐 초고속으로 쏟아지는 합성음성이 〈스타워즈〉 시리즈의 망가진 휴머노이드 로봇 씨쓰리피오가 오디오북을 녹음하려 애쓰는 것 같아서 알아들을 수 없지만, 연습한 사람은 1분에 600단어 이상의 청각적 읽기 속도를 따라잡을 수 있다. 내가 만난 시각장애인 대부분은 스크린 리더의 속도를 이 정도로 높여두었는데, 특히 메뉴 선택지 같은 것을 훑을 때 그랬다. 좀 더 밀도 있는 글이나 문학적 글을 읽을 때는 속도를 늦추었지만, 스팸메일 혹은 여태 천 번도 더 들었던 컴퓨터 알림 메시지를 시간을 들여 감상할 이유는 없었다. 물론 비시각장애인 역시 빠른 속도로 듣기를 수행한다. 일반 팟캐스트나 오디오북 앱에도 있는 2배속, 나아가 3배속 설정이 그 예다. 또한 많은 시각장애인 작가가 대필을 이용하지만 대부분은 손가락에만 의존해 타자를 친다. 그렇기에 이들을 기능적으로 문맹이라고 한다면 아무리 좋게 보아도 과장이 아닐 수 없다. 그들은 맞춤법 검사기와 자동 수정 기능에 의존하지만 비시각장애인도 매한가지다. 그런 논리라면 존 밀턴 역시 《실낙원》을 쓸 때 문맹이었다는 소리다.

그런데 **면밀한** 읽기는 오로지 눈이나 손가락을 통해서만 가능한 것일까? 뇌 과학자들은 시각장애인이 점자를 읽을 때 시각 피질이 비시각장애인과 동일한 방식으로 활성화된다는 사실을 밝혀냈다. 한 연구에 따르면 언어를 귀로 들을 때도 시각 피질은 활성화되지만 이때의 활성화 정도는 훨씬 덜하며, 선천적 시각장애인의 경우도 마찬가지였다.

이 연구는 독자로서의 내 경험도 입증해 준다. 책을 귀로 들을 때 몰입은 할 수 있지만 결국은 눈으로 책을 읽을 때만큼 텍스트를, 언어와 구조를 강하게 이해할 수는 없다는 기분이 든다. 최근에 나는 도스토옙스키의 《지하생활자의 수기》를 2배속으로 읽었다(아니, 들었다고 해야 하나?). 처음에는 괴상하게 들렸지만 귀가 적응하자 나중에는 눈으로 읽는 것과 마찬가지로 소설 내용을 다 이해했다는 기분이 들었다. 그럼에도 장편소설이 숲이라면, 나무가 우거진 삼림지대를 걷거나 가볍게 달리는 대신 시속 70킬로미터 속도로 차를 몰고 달리는 것만 같았다. 평생 점자로 책을 읽어온 누군가는 이런 말을 했다. "내가 어떤 책을 점자로 읽기로 했다면 그건 명예 훈장 같은 겁니다. 이 책의 문학적 가치를 무척 존중하기에 음미하고 싶다는 뜻이죠."

점자는 특정 계급의 시각장애인 전문가들 사이에서는 일종의 지위를 상징하는 듯한 분위기를 풍긴다. 점자에 조예가 깊은 사람들의 사무실을 방문할 때마다 업무 환경이 근사해 보였다. 그들은 저마다 쿼티 키보드 앞에 새로고침할 수 있는 40칸 (또는 더 큰) 점자 디스플레이를 갖추고 있었다. 이런 점자 디스플레이는 평범한 컴퓨터 키보드와 크기는 비슷하지만 더 두껍다. 이름에서 알 수 있듯, 이 디스플레이는 디지털 자료를 한 줄씩 점자로 보여주고 곧바로 새로고침해 다음 줄을 보여준다. 디스플레이 앞, 보통 키보드의 스페이스바가 위치할 법한 자리에는 비어 있는 점자 칸이 한 줄로 배열되어 있고, 칸 하나하나마다 구멍 뚫린 작은 금속판이 붙어 있다. 디스플레이가 디지털 텍스트를 수신하면 금속판의 구멍을 통해 부드러운 핀을 밀어 올려 텍스트에 해당하는 점자 글자와 기호를 나타낸다. 사용자가 다음 버튼을 누르면 핀이 다시 안으로 들어가고 곧바로 다음 줄에 해당하는 핀이 올라오는 모습이 마치 킨들을 한 번에 40자씩만 보여주는 촉각식으로 만든 것 같다.

점자 디스플레이 사용자가 이메일을 검토하거나, 신중하게 문서를 작성해야 하거나, 외국어 단어나 인명이 컴퓨터의 합성 음성으로는 이상하게 들릴 때 사용자의 손은 능숙하게 키보드에서 점자 디스플레이로 옮겨가는데 그 모습은 마치 비시각장애인이 글자를 더 자세히 읽기 위해 안경을 쓰거나 모니터에 얼굴을 바짝 가져가는 것과 비슷하다.

한 친구는 스크린 리더가 빠른 속도로 글자를 읽는 동안 왼손을 점자 디스플레이 위에 '무심하게' 얹어둔다고 했다. 촉각을 사용하는 것보다 귀로 듣는 것이 더 빠르지만, 그럼에도 손가락은 그가 듣는 텍스트에 대해 유용한 정보를 준다는 것이다.

다작하는 소설가나 각본가를 비롯해 점자를 전혀 배우지 않고도 성공한 시각장애인들이 많다는 걸 알지만 나는 전문가답게 점자를 사용하는 파워 유저가 되고 싶었다. 시각장애를 가진 성인 대다수는 실업 상태지만 점자를 사용하는 시각장애인은 고용률이 높고 업무 만족도도 높다는 사실을 여러 연구가 보여주었다. 라이스대학교 언어학 교수 로버트 잉글브렛슨은 내게 말했다. "텍스트에 몰입해 파고들고 싶을 땐 점자로 읽습니다. 컴퓨터에 언제나 점자 디스플레이가 연결되어 있죠. 난 점자를 아주 좋아합니다."

… ..

첫 점자 수업은 내가 사는 주의 시각장애인 에이전시가 우리 집에 보내준 서글서글한 비시각장애인 직업 재활 교사와 함께했다. 이미 글자를 말로 옮겨주는 더 간편한 기술을 사용할 수 있는 내가 점자를 배울 필요가 있는가, 성인이 점자를 배우기가 얼마나 어려운가를 놓고 한참이나 말씨름을 한 뒤였다. 교사는 친절하고 참을성이 있었으나 나는 이내 그의 능력을 의심하게 되었다. 나는 점자를 읽는 데 한 손가락을 썼는데 점을 더 잘 느끼려 하다 보니 자꾸만 손끝을 비스듬히 기울이게 되었다. 손을 이렇게 사용해도 상관없는지 묻자 교사가 대답했다. "이렇게 손을 쓰는 사람은 처음 봅니다만 자신에게 맞는 방식으로 하시면 됩니다." 그러더니 이렇게 덧붙였다. "나는 눈으로 점자를 읽어요. 하지만 내게 점자를 알려준 선생님은 시각장애인이었는데 양손의 여러 손가락을 사용하시더군요. 어떻게 그게 가능한지 모르겠어요. 정말 고도의 기술이죠. 학습하는 동안에는 그냥 한 손가락을 쓰시는 편이 낫겠네요."

비시각장애인에게 점자를 배우다 보니 이런 생각이 들었다. 실제론 한 번도 자전거를 탄 적이 없지만 유튜브로 사이클링 영상을 많이 보았고, 개인적으로 자전거 타는 지인을 여럿 둔 사람한테서 자전거를 배우는 거랑 뭐가 다르담?

이 무렵 나는 처음으로 전국시각장애인연맹 전국 대회에 참석했고 폐장 시간 직전 점자책 박람회에 들어가 보았다. 박람회장에는 사람이 없었다. 대신 여러 줄로 배열한 접이식 테이블에 책들이 높이 쌓여 있었는데, 내 눈에는 그저 빈 종잇장들을 동네 복사집에서 스프링 제본해 묶어놓은 것처럼 보였다.

박람회장 안쪽에 들어갔다가 점자책이 쌓인 테이블 뒤에 서 있는 바버라 루스를 만났다. 바버라는 실명인이었고 얼마 전까지 네브라스카주 링컨에서 점자와 적응 기술 강사로 일하다 은퇴했다. 60대 후반의 나이에 스키 강사 머리에나 어울림 직한 유선형 선글라스를 낀 바버라는 내 배경과 실명 상태를 물었다. 순간, 꼭 이 나이 든 눈멂의 학장에게서 시각장애인운동과 점자 읽기에 대한 평생의 경험을 전수받으러 온 학생이 된 기분이었다. 바버라는 전국시각장애인연맹 입주 훈련센터는 9개월에서 1년에 걸쳐 진행되는 여러 프로그램을 통해 시각장애인이 독립적으로 살아가는 데 필요한 각종 기술 교육을 제공하는데 그중 집중 점자 교육도 있으니 입소해 볼 것을 권했다. 프로그램 기간이 길어 놀라자 바버라는 나를 독려했다. "대학이라고 생각해 보세요. 눈멂에 흠뻑 빠져보라고요."

바버라는 작년에 세상을 떠난, 과거 전국시각장애인연맹 교육센터의 사랑받는 점자 강사이던 제리 휘틀 이야기를 들려주었다. 성인 점자 학습자의 읽기 속도를 높이는 방법을 묻자 그가 "피가 터지게 읽으세요!"라고 답한 일화가 유명하다고 했다. 나는 그 말을 들으니 30분간 점자 읽는 연습을 한 후 검지 끝이 아려오던 게 떠오른다고 말했다. 조금 더 무리하고, 더 오래 읽다 손에서 피가 솟구쳐 연습하던 교과서의 페이지를 피로 물들이는 모습을 상상하기란 그리 어렵지 않았다(실제로 시각장애인 학생들이 점자를 너무 오래 읽다가 손가락에 피가 나기도 한다는 사실은 나중에 알았다). 바버라는 페이지 위를 너무 세게 눌렀을 거라고 했다. "점자는 손끝을 가볍게 움직여야 해요."

바버라의 조언에 들뜬 나는 매사추세츠에서 나를 가르치던 점자 강사가 한 손으로 점자를 읽어도 된다고 했다고 들려주었다. 바버라는 얼굴을 찌푸렸다. "나쁜 습관이 생길 텐데. 한 손으로는 절대 책 한 권을 다 읽을 수가 없어요." 충격적이었다. "선생님은 손가락을 몇 개나 사용하나요?" 나의 물음에 바버라는 책을 한 권 집어 우리 사이에 있는 테이블에 놓았다. "반드시 양손을 사용해서 한 손의 세 손가락 정도씩을 써요." 그렇게 말하는 바버라의 손이 페이지 맨 위에 쓰여진 점자들 위로 미끄러졌다. "속도가 빨라지면, 첫 줄을 절반쯤 읽었을 때 왼손을 다음 줄 앞부분으로 가져다 놓고 오른손으로 나머지 반을 끝까지 읽어요, 그다음에는 왼손이 있는 다음 줄로 오른손을 가져와 이어서 읽을 준비를 하죠." 이런 방식으로 점자를 읽으면 손가락들은 한 줄을 쭉 읽고 다음 줄로 내려가는 것이 아니라 페이지 위를 이리저리 돌아다니며 끊임없이 위치를 확인하는 안구의 도약운동을 거의 모방하게 된다.

집에 돌아온 나는 점자 강사를 해고하고 그 대신 무료 점자 통신 강의에 등록했다. 먼 곳에 사는 시각장애인 강사와 함께 시각장애인을 위한 교육과정을 공부하는 편이 바버라가 나쁜 습관이라고 짚어준 방식으로 가르치는 비시각장애인 강사와의 대면 수업보다 낫다는 사실을 깨달았기 때문이다.

우리 집 다락방에 점자용으로 작은 책상을 꾸몄다. 한가운데 자리는 1951년 퍼킨스학교가 만들어 시각장애인 작가들에게 보내준 것과 크게 달라진 점이 없는 퍼킨스 점자 타자기가 차지했다. 묵직하고 매끄러운 금속으로 만든 근사한 기계장치로, 클래식 올리베티 레테라 타자기를 1900년대 중반에 쉐보레가 디자인 했다면 이런 모습과 느낌일 것 같았다. 타자기가 도착했을 때 당장 올라타고 동네를 돌아다니고 싶은 기분이었으니까.

퍼킨스 점자 타자기 옆에는 평량이 높은 점자 용지 무더기와 함께 점판, 점필 그리고 점자 지우개(잘못 새긴 점을 다시 집어넣을 수 있는 뾰족하게 생긴 작은 도구)를 두었다. 그뿐 아니라 스프링 제본한 점자 연습책 한 무더기, 수업 내용을 귀로 들을 때 쓰는 국립도서관서비스의 오디오북 플레이어도 놓았다. 정부가 제작한 이 물건은 큼직한 MP3 플레이어와 다를 바 없었으며, 노인 친화적인 데다 만족스러울 정도로 커다란 촉각 버튼이 붙어 있었다.

확대 기능에 의지해 책을 읽을 만한 잔존 시력을 내가 영원히 유지해서건, 양념통 이름표 붙이기를 뛰어넘어 필요한 만큼 빠른 속도로 책을 읽을 실력에 미치지 못해서건 이 다락방에서 실제로 쓸 일이 있을까 싶은 모호한 기술을 익히고 있으려니 아마추어 무전기를 뚝딱거리거나 고전 그리스어를 배우는 취미에 열광하는 사람이 된 기분이었다. 그럼에도 나는 결의에 차서 타자기로 숙제(오디오북 플레이어 카트리지 속 익명의 목소리가 읽는 문장 옮겨 쓰기)를 마친 뒤 담당 강사 파멜라 보츠에게 보냈다.

파멜라는 애리조나에서 한평생 해들리 인스티튜트Hadley Institute 의 점자 기록자이자 교정자로 일해 온 사람이다. 파멜라가 내 숙제에 교정 사항(당연히 점자로 쓴)을 스테이플러로 첨부해 다시 보내오면, 내가 지금 읽고 있는 점자 위에 파멜라의 손끝이 스쳤음을 안다는 사실 때문에 놀랄 만한 친밀함이 발생했다. 우편으로 주고받는 수많은 편지에서도 이러한 오라aura를 느낀다. 하지만 지금 자기 손에 들려 있는 종이가 한때 상대방 손에 들려 있었다는 점에서, 한 줄을 만질 때마다 마지막 구두점 하나까지 상대가 만졌던 모든 단어를 만지게 된다는 점에서 점자의 경우 이 감각은 더욱 강렬해진다.

점자를 배우는 건 마치 처음으로 돌아가 문맹이 되는 것만 같았다. 처음에는 두세 글자로 이뤄진 단어도 읽기 힘들어 눈으로 익히고픈 충동을 억누르려고 시선을 돌려야 했고, 손가락 아래 점들은 생것의 곤죽 같은 느낌이었다. 그러다가 서서히, 검지의 감각이 이 점들을 글자로 인식하고, 느리게 그것을 합쳐 단어로 만들기 시작했다. 나는 알파벳의 첫 일곱 글자밖에 배우지 못했으며 새로운 단어를 배울 때마다 계시를 받은 것만 같은 기분이었다. b를 읽고, 그다음 번 e를 읽은 다음 더 많은 글자를 기대했으나, 내 손가락은 절벽으로 달려드는 와일 E. 코요테*처럼 아무것도 없는 공백을 더듬었다. 아, 여기가 끝인가 보다, 그렇다면, be구나. 식별해 내는 순간 이 단어가 내 마음의 눈이 달린 차양 위에서 반짝 켜졌다.

edge(가장자리)라는 단어를 식별해 내는 데에는 한참의 시간이 걸렸다. 단어에 담긴 모든 글자가 웅크린 채 서로 꼭 붙어 있는 것만 같았다. 처음에는 점자 칸이 어디서 끝나고 다음 칸이 어

* 미국 애니메이션 〈루니 툰〉의 캐릭터. 절벽을 내달리던 중 아래 바닥이 없음을 깨닫고 한순간 밑으로 떨어진다.

디서 시작되는지 구분하기가 힘들었다. 이렇게 섬세한 구분은 손가락보다는 눈으로 하는 게 훨씬 쉽다. 연습하느라 손끝 가장 자리도 찌릿찌릿했다. 바버라 루스의 말이 맞았다. 나는 손끝에 힘을 너무 많이 주었고, 점자 독자로서의 인생에서 처음 읽는 단어들을 너무 깊이 읽을 수밖에 없었다. 고작 일곱 개의 글자가 강력한 메시지를 보냈다. cage(우리)! 이 교과서 집필진이 묘사하려던 게 금속으로 된 우리가 아니면 무엇이겠는가? 만약 더 많은 알파벳을 사용할 수 있었다면 그들은 'the prison house of consciousness'(의식의 감옥)이라고 썼을지도 모른다. 단어가 길수록 성취감도 컸다. 조심스레 decade(10년)와 cabbage(양배추)를 해독했을 때는 속으로 환호성을 질렀다.

2년이 지난 후에는 30분씩 공부 시간을 늘려온 결과 2급 점자(더 압축되고 고도화된 점자)를 말도 못 하게 느린 속도로 읽게 되었다. 여전히 잊어버린 조합이나 구두점은 찾아보아야 했다. 나는 의회도서관 시범 프로그램에 참여해 20칸 디지털 점자 디스플레이를 영구 대여했다. 크기는 아마존 킨들만 했지만 두께는 장편소설만큼이나 두꺼웠다. 전면에는 내 점자 타자기와 마찬가지로 점자를 입력할 수 있는 버튼 여러 개가 달려 있었지만 화면은 없었다. 그 대신 점자 칸 20개를 구성하는 좁다란 구멍 120개가 기기 아랫부분을 지나가도록 되어 있었다.

시각장애인들의 사무실에서 보았던 40칸 점자 디스플레이와 기능은 거의 비슷했다. 장치에 내장된 컴퓨터가 점자 도서 파일을 읽으면 구멍을 통해 단단한 고무 질감으로 된 핀을 올려 보내

스무 글자씩 점자로 문장을 표시하는 것이다. 그러면 나는 점자 칸을 손가락으로 읽다가 새로고침 버튼을 누른다. 작게 덜커덩 소리가 나면서 핀이 또다시 정렬되면 읽고 있는 글의 다음 스무 글자를 표시한다(지금 여러분이 읽는 짧은 문장을 읽기 위해 나는 새로 고침을 네 번 해야 했다).

처음에 이 장치는 너무 혼란스럽기만 해서 박스째 다락방의 점자 책상에 놔두었지만, 마지막 통신 강좌가 끝나자마자 다시 꺼냈고, 이내 홀딱 빠져버렸다. 점자 디스플레이를 읽는 것은 실명에 대한 불안감에 임시방편으로나마 맞서게 해 주었다. 내가 이 장치에 익숙해질수록 눈먼 독자가 되어서도 풍요로운 삶을 살아가는 나 자신을 상상할 수 있었으므로. 나는 활자를 읽지 못하는 독자들을 위한 온라인도서관 북셰어에도 가입했다. 이 도서관은 신간을 포함해 100만 종 이상의 도서를 디지털 점자(및 스크린 리더 친화적) 형태로 보유하고 있다.

"시각장애인 공동체에 **전무후무한** 일이에요." 전국시각장애인연맹에서 만난 작가 데보러 켄트 스타인이 내게 한 말이다. 스타인은 어린 시절 국립도서관서비스에서 점자책을 대출해 읽을 수 있었다. 책은 우편으로 한 번에 한 권씩 왔는데(점자는 공간을 많이 차지하므로 짧은 책도 전화번호부만큼 두꺼운 여러 권의 책으로 분책되어 있다) 의회도서관에서 제작한 특수 이동식 턴테이블로 재생할 수 있는 오디오북도 함께 있었다. 장서는 많았지만 지역에 일반적으로 존재하는 중간 크기 공공도서관과 비교하면 너무나도 적었다. 곧 점자책의 수는 늘어났으나 스타인의 친구들이 읽는 책(또는 학교에서 과제로 읽으라고 한 책)은 찾을 수 없었고, 원하는 책을 읽으려면 아주 오래 기다려야 했다. 어머니는 스타인과 역시 시각장애인인 스타인의 남동생에게 소리 내어 책을 읽어주다가 목에 폴립이 생기기까지 했다.

선택지가 기하급수적으로 늘어난 오늘날 스타인은 '혹시 몰라서' 디지털 도서 파일을 몇십 번씩 다운로드해 쌓아둔다. 대공황 시대에 어린 시절을 보내는 바람에 풍요로워진 뒤에도 통조림을 대량으로 비축하는 사람 같다는 내 말에 스타인이 응수했다. "그래요, 바로 그거예요! 우리는 책 기근 속에서 어린 시절을 보냈으니까요."

•••

점자를 배우는 데 무엇보다 큰 동기 부여가 된 사실은 내가 소리 내어 책 읽는 걸 좋아한다는 점이다. 앞으로도 계속 오스카에게 책을 읽어주고, 그 뒤에는 앞으로 생길 손자 손녀들이나 내 궤도에 들어오는 그 어떤 떠돌이 어린이들에게도 책을 읽어주고 싶다. 소리 내어 글을 읽는 건 라디오 제작자로서의 내 일에도 필수적이다. 녹음을 하는 동안 대본이나 메모를 훑어볼 수 있어야 하니까. 마지막 점자 과정을 마쳤을 때 파멜라 보츠는, 소리 내어 글을 읽는 것이 계속 연습할 수 있는 좋은 방법이라고 했다. 그러면서 쉬운 어린이책부터 시작하라고 권했다.

오스카에게 그 이야기를 하자, 아이는 신이 나서 여러 책을 추천했다. 비록 《해리 포터》와 《퍼시 잭슨》 시리즈를 읽고 있기는 해도 아직 1학년인 오스카는 좋은 그림책 역시 즐겨 읽는다. 그날 밤, 혹시 아이의 생각이 바뀌지나 않았는지 걱정이 되었다. "자기 전에 점자책을 읽어줘도 되겠니?" 그러자 오스카는 곧장 "네!" 하며 신이 나서 들썩였다. 나는 쉽지 않을 거라고 예고했다. 아빠는 1학년생처럼 책을 읽어줄 텐데 그것도 너처럼 소리 내어 책을 잘 읽는 1학년생처럼 읽지는 못한다고. "좋아요!" 아이는 대답했다. "아빠가 1학년생처럼 읽는 게 정말 좋아요!" 아이가 그런 점을 좋아하는 건 내가 자신의 수준까지, 아니 그 이하로 끌어내려진 덕분이라고 생각한다. 아이가 피아노로 능숙하게 연주하는 곡을 배우느라 내가 애를 먹을 때, 어른과 아이의 처지가 뒤바뀔 때 느끼는 것 같은 기쁨이었다.

우리는 북셰어에서 책을 고르며 《로렉스》, 개구리와 두꺼비 시리즈 몇 권을 다운로드했다가 결국 대니얼 핑크워터의 《큰 오렌지색 물감 방울 The Big Orange Splot》을 택했다.

점자 디스플레이에 책을 로딩해 첫 페이지를 찾았을 때는 이미 오스카의 취침 시간이 지나 있었지만, 특별한 밤이기에 깨어 있는 걸 허용했다. 내가 책을 너무나 느리게 읽는 바람에, 아이는 책 한 권을 읽는 내내 문장의 뒷부분을 추측했다. "물감이… 없어지고… 나자…." 나는 최선을 다해 유창한 척 책을 읽으며, 극적으로 문장을 늘여 반응하고 중간중간에 각각! 그리고! 모든! 하나하나! 같은 말들을 감정을 실어 집어넣으며 시간을 벌었다. 꼭 배터리가 다 된 걸 알면서도 기적적으로 시동이 걸리기를 기도하며 진입로에 있는 트럭을 힘껏 미는 기분이었다. "물감이 없어지고 나자…." 나는 다음 페이지로 디스플레이를 넘기는 시간을 벌려고 한 번 더 읽었다. "지붕… 색은… 파란색? 오렌지색? 흰색?" 오스카가 함박웃음을 지으며 대꾸했다. "…파란색. 지붕 색은 파란색이었어요."

"너무 좋아요." 오스카의 목소리를 들으니 진심인 게 확실했다. 책을 어느 정도 읽고 난 뒤에야 오스카는 이 책이 자기가 이미 읽은 책인 걸 깨달았는데, 이 때문에 문장 맞히기 놀이가 더 재미있어진 모양이다.

책에는 두 페이지마다 삽화가 들어가 있었는데, 이 책을 점자로 옮긴 사람은 삽화가 있어야 할 부분마다 묶음표로 '[그림]'이라는 단어와 쓸모없는 해설을 삽입해 두었다. 예를 들면 플럼빈 씨가 알록달록한 물감으로 집을 색칠하는 부분 뒤에는 '[그림: 집]'이라는 말이 들어가 있었다. 집의 색깔은 자꾸만 변했지만 똑같은 해설이 여러 번 반복됐다. 이미 본문을 통해 전달된 이미지를 설명하는 게 불필요할지 모르나, 시각장애인 독자를 중요하지 않게 본 듯해서 보잘것없어진 느낌이었다. 오스카가 말했다. "우리도 그림을 볼 수 있으면 좋을 텐데." 그래서 나는 이 일도 놀이로 만들었다. "좋아." 그러면서 나는 유치원 선생님 같은 친근한 말투를 장착했다. "그림을 보고 싶은 사람?" 그 뒤에, 짐짓 진지한 말투로 이렇게 덧붙였다. "그림: 트럭" 그러자 아이는 웃음을 터뜨리며 나를 앵무새처럼 따라 하는 식으로 자기 말을 덧붙였다. "고마워요! 정말 도움이 되네요! '트럭'!"

"하지만 앞이 보이지 않는 아이가 정말 그림을 보고 싶은데도 이 책을 읽어야 한다고 생각하면 안타깝구나." 나는 결국 굳이 이 순간을 가르침의 순간으로 만들고 말았다. 오스카는 조용해 졌다. 그 뒤로 20분이 더 지나도록《큰 오렌지색 물감 방울》을 끝 내지 못했고, 오스카가 자야 할 시간은 이미 한참이나 지나버린 뒤였다. 마지막 몇 페이지는 다음을 위해 남겨두기로 했다.

•···•

그 시기, 의회도서관의 무료 점자책 순환 서비스를 제공하는 매사추세츠 최초의 지부인 퍼킨스도서관은 팬데믹 때문에 책의 우편 대출을 중단했다. 점자가 가진 친밀성에는 그러한 단점이 있었다. 가게에서 사온 식료품도 닦기부터 하던 시기에 누군가 가 만졌던 점자를 손가락으로 쓸고 싶은 사람은 없을 테니. 나는 도서관에서 책을 대출하는 대신 북셰어를 열심히 뒤져 내가 읽 을 만한 최초의 성인용 점자책을 찾았다.

잘못된 시도를 몇 번 하기도 했다. 플래너리 오코너 단편집을 읽어보려 했는데, 유명 출판사에서 나온 선집인데도 내가 다운 로드한 파일에는 이상한 오타가 가득했다. 나중에야 북셰어 초 기에는 사용자들이 자발적으로 도서 파일을 업로드했음을 알게 되었다. 시각장애나 난독증이 있는 독자가 자신이 읽고 싶은 책 을 몇백 페이지씩 평판 스캐너로 열심히 스캔한 다음 OCR 소프 트웨어를 이용해 이 파일을 디지털 텍스트로 옮긴 것이다. 그러고 나서는 아마도 이들이 직접 검토했을 것이다. 그렇기에 도서 파일의 품질은 들쑥날쑥했고, 도서 역시 이 시각장애인들이 직접 스캔할 정도로 간절히 읽고 싶은 책들에 한정되어 있었다. 자신이 가진 희귀 LP의 음성 데이터를 컴퓨터 파일 형식으로 리핑해 컴퓨터에 옮긴 다음, 토렌트에 업로드하고 게시판에 링크를 남기는 파일 사냥개들file hounds이 연상되었으니, 북셰어는 눈먼 책벌레들의 냅스터*나 마찬가지인 셈이었다.

북셰어가 실제로 냅스터에서 영감을 받아 시작되었다는 사실은 나중에야 알았다. 1990년대 후반 북셰어 설립자 짐 프룩터맨은 냅스터 CEO 아일린 리처드슨과 한 집 건너 살았는데 두 가정의 10대 아들들은 같은 밴드에서 활동했다. 어느 날 프룩터맨에게 아들이 냅스터(스포티파이보다 몇십 년 앞서 냅스터는 처음으로 클라우드 기반의 음악 유통 서비스를 대중화했다)를 보여주자 프룩터맨은 곧장 자신의 OCR 소프트웨어를 사용해 책을 스캔하는 시각장애인 몇천 명을 떠올렸다.

프룩터맨이 내게 전해 준 바로는,《해리 포터》시리즈 첫 권이 출간되자 시각장애인들 몇만 명이 이 책을 몇만 번 스캔했다고 한다. 만약 '냅스터'와 비슷한 '북스터' 플랫폼이 생겨서 한 사람이 스캔한 도서를 다른 모든 사람과 공유할 수 있다면? 프룩터맨의 변호사 친구는 그 아이디어가 사실상 완벽하게 합법적이라고 알려주었다. 클린턴 대통령이 1996년 미국 내 모든 도서관 장서

---

* 음악 파일을 인터넷으로 공유하게 해 주는 소프트웨어.

의 접근 가능한 형식을 저작권 제한에서 해방해 주는 채피 수정
안Chafee Amendement에 서명했기 때문이다(변호사 친구는 새로운 서비
스에 북스터보다는 괜찮은 이름을 붙이라고 설득하기도 했다).

오늘날에는 몇백 군데 출판사가 출간한 책의 디지털 파일을
곧바로 북셰어에 제출한다. 따라서 스캔하는 단계가 사라져 도
서의 품질이 깔끔해졌을 뿐 아니라 학술 및 상업 도서들의 경우
보유 장서도 크게 늘었다.

나는 내게 필요한 건 자꾸만 페이지를 넘기게 만드는 흥미 위
주의 읽을거리라고 결론 내렸다. 그건 내가 예상한 곳에서 끝날
가능성이 높은 문장들을 가진 책을 말한다. 나는 윌리엄 깁슨의
《패턴 인식*Pattern Recognition*》을 읽기 시작했다. 내가 이 책을 읽기
위해 사용하는, 깁슨의 소설에서 튀어나온 것같이 생긴 작고 두
툼한 스무 칸짜리 오빗 리서치Orbit Research 디지털 점자 디스플레
이와 썩 어울리는 선택인 것 같았다. 19세기의 맹학교 학생과 한
때 프랑스군 장교였던 발명가의 기묘한 협력으로 개발된 코드를
내보내는, 레트로-퓨처리스틱retro-futuristic 매체 기술의 화면 없는
작은 컴퓨터라니.

어느 날 밤 잠자리에 들어서도 책을 읽자('야간 문자'의 자연 서
식지로 가져온 셈이다!) 릴리가 돌아누워 뭘 하느냐고 물었다. 나는
안경을 벗고 어둠 속에서 늘 보이는 빛과 부유물을 보며 무릎에
점자 디스플레이를 놓은 채 똑바로 누워 있었다. "독서." 그렇게
대답하자 릴리는 잠시 당황한 기색을 보이고선 점자는 빛이 없
어도 읽을 수 있다는 사실을 기억해 냈다(그러나 점자를 읽는 데 온

기는 필요하다. 시각장애인 작가 자크 루세랑은 1941년 점령당한 파리에서 낮에는 대학에 다니고 저녁에는 프랑스 레지스탕스를 조직했으며 매일 밤 11시에 다음 날 수업을 위해 책을 읽었다. 루세랑 가족이 사는 아파트에 전열기라고는 난로 하나가 전부였는데, 난로의 온기는 방 안까지는 거의 전달되지 않았다. "섭씨 10도 이하에서는 촉각이 점자를 읽을 수 있을 정도로 기능하지 않는다. 그 결과 나는 미약한 온기를 내보내는 전기 워밍 볼을 손가락에서 고작 1인치 떨어진 곳에 두어야 했다"고 그는 썼다. 루세랑의 차디찬 침실에 놓인, 1930년대의 온열기였던 이 워밍 볼은 내가 마치 촛불 빛에 의지해 독서를 하는 눈먼 사람 같다는 생각을 떠오르게 했다).

몇 달 뒤, 손가락이 다음 줄로 옮겨 갈 때마다 마치 천장에서 슬로모션으로 펼쳐지는 테니스 경기를 보고 있기라도 한 것처럼 내 머리 또한 불수의적으로 유사하게 움직인다는 사실을 알아차렸다. 꼭 무언가에 들린 사람 같은 이상한 행동이었지만 쉽사리 그만두게 되지 않았다. 한평생 책을 읽을 때마다 무의식중에 고개를 움직이며 산 탓에 내 두뇌가 점자와도 이런 연관을 맺게 된 모양이다. 보이지 않는 페이지 위를 건너갈 때마다 자꾸만 고개가 돌아갔다. 책을 귀로 들을 때는 이런 현상이 일어나지 않으니, 이는 시각과 촉각의 관계에 대한 또 하나의 증거다.

어쩌면 깁슨의 소설 제목 역시 나를 끌리게 한 것 같다. '패턴 인식'이야말로 이 단계에서 내 과제였다. 계속해서 읽다 보니 of the라거나 she said처럼 자주 등장하는 단어 조합은 내 손끝에서 페이지에 인쇄된 글자를 볼 때만큼 익숙하게 다가왔다. 하지만 깁슨의 소설은 3분의 1 정도 읽은 시점에서 그만두었다. 테크노

스릴러는 애초에 물속에서 움직이는 속도로 고되게 읽을 책이 아니기 때문이다. 꼭 펑크 음악을 0.5배속으로 듣는 기분이었다.

••••

아르헨티나 작가 호르헤 루이스 보르헤스는 아르헨티나 국립 도서관장이 되었을 무렵 시력을 잃었다. 그가 자기 "독자의 그리고 작가의 시력"이라고 부르던 것이었다. 100만 권의 책을 관리하게 되었는데 더는 그 책들을 읽을 수 없었다.

장기간에 걸친 시력 감소 끝에 쉰다섯 살에 실명한 보르헤스는 점자를 배운 적이 없었다. 대신, 밀턴과 마찬가지로 (자신이 쓴 그리고 좋아하는 작가들이 쓴) 문학 작품의 긴 구절을 외웠고, 책을 읽어주고 자신의 글을 받아쓸 벗들을 두었다.

그는 실명한 뒤 40권에 달하는 책을 출판했는데, 이 중 대다수는 그의 노모 레오노르가 받아쓴 것이다. 레오노르는 아흔아홉을 일기로 사망할 때까지 보르헤스와 함께 살았고, 그의 아버지이자 마찬가지로 중년에 실명한 호르헤 기예르모 보르헤스에게도 같은 일을 해 주었다(보르헤스의 실명은 유전성이었고, 그의 아버지와 할머니 모두 "눈이 먼 채 사망했다"고 보르헤스는 썼다. "눈이 먼 채, 웃으며, 용감하게, 나 역시 그렇게 죽고 싶다."). 보르헤스는 도서관장 자리를 지켰고, 부에노스아이레스대학교 영문학과 교수이기도 했다. 그러나 그에게 문학은 완전히 구술적인 것이 되었다.

보르헤스는 실명이라는 상황을 새로운 언어를 배울 기회로 활용하기로 했다. 고대 영어를 배우는 기쁨을 묘사한 그의 글에서 내가 처음 촉각으로 읽기를 배우려 시도하던 때가 떠올랐다.

언어를 배울 때 언제나 일어나는 일이 일어났다. 단어 하나하나가 새겨진 것처럼, 부적처럼 도드라졌다. 그렇기에 외국어로 된 시는 단어 하나하나를 따로따로 듣고, 보게 되어 모국어로 읽으면서는 즐길 수 없는 명망이 생긴다. 우리는 외국어의 아름다움, 힘 또는 그저 낯섦을 생각한다.

고대 영어의 새로움 가운데서, 그것이 마치 약 200년 전 파리에서 최초로 인쇄한 시각장애인용 책 속 돋을새김 글자처럼 '새겨져' 있기라도 하다는 듯이 보르헤스는 낯선 단어들에 담긴 거의 촉각적 위안을 발견했다. 그러나 보르헤스는 점자를 배우지 않았기에 그의 문학 경험은 근본적으로 음향적인 것으로 남아 있다. 그는 이렇게 말했다. "나는 시각의 세계를 앵글로색슨어의 청각적 세계로 대체했다."

같은 강의에서 보르헤스는 실명이 자신에게 준 '이점'을 나열했으나, 내가 보기엔 그가 앞을 볼 수 있는 작가였어도 쉽게 얻을 수 있는 지극히 사소한 것에 불과했다. "앵글로색슨어라는 선물, 내 얼마 안 되는 아이슬란드어 지식, 수없이 많은 행으로 이뤄진 시가 주는 기쁨."

그는 어느 편집자와 새 시집을 내기로 계약하고 기뻐했는데 그가 매년 신작 시 서른 편을 쓴다는 전제하에 맺은 계약이었다.

그는 이 시들을 다른 이에게 받아쓰도록 시켜야 한다는 점을 감안하면 쉽지 않은 일이 될 거라고 썼다. 이렇게 들으면 보르헤스에게 실명에 적응한다는 것은 그저 단순히 작가로서의 업을 이어간다는 의미처럼 들린다. 그는 말했다. "내게 실명은 총체적인 불운이 아니었다. 실명을 가여워해서는 안 된다. 삶의 한 방식으로 보아야 한다. 삶의 양식 중 하나로."

그러나 그의 시와 소설에서 보르헤스는 실명에 대해 사뭇 덜 낙관적인 태도를 보인다. 〈축복의 시〉에서 보르헤스는 전임 도서관장이던 파울 그루삭 역시 실명인이었다는 우연을 이야기한다. 신이 그에게 "한 번의 손길로 책과 실명을" 내려주었다는 아이러니로 시작하는 이 시는 보르헤스의 것일 수도 그루삭의 것일 수도 있는, 파악하기 어려운 목소리로 쓰였다. "그렇다면 나를 이름하는 그 이름은 무슨 의미인가, 우리의 저주가 함께 앓는 같은 것이라면?" 보르헤스는 자신과 "다른 한 사람의 죽은 자"를 구분할 수 없다.

이 시를 쓰는 이는 둘 중 누구인가 —
앞이 보이지 않는 하나의 나인가, 아니면 여러 명의 나인가?

보르헤스에게 저자의 정체성이 지닌 덧없음은 오래된 주제로, 실명 이후의 작품에서 줄곧 전개되었다. 〈보르헤스와 나〉에서 그는 이렇게 쓴다.

그러므로 내 삶은 대위법이자

일종의 푸가이고, 소설이며—모든 것이 결국은 내게서 떠나

가며, 모든 것이 망각 속으로, 또는 다른 이의 손아귀에 떨어

진다.

이 페이지를 쓰는 이가 우리 중 누구인지 더는 알지 못한다.

실명 후에 쓴 글에 이어서 보르헤스는 이 소설과 〈축복의 시〉를 타인에게 받아쓰게 했을 것이고, 두 텍스트 모두 일종의 작가적 정체성의 위기를 표출한다. 이 불안이 어느 정도나 그가 하는 수 없이 자기 작품을 타인에게 받아쓰게 한 뒤 느꼈을 통제력 상실에서 기인했는지 궁금해진다.

나 역시 언어와의 시각적 관계를 잃으면서 비슷한 형태의 불안을 경험했다. 글을 쓰기 위해 시각에 더는 의존할 수 없게 되면 나 또한 보르헤스처럼 이 페이지를 쓰는 이가 누구인지 확신할 수 없게 될까? 처음으로 스크린 리더를 사용해 글을 쓰려고 했을 때 그것이 어떤 것인지 보기 위해 모니터를 껐는데 이와 비슷한 해리解離가 스쳐가는 것을 느꼈다. 스크린 리더가 따라잡지 못할 정도로 빠른 속도로 타자를 쳤기에, 머릿속으로는 단어가 들리지만 실제로 그것이 화면에 기록되는지는 확인하지 못한 채 허공에 대고 글을 쓴 것이었다. 그건 마치 물 위에 글씨를 쓰거나 어둠에 대고 고함치는 것 같았다. 심지어 글쓰기를 마치고 내가 쓴 글을 드디어 컴퓨터가 읽어주었을 때조차 낯선 기계의 목소

리로 울려 퍼지는 내 글은 익숙지 않게 들렸다.

그러나 이 책의 1차 초고와 2차 초고를 쓰는 사이 내 눈은 더 약해졌고, 지금은 스크린 리더를 언제나 켜둔다. 컴퓨터에 내 목소리를 빼앗길지 모른다는 불안감은 그저 이젠 긴장한 채 고개를 쭉 뻗고 화면을 확인하지 않아도 된다는 안도감에 자리를 내주었다. 나는 마치 꼭 필요한 경우라면 못 이기는 척 걸을 수 있지만 목발을 짚고 걷는 것이 더 수월한 사람 같다. 어느새 점점 더 시선을 화면에서 돌리게 되었고, 방금 쓴 단락을 귀로 들어보는 동안 눈은 쉬게 되었다. 내일 당장 잔존 시력을 전부 잃게 된다면 굉장히 충격적일 테고 이미 시작된 애도의 과정이 고통스러울 정도로 가속화될 것임을 안다. 그러나 동시에, 나는 내가 이 작업을 끝마칠 수 있다는 사실도 안다.

아직 어떤 별난 점들에는 적응하지 못했다. 점자 디스플레이가 매번 단락이 끊어지는 부분을 보여주는 것이 아니라서, 빠른 속도로 책을 들을 때 스크린 리더는 각 장의 맨 마지막 부분과 다음 장의 처음 부분을 멈추지 않고 빠른 속도로 이어서 읽어버린다. 그럴 때마다 되감기를 하고 속도를 늦춤으로써 앞을 볼 수 있는 독자에게는 페이지의 여백이 자연스레 제공할 공명하는 간격을 인위적으로 창출해야 한다.

그러나 활자를 잃어간다 해도 문학 자체를 잃어가는 것은 아니다. 문학은 시각을 초월하기 때문이다. 일전에 휴대폰의 스크린 리더를 켜놓은 덕분에 꽤 격렬한 속도로 신문을 읽어나가다가 43년간 뉴욕 스트랜드 서점에서 일한 뉴욕의 전설적인 서적

상 벤 맥폴의 부고를 마주했다. 맥폴은 팬데믹과 나빠진 건강으로 인해 스트랜드 사무실로 가게 되었다. 책에 둘러싸인 그의 책상 옆에서 개인적으로 책 추천을 받고 싶어서 혹은 그저 책 이야기를 듣고 싶어서 기다리는 친구와 팬들을 남겨둔 채였다. 이 부고 기사는 맥폴이 그 후에도 얼마나 일에 헌신했는지 묘사하며 끝이 났다. 부고의 마지막은 다음과 같다.

스트랜드 서점의 이름표를 정말 좋아해서 때로는 집에서도 달고 다니던 맥폴 씨는 더는 손님과 대화를 나눌 수 없게 되었는데도 계속 이름표를 달고 있기로 했다.

이름표에는 쓰여 있었다. "벤저민입니다. 저에게 문의하세요."

스크린 리더의 속도를 너무 빠르게 해 두었기 때문에 마지막 두 단락은 2초 만에 읽었다. 마구 지껄여대는 스크린 리더가 행갈이를 무시했기에, 처음에는 두 단락인 줄도 몰랐다. 그런데도 맥폴의 헌신에 대한 마지막 이미지 앞에서 눈물이 차올랐다. 그저 혼자만의 독서의 기쁨에 헌신한 것이 아니라 그를 아주 오래도록 지탱해 준 독자들의 공동체에 대한 헌신이었다. 나의 반응은 이런 식으로 독서를 하는 것을 아무리 어색하게 느낄지라도 여전히 그 공동체의 힘을 느낀다는 신호인 것만 같았다. 나는 여전히 독자다.

7장

창조자들

장애 역사의 주요 장면들 중 하나는 마치 할리우드 영화의 도입부처럼 펼쳐진다(그리고 슬프게도, 일반적 각본이 그러하듯 지어낸 이야기와 부정확한 장면을 포함한다). 이를테면 이런 식이다.

에드 로버츠는, 데이나와 드와이트의 집 근처 도로 연석 위로 전동 휠체어를 굴려 올라갔다. 1960년대 후반쯤이었고, 캘리포니아 버클리에서 자정이 넘은 시각이었으며, 공기를 가득 채운 향기가 이 구역에 줄 지어 심은 스네이크베리 관목 향기였는지, 인근 어느 집 파티에서 실려온 마리화나 연기였는지는 알 수 없다. 로버츠는 얼마 전 모교인 캘리포니아대학교 버클리 캠퍼스에서 정치학 석사 학위를 받았고, 여기서 운영하는 신체장애 학생 프로그램에 매일 밴을 타고 출근했다. 밴을 타고 다니는 귀찮은 절차를 피하고 싶었지만 도로 연석 높이가 30센티미터에 달했고, 휠체어로 오르락내리락할 만한 경사로도 없었다. 잠을 잘

때 아이언렁*에 들어가고 나오는 일 등 그의 일상적 일을 도와주던 친구 에릭 디브너가 로버츠와 그의 무거운 휠체어를 들어다 연석 위에 올려주곤 했을 것이다.

목 아래로 전신이 마비된 로버츠와 버클리 캠퍼스 체육관과는 거리가 먼 부류로 보이는 디브너에게는 위험천만하고 불안한 과업이 있었다.

두 사람은 무언가를 계획 중이었다. 로버츠는 버클리의 화학 실험실에서 일하는 친구에게 니트로글리세린을 얻어왔다. 둘은 연석을 폭파해 경사로를 만들겠다고 막연히 생각했으나 사전에 시험할 기회는 없었다. 다행히 디브너가 대형 해머까지 빌려왔다. 로버츠가 망을 보는 동안 디브너는 같은 구역 파티에서 공연 중인 사이키델릭 밴드의 소음에 묻히기 바라며 해머를 휘둘러 연석을 박살 냈다. 그 뒤엔 콘크리트를 배합해 새로운 경사로를 만들었다. 다음날 시멘트가 굳으면 로버츠는 혼자 휠체어를 굴리며 내려와 출근할 수 있을 것이다.

에이미 햄라이는 뛰어난 저서 《접근성 만들기》에서 도시의 접근 불가능한 기반 시설에 대한 이 게릴라적 개입을 "미국 장애운동의 자리를 민권운동 시대의 직접 행동이라는 더 큰 기억에 새겨 넣은 원초적 장면" 중 하나라고 불렀다. 그러나 한편으로 이 장면은 (햄라이 역시 설명하듯) 상당 부분 지어낸 것이다. 실제로

---

* 근육이 약해진 환자의 폐가 기계 내부 압력 차에 따라 인위적으로 부풀고 축소하며 호흡하도록 만들어주는 밀폐된 철제 인공호흡 장치.

로버츠와 디브너를 비롯해 이들이 버클리 거리에 장애인 보행자가 접근할 수 있도록 취한 방법은 이보다는, 뭐랄까, 더 진부했다. 이들의 행동은 금지된 폭발물이나 훔쳐온 건설 장비가 아니라 시의회와의 만남, 조직적 시위로 이루어진 것이었다(디브너는 실제로 접근성이 낮은 인도에 직접 콘크리트를 부었다고 털어놓았지만, 이일을 낮에 했으며 아무것도 파괴할 필요가 없었다). 그러나 이들의 행동이 도시, 대학 그리고 장애인권의 역사 전체에 미친 효과를 생각하면, 로버츠를 비롯한 동료 활동가들에게 주어진 대형 해머를 휘둘렀다는 명성도 놀랍지는 않다.

(로버츠가 이끌던) '롤링 쿼즈Rolling Quads'라는 이름의 휠체어 사용자 단체는 시의회 로비에 성공했고, 버클리는 기존의 도로 연석과 앞으로 설치할 연석 모두에 경사로를 설치하는 데 연간 예산 중 3만 달러를 할당하기로 협의했다. 이처럼 휠체어가 인도를 원활하게 오르내리도록 비탈길이나 경사로를 만드는 조치를 '커브 컷curb cut'이라고 한다. 버클리는 미국 최초로 '계획된 휠체어 접근 경로'를 가진 도시가 되었고, 처음에는 활동가들의 건축적 개입이던 커브 컷은 이후 몇십 년에 걸쳐 미국 몇백 군데 도시의 주된 디자인 요소로 자리 잡았으며, 오늘날은 연방법에서 의무로 규정한다.

커브 컷은 소수 장애인 집단을 위한 디자인이 모두의 이득이 된다는 개념인 유니버설 디자인의 상징으로 널리 알려졌다. 인도에 커브 컷이 등장하자 곧 휠체어 사용자 외에도 많은 이들에게 경사로가 유용하다는 사실이 드러났다. 유모차를 미는 부모,

카트를 미는 노인, 자전거를 타는 어린이들에게도 도움이 되었기에 오늘날 '커브 컷 효과'는 별것 아닌 것이 커다란 변화를 이루어내는 유니버설 디자인의 해법을 가리키는 말이 되었다.

류머티스성 관절염을 앓는 여덟 살 소년 케네스 자쿠지의 아버지는 1956년, 아들이 관절에 무리가 가지 않게 마사지를 할 수 있도록 욕조에 장착하는 수永치료 펌프를 개발했다. 10년 뒤 자쿠지는 이 월풀 욕조를 일반 상품으로 판매했고, 이후 수많은 사람들이 고질적 통증을 누그러뜨릴 필요가 없어도 자쿠지 욕조를 널리 이용 중이다. 농인이나 난청 시청자가 TV와 영화 속 대화를 따라가게 해 주는 자막 방송은 오늘날 술집, 공항 등 음 소거 상태로 방송 시청이 필요한 어떤 환경에서건 찾아볼 수 있다(자막 방송은 언어 학습자들에게도 유용하다).

정보 기술이 시각장애에 뿌리를 두고 발전해 온 경우는 빈번하다. 세계 최초의 타자기 역시 시각장애인을 위해 고안한 것이다. 1808년 이탈리아 발명가 펠레그리노 투리는 벗이었던 시각장애인 카롤리나 판토니 다 피비자노 백작 부인을 위해 실제로 작동하는 타자기를 최초로 개발했다. 1843년 미국 최초로 타자기에 특허를 낸 미국 발명가 찰스 서버는 자신의 발명품을 다음과 같이 설명했다.

이 타자기는 특별히 시각장애인이 사용하도록 고안한 것으로 돋을새김 글자가 있고, 촉감으로 구분할 수 있는 자판을 눌러 이들이 자기 생각을 종이에 옮길 수 있게 만들었다.

아마존 킨들이 출시되기 거의 15년 전인 1993년, 시각장애인 기술자들이 만든 디지털 읽기 포맷은 오늘날 모든 전자책의 업계 표준인 이퍼브EPUB가 되었다. 이런 역사를 길잡이 삼으면 오늘날 시각장애인을 비롯한 장애인들이 추구하는 기술이 우리의 미래 역시 빚어내리라 추론할 수 있다. 시각장애인용 리스트서브(메일링 목록), 소셜 미디어 채널, 보조 기술 콘퍼런스를 살펴보면 모두의 삶을 변화시킬 아이디어와 기술이 가득하다. 이를테면 햅틱(정보 전달을 위해 터치와 진동을 이용하는 장비), GPS 매핑(구글맵스의 상세 사항을 실내로 가져온 것), 머신비전(휴대폰 카메라와 AI를 사용해 시각 환경을 해석하는 기술)의 발전 등이다. 일론 머스크가 자율주행차에 열광한다 한들 그의 열의는 내가 만나 본 웬만한 시각장애인들의 발끝에도 미치지 못한다.

· · · · ·

햄라이는 널리 알려진 탄생 설화와는 달리, 커브 컷 같은 시설의 채택 과정이 단순한 경우는 거의 없다고 설명했다. 1970년대에 커브 컷이 버클리로 퍼져나가자, 다양한 장애의 폭넓은 연합체를 지원할 정도로 성장했던 버클리 신체장애 학생 프로그램의 뒤를 이어 자립생활센터Center for Independent Living; CIL가 탄생했다. 이 단체는 그들이 휠체어 사용자를 위해 지지했던 경사로가 생각만큼 보편적이지 않다는 사실을 알게 되었다. 시각장애인들은 경사로가 너무 매끈하거나 완만한 경우 급경사를 통해 보도가 끝났다는 신호를 알게 되기 때문에 얼떨결에 도로로 내려서게 된다고 불만을 토로했다.

'교차성 장애 의식'이라는 정신으로 무장한 자립생활센터는 이런 불만을 심각하게 받아들이고 시각장애를 가진 보행자들의 경로에서 벗어나 있는 가장자리를 깎아 경사로를 만들기로 했으나 소화전이나 주차 요금 징수기가 그 자리를 막고 있을 경우 불가능했다. 그러면 가장자리에서 먼 곳에 경사로를 설치해야 하고, 따라서 휠체어 사용자는 교통량이 많아 위험한 도로들 한가운데에서 경사로를 오르내려야만 했다.

자립생활운동을 시작한 이들은 능숙한 수선가들이었다. 자립생활센터는 그 시절 히피 문화 속에서 등장한 바이크 키친*을 모델로 휠체어와 승합차 수리점을 만들었다. 1955년 백신 도입 이전에 마지막으로 소아마비에 감염된 세대는 대부분 에드 로버츠처럼 팔다리의 활동이 제한된 상태로 어린 시절을 보낸 사람들이다. 이들은 1930년대부터 직접 휠체어를 수리하고 개조하는 방법을 설명한 뉴스레터를 배포했다.

자립생활센터는 계속 도전을 이어갔다. 한 비장애인 구성원은 버클리 어느 아파트 건물 입구의 유독 가파른 휠체어 경사로에 페인트와 고양이 모래를 뿌려 휠체어가 마찰력을 얻게 했던 일을 회상했다. 만약 경사로 표면이 시각장애인 보행자들에게 길의 이동 방향을 촉각으로 알려주면 어떨까? 이런 기술은 효과가

---

* 협동조합 형식으로 서로 교류하면서 자전거를 수리하고 재활용하는 공간.

있었으며 오늘날 미국 도시의 수많은 경사로에서 만날 수 있는 샛노란 색깔로 된 요철들의 선조 격이다.

장애 공동체에 등장한 상호 의존성과 기발함, 협력을 우선시하는 디자인…, 햄라이는 이것이 진정한 커브 컷 효과라고 주장한다. 그런데 이후 이 디자인을 주류 문화가 끌어들이면서 그 제작 과정에서 장애인이 했던 역할을 생략해 버린다. 접근성은 장애인과 함께인 또는 장애인에 의한 것이 아닌, 장애인을 위한 무언가가 되어버린다. 시각장애 역사에서 너무나 흔한 이야기다.

예를 들어 20세기 초 시각장애인들이 읽기 속도를 높일 방법을 고안할 때도 이 과정은 모두를 위한 음향 기술로 변했다. 1920년, 녹음 기술이 비약적으로 발전하던 시기에도 무겁고 깨지기 쉬운 셀락 78rpm 레코드는 여전히 한 면당 3~5분만 재생할 수 있었다. 의회도서관의 점자책 제작 프로그램이 시작된 지 몇 년 지나지 않아 미국시각장애인재단의 시각장애인 상무 이사 로버트 어윈은 더 많은 시각장애인에게 문학을 가져다줄 '말하는 책'의 가능성을 열고자 했다. 그는 레코드의 재생 시간을 늘릴 신기술을 탐구했다. 어윈은 업계의 베테랑 전기 기술자들과 함께 연구했고, 1930년대 중반 이들은 더 느리게 33⅓rpm 속도로 재생되며 기존보다 질긴 아세테이트 소재로 만든, 한 면당 15분의 음성을 담을 수 있는 레코드를 개발했다(매슈 루버리는《오디오북의 역사》에서 초기의 이 실험적 제작 기술로는 평균 분량의 소설 한 권을 담는 데 레코드 20장이 필요하다고 썼다). 그리하여 LP가 탄생했고, 의회도서관은 곧 뉴딜 정책의 일환으로 이 오디오북과 함께 (종종 시각장애인들이) 제작하던 튼튼한 턴테이블을 배포했다. LP가 일반 대중에 다가간 것은 이보다 15년이 더 지난 뒤였다. 시각장애인들은 세계 최초로 오디오북뿐 아니라 LP까지도 이용한 사람들이었다.

시각장애인 독자는 귀로 들을 수 있는 새로운 문학에 반색했고 그 뒤 몇십 년간 오디오북 프로그램은 확대되었다. 그러나 일부 독자들, 특히 학기말 보고서를 써야 하는 학생들은 단일한 재생 속도가 너무 느리다고 불평하며 눈으로 글을 읽는 독자들처럼 훑어보거나 속독을 하기 바랐다. 시각장애인과 비시각장애인을 막론하고 《햄릿》과 P. G. 우드하우스의 단편집 《잘했어, 지브스!*Very Good, Jeeves!*》를 같은 속도로 읽으려 하진 않을 것이다(둘 다 국립도서관서비스가 최초로 제작한 오디오북). 일부 시각장애인 독자들은 재생 속도를 높이고자 오디오북 플레이어를 직접 분해하기까지 했다.

장애 미디어 연구자 마라 밀스는 (조너선 스턴과 함께 쓴) '청각적 속독'을 다룬 글에서 위스콘신의 맹학교 학생 하비 라우어 이야기를 들려준다. 《아이반호》 읽어 오기를 과제로 받은 하비는 오디오북 낭독자의 끈적끈적하게 늘어지는 억양을 도저히 참을 수가 없었다. 그는 친구들과 함께 학교에서 사용하는 오디오북 플레이어를 해킹했고 "모터 축에 테이프를 감싸 둘레 길이를 늘임으로써 턴테이블이 더 빨리 돌아가게" 만들었다. 그 결과는 다람쥐가 《아이반호》를 읽어주는 것처럼 되었지만 적어도 답답해서 벽에 머리를 박지 않고서도 과제를 마칠 수 있었다.

1960년대에는 녹음 기술이 비약적으로 발전하면서 시각장애인 청취자들이 음성 피치의 변화 없이도 음성 재생 속도를 높이게 되었다. 즉 낭독자를 다람쥐로 바꾸지 않고도 《아이반호》를 빠른 속도로 들을 수 있었다. 훗날 이 기술은 디지털 오디오에도 적용되었고, 오늘날 일반 오디오북과 팟캐스트에는 표준 기능으로 제공된다.

마라 밀스는 기술자와 제작자들이 이 기술을 한 번 더 개선했고, 비트매칭과 음성 피치를 변경하여 합성된 멜로디를 만드는 오토튠 같은 음향효과를 창조했다고 썼다. 그러므로 사이보그가 노래하는 듯한 효과를 낸 셰어의 〈빌리브〉나 카니예 웨스트의 〈블러드 온 더 리브스〉 같은 곡의 근원을 되짚어가면 시각장애인들이 자신들만의 해킹 기술을 고안한 지 몇십 년 후 그 완성을 도왔던 기술임이 드러난다.

인터넷의 바탕이 된 기술 역시 시각장애인이 정보에 접근하려다 마주한 문제들에 뿌리를 둔다. 기술자들은 일찍이 1913년 인쇄물을 전자 신호(오늘날 간단히 '스캐닝'이라 부른다)로 변환할 수 있는 도구를 개발하기 시작했는데 이 옵토폰Optophone은 셀레늄의 광민감성을 이용해 책 속 각각의 글자의 형태를 실시간으로 음악 톤으로 변환하는 '음악 인쇄기'로도 알려져 있다. 마라 밀스는 한 시각장애인 독자(실은 고등학생 시절 《아이반호》 실험을 하고 몇십 년이 흐른 뒤의 하비 라우어)가 옵토폰의 후예인 바이저토너Visotoner 사용법을 시연하여 만든 디지털 녹음 파일을 내게 보내주었다. 하비가 글을 읽는 동안 대문자 V의 파형이 오르락내리락하는 것이 보이는데, 바이저토너는 이를 음악의 고저와 상응하는 것으로 읽어낸다. 이 체계를 이용해 장편소설 한 권을 다 읽은 사람들도 있다. 밀스의 글에 따르면 훗날 옵토폰 기술이 다른 목적으로 쓰이면서 맥박산소측정기(혈중 산소포화도 및 맥박 측정 시 손가락에 끼우는 작은 클립 형태의 스캐너)에서 초등학생 시절 내가 닌텐도 게임기로 오리를 잡는 데 쓰던 게임용 광선총에 이르기까지 다양한 발명품을 낳았다.

그러나 시각장애인을 위한 읽기 기계의 초기 형태를 연구하던 기술자들은 시각장애인이 음악 인쇄 같은 추상적 부호를 효율적으로 배울 가능성에 회의적이었다. 그리하여 1947년 옵토폰의 고도화된 버전을 연구하던 RCA사 기술자들은 글자의 형태를 표시하는 걸 넘어 실제 글자를 식별하게 해 주는 (밀스의 표현에 따르면) "오늘날 최초로 성공한 OCR의 예시로 간주되는 것"을 만들어냈다. 이 발전은 합성 음성과 머신러닝처럼 인터넷의 미래에 지대한 영향을 미칠 기술들의 밑거름이 되었다.

··· ··

1960년 후반, 레이 커즈와일은 머신비전이 지닌 문제에 관심을 가졌다. 그는 매사추세츠공과대학에서 인공지능의 선구자 마빈 민스키와 함께 컴퓨터공학을 공부하고 있었다. OCR이 오로지 컴퓨터공학 실험실용으로 고안된 특정 서체만을 인식하던 시절이다. 책이나 잡지에 쓰여진 어떤 글이건 인식 가능한 AI를 개발하고 싶었던 커즈와일은 졸업 후 이 목적을 이루고자 커즈와일 컴퓨터 프로덕츠라는 회사를 설립했지만 정확한 적용법을 알지 못하던 차였다. 그의 미래주의 선언문인 《21세기 호모사피엔스: 인공지능의 가속적 발전과 인류의 미래》에서 커즈와일은 "우연히 비행기에서 시각장애인 신사 옆자리에 앉았다가, 자신이 느끼는 유일한 불편함이 일반적인 인쇄물을 읽지 못한다는 점이라는 말을 들었을 때" 프로젝트의 목적을 찾았다고 회상한다. 이 익명의 눈먼 여행자를 통해 커즈와일은 찾고 있던 문제의 해법을 발견한 것이다.

시각장애인용 읽기 기계를 만들기 위해 커즈와일은 머신비전 알고리즘에 최초로 평판 스캐닝 기술 그리고 보다 정교한 합성 음성을 결합했다. 1976년 커즈와일의 회사는 다양한 서체를 인식해 텍스트를 말로 바꾸는 최초의 기계인 커즈와일 리딩 머신을 출시했다.

처음 등장한 커즈와일 리딩 머신은 세탁기만 한 크기에 가격은 5만 달러(오늘날 물가로 변환하면 25만 달러가량)였다. 커즈와일은 전국시각장애인연맹에서 협력자들을 고용해 전국을 돌아다니며 소비자들에게 사용법을 교육하게 했다. 시각장애인 사용자들은 이 기계가 어마어마하게 느렸다고 기억한다. 인쇄된 종이 한 장을 몇 분이나 걸려 읽은 뒤, 적응하는 데 몇 시간씩이 걸리는 사람이 있을 정도로 다듬어지지 않은 형태의 합성 음성으로 읽기 시작했던 것이다. 그럼에도 커즈와일 리딩 머신은 판을 완전히 바꿔놓았다. 처음으로 시각장애인이 시각을 지닌 사람의 개입 없이, 코드를 학습하지 않고도, 그저 이 거대하고 터무니없이 비싼 기계만 있다면 책장의 책을 뽑아 컴퓨터에 읽힐 수 있었다. 이 기계는 공공도서관과 대학에 몇 대 팔렸고, 전국시각장애인 연맹도 이 기계를 시각장애인 중역이나 변호사, 맹학교를 대상으로 시험적으로 배치했다.

그러나 커즈와일의 말대로라면 이 기계의 최초 고객은 TV에서 처음 제품에 대한 광고 공세를 퍼부을 때 이를 들었던 스티비 원더였다(1976년 1월 13일 미국의 영향력 있는 앵커 월터 크롱카이트는 유명한 엔딩 멘트 "세상은 다 그런 거죠"라는 문구를 이 기계의 로봇 같은 목소리로 내보냈다). 스티브 원더는 커즈와일 리딩 머신을 무척 좋아해서 1991년, 역시 시각장애인 가수인 레이 찰스의 예순 살 생일 선물로 신모델을 사주기도 했다.

OCR은 즉시 상업적으로 응용되었다. 커즈와일 리딩 머신은 곧 커즈와일 데이터 엔트리 머신으로 바뀌었는데 처음 이 기기를 구입한 고객으로 문서 검색 데이터베이스 회사인 렉시스넥시스가 있다. 이 디지털 아카이브는 커즈와일의 기술을 사용해 수많은 법률 문서와 뉴스 기사를 스캔함으로써, 연구자들이 직접 활용할 수 있는 최초의 검색 가능한 정보 데이터베이스 회사가 되었다. 이는 우리가 아는 현대의 인터넷이라는 네트워크를 위한 결정적 한 걸음이었다. QR 코드 리더, 시리나 알렉사의 합성 음성은 물론이고, 구글북스나 인터넷 아카이브 같은 온라인 자료실 모두 시각장애인용으로 개발한 머신비전이 그 DNA에 담겨 있다. 1980년 제록스사는 커즈와일 컴퓨터 프로덕츠를 인수해 자사의 스캐너와 복사기에 OCR을 점차 통합했다. 제록스는 커즈와일에서 인수한 시각장애인 영업 사원들을 몇 년에 걸쳐 해고했다.

나라 반대편 실리콘밸리에서는 1970년대 초반 스티브 잡스와 스티브 워즈니악이 라디오섁˙에서 살 수 있는 저렴한 전자 부품으로 하드웨어인 블루박스를 직접 만들어 팔았다. 이러한 기기들은 연결음과 클릭음을 내보냈는데 스스로를 폰프릭phone phreak이라고 부르는 기기의 유저들은 이를 이용해 국가 전화망의 배후를 들쑤실 뿐 아니라 공짜로 장거리전화를 걸었다.

폰프릭의 목적은 그저 장거리전화 요금을 아끼려는 게 아니었다. 이 행위로 전자 실험의 놀이터이자 해커 문화의 근본적 공동체가 만들어졌다. 해커들이 하드웨어를 해킹하고 인터넷 백엔드를 탐구할 코드를 짜는 시대가 도래하기 전부터 폰프릭은 땜질해 만든 장비로 전화선을 타고 전 세계를 여행했고, 원거리 중계선 방문 횟수를 여권의 세관 스탬프처럼 수집했다. 세월이 지난 뒤 잡스는 이런 말을 남겼다. "우리가 블루박스를 만들지 않았더라면 애플은 존재하지 않았을 것이다."

그리고 시각장애인이 없었다면 블루박스도 존재하지 못했을 것이다. 블루박스에는 화면이나 시각 출력장치가 없었다. 그저 촉각 버튼과 오디오 출력으로만 된 장치였다. 블루박스를 이용하려면 여러 자질 가운데 전화기를 만지작거리며 장시간 흥미로워하는 자질이 필수였고, 그렇기에 이 선구적 해커들 중 파격적

˙　미국의 전자 기기 소매 체인점.

으로 많은 수가 시각장애인이었다.

론 로젠바움은 1971년 〈에스콰이어〉에 쓴 영향력 있는 기사에서 디지털 이전의 해커들을 언급하며 "폰프릭의 원조이자 할아버지"는 바로 "절대음감을 가진 시각장애인 소년" 조 엔그레시아였다고 언급했다. 선천적 실명인인 엔그레시아는 세 살 때부터 꾸준히 가족의 전화기로 이런저런 실험을 해 왔다. 그는 7옥타브 미 음, 전화 용어로 말하면 초당 2600사이클을 휘파람으로 불어 전화 시스템 접속을 시작하고 끝내는 음을 모방할 수 있다는 사실을 알아냈다. 이후 이 기술을 무료 장거리전화에 적용했다(그 과정에서 '휘슬러Whistler'라는 별명을 얻는다).

이 속임수로 사우스플로리다대학교 신입생이던 그는 유명세를 탔고, 그렇게 지하 기술자로서의 경력을 이어가다가 종국에는 FBI 눈에 띄어 하룻밤 유치장 신세를 지기도 했다(엔그레시아의 자전적 이야기만도 책 한 권 분량인데 거기엔 주목할 만한 2막도 있다. 그는 뉴저지의 맹학교에서 성적 학대를 당해 진정한 어린 시절을 보내지 못했다고 주장하며 법적 이름을 조이버블즈Joybubbles로 개명하고 자신을 어린이로 선언했다. 엔그레시아를 포함한 폰프릭들의 이야기는 필 랩슬리의 《전화 폭발시키기: 그 누구도 말하지 않았던 전화를 해킹한 10대들과 무법자들의 이야기》에 잘 나와 있으며, 조이버블즈를 다룬 다큐멘터리도 제작 중이다).

한 시각장애인 폰프릭은 자신이 갖고 있던, 의회도서관이 발행한 오디오북 4트랙 테이프 플레이어에 수많은 전화 신호음(그들이 탐구하고자 하는 전화 회선에 입장하는 열쇠)을 녹음했다. 찾기 힘든 번호 800개(역시 시스템 하부로의 공짜 여행을 도왔다)와 블루박스 만드는 방법도 지하 점자 디렉터리를 통해 배포했다. 인터넷 채 팅방이 생기기 몇십 년 전, 시각장애인 폰프릭들은 24시간 무료 이용이 가능한 전화 공동망을 사용해 밤낮으로 모여 대화를 나 누고, 기술 조언을 교환하고, 각자가 경험한 연결 계통에 대한 무 용담을 나눴다. 이들은 그저 그 같은 스릴을 만끽하고자 집에서 대륙을 가로지르고, 회로에서 회로를 타고 전 세계를 여행했다.

···· ··

처음에 나는 시각장애인 기술 전문가들 역시 스케이트보드(유 튜브에서 찾아보길 권한다)나 뜨개질을 즐기고, 탐조를 좋아하는 시 각장애인들처럼 또 하나의 하위문화에 불과하다고 생각했다. 그 러나 눈멂에 대해 점점 더 알아갈수록, 그 어떤 시각장애인에게 도 기술에 능통한 것이 필수 능력이라는 사실을 점점 더 깨닫게 됐다. 컴퓨터공학을 전공하는 대학생이건, 내가 속한 지역 시각 장애인 단체에 참여하는 은퇴한 70대 어르신들이건 시각장애인 이라면 어떤 신조를 가진 사람이건 간에 리스트서브라는 전통에 흠뻑 젖어 있다. 이들은 보조 기술 페이스북 그룹에 들어가 있고, 시각장애 기술 팟캐스트를 앞다투어 듣는다. 시각장애인(아니, 따 지고 보면 모든 종류의 장애인)의 삶은 가장 냉소적인 시각으로 본다 면 원활히 작동하는 순간들이 군데군데 끼어드는 기나긴 트러블 슈팅(문제 해결) 세션을 닮았다. 시각장애인으로 살아갈 때는 해결할 문제가 너무 많으니까.

폰프릭의 시대에서 50년이 지난 뒤, 나는 이들의 후예를 만나러 베이 에어리어로 향했다. 마린에 있는 아버지 집에 머물며 나는 아버지의 이야기가 이 지역 역사와 얽혀 있다고 생각했다. 아버지는 1970년대 초반 카운터컬처 속에서 그 시절을 흠뻑 물들인 혼란스러운 반전 언더그라운드 미디어운동에 참여하며 처음에는 라디오를, 나중에는 TV를 제작하며 어린 시절을 보냈다. 이때 흥미를 맛본 아버지는 세월이 흘러 실리콘밸리의 데스크톱 컴퓨터 혁명 속에 들어가게 되었다. 모두가 아버지가 해 주신 이야기다. 그런데 이제는 아버지와의 대화에 없는, 멀지 않은 과거의 베이 에어리어, 그중에서도 버클리 역사와 연결된 세 번째 갈래가 있음을 알게 되었다. 1980년대부터 아버지 집에서 늘 똑같이 먹었던, 두껍게 썬 히피 브레드에 가짜 소시지를 얹은 아침을 만들어주신 뒤 아버지는 나를 태워 언덕 아래 페리 선착장에 데려다주었다. 이곳에서 페리를 타고 약속한 국내 최고의 시각장애인 트러블 슈터들과의 만남을 위해 도시로 갔다.

･･ ･･

샌프란시스코 라이트하우스는 마켓 스트리트의 멋들어진 건물 중 세 개 층을 차지한다. 돋을새김 선을 새긴 설계도를 활용하는 시각장애인 건축가 크리스 도우니가 설계한 아름다운 공간이다. 비시각장애인 건축가라면 사람들이 건물 안에서 움직이는 방식을 이해하기 위해 컴퓨터로 생성한 모델을 활용하겠지만, 도우니는 디자인 회사 아룹의 도움을 받아 공간의 내부 음향을 테스트했다. 도우니는 잡지 〈인테리어 디자인〉에서 다음과 같이 밝혔다. "제가 지팡이로 바닥을 두드리면 그들이 이 소리를 소스 파일로 녹음해 공간 내부에 틀었죠. 그러면 건축물이 빚어내는 형태에 따라 소리가 진화하는 것을 귀로 들을 수 있습니다. 벽감이나 통로 같은, 지팡이 사용자들이 귀로 듣고 알게 되는 요소들이죠."

건물로 들어갔을 때 나는 우선 건물 내부에 카펫이 전혀 깔려 있지 않다는 사실을 알아차렸다. 단단한 바닥 덕분에 발소리, 지팡이 두드리는 소리 같은 청각 신호가 더 잘 들렸다. 안내 데스크로 가던 중 흡음재로 된 캐노피 아래를 지나가면서, 내가 활짝 열린 로비의 새로운 구역으로 들어가고 있다는 것 역시 청각으로 알 수 있었다. 훗날 라이트하우스 소장 브라이언 배쉰은 이 캐노피가 "목제 패널과 똑같이 생겼지만 실제로는 반향음을 흡수하는 구멍과 공동空洞 몇백 개가 있는 독일산 목제품"이라고 설명해 주었다.

기분 좋게 지팡이 소리를 울리며 긴 복도를 걸어 라이트하우스의 접근성 기술 디렉터 에린 로리드센을 만났다. 10층에 위치한 에린의 사무실은 작지만 통유리로 도시 풍경이 내다보이는 전망이 인상적인 곳이었다. 에린 뒤의 전망은 아마도 마켓 스트리트에서 몇 블록 떨어진 곳에 있는 트위터 본사의 중진급 프로그래머들이 쓰는 사무실과 크게 다르지 않으리라.

대체로 시각장애인을 위한 센터는 수수하기 짝이 없는 건물에 위치하곤 한다. 그건 음향학적 처리를 마친 우주 시대 대학보다는 정부 시설 같은 인상을 주는 공간이다. 그러나 2014년, 인생 후반기에 시력을 잃은 시애틀의 보험왕 도널드 서킨은 라이트하우스를 한 번도 방문한 적이 없었음에도 뜻밖에 이들에게 1억 2500만 달러를 쾌척했다. 브라이언 배쉰의 리더십과 베이 에어리어라는 위치에다 이 기부금 덕분에 라이트하우스는 미국 내에서 가장 혁신적인 시각장애인 재활센터가 될 수 있었다. 지팡이 훈련, 점자와 스크린 리더 활용 강의, 요리와 청소 등의 기초 생활 기술 수업처럼 일반적 센터에서 제공하는 기본 서비스 외에도 라이트하우스는 개인 맞춤 촉각 지도, 납땜과 프로그래밍 수업을 실시하며 종종 베이 에어리어의 거대 기술 대표들이 참석하는 세미나도 연다. 그들의 앱을 테스트하고 더 나은 접근성을 지지하기 위함이다.

에린은 인터넷을 좋아하는 이유 중 하나가 숨어 있게 해 주어서라고 했다. "시각장애인은 남들 사이에 섞일 수 없다는 느낌을 받아요. 늘 눈에 띄는 기분이죠." 어느 날 공항에서 우버를 기다리는데 낯선 사람이 다가와 말을 걸었다고 했다. "내가 늘 당신과 열차를 타는 걸 당신은 모르겠죠?" 상대는 친근하게 말을 걸고 싶었겠으나 에린은 소름 끼쳤다. "인터넷은 타인에게 관찰당할 염려 없이 이모저모 관찰할 수 있는 공간이에요." 에린의 말이다.

에린은 선천적 실명인이었고, 오리건주 시골의 독실한 가정에서 자라났다. 고등학교 시절 어머니는 에린이 학교 성교육 수업에 참석하지 못하게 했다. 그러고는 학교가 에린을 위해 촉각 다이어그램을 만들 텐데 그걸 남들 앞에서 만지면 너무 부끄러울 거라고 둘러댔다. 학교는 촉각 성교육 자료를 만들 계획이 전혀 없었고, 에린은 종교적 반대란 사실을 은폐하려는 어머니의 허울 좋은 구실임을 알았다. 그때부터 에린은 컴퓨터에서 온라인으로 찾아낸 것을 어머니의 허락 없이 열심히 읽었다.

이런 익명성은 인터넷 사용자라면 대부분 느끼는 매력이다. 전자상거래가 주류로 들어왔을 때 온갖 닷컴 광고들은 "잠옷 바람으로 쇼핑하는" 기쁨을 떠들어댔다. 그런데 시각장애인의 경우, 잠옷을 입고 쇼핑하는 것은 그저 실용적 가치만 있는(예를 들면 시골 지역에 거주하며 대중교통에 접근할 수 없는 사람들) 것이 아니라 정신적 가치도 있다. 시선의 무게에서 해방된다는 점이다.

코비드-19 팬데믹이 시작되고 한 달 뒤, 나 또한 시각장애인 연구자들의 줌 회의에 참여하며 온라인 숨어 있기를 하게 되었다. 갑작스레 강의가 모조리 온라인으로 바뀌면서, 이들은 카메라를 켜두면 장점이 있다고 주장했다. 일부 학생들은 카메라를 켜는 것이 모든 사람이 늘 타인에게 보여야 한다는 비장애 중심주의적 추정이라며 거부했다. 어느 교수는 말했다. "난 상대의 시선을 꺼버린다는 점이 좋습니다. 내 강의를 들으려고 나를 보아야 할 필요는 없잖아요. 지금은 그들이 이 문제 때문에 불편해하기에 좋은 시간입니다."

그 밖에도 인터넷 문화는 수선하고 완벽을 추구할 수 있는 것이 소비자 전자 기기만은 아니라는 '라이프핵life hack'* 개념을 낳았다. 모든 활동이 전자 기기처럼 최적화될 수 있다. 오늘날 인터넷에서는 옥수수 가루를 쑤어 만드는 음식인 폴렌타 끓이기부터 조깅까지 세상만사의 라이프핵 방법을 찾을 수 있고, 시각장애인들은 서로서로 자신만의 전략을 나누는 데 타고난 열정가들이다.

에린은 출퇴근 시간대에 베이 에어리어 도시 철도 승강장 입구에 생기는 긴 대기 줄에 서서 기다리기가 정말 싫었다. 대기 줄이 움직이는 모습을 볼 수 없어서 너무 느리게 앞으로 나가거나 열차를 놓치는 일도 있었다. 그래서 에린은 그냥 열차 문이 오게 될 자리 옆에 서 있다가, 문이 열리자마자 열차로 뛰어들었다. 친구인 시각장애인 기술자 조쉬 미엘에게 혹시 그렇게 해 본 적이 있는지 물었다. 조쉬가 자신도 똑같이 한다고 하자 안도감이 밀려왔다. '나만 이상한 게 아니었어!' 에린과 조쉬는 도시 철도 탑승 과정의 라이프핵을 개발한 셈이다.

대화가 끝날 무렵 해가 저물고 에린의 사무실은 어둑어둑해졌다. 나는 작별 인사 후 거리로 나와 잠시 가로등에 몸을 기대고 아이폰을 들여다보았다. 그러다 고개를 들었더니 한 노숙자가 에린의 안내견에 대해 이런저런 질문을 하고 있고, 퇴근하던 에린이 예의 바르게 응대하는 모습이 보였다. 그 남성 역시 소박한 목줄을 한 개를 데리고 있었다. 에린은 도시 철도 역으로 향했

• 익숙한 작업을 쉽게 하는 데 도움이 되는 팁이나 기술을 뜻하는 신조어.

고, 나도 그쪽으로 가던 참이었지만 예의상 잠시 간격을 두기로 했다. 몇 분 뒤 에스컬레이터를 타고 내려가는데 에린이 아까 말한 대로 구불구불한 대기 줄에서 벗어난 곳, 들어오는 열차의 문이 열릴 위치 바로 옆에 서 있었다. 열차가 도착했고, 나는 에린이 능숙하게 열차로 뛰어들며 지하철 라이프핵을 실행하는 장면을 보았다. 멀찍이 떨어진 채 에린의 모습을 관찰하다 보니 꼭 영화 〈컨버세이션〉 속 스파이 진 해크만이 된 느낌이었다. 그는 샌프란시스코 시내에서 남들의 눈을 피해 요주의 인물을 감시하는 캐릭터다. 그때 열차 문이 닫히고 에린은 내 응시를 벗어났다.

••••

나는 베이 에어리어 시각장애인계의 카리스마 넘치는 천재로 소문이 자자한 에린의 친구 조쉬와도 약속을 잡은 참이었다(몇 년 후 그는 디지털 접근성에 대한 업적으로 맥아더 펠로십 천재상을 수상했다). 조쉬는 자신이 일하는 곳이 어딘지 말해 주지 않았다. 라이트하우스에서 그리 멀지 않은 곳에 있는 그다지 특색 없는 한 건물의 주소를 알려주었을 뿐이다. 조쉬를 따라 건물로 들어가자 안내데스크 앞에서 한 여성이 비밀 유지 협약서가 꽂힌 클립보드를 건넸다. 협약서 맨 위 아마존 로고를 보고서야 우리가 있는 장소의 정체를 알아차렸다. 조쉬는 아마존이 전자책 리더, 스마트 스피커, 태블릿 등 자사에서 생산하는 모든 전자 제품을 설계하고 엔지니어링하는 부서인 랩126에서 일했다. 조쉬의 직위는 접근성 책임 연구원으로, 장애를 가진 사용자들이 아마존 제품을 더 쉽게 사용할 수 있게 (또는 그저 사용할 수 있게) 만드는 일을 한다는 뜻이다.

요즘 그가 가장 몰두하는 프로젝트는 아마존의 음성 작동 AI 어시스턴트인 알렉사의 '쇼앤텔show-and-tell' 기능이다. 시각장애인이 장치의 카메라에 물건을 비추고 "알렉사, 내가 들고 있는 물건이 뭐야?" 하고 물으면, 인공지능(1970년대 레이 커즈와일이 사용한 머신비전 기술의 후예)은 이 물건의 식별을 시도한다. 조쉬는 알렉사를 위해 다양한 우발적 사태들을 프로그래밍했다. AI는 첫 시도에서 사물을 식별하지 못하면 어딘가에 표시된 브랜드 이름을 찾는다. 그래서 "이 물건은 에이미사의 중간 매운맛 채식주의 칠리 통조림입니다"라고 말하지는 못하더라도 최소한 "이 물건은 에이미스 키친 제품입니다"라고는 답할 수 있다(릴리에게 콩 통조림에 점자 이름표를 붙이자고 하기 전 이 기술의 존재를 알았으면 좋았으련만). 찢어지거나 훼손된 상표, 카메라가 볼 수 없는 방향 등의 사유로 브랜드 이름을 식별하지 못하면, AI는 다시 이 사물에서 찾을 수 있는 그 어떤 텍스트라도 인식하고자 시도한다. 조쉬의 표현대로라면 "우아한 실패의 폭포" 속에서.

이 표현이야말로 수많은 로봇공학과 컴퓨터공학 체계가 설계된 방식을 완벽하게 설명하는 말이다. 즉 실패를 통해 진보하는 것을 말한다. 실리콘밸리는 오래전부터 사뮈엘 베케트의 "더 잘 실패하라"는 명령을 실행하며 실패와 파손이 가진 혁신적 힘에 전념했다.

조쉬가 아래층 로비를 걸어 다니는 모습이 떠오른다. 지팡이가 쓰레기통에 닿자 그는 경로를 수정했는데 그렇다고 그 부딪침이 진짜 오류로 보이지는 않았다. (때로 내가 사람들 앞에서 물건에 부딪칠 때 느끼듯) 부끄럽거나, 혼란스럽거나, 망설일 일이 아닌 그저 경로를 새로이 다듬는 과정일 뿐이었다. 이 충돌은 아마도 어떤 면에서는 일부 생화학자들이 걷는 동작은 넘어지는 동작을 무의식적으로 끊임없이 수정한 형태임을 밝혀낸 것과 같을지도 모른다. 그 충돌이 조쉬에게 필요한 정보를 주었으니까.

조쉬는 네 살 때 가족이 살던 브라운스톤 주택에서 끔찍한 공격을 받아 시력을 잃었다. 누군가 문을 두드려 달려갔더니 훗날 조현병 진단을 받은 이웃집 성인 아들이 서 있었다. 문이 열린 순간 그가 소화전에서 추출한 황산을 머리에 쏟아붓는 바람에 조쉬는 곧바로 실명했다. 조쉬는 브루클린하이츠에 있는 시각장애인을 위한 인더스트리얼 홈에서 시각장애인으로 살아가기 위한 기초 기술들을 배웠다. 그 뒤 그의 부모님은 그를 베이 리지의 일반 초등학교 P. S. 102에 보냈다. 그의 어머니는 조쉬를 미술관에 자주 데려가서 조소 작품을 만져보게 하고 명백히 들어가면 안 될 곳을 탐험하도록 부추겼다. 어머니 이사벨라 미엘이 〈뉴요커〉에 쓴 이 황산 테러에 대한 이야기에 따르면 "그는 '엄마, 진짜 이래도 돼요?' 묻곤 했다". 그럴 때마다 이사벨라는 "괜찮으니 해 보렴"이라고 대답했다.

조쉬는 어린 시절에는 시각장애에 무관심했고 다른 시각장애인들과 어울리지도 않았다. 조쉬는 말한다. "만나 본 시각장애인들은 대체로 루저였어' 하는 태도로 살았어요. 물론 나도 시각장애인이고, 화상을 입었죠. 아닌척하려는 건 아니지만, 그 사실을 품기란 힘들었어요."

대신 그는 기계를 품었다. 수선가이자 제작자로 이름을 날렸고, 친구며 가족들이 망가진 시계나 라디오, 토스터를 가져오면 구조를 이해하려고 분해했다. 매해 생일은 또 하나의 키트를 받을 기회였다. 화학 실험 세트, 모형 로켓, 아마추어무선. 이런 키트에는 늘 설명서가 따라왔으나 당연히 읽지 못했다. 어머니는 이 설명서를 아들에게 읽고 또 읽어줄 시간이 없는 데다 그럴 마음도 없었다. 그래서 조쉬는 각 부품이 어떻게 맞물리는지 추론하며 자신만의 기법을 만들어냈는데, 이 역시 우아한 실패의 폭포라는 말로 표현해도 좋다.

조쉬가 멋진 시각장애인들을 만난 건 캘리포니아대학교 버클리 캠퍼스 입학 후였다. "그들은 스스로를 부끄러워하지 않았죠. 나 역시 시각장애인이라는 사실이 짜릿하다고 느꼈어요." 시각장애인 학생들이 많았고, 장애인권운동의 역사도 풍부했던 버클리 캠퍼스에는 '케이브the Cave'라는 별명이 붙은 그들만의 연구센터도 있었는데 이는 버클리 캠퍼스의 모핏도서관 지하에 파묻힌 여러 연구실을 가리키는 말이었다. 캘리포니아의 모든 시각장애인 학생은 교재 및 학교에서 사용하는 자료를 읽어주는 사람을 고용하는 데 지원금을 받았다. 읽어주는 사람들은 주로 같은 학교 학생들로, 케이브에 모여 교재와 자료를 녹음했다. 조쉬는 말한다. "우리한텐 열쇠가 있어서 매일, 24시간 들어갈 수 있었죠.

이곳은 죄악의 소굴이었어요. 시각장애인과 이들에게 읽어주는 사람들이 같이 자는 역사는 몇천 년 전부터 이어져왔죠." 그는 웃으며 덧붙였다.

1950~1960년대에 전국시각장애인연맹 창립자(그리고 버클리 졸업생이자 버클리의 수사학과 정치학 교수) 제이코버스 텐브록은 케이브의 선조 격인 임시 트레일러를 빈번히 드나들며 이곳에 모이는 시각장애인 학생들과 함께 연구실로 삼았다. 그러면서 이 공간은 "시각장애인의 사고가 태어나는 온상"이 되었다는 게 조쉬의 설명이다. 1987년 조쉬가 입학했을 때 이곳은 각종 보조 기술이 모이는 아카이브이기도 했다. 늘 새로운 장비가 들어왔고 한번 들어오면 다시 나가는 경우는 거의 없었다. 케이브는 시각장애인 기술을 성능하는 시험장이자 작업장이기도 했다. 조쉬와 친구들은 초기 스크린 리더, 커즈와일 리딩 머신, 최초의 폐쇄회로TV 중 몇 가지는 물론 활자를 진동하는 부호로 변환하는 옵티콘Opticon 같은 낯선 기계까지 가지고 놀 수 있었다. 이곳에는 점자책을 복사하는 열성형기도 있었는데 조쉬와 친구들이 이 기계로 그릴드 치즈샌드위치를 만들 수 있다는 사실을 알아내는 데는 얼마 걸리지 않았다.

조쉬는 물리학을 전공으로 택했는데 기초 반도체 실험은 필수과목이었다. 조쉬는 생각했다. '망할, 전자회로를 만들어야 한다고?' 반도체 납땜은 어린 시절 모형 로켓 만들기와는 차원이 다른 문제였다. 시력 없이 전기공학을 해낼 수 있을까? 그때 한 친구가 샌프란시스코에서 스미스케틀웰 안구연구소Smith-Kettlewell

Eye Research Institute; SKI라는 연구실을 차린 시각장애인 공학자 빌 게리를 만나보라고 권했다.

게리는 조쉬에게 아날로그식 계량기, 연속성 검사기를 비롯해 시각 대신 청각으로 피드백하는, 조쉬 자신을 위한 접근성 도구를 만드는 법을 알려주었다. 또 조쉬는 게리를 통해 시각장애인은 타고난 창조자라는 점을 분명히 알 수 있었다. 게리는 시각장애인 전자공학 뉴스레터를 발행했다. 1980년 첫 호에서 그는 시각장애에 내재한 요소를 다음과 같이 표현했다. "시력이 손상된 사람들은 자신이 처한 어려움에 대한 해법을 '엔지니어링'함으로써 손상에 적응해 왔다. 이 해법이 적응 기법이건, 직업 환경에서의 새로운 책임을 할당하는 것이건, 멍키스패너 개조건 간에 그 모든 것이 엔지니어링이다."

조쉬는 물리학 과목을 통과하고 나서도 SKI에 머물렀고, 결국 게리는 작업대에 놓인 부품 무더기를 치우고 조쉬의 자리를 만들었다. 조쉬에겐 게리가 개방형 연구실에 들어오는 기척을 듣던 기억이 생생하다. 일주일에 한 번꼴로 걸려오는 특정 유형의 전화 통화에 대한 기억은 특히 그랬다. 상대는 보통 은퇴한 비장애인들로, 레이저 유도식 지팡이니 테이블에 내리치면 자동으로 911에 전화를 거는 전화기니 하는 장비를 제안하려는 이들이었다. 게리는 참을성 있게 전화에 응대했지만 조쉬는 그들의 오만함에 화가 났다. 시각장애인들은 전화 시스템 전체의 잠금 해제 장비를 고안한 이들이다. 비장애인들 눈에는 이들이 직접 911에 전화도 못 거는 사람들로 보이다니?

버클리에 다니던 시절 조쉬는 우주과학자로 진로를 정했다. 졸업 후 NASA에 들어갔지만, 이곳은 게리의 실험실에서 만난 열린 실험의 세계와는 너무나도 달라서 6개월 만에 퇴사했다. "그런 관료 체계의 일부가 되느니 차라리 손목을 긋겠어요." 조쉬는 갈림길에 서 있음을 깨달았다. 주류 STEM(과학, 기술, 공학 및 수학) 분야에서 공학자로 살아가려는 노력을 계속할 것인가, 시각장애와 접근성의 세계로 돌아갈 것인가? 조쉬는 말했다. "접근성 분야에서 일하고 싶진 않았어요. 하지만 내가 접근성 연구에 가장 적합한 사람은 분명했죠. 세상에 우주과학자는 많아도 기술에 접근성을 더하려는 사람은 없었으니까요."

그러나 접근성 사업을 벌이는 건 대체로 비시각장애인이었다. 심지어 그 시절 스크린 리더 소프트웨어를 생산하던 몇 안 되는 기술 회사 버클리 시스템즈에서 일할 때도 조쉬는 회사에 둘밖에 없는 시각장애인 중 하나였다. 기술 분야에서 일하는 시각장애인들은 1970년대 커즈와일의 회사에서 영업 사원으로 일하던 이들처럼 판매직이 대부분이었다. 장애에서 영감을 얻은 주류의 혁신이 결국 시각장애인 개인들의 기술적 커리어에는 도움을 주지 못한 셈이다(불법적 수선 실력을 활용해 휴대폰 회사에 들어가고 싶다는 시각장애인 폰프릭들의 소망은 대체로 좌절된 반면 비시각장애인들, 특히 잡스와 워즈니악의 경우 기술 분야에서 성공적 커리어를 거두었다). 조쉬는 이런 경향을 뒤집고 싶었다. "난 시각장애인으로서 **내부인**이 되고 싶었습니다. 저자권authorship을 가지고 설계를 하는 사람 말이죠." 시각장애 기술의 설계자가 되는 일이야말로, 시각장애인이 넘어지면 911에 전화하는 휴대폰을 만들겠다는 비시각장애인 발명가들의 믿음을 뒤엎는 데 가장 좋은 방법이었다.

결국 SKI에 돌아온 조쉬는 자신만의 실험실을 얻어 촉각 매핑 기술 그리고 시각장애인들이 더욱 직관적으로 터치스크린에 타이핑하는 기술을 개발했다. 여전히 접근성 분야에서 일하던 그가 이러한 비영리 부문에서 20년간 일한 뒤 SKI를 떠나 아마존으로 이직한 것은 우주과학이 아닌, 주류를 향한 움직임이었다. 그가 SKI에서 개발한 크라우드소싱 유튜브 음성 자막 플랫폼인 유디스크라이브는 사용자가 1만 명 미만이었던 반면 조쉬가 설계한 자체 스크린 리더를 내장한 아마존 TV의 사용자는 몇십만 명에 달할 터였다.

···· ··

시각장애인을 위한 가장 흥미로운 신기술은 시각 통역기다. 이 분야에서 매우 잘나가는 두 가지 앱이 바로 아이라Aira와 비마이아이즈Be My Eyes다. 사용자('탐험가들'이라 불린다)가 식별하고자 하는 사물에 스마트폰을 가져다 대면 앱은 영상을 비시각장애인에게 전송하고, 그 사람이 자기 눈에 보이는 것을 말로 통역해 준다. 시각장애인이 곁에 아무도 없을 때 입고 있는 셔츠와 바지가 잘 어울리는지, 공항에서 원하는 게이트로 가려면 어느 방향으로 가야 하는지, 임신 테스트기나 코비드-19 바이러스 테스트기의 결과가 어떤지 알고 싶다면 핸드폰을 들기만 해도 누군가가 알려줄 것이다(물론 한계는 있다. 법적 책임 문제로 인해 두 회사 모두 교통 안내는 해 주지 못한다).

아이라는 벤처 금융투자 기업에서 3500만 달러를, 비마이아이즈는 500만 달러 이상을 투자받았다. 벤처 금융투자 기업이 이타적이어서 이런 금액을 내놓은 게 아니다. 결국 이 기술이 장애라는 경계를 넘어 더 광범위하게 적용되길 기대했기 때문이다. 오늘날 시각 통역기를 사용하는 시각장애인들은 미래에 누구나 사용할 수 있는 원활한 영상 채팅 기술 지원의 연구 개발에 참여하는 셈이다.

내 어머니도 휴대폰에 비마이아이즈 앱을 설치했고, 한번은 브라우니 상자에 적힌 조리법을 누군가에게 읽어준 적이 있다. 한 시각장애인 여성의 거울 속 옷차림에 대한 평가를 돕기도 했다. 어머니는 이 사람들과의 대화를 즐겼고, 낯선 시각장애인과 브라우니에 대해 무작위 대화를 나누는 게 재미있다고 생각했다. 하지만 옷을 고르는 사람과는 한참 이야기를 한 반면 브라우니 조리법에 관한 대화는 사무적이었다. 그럴 만도 하다. 사용자 입장에서 비마이아이즈는 꼭 사교적 경험이어야 할 필요가 없기 때문이다. 사용자는 해야 할 과제에 도움받기 위해 앱을 사용한다. 그런 면에서 비마이아이즈는 우버 운전기사와 비슷하다. 자기 인생 이야기를 늘어놓는 기사도 있지만, 당신의 존재에 거의 관심이 없는 기사도 있으니까.

시각장애인 곁에 있는 비시각장애인 친구, 가족, 유급 조수들은 이 서비스와 유사한 일을 몇천 년간 해 왔다. 이 앱들은 원거리에서 서비스를 제공하는데도 꼭 이 방정식에서 인간을 제거한 듯하다. 아니 적어도 오늘날의 기술 대다수가 꿈꾸는, 매끄러움이라는 환상을 창조한다. 아마존에서 물건을 주문하고 그날 저녁 문간에 도착할 때의 전산화된 마법의 느낌은 이 제품을 포장하고 배달하는 임시직 노동자들의 사슬을 보이지 않게 한다. 지금은 내 어머니처럼 비마이아이즈의 가이드로 활동하는 사람들이 디지털 존재감을 갖지만 컴퓨터 시력, 즉 안전 고깔과 어린아이를 구분할 수 있는 컴퓨터의 능력이 발전하면 언젠가 이 중재자들은 쓸모없어질 수도 있다.

조쉬 미엘의 아마존 쇼앤텔 기능의 차세대는 몸에 착용하는 웨어러블 기기로, 방 안에 몇 명이 있는지뿐 아니라 이들이 누구인지, 어떤 옷을 입고 어떤 표정을 짓는지까지 알려주고, 인파를 뚫고 걸어가 힘들지 않게 원하는 가게 입구를 찾아내도록 공간 음향 신호를 발신할지도 모른다.

모든 보조 기술의 매력은 그것이 장애인 사용자에게 제공하는 자립성에 있다. 비마이아이즈의 시각장애인 사용자는 가족의 도움을 받지 않고 휴대폰으로 직접 브라우니 조리법을 읽을 수 있다. 장애인에겐 당연히 다른 이들보다 더 많은 도움이 필요하며, 잘해 봐야 몇 가지 기초적 생활 기술을 익혀 자급자족해 살아가는 것이 장애의 극복이라는 대중의 인식은 꾸준하다.

그런데 기술은 인간이 할 수 있는 일을 확장하는 것이다. 손으로 못을 박을 수는 없지만 망치가 주어지면 우리는 강력한 건축 기계가 된다. 웬만한 사람들은 걸어서 몇백 킬로미터를 이동할 수 없지만 차량이 있으면 수월하게 그 일을 한다. 우리는 망치나 차량을 보조 기술이라 생각하지 않지만, 이 도구들은 지팡이나 점자 메뉴판이 시각장애인에게 하듯 다른 방식으로는 불가능했을 일들을 하게 해 준다. 기술 없이 장애인과 비장애인이 성취할 것으로 기대되는 것들 사이에 있는 간극은 장애인이 자립성이 없는 것처럼 보이게 만든다. 안전하게 길을 건너는 데 지팡이나 안내견이 필요한 사람은 장애인이다. 길을 건너는 데 안경이나 신발이 필요한 사람은 장애인이 아니다. 그러나 이런 도구들과 맺는 관계는 동일하다.

전국시각장애인연맹 지도자들은 연맹의 역사 대부분에서 안내견 사용에 비판적이었다. 생물학적 욕구와 취약성을 가진 개들은 지팡이만큼 믿을 수가 없고, 시각장애인의 진정한 자립이라는 궁극적 목표와 배치된다는 주장이었다. 개는 지팡이와는 달리 언젠가는 병들거나 지치거나 집중력을 잃는다. 전국시각장애인연맹의 한 지도자는 연맹의 플래그십 출간물인 〈브레일 모니터〉의 안내견 대 지팡이 논쟁 특집호에 다음과 같이 썼다. "우리가 사회의 1등급 시민이 되려면 우리의 삶을 1차적으로 책임져야 하는 이가 누구인지를 오해하지 않아야 한다. 그건 바로 우리 자신이다." 전국시각장애인연맹은 지도자들의 안내견 비판에 이어진 내부의 논쟁과 다툼을 극복해 나가고자 했으나, 과거의 구성원들은 여전히 안내견에 대한 옛날의 인식을 고수한다.

나는 내 삶에 대한 책임을 뼈저리게 느낀다. 어딘가로 이동할 때 릴리에게 차를 태워달라고 하기보다는 차량 공유 서비스 리

프트를 호출하는 것이 훨씬 낫다고 여긴다. 그러나 한편으로는 내가 릴리에게 의존한다는 사실을 어느 수준까지는 받아들이는 것도 중요하다고 생각한다. 함께 삶을 살아가는 릴리 역시 내게 의존하는 것과 마찬가지다. 어쩌면 우리는 자립의 중요성을 지나치게 크게 생각하거나, 자립을 위해 우리가 포기하는 것들을 간과하는지도 모른다. 시각장애인도, 비시각장애인도, 우리를 해방시키기 위해 만들어진 바로 그 기술에 의존할 수 있다. 운전하는 능력이나 직장 상사와의 영상 회의를 중심으로 삶을 꾸려왔다면 운전면허나 초고속 인터넷을 잃는 것도 행위 주체성의 상실이 된다.

레이 커즈와일은 자신이 개발에 일조한 머신비전, 합성 음성, 인공지능 같은 기술의 막힘없는 발전이 결국 "시각장애, 청각장애, 하반신마비 등의 장애들이 눈에 띄지 않고 중요한 취급을 받지 않는" 미래를 불러오리라 예측했다. 그러나 신체적 차이가 일종의 사이보그적 민주주의에 흡수되는 이 트랜스휴먼적 미래에 대한 커즈와일의 열의는 장애의 흥미롭고, 강력하고, 아름다운 면모 대다수를 지워버린다. 시각장애인이 출구가 어딘지 알려주고 배우자가 미소 짓는지 여부를 알려주는 보형물을 장착한다고 해서 눈멂이 가진 독특한 현상학적 색채가 지워지지는 않을 것이다. 장애는 근본적으로 설계의 문제가 아니다. 비록 장애 체험에는 매일의 엔지니어링과 상상력의 솜씨가 필요하다고 해도.

시각장애인 사회학자 로드 미칼코가 안내견을 데려오기 위해 훈련센터에 갔을 때 행정 직원은 말했다. "안내견이란 사실 비시각장애인들의 차량과 같습니다. 오랫동안 몰다가 새 차를 사죠." 그러나 미칼코의 경험은 그런 실용주의적 관점과는 극단적으로 달랐다. 그는 안내견과 깊은 유대를 맺었고, 지팡이로 도시를 돌아다닐 때는 느끼지 못했던 '우아한 자립성'을 찾았다. 미칼코는 자신과 안내견이 "더는 혼자라는 것에 의존하지 않고, 동시에 사람과 개가 완전히 함께인 것도 아닌 정체성을 찾아냈다. 미칼코는 '따로 또 같이'였다"고 썼다. 살아 있는 존재와 함께할 때 상호 의존성의 가능성이 솟아난다. 전국시각장애인연맹 사람들이 부정적으로 보았던 그루밍, 휴식, 배변 욕구 같은 안내견의 욕구는 결국 안내견은 **사랑**이 필요한 존재라는 증거다. 그것이 바로 예술가 에밀리 가시오가 자기 자신을 인간과 안내견이 혼합된 '도그걸'의 모습으로 빚어내도록 한 혼성적 관계다.

오늘날의 여러 장애 활동가들은 자립보다 상호 의존을 강조한다. 이들은 '보통' 신체가 할 수 있는 일들을 달성하도록 자신의 신체를 밀어붙이는 기술을 채택해 한계를 극복한 영웅적 장애인뿐 아니라 연합과 공동체, 정보와 도구의 공유에서 힘을 찾는다. 바로 1970년대 버클리에 경사로를 만들게 했던 밀고 당기기, 필요한 도구를 만들도록 도울 동료들과 시각장애인들을 연결해준, 빌 게리가 SKI 실험실에서 배포한 뉴스레터 같은 것들이다.

장애 정의 교육자인 미아 밍거스는 글과 강연을 통해 접근성의 개념을 휠체어 경사로, 자막, 음성 해설 같은 편의 제공 너머로 확장한다. 그러면서 앞서 열거한 시설물도 중요하지만, 그것들을 요구함으로써 장애인들을 부담스러운 존재로 만들 가능성이 있다고 말한다. 밍거스는 자신이 '접근 친밀성access intimacy'이라고 부르는 개념을 옹호한다. "장애인의 해방은 이동의 물적요소logistics로 귀결될 수 없다. 접근 친밀성의 힘은 장애인이 비장애 신체를 가진 사람들의 세상에 끼어든다는 전제가 아니라 비장애 신체를 가진 사람들을 우리의 세계로 초대한다는 것으로 접근의 방향을 새로이 하는 데서 나온다."

이런 틀에서 볼 때 접근성이란 법적 명령. 나아가 포용의 행위보다 더 깊은 것이다. 밍거스는 그것이 사랑의 행위가 된다고 말한다. 이는 타인과 있는 그대로의 모습으로 연결되고자 하는 친밀하고 연약한 열망으로 수행하는 몸짓이다. 에드 로버츠, 사용자 단체 롤링 퀴즈와 함께 1967년 버클리의 인도를 바꾸는 운동을 시작하기 직전 에릭 디브너는 버클리 캠퍼스에 입학한 최초의 중증 장애인 학생들의 편의를 위해 대학 측이 임시 기숙사로 사용한 코웰병원 3층에서 일하는 직원이었다. 디브너는 처음 맡은 임무가 "신체를 비장애인의 신체와는 사뭇 다른 모습으로 만드는" 선천적 근긴장증이라는 질병을 가진 스콧 소렌슨이었다고 회상한다. 처음에 디브너는 불편했다. "나는 내 경험과 완전히 다른 무언가를 다루었다." 그러나 곧, 소렌슨이 단 사이키델릭* 버튼이 눈에 띄었다.

눈에 확 띄는 초록색에 아메바 형상을 그려놓은 버튼에는 '돌

• 특이하고 강렬한 색감을 사용하는 스타일.

연변이'라고 쓰여 있었다. 그것을 보는 순간, 뭐라고 표현하면 좋을까, 혼란은 곧바로 사라지고 완전히 다른 사고의 영역이 열렸다.

이 사이키델릭 아메바는 디브너가 오만함도 거리 두기도 없이 장애인들의 보조인이자 협력자로 성공적 커리어를 이어가게 만든 핵심이었다. 아메바 버튼은 그와 소렌슨이 동료이고, 같은 반反문화의 시대에 속해 있음을 일깨웠으며, 어색함 없이 소렌슨의 옷을 입고 벗게 해 주었다. 처음 만난 자리에서 소렌슨은 말했다. "나는 모든 훈련을 다 해. 어떤 일을 해야 하는지 얘기해 볼까. 우선 나를 일으키고, 옷을 입혀야 해." 디브너는 이 일을 잘 해냈다. "나도 옷 입는 법은 알지만, 중요한 건 이 일을 장애인의 관점에서 해야 한다는 것이었다." 그것이 바로 미아 밍거스가 말한 '접근 친밀성', 즉 만남에 담긴 정서적·사회적 뉘앙스에 해당하며, 편의 제공보다는 교환처럼 느껴지는 상호작용이다.

이런 친밀성은 대체로 성적이지 않지만, 성적일 수도 있다. 조쉬 미엘이 들려준, 1980년대 케이브의 장애인 학생들이 글 읽어주는 사람들과 함께 술을 마시고 잠을 잔 이야기에서도 알 수 있다. 글 읽어주는 사람들과 그 짝들은 그저 리비도 그리고 장난기 넘치는 에너지로 관계를 이어가는 또래 학생들일 뿐이었다.

함께 살아가면서 릴리가 서서히 사소하고 불편하지만 중요한 제스처를 하기 시작할 때 나는 이런 역동성이 릴리 안에서도 움트는 것을 본다. 신발을 벗어 내가 걸려 넘어지지 않게 계단 한쪽으로 치워둘 때라든지, 음식을 냉장고에 도로 넣으며 내가 냉장고 속을 뒤져 온갖 봉투와 병을 만져보지 않아도 되도록 미리 정해 둔 체계를 따를 때라든지(미아 밍거스의 개념을 말해 준 뒤부터 릴리는 때로 자신이 가까이 있음을 알리고자 내 등에 손을 대며 '접근 친밀성'하고 속삭이곤 한다).

그 모든 것이 사랑의 행위다. 그리고 사랑이란 애초부터, 언제나, 자립을 내려놓는 행위였다.

8장

눈멂에 반대하다

릴리와 나는 대기실에서, 한 쌍의 안대와 고상한 꽃무늬가 있는 검은 마스크를 쓴 여성 맞은편에 앉아 있었다. 마스크와 안대의 조합 덕분에 그 여성은 사라지고 있는 것처럼 보였고 머리카락과 귀만 남은 체서 고양이 같기도 했다. 여성은 두 칸 건너 앉은 친구와 어찌 보면 간절하고 어찌 보면 태평스러운 목소리로 이야기했다.

코비드-19 바이러스 발병률은 2020년 처음으로 치솟았다 그해 말 잦아들었다. 나는 그사이 매스 아이 앤드 이어를 찾았다. 평소에는 혼자 버스나 기차를 타지만, 아무리 발병률이 낮아지는 추세라도 굳이 위험한 대중교통을 이용하기보다 릴리가 데려다주는 편을 택했다. 우리는 누이에게 오스카를 맡기고 보스턴으로 향했다. 오전인 데다 목적지도 병원이었지만, 1년 반에 한 번꼴로 오스카 없이 단둘이 보내는 그 시간은 꼭 저녁 데이트 같았다. 릴리가 함께 병원을 찾은 것도 이날이 처음이었다. 부탁했다면 함께 왔을 테지만, 치료가 불가능한 안과 질환을 치료하는 병원을 찾은 날 온종일 내가 느끼는 무기력과 불안감으로 릴리의 마음을 무겁게 하고 싶지 않았다.

릴리와 나는 대기실의 두 사람에게서 시선을 돌려 벽에 걸린 포스터를 쳐다보았다. 스넬렌 시력검사표처럼 배열된 글자였고 **언제나 삶의 밝은 면을 바라보세요**라고 쓰여 있었다. 삶의 밝은 면이 무엇을 내어주건 그것을 바라볼 능력이 점점 떨어지고 있다는 소식을 기꺼이 또는 용기를 내서 받아들이기를 환자들더러 강요하는 듯한 저 포스터는 안과 병원 대기실 장식으로는 최악이라고 우리는 작은 소리로 입을 모았다.

간호사 앞에서 시력검사표를 읽는 동안, 그 뒤에 앉은 릴리는 자꾸만 고개를 내밀어 내가 힘겹게 읽어 내려가는 글자를 확인했다. 검사를 마친 뒤에는 시력검사 장면을 바깥에서 바라보는 경험이 신기했다고 했다. 검사표 위 그 유명한 글자들을 만질 수 있는 가까운 곳에 있으니 꼭 영화 촬영장에 온 기분이라고도 했다. 간호사가 내 근거리 시력을 검사하려고 무작위 단어가 적힌 카드를 건네주었다. 나는 이 카드를 얼굴에 바짝 대고, "사모바르, 인구, 검" 하고 소리 내어 읽어야 했는데 릴리도 나같이 이 단어들의 조합을 시처럼 받아들인다는 사실은 보지 않고도 알 수 있었다.

릴리가 뒤에서 지켜보는 가운데, 나는 시야검사 체임버 속에 작은 빛이 보일 때마다 버저를 눌렀다. 의료기사는 내 시야 속에서 느릿느릿 원형을 그리며 움직이던 빛의 궤적 중 내가 볼 수 있었던 곳의 위치를 표시했고, 그 점들을 가느다란 선으로 이어 일종의 지형도를 그려냈다. 릴리는 기사가 구불구불한 타원형을 그리는 모습을 보고 있었다. 일반적인 시야가 페이지 위에 미리 인쇄된 맨 바깥 원이며, 내가 볼 수 있는 시야는 그중 아주 조금뿐이라는 사실을 몰랐던 릴리는 설명을 듣고 난 뒤 내 시야가 얼마나 좁은지를 전과는 다른 방식으로 알게 되었다. 내 오른눈 시야엔 일반적 시야의 6퍼센트 미만인 8도가 남아 있었고, 왼눈은 그보다 조금 더 많았다. 이제 이 수치들은 릴리에게 좀 더 큰 의미를 지니게 됐다.

진료가 끝날 무렵 우리는 의사와 마주 앉아 검사 결과에 대해 설명을 들었다. "게슈탈트gestalt•는 똑같아요." 의사가 말했다. 내시력에 작은 변화가 있긴 해도, 큰 그림은 지난번 진료 때와 달라지지 않았다는 뜻이다. 나는 첫 진단에서 시간이 지날수록 시력이 빠르게 감소할 거라는 예후를 들었으나, 지난번 검사에서 젊은 펠로우가 이를 거침없이 바로잡았다고 이야기했다. 의사는 시력이 또 한 번 극적으로 쇠퇴한 것 같은 기분이라고 내가 보고한 증상과 검사 결과, 즉 자신이 관찰한 '게슈탈트'의 차이를 신중한 말투로 설명했다. 왼눈의 시력 감소가 오른눈보다 심했지만 종합적으로는 왼눈의 시력이 더 좋았다. 백내장이나 눈 중앙부가 붓는 증상 같은 관련 질환들이 나타날 수 있는데, 이런 것

•　부분이 아닌 총체적 전체로서의 형태나 상태.

들이 최악의 사태는 아니지만 그럼에도 주의를 기울여 관찰하고 치료해야 한다고 했다. 전체적으로 내 시력은 "느리게, 미세하게, **현재형으로**" 감소하고 있다고 했다.

느리게, 미세하게, 현재형으로. 실명 같은 현상을 경험하기에는 참 이상한 방식이다. 이분법으로 생각하기가 차라리 더 쉽다. 즉 눈이 멀었거나, 안 멀었거나 하는 식으로. 퇴화조차도 양자택일식 붕괴라는 틀 속에 있을 때 더 잘 이해된다. 모든 것이 서서히 무너지는 건 당연하지만, 결국 우리가 정말 알고 싶은 건 댐이 언제 무너지는가 아닌가?

릴리 그리고 의사와 함께 내 광수용체가 죽어가는 속도에 대한 이야기를 하고 있자니 나는 실제보다 더 빠른 속도로 눈이 멀어간다고 말하고 싶다는 변태적 감정에 또 한 번 휩싸이고 말았다. 차라리 단숨에 재난으로 뛰어드는 편이 낫지 않나? 더 심각한 진단을 받으면 보는 일이 부쩍 더 힘들어진 것만 같은 기분을 정당화할 수 있을 듯했다.

내 친구 윌 버틀러는 대학 시절 시력의 상당 비중을 잃었는데, 시력이 또 한 번 위태로울 정도로 떨어질 때마다 '격한 감정'을 느꼈다고 했다. 재앙에는 중독성이 있다. 전국시각장애인연맹 전국 대회에서 함께 버거를 먹을 때 윌은 주의를 주었다. 지금 나는 '눈이 멀어가는' 순간을 보내고 있는데 그러다가 완전히 눈이 멀면 더는 그런 감정을 느끼지 않을 거란 말이었다. 그러나 얼마 남지 않은 시력으로 방 안을 두리번거리다 보니 아직은 시력을 놓아줄 준비가 되지 않았다는 생각이 들었다.

"처음에 들었던 예후는 뭐였나요?" 나는 답을 알면서도 그렇게 물었다. 의사는 전에 했던 말을 되풀이했고, 나는 했던 말을 또 한 번 하도록 의사를 밀어붙였다. "지난 4년 사이, 선생님의 시력이 벼랑 끝에 놓여 있다고 생각할 만큼 특별히 진행 속도가 빨라지거나 달라진 점이 관찰되지 않아요."

그럼에도 성에 차지 않았다. 모든 게 무너지고 있음을 의사가 인정하기 바랐고, 그런 다음에는 어떻게 되는지 알고 싶었다. 비록 모든 것은 무너진다는 대답이 전부라 해도. 의사는 실명이 임박했다고 예상할 이유는 없다고 보지만, 확실히 알 방법은 없고, 임상적으로 볼 때 망막색소변성증은 "본질적으로 변화하는 것"이라고 말했다. "또 망막색소변성증이 진전되거나 이 질환을 오래 앓을수록, 조금의 구조적 변화로도 일상의 기능에 더 큰 영향을 미친다는 생각이 들어요. 환자의 경험이라는 측면에서는요."

나는 의사에게, 실제로는 그렇지 않은데도 붕괴 속도가 점점 빨라진다고 느낀다는 점에서 이 문제와 썩 잘 어울리는 금융 관련 은유를 찾았다고 말했다. 예를 들어 은행에 10만 달러가 있다고 치자. 한 달에 100달러씩 돈이 빠져나간다면 들어오는 수입이 없어도 별일 아니라고 느낀다. 그러나 은행에 남은 돈이 1000달러로 줄면 매달 나가는 금액이 주는 타격은 엄청나게 크다. "어쩌다 파산했지?"《해는 또다시 떠오른다》의 등장인물이 친구에게 묻자 친구는 대답한다. "두 가지 방식이었지. 처음에는 서서히, 그러다 갑자기."

첫 진단을 받은 뒤 망막색소변성증 치료는 발전했지만, 내게 직접 도움이 된 건 아무것도 없었고, 최신 연구 결과를 따라가다 보면 절로 흐린 눈을 하게 된다. 나를 포함해 선천적 망막 질환 환자가 받을 수 있는 치료는 없다는 결론은 그대로다. 이 주제에 대해 망막 전문의들과 나눈 모든 대화는 다 똑같은 식으로 흘러갔다. 짐짓 미안한 말투로 아직은 할 수 있는 조치가 없다는 사실을 확인해 준 뒤, 임상시험에서 눈부신 결과가 나오고 있으므로 내가 시력을 좀 더 잃을 무렵에는 도움이 될 치료법이 시장에 나올 수도 있다고 차분하지만 열띤 어조로 덧붙이는 식이었다.

망막 분야는 발전이 기대되는 상태로 영영 남아 있는 것만 같고, 나는 아마도 이 약속이 언젠가 실현된다 한들 그때는 그 치료법이 내게 아무 쓸모가 없으리란 사실을 얼마간 감수해야 한다고 느꼈다.

••••

망막색소변성증으로 인해 죽어버리는 망막세포(처음에는 막대세포, 나중에는 원뿔세포)는 뇌세포나 치아처럼 일반적으로 자체 재생이 불가능하다고 본다. 태어날 때 지녔던 것으로 끝까지 버텨야 하는 것이다. 그러나 과학자들은 신체에서 생성되는 모든 특수 세포들의 바탕이 되는 세포인 줄기세포를 추출해 실험실에서 건강한 망막을 길러내는 법을 알게 되었다. 이 연구의 목표는 건강하게 자라는 망막세포를 눈에 이식해서 신체가 이 세포를 받아들이고 재생해 눈을 건강한 광수용체로 다시 채우는 것이다.

그러나 신체는 (주로 바이러스 형태로 침입하는) 외부의 생물학 물질을 거부하는 경향이 있기에, 중증 망막색소변성증 환자의 망막은 새로운 망막세포를 받아들일 수 없는 경우가 많다. 혹은 응용의 여지가 협소할 가능성도 있다. 환자에게 건강한 망막세포가 많이 남아 있는 너무 이른 시기에 줄기세포를 이식하면 의미가 없다. 이미 망막이 대책 없이 유해한 황무지가 된 뒤 너무 늦게 이식하면 재생되지 않는다. 치료가 효과를 보려면 환자는 일종의 타협 지대에 있어야 한다.

2021년, 어느 2단계 임상시험에서, 일부가 건강한 망막세포로 발달한 줄기세포 600만 개를 망막색소변성증 환자들의 눈에 이식한 결과 희망적 결과가 나왔다. 연구에 참여한 환자들은 시력이 향상되어 시력검사표에서 보이지 않던 글자를 읽어내고 명암 민감도도 더 높아졌다고 보고했다. 그러나 이 시험에서는 20도 미만의 시야를 가진 환자들은 배제했는데, 광수용체 막대세포가 거의 남지 않아 "원뿔세포 기능의 회복 가능성이 낮았기" 때문이다. 나는 시험 대상자가 아닌 이 집단에 속한다.

의사는 "지금 당장 선생님께 무엇이든 처방해 드린다 한들, 줄기세포 치료는 아닐 거예요"라고 말했다. 의사는 줄기세포 연구가 전도유망하다는 사실을 인정하는 한편 유전자 치료를 가장 기대했다. 과학자들은 망막색소변성증을 유발한 특정 유전자 변이를 발견한 후 이론적으로는 잘못 조합된 유전자를 수정된 유전자로 대체하는 개인화된 표적 치료를 개발할 수 있게 됐다. 다른 유전자들에 대해서는 이미 유전자 치료를 개발했는데, 최초로 FDA 승인을 받은 유전자 특정 치료는 2018년 바로 이 병원에서, 내 담당의의 동료들이 시행했다. 럭스터나Luxturna라는 이 치료제는 내게는 아무 효과가 없을 테지만, RPE65 유전자 변이가 원인인 망막색소변성증 환자에게는 엄청난 효과를 발휘한다. 연구자들은 마치 신약성서 속 기적이 떠오르는 광경을 묘사했다. 아이들이 지팡이를 버리고, 글자를 술술 읽고, 태어나서 처음으로 별빛을 보는 장면들이었다.

유전자 대체 치료제 개발에는 천문학적 액수가 든다. 줄기세포 치료가 공장형 가구점에서 기성품 소파를 사는 것이라면, 표적 유전자 치료는 맞춤형 수제 소파를 사는 것과 같다. 연구자들의 추측대로라면 미국에서 RPE65 변이를 지닌 사람은 1000~2000명이 있는데, 스파크 테라퓨틱스사가 책정한 럭스터나의 가격은 85만 달러다. CNBC의 한 금융 분석가가 예리하게 지적한 대로, 안구 한쪽에 42만 5000달러가 드는 셈이다. 연구자들은 한 눈당 무척 비싼 값에 럭스터나 10분의 1밀리리터를 투약하는 일회성 치료가 평생 한 번으로 충분하기를 바라지만, 신약인 만큼 장기간에 걸친 유효성 연구는 존재하지 않는다.

의사는 내가 가진 MAK 변이도 럭스터나로 치료할 수 있으면 얼마나 좋겠냐고 했다. 그러나 이 또한 크게 가능성이 없는 이야기다. 망막색소변성증을 유발하는 유전자 변이는 몇십 가지이며 매년 새로운 변이들이 발견된다. 모든 유전자 하위 집단은 자신의 병에 맞는 럭스터나의 개발을 기다리지만, 우리처럼 소수 환자를 위한 신약이 실제로 개발될 일은 아마 없을 것이다. 지금까지 수행된 MAK 유전자 연구 중 가장 큰 규모의 연구에서도 연구 참여자는 24명에 불과했다. 이 연구로 인해 아슈케나지 유태인 55명 중 한 명이 보균자임이 밝혀졌으나, 이 질환은 보균자 두 명 사이에 생긴 자녀에게만 발현된다.

2010년 MAK 유전자 변이를 발견한 아이오와대학교 에드윈스톤 박사 연구 팀은 프로젝트 MAK라는 기금을 지원받는다. 이 연구 팀은 다른 유전적 망막 질환을 연구하는 동시에 내가 앓는 망막색소변성증 형태에 대한 치료법도 개발 중이다. MAK 변이를 가진 은퇴한 물리학자 시어도어 허시가 프로젝트 MAK 기금 운용을 선두에서 지휘한다.

이 프로젝트를 통해 돌파구를 찾으면 정말 좋겠지만, 그럼에도 내가 속한 작디작은 집단이 연구 지원 대상이라는 사실은 왠지 김빠지는 일이다. 상상할 수 있는 가장 자기중심적인 자선인 듯해서다. 좋은 결과가 있길 바라지만 한편으론 실명의 원인 중 이토록 작은 이유와 맞서 싸우는 것이 시각장애인들을 돕는 가장 좋은 방법이란 생각이 들지 않는다. 차라리 활자를 읽지 못하는 장애를 가진 이들을 위한 디지털도서관 북셰어 정기 기부금 액수를 올리는 쪽이 낫겠다.

내 담당의는 크리스퍼CRISPR라는 기술을 가장 기대하는 모양이었다. 이 기술을 개발한 두 과학자는 2020년 노벨화학상을 공동 수상하기도 했다. 의사는 크리스퍼를 설명하면서 하나의 유전자를 책의 한 챕터에 비유했다. 책이라기보다는 설명서에 가까운 내 유전자책 속 MAK 챕터에 오자가 여럿 있고, 이로 인해 발생한 몇 가지 심각한 오류로 내 광수용체는 시간이 갈수록 쇠퇴한다. 럭스터나 같은 유전자 대체 요법은 깨끗한 챕터 하나를 통째로 삽입해 쇠퇴를 중지시키고 건강한 광수용체가 생성되게 만든다. 쇠퇴가 중단되기 때문에 질환 초기 단계에 가장 적절하고, 따라서 럭스터나는 주로 망막색소변성증을 앓는 어린이 대상으로 쓰였다. 그런데 유전자가 너무 커서 전면적 대체가 불가능한 경우가 있다. 럭스터나 치료제가 사용하는 바이러스 운송 트럭 안에 유전자가 실리지 않는 셈이다. 크리스퍼는 럭스터나보다 더욱 정교한 치료법이다. 분자 가위라 불리는 Cas9 효소로 잘못 쓰인 유전자를 찾아 잘라냄으로써 유전자 배열상의 오자를 직접 편집하는 것이다. 그러나 크리스퍼를 사용한 망막색소변성증 치료 연구는 아직 임상시험 단계에 이르지 못했다.

··· ··

나는 '망막색소변성증'을 구글 알림 키워드로 설정해 두었으나 20년 가까이 알림이 와도 읽지 않고 삭제하다시피 했다. 기껏 마음을 내어 글을 읽어보면 세상이 질병과 실명을 어떻게 생각하는지 알고 기운이 빠지곤 한다. 웬만한 링크는 생체의학 투자 블로그로 이어져 미래의 투자자들에게 희귀 안 질환에 대한 실험적 치료를 개발 중인 각종 바이오테크와 제약 분야 상장 기업들의 수익성을 알리는 내용을 검색엔진에 최적화된 방식으로 담아내고 있다. 마치 인공지능이 작성한 듯한 글이다.

이런 글들 사이로 종종 새로운 과학 논문과 요약본이 등장한다. 이런 논문들은 엄청나게 기술적인 의학 전문용어가 아니면 기업 보도자료처럼 과장된 언어로 쓰여 있게 마련이다. 가끔은 그 안에 담긴 내용에 진짜로 관심을 가져보겠다고 단단히 마음먹고 논문을 면밀히 읽는다. "게놈 전체와 연관성 있는 연구가 밝혀낸 EYS의 저차형 변이가 망막색소변성증에 기여하다." 여기까지 읽은 뒤 눈을 몇 번 깜박이고서는 충동적으로 삭제 버튼을 누른다.

그럼, 쓰디쓴 입맛이 가시도록 보도자료를 읽어볼까? 이런 문서들은 '실명 치료' '시력 보존'을 위한 혁신적이며 비약적인 치료법을 약속하고는 다음 단락에서 법무 팀이 거의 체조에서의 주의 사항을 연상시킬 정도로 정교하게 작성한 구매자 주의 책임 약관을 쏟아낸다. 너무 우스꽝스러워서 차라리 내 담당의의 사려 깊은 얼버무림은 그에 비하면 우아하다는 생각이 든다. 이 주의 책임 약관이란 대체로 이 혁신적 기술이 실명을 치료할 테니 우리 회사에 가진 걸 전부 투자하라, 하지만 우리가 쫄딱 망해도 소송을 걸 수는 없으며, 우리가 치료해 본 대상이라고는 실험실의 눈먼 쥐 몇 마리가 전부라는 내용이다.

구글 알림 요약의 마지막 요소이자 유일하게 정기적으로 읽는 내용은 전 세계 지역신문에 매주 등장하는 인간미 넘치는 기사들이다. 미술 수업을 듣거나, 철인3종 경기에 나가거나, 작은 단체를 만든 망막색소변성증 환자들 이야기인데 이때 그 단체는 인사이트풀 비저너리스Insightful Visionaries처럼 시각에 관한 말놀이를 활용해 이름을 붙인 장애 관련 집단일 때가 잦다(만약 단체 이름에 시각 관련 말놀이가 들어 있지 않다면, 신문 헤드라인이 기사에 '사라진 초점을 찾아서' 같은 제목을 붙임으로써 기강 해이를 단속한다). 이런 기사들은 주로 '실명을 유발하는 질병'인 망막색소변성증으로 '고통받던' 이들이 2인용 자전거를 타건, 기금 모금운동을 하건, 창업을 해서건 실명을 '극복'한 사연을 찾는다. 그들은 비록 평범한 삶은 살지 못하더라도 최소한 이런 레저 활동이나 창업 기회가 없었으면 맞이했을 자살하고 싶을 만큼 끔찍한 삶은 피할 수 있었다. 이런 기사들은 대개 안내견이 하는 귀여운 행동의 묘사로 마무리된다.

이 모든 것이 지독하게 우울하다고 생각한 나는 웬만해서는 글을 읽지 않고, 따라서 내가 탐지하는 망막색소변성증 치료에 대한 연구 현황은 대체로 몇 년 전에 머물러 있다. 의사가 임상 연구 가능성을 이야기했을 때 나는 전에 들은 적이 있는 아르구스 2Argus 2라는 인공 망막 기술 이야기를 꺼냈다. 나는 이 치료법이 로보캅을 연상시키는 혁신적 실명 치료라고 느꼈다. 내 말을 들은 의사는 미소를 지었다. "그건 폴더형 휴대폰 같은 거라 할 수 있죠."

내가 구글 알림 읽기를 그만둔 이래 인공 시력은 크게 발전했다. 1970년대에 엘리엇 버슨 같은 망막색소변성증 연구자들은 비타민 보조제와 초기 유전자 치료에 집중했다. 그러나 버슨과 동료들은 시각 재생에 대해 놀랄 만큼 기계적인 접근법을 채택하기도 했다. 버슨은 매스 아이 앤드 이어 유전성 망막질환연구소 초대 소장이었다(이 연구실의 자금 일부는 30대에 망막색소변성증으로 시력을 잃은 고든 건드에게 지원받았다. 그는 한때 산카 디카페인 커피 회사의 소유주이자 켈로그사 대주주였던 아버지에게 형제들과 함께 몇억 달러의 유산을 상속받았다). 버슨은 확대경과 거울을 사용해 저시력 환자들의 시야를 확장하는 광학장치들을 만들었는데, 모두 다 거추장스러워 보이는 초현대적 고글을 조금씩 다르게 만든 것처럼 생긴 기계였다. 내게 이 장치들은 의학계보다는 점자 디스플레이나 합성 음성 처리기의 세계에 속하는 물건들로 보였다. 그러나 물론, 임상 연구자가 그 무엇보다 시력 보존을 중요시하는 상황에서 (지난 몇십 년간 그랬듯) 생물학적 개입이 아무 도움이 안 되는 것과 달리 이런 장치들은 적어도 구체적 형태로 도움을 줄 수 있었다.

오늘날엔 시야 확장기를 5000달러에 살 수 있다. 고글에 달린 카메라가 주변 환경 이미지를 촬영해 착용자의 잔존 시력에 맞추어 조정하고, 내장형 프로세서가 알고리즘을 활용해 이미지의 명암, 선명도, 범위를 수정함으로써 착용자가 더 넓은 시야를 보도록 하는 장치다.

2000년대에는 이런 웨어러블 기술이 생물학 분야에 흘러들어왔다. 2013년 FDA는 내가 의사에게 말했던 폴더형 휴대폰 수준의 장치인 아르구스 2를 승인했다. 안과 전문의가 망막색소변성증 환자의 망막에 수술로 삽입한 마이크로칩은 환자가 착용한 거대한 고글과 무선으로 통신한다. 고글에 달린 카메라가 시각 정보를 인코딩해 칩으로 전송하면 마이크로칩의 전극들이 안구

뒤쪽 세포들에 인공적 자극을 가한다. 인공 망막인 아르구스 2는 시야 확장 고글과 달리 시력을 완전히 잃은 사람도 기본적인 형체를 볼 수 있게 만든다. 오래전 시연 영상을 보았을 때 나는 망막색소변성증으로 완전히 실명한 지 오래인 여성이 깜깜한 방 안 검은 TV 화면에서 흰색으로 번쩍이는 엑스 자를 따라 그렸을 때 감명을 받았다(한편으론 약간 무섭기도 했는데 그 이유를 꼬집어 말할 수는 없었다).

그러나 아르구스 2는 전통적 의미에서 시력을 회복시키는 기능은 하지 않으며, 안과 의사들은 인공 와우의 경우와 마찬가지로 건강한 감각기관이 제공하는 것과 인공기관이 제공하는 것 사이의 간극은 엄청나게 크다고 환자들에게 경고했다. 내 담당의가 이 장치를 폴더형 휴대폰에 비유한 것도 이 때문이다. 시연 가능한 데다 실제로 사용할 수도 있는 인공 시력이라니! 의학적으로 기적적이기는 해도 실제 결과물이 그만큼 대단치는 않은 것이다.

장치 이식 안내문은 경고한다. "아르구스 2 장치가 생성하는 시야는 실제 시력과는 무척 다르며, 환자는 반드시 시력의 새로운 '언어'를 배울 준비를 해야 합니다." 이 안내문은 아르구스 2 장치를 착용한 환자들이 기존에 수행할 수 있었던 과제의 목록을 알려준다. "문, 창문, 엘리베이터의 위치 파악. 교차로를 이용해 길 건너기. 테이블 위 식기 위치의 파악. 사람들 위치를 파악하되 신원을 식별하지는 못함. 운동장의 공 또는 선수의 위치 파악." 내가 만난 시각장애인 대부분은 인공 보철물 없이도 방향정위와 이동성 기술, 청각과 촉각, (있다면) 잔존 시력을 사용해서 또는 휴대폰 앱의 도움을 받아서 이 모든 행동을 할 수 있었다. 문제가 발생할 가능성이 있을 뿐 아니라 장치가 제공하는 시야 역시 신통하지 못하니, 딱히 감각기관 자체에 비가역적인 전자적 개입을 심어 넣을 가치가 있어 보이지 않는다(물론 허접하나마 중심시가 남은 나로서는 하기 쉬운 말이다. 이마저 잃고 나면 생각이 바뀔지도 모른다). 이 장치가 안구 내에서 노출되어 모든 걸 망쳐버릴 가능성이 실재했기에, 안내문은 삽입장치가 부식되거나 폭발할 가능성이 있다고 주의를 환기시킨다.

이런 해법들은 모두 바이오 기술 업계의 유행에 좌지우지된다. 2020년 아르구스 2를 제작한 회사 세컨드 사이트는 파산 위기에 처하자 부품 교체, 업그레이드, 상담 요청 고객 지원을 멈추었다. 마치 더는 업그레이드를 지원받지 못하는 오래된 모델의 노트북을 갖고 있는 것과 비슷한 일이면서도, 그 대상이 노트북이 아니라 안구에 수술로 삽입한 장치라는 점이 다르다.

2022년 세컨드 사이트는 '떠오르는 바이오 제약 회사' 나노 프레시전 메디컬Nano Precision Medical; NPM에 합병되었다. 세컨드 사이트 경영진은 아무도 합병에서 살아남지 못했고 나노 프레시전 메디컬 CEO는 잡지 〈스펙트럼〉에 실린 글('그들의 생체공학 안구는 이제 노후했으며 더는 지원되지 않는다'라는 제목의 참혹한 탐사 보도 기사)에서 회사가 최우선으로 진행 중인 사업은 생체공학 시력이 아니라 약품 배송 서비스라고 밝혔다.

이보다 더 유망한 해법은 빛을 사용해 뇌와 신체 여타 부분의 뉴런을 활성화하는, 새로운 뇌 과학 분야인 광유전학을 사용해 개발 중이다. 웨일코넬 의과대학교 쉴라 니렌버그 박사는 뇌 뉴런이 이미지를 처리하는 '코드'를 '해독'했으며, 자신이 개발한 장비에서는 건강한 망막과 동일한 방식으로 인코딩된 자극들이 시신경을 자극한다고 주장한다. 전극으로 망막을 자극하는 아르구스 2를 포함한 유사한 장치들과는 달리, 니렌버그의 장치는 광민감성 단백질을 안구에 삽입해 시신경 자체를 직접 자극함으로써, 박사의 표현을 빌리면 "뇌가 이해할 수 있는 언어로 말을 건다"(눈의 뉴런 코드를 해석하는 니렌버그의 연구는 2013년 맥아더 펠로십 천재상을 받았다).

이 장치가 제대로 작동한다면 시각장애인 사용자의 시야는 아르구스 2나 이를 조금 더 발전시킨 후예들이 제공하는 저급한 픽셀이 아닌 완전한 이미지에 가까울 조짐이 보인다. 쥐를 대상으로 실험을 마친 뒤(연구자들은 쥐에게 짧은 영상을 보여준 다음 이들의 안구 움직임을 기록했다) 2020년 이 장치의 임상시험에 들어갔는데 예비 시험 결과 전맹 (그리고 전맹에 가까운) 망막색소변성증 환자의 광민감성이 20배 증가했으며, 고선량으로 치료받은 환자들의 경우 100배 증가했다.

그렇다고 환자들이 사랑하는 사람들의 얼굴을 볼 수 있었다는 의미는 아니며, 이전 세대의 인공 망막이 성취한 것보다 크게 나아지지도 않았다. 실험에 참여한 몇 안 되는 환자들은 VR 스타일 고글을 쓰고 빛과 움직임을 그리고 환자 두 명의 경우에는 움직임의 방향까지 식별할 수 있었으나, 여전히 검은 화면의 흰 엑스

자와 그리 다르지는 않았다.

(망막의 광수용체에 맺힌 이미지를 번역해 뇌로 전송하는) 신경절 세포는 청각 신경과 달리 균일하지 않으며, 정교한 광유전학적 전환으로도 정확하게 복제하기 어려운, 복잡하고도 상호 의존적인 일련의 켜고 끄는 경로로 발동한다. 그런데 이 시험은 인간에 대한 이 치료의 안전을 실험하기 위해 사전 설계되었기에 앞으로의 시험에서 니렌버그는 선량률을 더욱 높일 예정이다.

니렌버그는 자신이 고안한 인공 망막에 바이오닉 사이트Bionic Sight라는 이름을 붙였고, 인터뷰에서 이 장치의 비전은 애초의 목적이던 시각장애인의 시각 민감도 회복과 완전한 시야를 뛰어넘을 것으로 본다고 말했다. 니렌버그는 NBC 인터뷰에서 말한다. "더욱 향상될 가능성이 있습니다. 자외선이나 적외선도 포함할 수 있겠지요. 어쩌면 시각장애인들이 **우리가** 가진 것보다 더 **좋은** 시력을 갖게 만들 수도 있습니다. 지금까지 시각장애인이고, 언제나 '어려움을 겪는' 사람으로 취급당한 것과 달리, 여러분은 앞으로 큰 장점을 지닌 '생체공학인'이 된다고 생각해도 좋습니다. 일반인이 볼 수 없는 것까지 볼 테니까요." 그러더니 마치 그런 생각이 방금 즉석에서 떠오른 것인 양 덧붙였다. "말해놓고 보니 괜찮네요."

하지만 자외선이나 적외선을 보는 능력이 누군가에게 무슨 쓸모가 있을까? 마치 해리 포터의 지팡이에서 나오는 불꽃처럼 리모컨에서 적외선 불빛이 TV를 향해 날아가는 모습을 보며 남몰래 기뻐하는, 일종의 의학적 코스프레라도 하라는 말일까? 니렌버그의 연구는 사람들의 시력 회복뿐 아니라 조립 설비부터 자율 주행차에 이르는 로봇의 머신비전 향상에도 강한 영향력을 발휘한다(니렌버그는 "강력하고 새로운 컴퓨터 비전 기술을 가능케 하는 독점 소프트웨어를 보유한 인공지능 회사" 니렌버그 뉴로사이언스 유한회사 창립자이기도 하다).

사람에게 초인적 시력을 주는 (동시에 상업 부문에서 돈이 되도록 적용할 방법을 고민하는) 니렌버그의 의지는 레이 커즈와일의 트랜스휴머니즘을 연상시킨다. 그는 주류에 편입되기 전 장애인 소비자들로부터 시작한 기술 스타트업들의 자금으로 인간과 기계를 구분하기 어려운 테크노 유토피아를 꿈꾸었다. 그러나 니렌버그의 말은 또한 장애 경험을 벌충하고자 시각장애인에게 생체공학적 초능력을 하사할 수 있는 자신의 능력을 대단히 자랑스러워하는 의학적 교만을 드러내기도 한다. 나는 꿈에나 나올 법한 이러한 아이디어가 니렌버그의 의도대로 힘의 원천이라기보다는, 심지어 실명을 치료한 후에도 비시각장애인과 시각장애인 이미지를 분리해 보존하는 방법이라고 본다.

이런 치료들을 생각하다 보면 근본적 모순과 마주한다. 나는 실명이 극복할 무언가가 아니라 지적으로 생산적이고, 흥미롭고, 나아가 멋지게 보이기까지 하는 방식으로 눈멂 속을 살아가는 시각장애인 멘토들을 찾아다녔다. 그러나 의료의 세계는 애초부터 실명에 **반대하는** 관점을 택했고, 이 때문에 일부 시각장애인(특히 어린 나이에 실명한 이들)이 실명한 채로 머무르고 **싶어**할 수도 있다거나, 실명이 그 자체로 가치 있을 수 있다는 생각을 떠올리기조차 힘들게 만든다. 자신의 실명에 자부심을 가지는 건 치료의 희망을 놓아버린다는 의미일까?

많은 농인이 청인으로 살기보다 농인으로 살기를 선호한다. 이들은 농인 자녀를 낳으려고 동일한 유전적 요인을 가진 농인 파트너를 의도적으로 찾기도 하며 자신들이 이어온 언어적·문화적 공동체와 전통의 일부를 이루는 농인 대가족을 기린다. 그러나 내가 만난 자부심 강한 시각장애인들(전국시각장애인연맹 컨벤션에서 만난 거의 모든 사람이 이런 묘사에 합당하다) 가운데 치료를 위한 연구들을 농인 활동가들만큼 적대적 태도로 바라보는 이들을 찾기란 상대적으로 어려웠다.

내 경험과도 맞닿는 대개의 관점은 장애인 페미니스트 학자인 앨리슨 케이퍼의 글이 잘 표현한다. "내가 장애인 커뮤니티에서 기쁨을 찾고, 장애인으로서의 내 경험을 가치 있게 바라보는 것은 사실이지만, 나는 지금보다 더 장애인이 되고 싶다는 생각은 하지 않는다." 이처럼 장애는 내 삶에서 지식과 공동체, 경험의 풍부하고 새로운 원천이 되었으나 그럼에도 나는 이를 얻고, 확장하고, 보존할 의향이 전혀 없다.

• •••

실명을 적대시하는 개념은 대다수 실명 치료 뒤에 있는 연구의 1차적 원동력인 이름에서도 가시화된다. 바로 미국 최대의 망막 질환 자선 단체인 '실명과 맞서 싸우는 재단Foundation Fighting

Blindness: FFB' 이야기다. 전국시각장애인연맹 대회에서 만난 시각장애인 작가 데보러 켄트 스타인은 말했다. "'실명과 맞서 싸우는 재단'이라는 말을 처음 들었을 때, 그 말이 '나와 맞서 싸우는 재단'으로 들리더군요."

나도 '실명과 맞서 싸우는 재단'이 풍기는 비극적 분위기에 데보러가 반감을 느끼는 것을 어느 정도 이해한다. 미국루게릭병협회가 성공적으로 기금을 마련한 아이스버킷 챌린지가 유행하자 오래지 않아 '실명과 맞서 싸우는 재단' 마케팅 팀은 이 전략을 모방한 '하우 아이 시 잇How Eye See It' 눈가리개 챌린지를 기획했다. 재단은 #HOWEYESEEIT 해시태그를 인쇄한 수면안대를 배포했으며 이 안대를 쓰고 눈을 가린 채 기본 과제를 수행하는 영상을 올리라고 독려했다. 재단이 추천한 활동으로는 빵 굽기, 머리 자르기, 외출해서 점심 먹기, 심지어는 아기 돌보기 등이 있었다. 이 캠페인은 〈투데이〉 쇼에 등장했고 몇백 명이 온라인에서 반응했다.

즉각 반발이 일었다. 시각장애인은 수면안대를 쓰자마자 비시각장애인에게 찾아오는 두려움과 방향 상실 속에서 평생을 살아간다고 상상한다면 위험천만한 오류다. 이는 실명은 두려운 것이고, 시각장애인은 어설프고 무능할 수밖에 없다는 관념을 강화한다(실명은 몇십 년간 '가장 두려운 장애'에 대한 설문 조사와 투표에서 최상위를 차지했다). '실명과 맞서 싸우는 재단'은 모금을 위해 이런 고정관념을 노골적으로 써먹은 것이다. 다음은 이 캠페인이 제시하는 바다. 실명이 여러분 삶을 얼마나 무섭고 힘들게 만드는지 경험해 보세요. 얼른 실명 종식을 돕고 싶어질 겁니다.

전국시각장애인연맹은 이 캠페인을 혹독하게 비난하며, 사회복지사가 단지 시각장애인은 자녀를 돌볼 능력이 없다는 오해 때문에 시각장애인 부모와 아이를 분리한 사례들을 지적했다. '실명과 맞서 싸우는 재단'은 캠페인의 일환으로 〈당신의 자녀를 볼 수 없다면 어떻게 하시겠습니까〉라는 제목의 불길한 영상을 게시했는데, 음 소거 영상에서 아이들이 뛰어노는 이미지는 점점 초점이 흐려진다. 이런 공포 유발이 가족 해체를 조장할 수 있다고 전국시각장애인연맹은 주장했다.

'실명과 맞서 싸우는 재단'이 연구 이니셔티브를 홍보하는 방식이 아마 (때로는) 비장애 중심주의적이고 시대에 역행할지 몰라도, 나는 여전히 치료의 가능성에 이따금 유혹을 느낀다. 실명을 받아들이기와 이를 무찌르고 싶은 (또는 늦추고 싶은) 희망 사이에서 아무리 고통스럽게 흔들린다 해도 어떻게 치료를 바라지 않을 수 있는가? 내 막대세포들이 쇠퇴한 나머지 원뿔세포마저 손상되고, 중심시가 무너지고 나면 나 역시 생각이 바뀔지 모른다. 바이오닉 사이트를 비롯한 인공 시력 기술의 발전으로 내가 수술을 통해 가족은 물론 젖은 숲, 인쇄물, 멋진 그림 등등 온갖 것을 보게 된다면 치료에 대한 저항을 합리화하기는 어려울 것이다. (아마도 그렇겠지만) 아무리 그 시력에 왜곡과 방해가 여전하고 전혀 진짜 시력처럼 느껴지지 않는다 할지라도.

충성스러운 아이폰 유저인 데다 SF 소설을 즐겨 읽고, 전자음악을 듣고, 때로는 손목에 피트니스용 핏빗을 착용하며, 매일 컴

퓨터를 마주하고 지내는 사람인 나는 사이보그로서의 삶을 전
망하며 짜릿함을 느껴야 마땅하리라. 앞으로 10년 뒤에 있을 오
스카의 고등학교 졸업식은 일종의 랜드마크처럼, 내가 미래를
상상할 때마다 가장 자주 등장하는 배경인데 이렇게 미래를 그
려볼 때면 나를 표준적인 눈먼 인간 남성으로 상상하는 쪽이 훨
씬 편하다. 졸업식 무대에서 벌어지는 일들의 주요 장면을 릴리
가 내 귀에 속삭인다. 거대한 광유전학 고글을 착용한 채 자랑스
러운 로보캅 아버지나 프레데터 같은 모습으로 미약한 송신기를
통해 발송되는 보안 카메라 방송을 보듯 졸업식을 지켜보는 것
보다는 그편이 훨씬 행복해 보인다.

웬만한 날에는 진심으로 점점 심해지는 시각장애를 두려워할
필요가 없다는 기분이다. 실명은 사형선고가 아니다. 점자를 읽
는 건 기적 같은 일이고, 눈멂은 내게 평생을 탐구할 흥미로운 해
석학적·인식론적 질문들을 열어주었다. 눈먼 사람의 충만하고
기쁨 넘치는 삶은 정말로 가능하다.

그러나 이런 태도는 오스카도 망막색소변성증을 앓을 수 있다
는 가능성을 어쩔 수 없이 생각할 때마다 완전히 무너지고 만다.
릴리는 오스카의 검사를 망설인 건 결과에 대한 자신의 불안감
을 내가 비난으로 받아들일지 모른다는 걱정 때문이었다고 털어
놓았다. 마치 "그 애가 자라서… **당신처럼 될까 봐** 너무 힘들어!"
라고 말하면 내가 대답 삼아 "**나처럼 되는** 게 뭐 그렇게 나쁜데?"
라고 고함이라도 친다는 양.

그러나 나 역시 적어도 릴리만큼은 괴로울 것이다. 당연히, 고

통뿐 아니라 아들에게 이 경험을 안내하고 그 나이의 내게는 존재하지 않았던 시각장애인 멘토가 되어줄 능력이 있다는 사실에 자신감을 느낄 것이다. 또 나는 아마도 '실명과 맞서 싸우는 재단'을 통해 만난 부모들과 비슷한 사람이 될 것 같다. 이 재단 회원 중 가장 열심히 목소리를 내는 이들은 망막색소변성증을 진단받은 아이의 비시각장애인 부모들이다. 아이 당사자보다는 아이의 비시각장애인 부모들이 실명할지도 모른다는 전망을 더욱더 충격적으로 받아들이는 듯하다.

그럼에도 나는 서서히 릴리의 관점을 닮아간다. 유전자검사를 한들 우리에게 뭐가 달라질까? 그렇다고 오스카에게 이익이 되긴 할까? 릴리가 보균자로 밝혀진다 한들, 오스카의 진로를 시력이 꼭 필요하지 않은 쪽으로 틀게 하는 것 말고는 실제로 할 수 있는 일이 없다. 내가 "아들아, 공군이 될 생각은 접으렴" 하고 말하는 모습을 상상하면 혐오스럽고 어처구니없다. 아무리 생각해도, 유전자검사에서 양성이 나온다면 우리의 일상에 불필요한 불안감을 한 겹 덧씌울 뿐이다. 차라리 아주 먼 곳에 남아 있는, 답을 알 수 없는 질문으로 남겨두는 쪽이 낫다.

···

이번 안과 진료를 통해 릴리가 얻은 새로운 정보는 하나도 없다. 내가 여태 말해 준 것과 달라진 점이 없었다. 그러나 내 설명은 그때그때 변하고, 흐릿하고, 수렁에 빠져 있었다. 또한 매번 오스카가 도중에 방해하거나 릴리가 저녁 식탁을 차릴 때, 아니면 우리가 완전히 지친 채 20분간 TV를 보다가 곯아떨어지기 직전에 설명 시간이 돌아왔다. 이번 여행에는 그런 방해 요소가 전혀 없었고, 진료 이후 릴리와 내 눈멂의 관계는 달라졌다. 나는 릴리를 진료에 동반하면 '실명과 맞서 싸우는 재단' 부모들이 아이를 따라다니며 의사와 이야기하고 아이는 수동적으로 듣기만 하는 모습처럼 될까 봐 걱정했으나 기우였다. 릴리는 시야검사가 이루어지는 모습을 주의 깊게 바라보고, 작은 구멍만 한 중심시와 간신히 조금 남아 있는 가느다란 주변시를 자세히 들여다보았으며, 이 시력이 얼마나 오래 남아 있을지 전망했다. 아마 가장 중요한 건, 시력이 더 줄어든다는 것이 내게 그리고 자신에게 어떤 일일지 더욱 진지하게 생각하게 되었다는 점이다.

나의 진료에 동행한 경험이 릴리가 세상을 이해하는 방식에 깊은 영향을 미친 건 어느 정도는 의학적 권위가 지닌 힘 덕분이기도 하다. 예를 들면 개수대에 문제가 생겼다는 나의 결론을 믿지 않던 릴리가 배관공이 와서 똑같이 말하면 별안간 맞는 말이라 생각하는 식의, 결혼 생활의 전형적 역동성이 확장된 셈이다.

그보다 나는 병원이라는 공간, 검안경의 밝은 빛 아래서 나를 본 경험이 다시금 내게 환자이자 질병을 가진 사람이라는 상태를 복권시켰다고 생각한다. 그 경험이 일상에서는 미처 보이지 않았던 질병과 의학의 분위기를 내 눈멂에 다시 회복시킨 것이다. 물론 릴리의 눈에 환자로 보이고 싶지는 않다. 나는 아내가 내 눈멂 너머, 자신과 결혼했던 그 사람의 모습을 꿰뚫어 보기를 바란다. 그러나 동시에 이런 깨달음은 릴리가 내 눈멂을 받아들이고 편안히 느끼는 데 반드시 필요한 단계 같았다.

가장 묘한 건, 나 역시 내 시력을 더 잘 이해한 것 같은 기분이었다는 점이다. 의사에게 새로운 사실을 알아내지 못하기는 나도 마찬가지였다. '게슈탈트'는 물론 내 두 눈의 다이어그램까지도 지난해와 똑같이 보였다. 조금 더 녹기는 했어도 얼음덩어리가 전체적으로 형태를 유지 중이었다고나 할까.

그러나 나는 이제 볼 수 있는 것과 가까운 미래에 내가 보게 될 것에 대한 새롭고, 최신의, 깊이 있는, 임상적 이해를 가진 사람과 함께 집에 돌아왔다. 부엌에서 아내가 예고 없이 냉장고 앞에 다가섰다가 나와 몸이 살짝 부딪쳤을 때, 아내의 신체에서 느낀 반응은 새롭고 사뭇 부드러웠다. 내 시력이 달라지지 않았음에도, 이제 나는 아내의 눈을 통해, 간호사가 내 시야를 측정해 만든 골드만시야계를 통해 보았던 것을 보고 있었다. 과거에 시력에 대한 나의 인식은 훨씬 흐릿하고, 훨씬 염세적이었다. **내가 못 본 건 눈이 멀어가고 있어서야**—내 시력은 망가졌으니까. 그러나 릴리와 함께 보스턴에 다녀온 뒤로 내 맹점도 보다 선명해진 것 같았다. **내가 못 본 건 내 시야의 5퍼센트만 남아 있기 때문이야.**

집으로 돌아오고 다음 날 오후에는 심한 뇌우가 몰아쳤다. 저녁이 되자 폭풍은 물러갔지만 하늘엔 여전히 구름이 점점이 떠 있었다. 내리쬐는 빛은 초현실적이었는데 처음 보는 광경이었다. 마치 석양을 가로막고 있던 유리에 금이 가서 찐득찐득한 오렌지빛 노을이 우리 집 마당까지 새어 들어오는 듯했다. 릴리는 꼭 사진 속에 들어온 것 같다고 했다. 이웃들은 서로에게 바깥을 보라고 문자 메시지를 보냈다. 저 멀리 보이는 점점이 푸른 빛이 새어 나오는 희부연 안개를 더 낯설게 보이게 했다. 릴리의 살갗이 오렌지빛으로 빛났다. 나는 이 빛으로 내 눈을 흠뻑 적셨다.

9장
정의의 여신

2020년 조지 플로이드가 살해*된 뒤 전국시각장애인연맹은 공개 줌 회의를 여러 번 개최했다. 이는 연맹의 흑인 회원들이 단체 내에서 겪은 인종차별 경험을 공유하고, (주로 백인인) 다른 회원들이 이 이야기를 듣고 질문하는 장이었다. 화상 회의가 으레 그러하듯 이 회의도 사람들이 서로의 말을 가로막고, 주제에서 벗어나고, 각자의 집 부엌에서 요란한 소리가 들려오는 등 야단법석이었다(시각장애인들의 줌 회의는 특히 중간중간 터져 나오는 엄청나게 빠른 합성 음성으로 악명이 높다. 때로 누군가 스크린 리더를 꺼놓는 걸 잊으면 아이폰이 사람보다 세 배 빠른 속도로 이메일을 읽는 소리를 헤치며 대화를 이어가기도 한다).

---

* 2020년 5월 아프리카계 미국인 남성 조지 플로이드가 체포 과정에서 경찰 폭력으로 질식사했다. 사건 영상이 소셜 미디어로 빠르게 공유되면서 미국 전역에는 인종차별과 경찰 폭력을 항의하는 시위가 이어졌다.

회의는 곧 고통스럽고 엄중한 대화의 공간이 되었다. 한 회원이 올랜도에서 열린 전국 대회에서 겪은 일을 이야기했다. 다른 시각장애인들과 함께 호텔 객실에서 행사장으로 내려가는 엘리베이터를 탔다. 중이층에 멈춘 엘리베이터에서 한 사람이 내리고 문이 닫히자, 함께 탔던 누군가가 말했다. "저 n***•가 내리니 속이 시원하군."

"한 명 더 있는데요." 그 회원이 말했고, 행사장에 도착할 때까지 엘리베이터에는 침묵이 감돌았다. 이 회의에서는 이 비슷한 일화뿐 아니라 연맹의 흑인 회원들이 지도자 자리에 오르는 일을 제지당하거나 단념한 이야기들도 등장했다.

텍사스 지부의 백인 지도자가 대화에 끼어들었다. 우선, 이런 항의에 대해 자신의 소속 지부에서 대화하고, 지부 회원들로 하여금 연맹이 다양성과 포용을 믿는다는 사실을 인지하도록 하겠다고 했다. 그러다가 그는 불쑥 말했다. "난 아예 피부색을 안 봅니다! 당연히, **말 그대로** 안 보이기는 하죠…. 하지만… 정말 그런 걸 알아차리지 못한다고요." 그러자 백인 시각장애인 다수가 지지와 연대를 표하며 똑같이 말했는데, 한편으로 이 모습은 장애를 알리바이 삼아 자신이 저지를 수 있는 가해에서 면벌하려는 시도로 보이기도 했다.

이 회의에서 어떤 흑인 회원은 백인 지인과의 대화 도중 동일

• 아프리카계 미국인에 대한 인종주의적 비하 어휘를 언급하는 것을 피하고자 원문에서 'n 워드'라는 표현을 쓰고 있기에, 번역문에서도 n***으로 표현했다.

한 말을 들었다고 했다. "난 눈이 멀었잖아, 색이 안 보인다고." 그는 백인 지인에게 대답했다. "나도 눈이 멀었어. 나도 색을 못 보지. 하지만 **무지함은 선명하게 들려.** '색이 안 보인다'는 말로 400년간의 억압과 불의를 모른 척해서는 안 돼."

눈멂이 은유로 쓰일 때 좋은 뜻인 경우는 거의 없다. 보통 눈멂은 망각과 무능이라는 함의를 지닌다. **눈뜬장님**blind fool, **인사불성으로 취한**blind drunk, **거액의 사기를 당하다**robbed blind 등이다.

눈멂이 가진 몇 안 되는 긍정적 은유 중 하나가 **정의**다. 정의의 여신은 횃불을 들고 영화의 오프닝 크레디트를 환히 밝히는 콜럼비아픽처스 여신의 사촌쯤 되는 모습이다. 긴 드레스로 몸을 감싸고 눈가리개 끈을 뒤통수에 꼼꼼하게 묶은, 시력을 지닌 아름다운 백인 여성이라는 점에서 그러하다. 정의의 여신은 대개 저울을 들고 있어 공평무사하다는 이미지는 갑절이 된다. 여신은 피상적인 시각적 판단에 방해받지 않고 증거의 무게를 재어 볼 뿐이다.

미국 법 전통에서 맹목적 정의가 가장 빈번히, 강력하게 발휘되는 것은 인종 문제다. 법학 교수 오사지 K. 오바소지의 말대로, 피부색 무시color blindness **는 종종 진보적인 법적 개념의 예로 사용되어 왔으나, 현실에서는 인종적 불평등을 회피하려는 태도를 반영한다는 것이다. 1892년 호머 플레시는 백인 탑승권을 끊어

** 본래 색맹을 뜻하는 말이지만, 법 언어에서는 판결에 인종을 고려하지 않는다는 의미로 쓴다.

열차의 백인 전용 칸에 탑승했다. 기관사가 백인이 맞는지 묻자, 플레시는 자신의 혈통 8분의 1이 아프리카인이므로 백인이 아니라고 대답했고, 이어서 열차 내 형사에게 연행당했다. 인종 분리 사회에서 문제시한 것은 플레시가 가진 오로지 8분의 1의 흑인 정체성이었다.

이 사건이 1896년 대법원에 회부되었을 때 판사 한 명을 제외하고는 모두 플레시에게 불리한 판결을 했다. 미국 수정헌법 14조는 모든 시민을 동등하게 대하도록 하고 있지만, 열차의 인종 분리 칸같이, 백인 전용 칸과의 '분리되었으나 평등한' 조율은 법 위반으로 여기지 않는다는 것이다. 대법원에서 유일하게 존 마셜 할런 판사만이 피부색 무시를 들어 인종 분리에 반대했다. 할런은 이렇게 썼다. "헌법의 관점과 법의 눈 앞에서는 이 나라의 시민 중 우월하고 우세하며 지배하는 계급이 존재하지 않는다. 이 나라에는 카스트가 없다. 우리의 헌법은 피부색을 무시하며, 시민들 사이의 계급 차이를 알지 못하고, 용인하지도 않는다."

할런 판사의 관점으로는 법의 눈에 피부색이 보이지 않는 건 바람직한 일이었고, 정의의 여신이 눈가리개를 하고 있는 이유였다. 피부색 무시는 편견을 수정할 오직 하나의 방법인 객관성을 제시한다. 평등을 원한다면 법은 반드시 인종적 차이를 무시해야 한다는 것이 할런의 주장이다.

랭스턴 휴스*는 1932년 발표한 시 〈정의〉에서 정의의 여신이

---

* 인종차별에 저항하는 시를 쓴 미국의 흑인 시인이자 소설가.

라는 고전적 이미지를, 머리에 눈가리개가 아닌 치료용 거즈를 두른 끔찍한 폭력의 희생자로 새로이 상상했다.

정의는 눈먼 여신.
우리 흑인이 현명히 대해야 할 상대다.
여신의 붕대는 문드러진 두 개의 상처를 가리고 있다.
한때 아마도 눈이었을 것들을.

휴스의 시는 할런 판사의 피부색 무시라는 법적 개념을 전복한다. 정의의 여신은 유혈이 낭자한 폭력적 수단으로 눈이 멀었고, 그 결과 흑인의 경험을 특징짓는 억압을 보지 못한다. 랠프 엘리슨의 보이지 않는 인간**이 보이지 않는 이유도 이와 상통하는 백인의 눈멂 때문이다. 작중 인물은 말한다. "나는 보이지 않는다, 그저 사람들이 나를 보기를 거부하기 때문이다."

•• ••

전국시각장애인연맹 창립자 제이코버스 텐브록은 연맹의 모든 회장이 그러하듯 백인이다. 그러나 텐브록은 주변화된 집단들의 권리에 깊은 관심을 가졌다. 그는 연맹 초기 몇십 년간 정

•• 미국 흑인 문학의 걸작으로 꼽히는 랠프 엘리슨의 장편소설의 제목이 《보이지 않는 인간》이다.

치 행동을 이끄는 동시에 헌법학자로서 2차 세계대전 당시 미국 포로수용소에 억류된 일본계 미국인들의 권리와 미국 수정헌법 14조의 평등 보호 조항에 담긴 '노예제 반대의 기원'에 대한 작업을 발표했다(후자의 작업을 통해 그는 당시 미국흑인지위향상협회 NAACP 변호사이던 서굿 마셜과 연을 맺었고, 마셜은 대법원의 **브라운 대교육위원회** 소송에서 논거를 펼치며 텐브록의 연구를 인용했다). 1966년 흑인민권운동Black civil rights이 고조된 시점에 텐브록은 〈세상에서 살아갈 권리: 불법행위법에 따른 장애인〉이라는 법학 논고를 발표했다. 이 글에서 텐브록은 장애인 민권과 인종 평등의 연관을 명확히 밝혔다. "흑인이 그러하듯 시각장애인이 그러하고, 푸에르토리코인이 그러하듯 소아마비후증후군을 앓는 이들이 그러하다." 앤젤라 프레드릭과 데이나 시프러가 지적하듯, 텐브록의 글은 법적 보호를 제공하는 특성들의 목록(성별, 인종, 피부색, 종교, 출신국)에서 장애를 제외한 것이 특징인 민권법이 통과된 직후 출판되었다.

조지 플로이드 살해가 시위를 촉발한 지 두 달 뒤, 언론에서는 미국장애인법 제정 13주년과 관련한 뉴스들을 하루 이틀 내보냈다. 어느 날 오후, 나는 주디 휴먼이라는 여성이 출현한 라디오 방송을 듣게 되었다. 휴먼은 1964년 민권법 통과 후부터 장애인

• 1954년에 있었던 미국 대법원 판결. '분리하되 평등한'이라는 원칙을 내세운 '플레시 대 퍼거슨' 판결을 뒤집고 피부색에 따라 학생들의 교육을 분리하거나 차별해서는 안 된다고 판단하며 통합을 강조함으로써 인종차별 문제 개선에 공헌한 것으로 평가받는다.

민권을 보호하는 법을 실행하기까지 10년이라는 변혁적 기간에 자신이 장애인권 활동가로서 해 온 작업을 이야기했다.

브루클린에서 어린 시절을 보낸 백인 유대인 휴먼은 소아마비 백신 개발 이전의 마지막 세대였다. 휴먼은 생후 18개월에 바이러스에 감염되어 양팔만 제한적으로 사용하는 사지 마비 환자가 되었다. 유치원 입학을 위해 어머니가 휴먼을 휠체어에 태워 공립학교에 데려가자, 교사들은 위험 요소가 될 수 있어 받아줄 수 없다고 했다. 1973년 재활법 504조 통과 이전(그리고 1977년 이를 강제하는 규정이 채택되기 이전)이던 그 시절에는 이러한 배제가 완벽하게 합법적이었다. 휴먼은 연방 정부의 자금으로 운영하는 모든 환경에서 장애로 인한 차별을 금지하는 재활법 504조를 '해방 선언문'이라 불렀다. 이로부터 17년 뒤 미국장애인법은 동일한 법적 보호를 민간 부문까지 확장했다.

이 말을 들으며 나는 하던 일을 멈췄다. 이런 법들이 어떤 효과를 발휘했는지에 대한 휴먼의 표현은 과장이 아니었다. 재활법 504조는 수많은 장애인에게 학교, 건물, 직업, 교통수단을 열어 주었고, 그 결과 이들의 삶은 완전히 바뀌고 또 풍요로워졌다. 강제 불임 시술, 언어 박탈, 안락사, 교육과 직업 기회의 거부까지, 역사적으로 장애인은 용서할 수 없는 주변화와 억압을 경험해 왔다.

1980년대가 시작되고 한참이 지난 후에도 지적장애인들을 스태튼 아일랜드에 있는 윌로우브룩 같은 악명 높은 시설로 보냈으며, 이곳의 아동들은 동의 없는 의학검사의 대상이 되고(간염

바이러스의 효과를 연구하고자 의사들이 아이들에게 감염된 대변 표본을 먹였다고 전한다) 몇십 년간 성적·신체적 학대에 시달렸다. 오늘날까지도, 자폐아를 비롯한 장애 아동이 다니는 매사추세츠의 어느 기숙학교에서는 "공격적인 행동이나 자해 행동"을 막고자(이 장치를 금지한 FDA의 결정을 2021년 무효로 판결한 워싱턴 D.C. 항소법원의 표현이다) 이들이 전기 충격 목걸이를 착용하도록 한다. 그런데도 나는 휴먼의 비유를 쉬 받아들일 수가 없었다. 장애인에게 가한 불의가 아무리 끔찍하고 만연한 것이라 한들, 노예를 재산으로 보는 노예제와 비교할 수 있을까?

휴먼은 자서전에 이렇게 썼다. "내 삶은 비록 남부의 분리 정책을 상징하는 조그만 '백인 전용' 표지판들에 구애받지 않았지만, 나 역시 분리된 삶을 살았다." 뉴욕교육위원회와 몇 년간 싸운 끝에 휴먼의 어머니는 결국 딸을 뉴욕의 공립학교 P. S. 219의 장애 학생 프로그램에 보냈다. 그러나 학교에 다닐 수 있어 기뻤던 것도 잠시, 학교에서 휴먼에게 제공한 것은 평등한 교육과는 거리가 멀었다. 장애 학생 프로그램에는 9~21세 학생들이 뒤섞여 있었고 10대 청소년들도 낮잠 시간에 잠을 자야 했다. 그리고 이들이 실제 받았던 교육은 이미 고등학교 수준의 책을 읽는 휴먼의 수준에는 한참 못 미쳤고 위층에서 비장애 아동들이 배우는 것의 극히 일부에 불과했다. 휴먼은 "1964년 민권법에서 배제된 우리에게는 우리만의 민권법이 필요했다"고 썼다.

휴먼은 교사를 꿈꿨고, 롱아일랜드대학교를 졸업한 뒤 뉴욕주 교사 자격 과정에 입학했다. 뉴욕주에서는 필기시험과 구술시험

외에도 전염병 등 학생들에게 위험을 초래할지 모르는 의료적 문제가 없음을 확인하는 신체검사가 필수였다. 그런데 신체검사에서 뉴욕시 의사는 화장실에 어떻게 가는지 시연해 보라는 등 일어나 걸어보라는 등 수치스러운 질문들을 던졌다. 휴먼이 자신은 애초에 걷지 못했으며 휠체어로 잘 돌아다닌다고 재차 설명해도 마찬가지였다. 3개월 뒤 뉴욕시는 휴먼의 응시 자격을 박탈했다.

휴먼은 미국시민자유연맹American Civil Liberties Union; ACLU에 연락했지만 이들 역시 두 손 들고 말았다. 연맹 변호사는 "의료적 사유로 인한 자격 박탈은 차별이 아니"라고 말했다. 이 답변을 통해 장애를 근본적으로 의료적 문제로 보는 관점이 얼마나 끈질기게 만연해 있는지 알 수 있다. 다른 주변화된 집단들의 민권을 위해 활동하는 진보주의자들조차 장애를 인종, 성별, 섹슈얼리티와는 범주가 다른 기본적인 신체의 흠결로 보았다.

19세기 미국 의료 문헌은 아프리카계 미국인의 생물학적 열등함과 이들이 노예로서 가지는 생리학적 적합성을 주장하는 인종주의로 가득하다. 역사학자 더글러스 베인턴의 주장대로 사람들은 아프리카계 미국인, 여성, 이민자 정체성을 장애와 나란히 둠으로써 종속과 배제를 정당화한다. 여성참정권 반대자들은 여성이 기질적으로 불안하며, 이들은 투표를 하기에 지적 적합성이 부족하다고 주장했다. 베인턴의 글에 따르면, 미국 이민 정책은 민족성과 장애를 불가분에 가까운 정도까지 일치시킨다. 1907년 미국 이민국 장관은 이렇게 썼다. "도덕적·정신적·신체적 결함을 가진 이들을 우리 미국에서 배제하는 것이 이민법이 달성해야 하는 1차 목표다.”

그 결과 여성, 아프리카계 미국인, 이민자 공동체들의 권리를 옹호하는 운동의 전개는 모두 장애와의 분리를 수반했다. 이 집단들은 자신들이 비장애인 백인 남성만큼 유능하다는 사실을 증명해야 했던 것이다. 과거 노예였던 노예제 폐지론자 프레드릭 더글라스는 “권리의 진정한 원천은 개인의 능력”이라고 믿었다. 베인턴은 더글라스의 주장에는 역으로 개인이 남들과 다른 능력을 가질 때에는 권리 역시 다르게 주어져야 한다는 암묵적 주장이 담겨 있으며, 이는 “정치적 불평등의 합리화”를 제공한다고 보았다.

1970년 휴먼은 뉴욕교육위원회를 상대로 한 투쟁(및 이를 통해 얻은 막대한 유명세)을 이용해 장애인권 조직가로서의 경력을 다졌다. 휴먼은 다른 활동가들과 함께 '행동하는 장애인Disabled in Action'이라는 단체를 만들어 대중교통 접근성 지원에서 보호작업장(최초의 맹학교에서 시작되어 시각장애, 이후 발달장애를 가진 성인에게 최저임금에 못 미치는 임금을 지급하며 일하게 했고 따라서 직업상 발전이나 경제적 자립에 관한 희망을 거의 주지 못했다) 종식까지 다양한 의제들을 다루었다.

오래지 않아, 자립생활운동의 창시자(이자 버클리의 도로 모퉁이마다 경사로를 설치하게 만든 장본인)인 캘리포니아대학교 버클리 캠퍼스 학생 에드 로버츠가 휴먼에게 연락해 버클리에 와서 자립생활센터 운영을 도와달라고 부탁한다. 휴먼의 활동이 전국 곳

곳에서 헤드라인을 장식한 뒤였다. 이러한 활동은 휴먼을 전국에서 가장 가시화되고 활발한 장애인권 단체의 핵심까지 나아가게 만들었다.

1977년, 자립생활센터는 (전국의 다른 장애 단체들과 함께) 재활법 504조를 실행하지 않는 정부에 대한 항의로 보건교육복지부 HEW가 위치한 샌프란시스코 시빅센터 연방 청사에서 연좌 농성을 벌였다. 전국 여러 도시의 지원 농성을 촉발한 이 시위는 장애인권의 역사에서 빼놓을 수 없는 장면이자, 장애인권이 처음으로 전국적 의식에 자리 잡게 만든 최초의 순간으로 종종 묘사된다(2020년 영화 〈크립 캠프〉는 이를 잘 묘사한다). 장애인 활동가들은 연방 건물을 26일간 점거한 채 바닥에서 잠을 자고 밤늦게까지 회의를 하며 전략을 논의했다. HEW가 전화선을 끊자 단체의 농인 구성원들이 거리에 나가 미국 수어로 동지들과 소통했다. HEW가 보급을 차단하고자 건물을 폐쇄하자(다른 도시들에서 열린 연좌 농성은 이 조치로 끝을 맺는다) 블랙팬서°가 침입해 따뜻한 음식을 가져다주었고 시위가 끝날 때까지 매일 밤 음식을 조달했다.

연방 건물을 점거한 활동가들 중 휠체어 사용자 브래들리 로맥스 그리고 그의 활동 보조인 척 잭슨은 블랙팬서 당원이었다. 연좌 농성의 '영적 지도자'로 불린 시각장애인 활동가 데니스 빌럽스도 훗날 블랙팬서 당원이 되었다. 그러나 시위자 대다수는 백

•　아프리카계 미국인의 권익 보호와 향상을 위한 미국의 단체이자 정당.

인이었다. 점거 당시 블랙팬서가 발행한 신문에 실린 인터뷰에서 빌럽스는 더욱 다양성 있는 운동의 필요성을 주장했다. "흑인이자 장애를 가진 형제자매들이여, 나오십시오. 우리에겐 여러분이 필요합니다. 이리 오세요, 우리에겐 여러분이 필요합니다."

보건교육복지부 장관이 마침내 재활법 504조를 실행한다는 법령에 서명한 뒤 이어진 승리의 집회에서 블랙팬서당 대표 에리카 허긴스는 주로 백인인 장애인들의 경험을 흑인의 주변화 경험과 단호히 연결하며 극단적으로 해방주의적인 피부색 무시의 태도를 표출했다.

미국에는 언제나 n***가 존재했습니다. 그리고 그들은 온갖 체격, 형상, 피부색, 계급, 장애를 가진 모습입니다. 해방법 504조 서명은, 이 시위는, 이 연좌 농성은, 지난 몇 주간 일어난 이 아름다운 일은 결국 n***의 해방을 선언하기 위한 것입니다.

• • • •

주디 휴먼 같은 활동가들은 평등권 요구에 있어 장애인도 본질적으로 다른 이들과 똑같다는 주장을 펼쳐야만 했다(휴먼의 회고록 《나는, 휴먼》은 적절하기 그지없는 자신의 성으로 말놀이를 하며 이 점을 강조한다). **우리도 인간이다!**라는 이 주장은 겉보기에는 자명한 듯하지만 그럼에도 '장애 공동체'라는 무정형의 단체에 가입하는 것이 어떤 의미를 갖는지 생각한 이래 쭉 나를 사로잡았던, 정체성이라는 복잡한 문제를 불러온다. 시각장애인으로서의 내 정체성은 얼마만큼 중심을 차지해야 마땅할까?

장애인권 활동가들은 시각장애는 한 사람을 정의할 수 없는 특성non-defining이라고 주장한다. 그러나 이들은 장애가 기껏해야 부차적인 것에 지나지 않는다는 이 같은 주장을 하는 동시에, 장애를 정체성의 1차적 표식으로 삼고 이름에 정반대 주장을 담은 단체인 행동하는 장애인, 전국시각장애인연맹 등에 소속되어 있다. 이 모순을 어떻게 설명할 것인가? 법이 모두를 평등하게 대우하는 동시에, 특정 집단에서 먼 쪽으로 저울을 기울이는 불균형을 인식하려면 어떻게 해야 할까?

2013년 사망한 생명윤리학자 에이드리언 애쉬는 장애가 한 사람의 삶에서 중심인 동시에 부차적이 될 수 있다는 사실 그리고 어떤 상황에서는 장애의 존재를 인정하되 어떤 사례에서는 무시하는 것이 얼마나 중요한지 적극 고심하며 한평생을 보냈다.

애쉬가 유치원에 입학하기 전인 1951년, 애쉬의 부모는 뉴저지주로 이사했다. 일반 공립학교에 시각장애 아동의 입학을 허가하는 몇 안 되는 주였기 때문이다. 1960년대 초반, 고등학생이던 애쉬는 정치와 흑인민권운동에 열을 올렸지만 아직은 자신의 장애를 둘러싼 정치적 의식이 개발되지 못했다. 애쉬는 〈주이시 브레일 리뷰Jewish Braille Review〉라는 잡지에서 제이코버스 텐브록의 연설을 읽었지만, 시각장애인이 맞닥뜨리는 차별을 맹렬히 비판한 이 글을 읽으면서도 사실일 리 없다고 생각했다. 자신은 그런 차별을 한 번도 경험한 적 없기 때문이다.

애쉬는 이 잡지에 실린, 미국에서 흑인으로 사는 것과 시각장애인으로 사는 것 중 어느 쪽이 더 쉬운가 하는 시각장애인 역사학자의 질문을 생생하게 떠올린다. "겁에 질렸던 기억이 나요." 애쉬는 회상했다. "당연히 미국에선 흑인으로 사는 게 더 힘들죠. 너무 이상하다고 생각했어요. 대체 무슨 소리지? 내가 집단 폭행을 당하는 일은 없잖아. 아무도 내가 하려는 일을 막지 않는걸."

그러나 애쉬 역시 곧 차별에 마주했고, 이후 쭉 그랬다. 애쉬가 지원한 대학교는 자기네 학교는 주립대학으로서 성적이 좋은 애쉬를 입학시켜야겠지만 원치 않는다고 했다. 캠퍼스의 부산한 큰길을 건너다 다칠 위험 때문이라고 했다. 애쉬는 교통안전에 주의하라는 둥의 온정주의적 경고를 하지 않았던 스와스모어대학교에도 합격했기에 이 정도 자잘한 일은 털어버릴 수 있었다. 다른 모든 것을 가졌고, 장벽은 일시적인 것에 불과했기에, 피해 갈 수 있었다.

스와스모어대학교에서 그는 시각장애인을 비롯한 다른 장애인 학생들을 알게 되었지만 딱히 동질감을 느끼지는 않았다. "그 사람들을 좋아하지도, 싫어하지도 않았습니다. 소아마비에 걸린 친구는 꽤나 좋아했어요. 신장이 작은 친구는 특별히 좋아하지 않았고요." 애쉬는 자신을 생각할 때와 마찬가지 방식으로 남들을 생각했다. 장애를 비롯한 여러 정체성의 집합체 가운데 단 한 가지로 정의되지 않는, 그저 다른 사람일 뿐이라고.

대학을 졸업한 뒤 애쉬의 태도는 바뀌었다. 몇십 군데 일자리에 지원했고, 자격을 갖추었음이 확실한데도 돌아오는 것은 노골적 차별이었다. 링컨센터의 한 매니저는 애쉬에게 면접 기회를 주어 마땅하지만 일터에 시각장애인을 들이고 싶어 하지 않는 상사가 면접을 진행한다고 했다. 애쉬는 링컨센터 부사장과의 면담을 요구했으나 거절당했다. 훗날 친구이자 앨라이ally*가 된 주디 휴먼과 마찬가지로, 애쉬 역시 시 인권위원회에 청원하며 법적 대응을 시도했지만 그들이 자신을 도울 의사가 없음은 금세 분명해졌다. 당시엔 애쉬를 차별에서 보호해 줄 주법도, 연방법도 존재하지 않았다. 애쉬는 말했다. "장애가 정치적 의제란 사실을 그때 처음 깨달았죠. 내가 정치적이 되지 않으면 내 문제를 해결할 수 없다는 것도." 대학 시절 반전운동과 민권운동에 참여해 몇 가지 전술을 배운 바 있는 애쉬는 자신이 마주한 억압과 맞서 싸우기 위해 마지못해 이 전술들을 적용하기로 했다. 한 친구는 이렇게 농담했다. "에이드리언 애쉬는 스물세 살이 되어서야 자기가 시각장애인이라는 걸 처음 깨달았다네."

애쉬는 친구들과 함께 전국시각장애인연맹에 가입하고 뉴욕시 지부를 만들었다. 엇비슷한 시기 휴먼을 만났고, 1970년 휴먼이 만든 교차성 장애 활동가 단체인 '행동하는 장애인' 및 이와 비슷한 단체인 미국장애인시민연합American Coalition of Citizens with Disabilities에도 가입했다. 그 뒤, 애쉬는 단일 의제 지향적인 전국

---

* 조력자라는 의미로, 차별의 대상인 주변화된 집단의 권리를 지지하는 사람을 뜻한다. 차별의 당사자가 아닌 이들을 포함하는 개념이다.

시각장애인연맹 그리고 교차성 장애 연합들이라는 두 가지 완전히 다른 세계를 하나로 모아 장애로 인한 일터에서의 차별 금지법 통과를 위한 로비를 시작했다. 애쉬는 몇백 명 규모의 시위를 조직해 보호작업장 및 전국시각장애인연맹 소속 시각장애인을 비롯해 다양한 장애를 가진 사람들과 함께 올버니 뉴욕주 의사당 앞에서 피켓 시위를 벌였다.

법안이 통과된 뒤 뉴욕 지부 사람들은 애쉬가 전국시각장애인연맹뿐 아니라 다른 장애 단체들 역시 대표하는 활동가로서 대중 앞에 나선 것을 비난했다. 이후 전국시각장애인연맹 회장 케네스 저니건은 전국 대회에서 애쉬의 행동을 공개적으로 비판하기도 했다.

애쉬는 전국시각장애인연맹의 반발은 법이 더 넓은 대상에 적용되면 그들이 싸워서 얻은 혜택을 잃을지 모른다는 두려움 때문이라고 보았다. 시각장애는 다른 장애에 비해 상대적으로 발생률이 낮으며 특수한 요구가 따르는 장애다. 애쉬의 말에 따르면, 휠체어가 필요한 사람이 있다면 행정기관에서 휠체어를 구입해 주면 해결된다. 그러나 갓 실명한 시각장애인에겐 몇 개월에 걸친 점자 지도, 지팡이 수업, 가정관리 기술 등등이 필요하다. 연맹은 시각장애인에게 주어진 세법상의 지위와 이들만을 위한 주 위원회를 잃는다면 이토록 힘겹게 싸워 얻어낸 특별 서비스가 사라질까 봐 두려워했다.

애쉬는 연맹 측의 비난 이후에도 단체를 떠나지는 않았지만 참여는 줄었다. 그는 연맹 측이 시각장애인 권리를 위해 효율적으로 명료하게 싸워온 것을 높이 사는 한편, 동부 해안 출신의 급진적 유대인으로서 근본적인 문화적 충돌을 느꼈다. 저니건의 집행부는 애쉬와 남자 친구의 공개 동거를 비판했다. 애쉬는 말했다. "그래선 안 된다는 거죠. 전국시각장애인연맹 관점으론 공개적으로 해서는 안 되는 일이었던 겁니다. 이곳은 버클리가 아니었죠."

연맹 지도자들은 미 중부 지방인 아이오와 혹은 사우스캐롤라이나 출신이었고, 상상 이상으로 공화당 지지자들이었다. 시각장애인 차별 문제에서는 대단한 사람들이었지만, 반문화에 참여하는 사람들은 아니었다…. 그들은 베트남전쟁에 반대하는 피켓 시위를 원치 않았고 임신 중지에 대해서 말하고 싶어 하지 않았다.

그러나 한편으로 애쉬는 자신을 휴먼처럼 더욱 급진적인 장애 운동 조직가로 보는 것 역시 거부했는데 "24시간, 주 7일간 멈출 수 없는 완벽한 전념"을 강조하는 휴먼은 또 다른 방식으로 전국시각장애인연맹 지도자들과 닮아 있었기 때문이다. 애쉬는 평생 실명인으로 살아왔으며 열정적으로 운동에 참여했음에도, 어느 정도는 고등학생 시절의 태도를 간직했다. 지금 이 순간 실명이 문제가 아니라면, 즉 현재 싸워야 할 눈앞의 불의가 없다면 애쉬는 실명이 배경에 녹아들도록 내버려두었다. 이는 24시간, 주 7일 전념하는 장애운동가들은 할 수 없는 방식이었다.

... ..

전국시각장애인연맹과 달리 장애정의운동disability justice movement 은 사람들이 인종, 섹슈얼리티, 젠더, 계급, 장애로 인해 경험하는 억압은 모두 연결된다는 개념인 교차성을 처음부터 전제했다. 장애정의운동은 2000년대 초반 베이 에어리어에서 대부분 유색인종인 장애인 여성으로 이루어진 단체가 시작한 것이다. 앞선 세대 활동가들은 가시화된 장애, 즉 시각장애나 청각장애 같은 감각장애, 척추갈림증이나 다운증후군 같은 신체장애와 발달장애에 집중하는 경향이 있었다. 그러나 장애정의운동은 이전 세대 활동가들이 주로 백인이었음을 지적했고, 나아가 공동체가 포함하는 장애의 종류를 늘렸다. 이들은 자신을 규정할 수 있는 언어의 목록 속 장애disabled에 아픈sick, 미친mad 을 추가했다.

락시미 피에프즈나-사마라시냐는《케어워크: 장애 정의를 꿈꾸며》에서 역사적으로 장애인권운동과 연결되지 않았던 인물들을 영적·지적 선구자로 내세웠다. 유방절제술을 받고 유방암을 이겨냈으나 훗날 간암으로 사망한 오드리 로드 같은 "제2의 물결 유색인종 퀴어 페미니스트"들의 삶을 칭송하기도 했다(근시가 심했던 오드리 로드는 법적 시각장애인이기도 했다). 피에프즈나-사마라시냐는 로드 같은 인물의 특징을 "신체적 차이를 이겨내고 트라우마에서 살아남을 정도로 탁월하며 만성 질환에 시달리면서도… 대부분 결코 스스로를 '장애인'이라는 용어로 부르지 않았다"고 쓴다.

피에프즈나-사마라시냐의 말에 따르면, 장애정의운동은 만성 질환이나 정신 질환처럼 "국가가 인정하지 않으며 따라서 '진짜' 가 아닌 장애"를 가진 이들을 포함해 기존의 장애 활동가 공간에서 배제된 이들을 위한 안식처다.

> 우리들 가운데 일부는 돌봄이 필요하지만 국가에서 규정한 완전하고 영구적인 장애에 속하지도 않고, 일하기에 적합하지 않고 일할 준비도 안 되어 기존 서비스에 접근할 수도 없는 간극 속에 존재한다. 우리들 가운데 다수는 너무나 병들어 도움이 필요하지만 그럼에도 느리게 그리고 다른 선택지가 없기에 여전히 요리하고, 장을 보고, 일할 수 있다는 이유로 공식 불구 시험에 통과할 수 없는 상황에 익숙하다.

교차성을 이해하는 장애정의운동은 지금까지 내가 만난 시각장애인 단체들과는 다른 언어를 쓰는 것만 같았다. 전국시각장애인연맹은 민권의 언어로 말하며 단일한 명분하에 권력과 싸운다. 인종을 비롯한 다른 정체성들은 장애의 유사점으로 존재한다고 보았을 뿐 이러한 정체성들과의 상호작용은 거의 고려하지 않았다. 반면 장애정의운동은 변혁적 정의의 언어로 말하며 인종주의, 비장애 중심주의, 성차별주의, 트랜스포비아는 함께 싸울 필요가 있는 분리 불가능한 힘들이라고 주장했다.

장애 집단 신스 인밸리드Sins Invalid는 교차운동의 연대를 말하는 호명기도를 닮은 인상적 선언문에서 이들의 사명은 전통적으로 이런 싸움들을 구분했던 장벽을 없애는 것임을 밝힌다. 그들은 장애 정의란 "인종 정의, 재생산 정의, 퀴어와 트랜스 해방, 감옥 폐지, 환경 정의, 경찰에 의한 테러 반대, 농인 행동, 비만 해방을 비롯해 정의와 해방을 위해 벌어지는 여타 운동들과" 함께 가야 한다고 쓴다. "그 말인즉슨 인종주의에 있어 백인 장애 공동체에 도전하고, 비장애 중심주의에 맞서고자 다른 운동들에 도전한다는 의미다."

장애정의운동과는 달리 여타 장애 단체와 함께하지 않았던 전국시각장애인연맹의 저항에는 긴 역사가 있다. 1989년 미국장애인법 초안이 만들어지자 전국시각장애인연맹은 법안에 반대하고 나섰다. 20년 가까이 전국시각장애인연맹 회장을 역임한 케네스 저니건은 법안 통과 6개월 전 〈브레일 모니터〉에 "소위 편의 제공이라는 것은 그 자체로 차별적인 경우가 종종 있다"고 썼다. 저니건과 전국시각장애인연맹으로서는 교차성 장애 연합들이 시각장애인에게 해로운 것이었다.

(주디 휴먼을 비롯한) 휠체어 사용자들이 항공사에 (휠체어 준비, 탑승 보조, 보조자 없는 탑승 허용 등) 편의 제공을 압박하자 저니건은 장애에 대한 '포괄적' 접근은 시각장애인의 비행기 이용에 '새롭고 부당한 제약들'을 만들었다고 불만을 토로했다. 항공사가 위와 같은 편의 제공을 시작하자 시각장애인도 별안간 공항에서 불필요한 휠체어를 강제로 이용해야 했다. 오늘날에도 이런 관행은 흔하다. 정기적으로 비행기를 이용하는 시각장애인 대부분이 여정 중 어느 시점에 끊임없이 휠체어를 타라는 요청 또는 강

요를 당하고, 대부분은 이를 모욕적 경험이라고 느낀다.

미국장애인법을 검토하던 부시 정부와 의회 구성원들은 (1989년 덴버 전국 대회에서 공식 결의한) 전국시각장애인연맹의 반대를 전달받고 백악관에서 연맹 지도자들과 수정안 협상을 진행했다. 화기애애하고 생산적이던 이 회의 이후에도 저니건은 자신들의 수정안이 포함되지 않는다면 "법안 통과를 늦추고 막기 위해서라면 가능한 모든 조치를 할 것이다…. 자칭 민권이라고 해서 실제 민권인 것은 아니기 때문이다"라고 썼다. 결국 의회는 미국장애인법이 요구한 편의는 사실상 장애인 당사자의 선택에 달렸음을 명문화하는 수정안을 추가했다.

나는 미국장애인법 덕분에 내가 원치도, 필요로 하지도 않는 휠체어에 억지로 앉지 않아도 되니 다행이라 생각하지만, 실명이 장애가 아니라는 저니건의 주장을 받아들이기에는 깊은 양가감정이 든다. 우선 실명이 그저 하나의 특성에 불과하며 (지팡이 사용법 등의) '대안 기술'을 배우기만 하면 실명인은 완벽하게 유능하고 자립적인 사람이라는 그의 단언에는 깊은 해방의 감각이 감돈다. 이 철학은 내가 평범한 사람이라는 자아감이 실명 이후에도 살아남을 것이며 얼마 남지 않은 시력을 모두 잃고 난 뒤에도 내가 지닌 특권들을 빼앗기지 않는다고 안심시킨다. 그러나 저니건은 실명인은 진짜 장애인이 아니지만 휠체어 사용자 등 다른 집단은 장애인이 맞다고 주장하면서 너무 멀리 가버린다. '대안 기술'(웹 개발자가 접근성을 염두에 두고 사이트를 설계해야 가능한, 스크린 리더를 통한 인터넷 이용 등)과 '편의 제공'(휠체어 경사로

등)의 차이가 무엇이란 말인가?

전국시각장애인연맹의 수정안을 덧붙인 미국장애인법에 따르면, 버스 운전기사가 시각장애인에게 노인이나 장애인용 좌석에 앉으라고 요구하면 불법이다. 저니건은 다음과 같이 썼다. "어떤 이들은 좌석 착석을 놓고 입씨름하는 것을 트집 잡기라고 할지 모르지만, 로자 파크스*를 비롯한 이들은 바로 이런 의제들을 통해 민권운동 전체에 전국의 관심을 불러들였다." 로자 파크스와 흑인민권운동은 흑인의 능력이 백인의 능력과 똑같다고 주장할 수 있을 것이다. 그러나 시각장애인이 비시각장애인과의 관계 속에서 자신의 능력에 대해 똑같은 주장을 할 수 있을까? 시각장애인에게는 비시각장애인과는 다른 능력이 있음을 인정한다고 해서 무엇이 손해란 말인가?

.. ..

애닐 루이스는 전국시각장애인연맹의 최고위 흑인 지도자다. 조지 플로이드 사망 후 몇 주간 열린 줌 회의에 참석하면서 그의 이름을 들어보진 못했다. 그런데 2020년 7월 루이스는 〈브레일 모니터〉에 '흑인으로 사는 것이 시각장애인으로 사는 데 도움을 주었고 시각장애인으로 사는 것이 #흑인의목숨은소중하다(#블

---

* 1955년 백인 승객에게 버스 좌석을 양보하기를 거절함으로써 몽고메리 버스 보이콧 운동의 계기가 되었던 흑인 여성.

랙라이브스매터BlackLivesMatter)는 사실을 이해하게 해 주었다'라는 글을 실었다. 날카로운 동시에 놀랍도록 자기 비평적인 에세이였다.

루이스는 전국시각장애인연맹의 슬로건 **당신이 원하는 삶을 살라**Live The Life You Want를 가져와 블랙라이브스매터 운동의 맥락에서 다시 썼다. "나는 내가 흑인이 원하는 삶을 살지 못하도록 막는 체계적 인종주의를 해결하는 데는 이 정도로 헌신하지 않았음을 깨달았다." 그의 글은 제이코버스 텐브록이 만든 방정식 "흑인에게 그러하다면 시각장애인에게도 그러하다"의 시각장애인 항에 해당하는 전국시각장애인연맹의 단일 의제에 자신이 지나치게 집중해 왔음을 말하는 듯했다.

이 에세이 속 루이스의 어조는 스스로에게 분노한 것처럼 들린다. 조직적 시각장애인운동에 전념하느라 흑인의 목숨을 지키려는 운동에 함께할 필요를 느끼지 못했다는 것이다. 플로이드 살해 사건이 일어나기 전 2020년 초, 전국장애인권네트워크 National Disability Rights Network 영상에서 루이스는 자신이 시각장애인으로서 마주하는 차별이 실제로 그가 흑인으로서 마주하는 차별보다 훨씬 더 힘들다고 주장했다. 그는 말한다. 인종주의란 "무지에 바탕을 두고, 증오와 반감을 통해" 일어나는 것이다. 반면 그가 시각장애인으로서 마주하는 차별은 "무지하지만, **사랑**을 통해 일어난다. 가장 힘든 것은 시각장애인인 내게 가해지는 보호 관리주의적 가치 체계와 싸우는 것이다".

나중에 나와 전화 통화를 하면서 그는 모르는 사람들이 시각장애인인 그에 대해 갖는 인식은 그의 인종 정체성을 '대체하는 supersede' 것이라고 했다. 실명하기 전 189센티미터 키에 몸무게 104킬로그램이 넘는 흑인이었던 그는 전형적인 '최상위 포식자'로 보였다고 했다. 그가 다가오면 사람들은 "길을 건너가 차 문을 잠갔다". 그러나 "시각장애인이 된 지금은 내가 길을 걸으면 연약하고 자그마한 백인 여성도 걸음을 멈추고 길 건너는 걸 도와주려 합니다". 그는 결론 내렸다. "흰 지팡이를 들지 않았더라면 그 여성은 내가 오기 전에 그 자리를 피해 버렸을 겁니다."

시력을 잃어갈수록 나도 사랑(나중에 루이스가 한 말대로라면 덜 자선적으로는 **동정심**이라 할 만한 충동)에서 비롯되는 이런 차별에 대해 점점 알게 되었다. 얼마 전 가족 누군가에게 커다란 플라스틱 요람을 계단 아래로 옮겨주겠다고 나선 적이 있다. 그러자 그 가족은 걱정 말라며 알아서 하겠다고 했다. 나는 당황했다. 왜 내 도움을 받으려 들지 않지? "어디로 가야 하는지 알 수 없잖아. 그냥 내가 할게." 아무리 편의를 제공하는 제스처로 다가올지라도, 심지어 사랑의 제스처일지라도, 이 안에 담긴 편견은 노골적 무시나 편협한 말보다도 더욱 당혹스럽다.

2020년 블랙라이브스매터 항의 시위들이 시작되자 루이스는 이 두 종류의 편견이 그에게 만들어준 고통의 위계를 다시금 측정하게 되었다.

루이스의 글은 모든 곳에서 억압에 맞서 싸우는 시각장애인들을 대신해 통합과 회복을 촉구한다는 점에서 평범한 전국시각장애인연맹의 연회 연설처럼 읽히는 어조로 끝맺었으나, 그 안에는 블랙라이브스매터 운동의 메시지 역시 담겨 있었다. 다음은 에세이 마지막 부분이다. "우리는 시각장애인의 삶도 소중하다는 사실을, 시각장애인이 마주하는 차별을 뿌리 뽑기 위한 구체적인 개입과 행동이 필요하다는 사실을 깨달았다…. #블랙라이브스매터가 확고해지면, #당신이원하는삶을살라에도 도움이 될 것이다." 루이스는 이 글을 통해 자신을 교묘한 수사학적 위치에 놓는다. 연맹의 고유한 단일 의제 중심 접근의 언어를 바꾸지 않고서도 교차성의 메시지를 보여주려 한 것이다.

2020년 7월 온라인으로만 열린 전국시각장애인연맹 대회에서, 인종과 장애의 교차점에 머무를 때 더 편하게 느끼는 듯한 젊은이들의 말을 들을 수 있었다. 두 개의 세계를 연결하는 목소리 중 내게 가장 와닿았던 것은 이번이 고작 네 번째였던 LGBTQIA+* 줌 세션에 등장한 저스티스 쇼터의 말이었다.

오랫동안 연맹 회원들은 전국 대회에서 성소수자 소모임을 조직하고자 했다. 그러나 연맹 지도자들은 매번 시각장애인 정체성에 집중하라며 이 시도를 막아왔다. 연맹 내에는 유대인을 비롯해 각종 신앙에 바탕을 둔 모임, '집밥 요리사', '프리메이슨 단원' 등 각종 이익을 대변하는 소모임이 존재한다. 성적 지향이나

---

* 성소수자 공동체를 포괄적으로 가리키는 줄임말로 L은 레즈비언, G는 게이, B는 바이섹슈얼(양성애자), T는 트랜스젠더, Q는 퀘스처닝(자신의 성적 지향과 정체성에 질문을 던지는 사람), I는 인터섹스(간성인), A는 에이섹슈얼(무성애자)을 가리킨다. + 기호는 위의 분류에 포함되지 않는 다양한 스펙트럼을 가리킨다.

젠더 정체성이 시각장애와 교차하는 수용 가능한 정체성이라는 점에서 종교와는 왜 달라야 할까? 모임 구성을 거부하는 것을 보며 소모임 구성원과 그 앨라이들은 에이드리언 애쉬가 1970년대 연맹에서 느낀 사회적 보수주의를 연상했다.

2006년에 열린 대회에서 연맹의 한 회원은 성소수자 모임 구성을 논의할 사람들을 모집한다는 공지문을 단상에서 읽어달라며 마크 마우러 회장에게 전달했다. 나는 이 모임에 참석한 연맹 회원 여럿을 인터뷰했는데 그들에 따르면 마우러는 무대에서 이 공지문을 찢어버리는 쇼를 했다고 한다(마우러는 내게 그 사건이 기억나지 않는다면서도 자신은 그런 모임에 반대한다고 확인해 주었다. "공공연하게는 안 그랬을 겁니다. 물론 그런 일을 하긴 했겠지만.").

저스티스 쇼터는 2020년 전국시각장애인연맹 성소수자 줌 세션의 게스트 연사로 나와 간략한 이미지 설명으로 이야기를 시작했다. 이는 오늘날, 특히 활동가 모임이나 일부 인문학 학술 분야에서 점점 더 쉽게 찾아볼 수 있는 행위다. 바로, 청중 속 시각장애인들이 연사의 자기표현을 궁금해할 수 있기에 자기 자신의 외양을 묘사하는 일이다.

"나의 외모에 대해 말씀드리자면, 내 머리는 내추럴 헤어•예요. 모호크 스타일과 비슷해 보여요. 흑인 여성들이 즐기는 파격

• 자연스러운 머리카락이라는 의미가 있으나, 인종적 특징인 강한 곱슬머리를 인위적으로 펴는 미용 행위를 통해 특히 아프리카계 여성의 외모에 대한 사회적 억압에 순응하고자 하지 않고 타고난 머리카락의 모습을 유지하는 수행 또는 운동을 가리킨다.

적인 헤어스타일이죠." 쇼터는 블랙라이브스매터 운동의 주창자 가운데 한 사람인 알리시아 가르자가 성명문에 장애를 특별히 포함한 데 깊이 공감한다고 말했다(이 항목은 흑인 농인 및 장애인 조직가 모임인 해리엇 터브먼 컬렉티브Harriet Tubman Collective가 최초의 블랙라이브스매터 성명문이 장애를 언급하지 않았다며 항의 시위를 벌인 뒤 추가되었다).

조지 플로이드 살해를 규탄하는 시위가 시작되었을 때, 자신이 사는 곳 인근 워싱턴 D.C.에서 열리는 시위 현장에 혼자 가기가 불편했던 쇼터에게 의족을 사용하는 친구 케리 그레이가 함께 가자고 했다. 두 사람이 백악관에서 멀지 않은 시위 현장에 도착했을 때, 두 장애인이 함께 걸어오는 모습에 이목이 집중되었다. 사람들은 쇼터와 그레이를 휴대폰으로 촬영하기도 했다. 쇼터는 말했다. "우리는 그들에게 참 묘한 존재였습니다—이례적 존재였죠. 우리의 흑인 정체성을 장애를 가진 것과 분리할 수는 없습니다. 기자가 다가와 '여기서 뭘 하시나요?'라고 물었어요. 마치 장애인인 우리는 흑인이 아니기라도 한 것처럼요." 쇼터는 기자에게 경찰에 살해당한 이들 중 30~50퍼센트는 장애인이었음을 지적했다.

쇼터는 모임에 참여한 연맹 회원들에게 행동주의의 초점을 장애정의운동의 원칙에 맞게 새롭게 구성할 것을 촉구했다. 쇼터는 대체로 시각장애를 가장 중요한 초점으로 보는 다른 회원들에게 말했다. "시각장애가 가장 중요한 초점이라면 라틴아메리카계 이민자인 동시에 시각장애인인 이들에게 어떻게 초점을 맞출지 생각해 보세요. 여러분의 전문 분야가 무엇이든 말이죠."

쇼터는 전국장애인권네트워크의 방재 대책 고문으로서 정부 기관 또는 비영리 단체를 대상으로 팬데믹이나 화재 같은 비상 상황에서 발생 가능한 장애 문제들을 프레젠테이션하는 일을 한다. 어느 발표에서 쇼터는 미국연방재난관리청처럼 장애인들과 연결되고자 하는 단체들은 일반적인 장애 단체들 바깥을 탐색할 필요가 있다고 했다. "정부 관계자들에게 이렇게 말하면 이런 답이 돌아오죠. '이봐요, 우린 지역 고령화 담당 부서와도, 지역 시각장애인 단체와도 접촉했다고요.'" 쇼터는 이런 노력은 높이 살 만하지만 장애를 가진 사람들은 종종 전통적인 장애 공간 바깥에 존재한다고 덧붙였다. "예를 들어 나는 평생 한 번도 공식적으로 시각장애 단체에 가입한 적이 없어요. 하지만 혹인 레즈비언 단체에 가면 나를 쉽게 만날 수 있죠."

전국시각장애인연맹 지도자들은 때때로 자신들이 회비를 납부하는 회원이건 아니건 모든 시각장애인을 대표한다고 말하는데 이는 선거로 선출된 정치인들이 정당과 무관하게 모든 유권자를 대표한다고 즐겨 말하는 것과 유사하다. 그러나 쇼터의 발표는 시각장애 내에 존재하는 다양성을 드러내는 것이었다. 이는 단순히 인종이나 성적 지향의 면에서가 아니라 시각장애인이 장애 연대 그 자체와 맺고 있는, 다른 시각장애인과의 단순하고 직접적인 교류보다 훨씬 더 복잡한 관계 내의 다양성이었다.

... ..

　2020년 전국시각장애인연맹 전국 대회의 주요 행사였던 공통 세션의 의제들을 살펴보니 흑인 레즈비언 단체의 의제들과 거의 겹치지 않았다. 성소수자 소모임과 달리 공통 세션에는 시각장애인들 몇천 명이 참석하며 이곳에서 들리는 목소리는 연맹의 전통적 가치에 더욱 부합한다. 리코보노 회장의 짧은 개회사 이후, 로라 월크라는 여성이 자신이 법조계에서 쌓은 경력을 짧게 이야기했다. 바로 지난주까지 클레런스 토머스 판사*의 서기로 일했던 월크는 대법원 서기로서는 최초의 시각장애인 여성이었다.

　월크는 어린 시절부터 연맹 회원으로 활동했다. 아버지가 연맹 내 시각장애 아동 부모 모임의 펜실베이니아 지부 창립자였던 덕에 월크는 일곱 살이던 1994년 처음으로 전국 대회에 참여했다. 다음 해 월크와 아버지는 공립학교의 점자 교육을 촉구하고자 펜실베이니아 주지사 톰 리지를 만났다. 월크는 에이드리언 애쉬처럼 자신의 시각장애는 정체성의 중심이 아니라고 주장했고, 스스로를 옹호할 필요성과 자신이 타인과 전혀 다르지 않다는 감각 사이의 균형을 잡으며 성장했다. 8학년 때는 연맹 잡지에 이런 글을 쓰기도 했다. "내겐 날 너무나 동등하게 대한 나머지, 내게 영화를 해설해 주는 것도 가끔 잊어버리는 오랜 친구 무리가 있다."

•　　조지 부시에게 지명받은 극보수 성향의 연방법원 대법관.

애쉬와 마찬가지로 월크 역시 영아기에 실명했고 일반 학교에 다녔으며 스와스모어대학교에 진학했다. 그러나 월크의 대학 시절 경험은 애쉬의 경험과는 무척 달랐다. 애쉬는 대학이 가진 자유로운 배움과 지성의 분위기에 흠뻑 빠져든 반면, 정치적으로 중도 좌파이자 '문화적' 가톨릭교도로서 대학에 들어간 월크는 전환을 맞았다. 더욱더 독실해지고, 더욱더 보수적으로 바뀐 것이다. 애쉬는 자신의 유대인 정체성을 장애를 대하는 것과 같은 방식으로 대했다. 부정하지 않았으나, 일부 유대인들처럼 공통의 정체성을 지닌 사람들끼리 붙어 다닐 마음은 없었다. 애쉬는 여대인 웰즐리대학교에서, 그 뒤에는 유대인 대학인 예시바대학교에서 강의하면서도 두 학교 모두를 비판적으로 바라보았다. 학생들이 자신의 문화와 정체성 너머에 노출되어야 한다는 생각이었다. 애쉬는 말한다. "시각장애인 역할 모델이 필요한 게 아니라 그저 역할 모델이 필요할 뿐입니다."

반면 월크의 신앙은 사고에 강력한 영향을 발휘했다. 열아홉 살에 종양 정기검진을 받으러 간 월크에게 의사는 성관계를 하는지, 자녀 계획은 있는지 물었다. 또 임신 시 태아가 망막아세포종(망막에 생기는 종양으로 월크의 실명 원인이었다)에 걸렸는지 확인하는 배아검사를 하라고 권했다. 그러면서 시험관 시술을 통해 이 질환에 대한 유전적 소인을 제거한 배아를 이식하는 방법이 있다고도 덧붙였다. 월크는 뜬금없다고 느낀 의사의 말이 "망막아세포종에 걸린 아이를 확실히 낳지 않도록 하는 것이야말로 당연히 유일하게 이성적인 행동이며" 선천적으로 실명한 아이를 임신하는 경우 임신 중지가 최선의 선택지라는 주장으로 들렸다.

월크는 대학교 2학년 때 전국시각장애인연맹 전국 대회에서 처음으로 (당시 예시바대학교 교수이던) 애쉬와 만났다. 생명윤리 연구에 몰입한 애쉬가 자신이 공동 편집한 책《산전검사와 장애 인권》에 대해 이야기하자 월크는 곧바로 그 책을 찾아 읽었다. 이 책은 태아의 장애검사에 대한 찬반양론을 모두 싣고 있었으나, 필진 모두가 임신 중지 합법화를 찬성하는 관점에서 글을 썼다. 애쉬 자신도 '확고한 임신 중지 합법화 지지자'였다. 그럼에도 애쉬는 여성이 오로지 장애아를 낳지 않고자 하는 욕망 때문에 임신 중지를 택하는 것이 비윤리적이라고 주장해 페미니스트 동료들을 자극하는 일이 비일비재했다.

애쉬는 산전검사가 장애인에게 그들의 삶이 비장애인의 삶보다 태생적으로 덜 가치 있다고 느끼도록 메시지를 보낸다고 주장했다. 예컨대 태아가 딸인 것을 알고 나서 어머니가 임신 중지를 한다면 여성의 삶이 남성의 삶보다 덜 가치 있거나 덜 바람직하다는 메시지를 보내는 것이기에 비윤리적이라는 사실에는 대부분의 사람이 동의한다는 지적이다. 그런데도 다운증후군처럼 생명에 지장이 없는 장애를 선별하는 행위를 꺼리는 이들은 거의 없다. 유전 상담사나 산과 의사는 이런 선별검사와 관련해 '엄청난 결함'을 얻을 '위험'이라는 식으로 논의하는 경우가 잦고, 태아에게 장애를 유발하는 잉여 염색체가 있다는 사실이 밝혀지면 많은 경우 임신 중지를 적극 권유하거나 산모가 임신 중지를 택할 것이라고 가정한다.

애쉬는 장애아가 될 태아에 대한 임신 중지를 범죄화해야 한다고 주장한 것이 아니다. 애쉬가 내놓은 해법은 의사와 유전 상담사가 장애에 대해 말하는 방식을 개혁하는 것이었다. 애쉬는 의사가 부모에게 (애쉬 자신과 같은) 장애인이 살아가는 풍부하고 평범한 삶에 대한 정보를 제공하도록 촉구하는 '정보에 기반한 선택' 접근을 권장했다.

애쉬의 책을 발견한 월크는 산전 선별검사가 장애를 가진 이들에게 가치판단에 대한 메시지를 보낸다는 주장을 읽고 이를 막 싹트기 시작한 자신의 임신 중지 반대 이데올로기의 정당화에 활용했다. 애쉬는 산전 선별검사가 장애인의 목숨의 가치에 대한 메시지를 보낸다고 보았지만, 월크는 한 발 더 나아갔다. 모든 임신 중지가 **모든** 삶의 가치에 대한 메시지를 보내는 것이라고 보았던 것이다. 월크는 말했다. "그래서 분명 그분이 의도한 바가 아니었겠으나 애쉬를 만나고 그분의 책을 읽는 모든 경험이 임신 중지에 대한 나의 믿음을 받아들이는 데 이상한 방식으로 큰 도움이 되었습니다." 대학을 졸업한 월크는 필라델피아의 자립생활센터에서 일하며 신체장애와 지적장애가 있는 성인들을 도왔다. 동 트기 전 일어나 **하나님의 귀중한 아기들의 도우미**라는 단체에서 활동하기도 했다. 펜실베이니아 최초의 외래 환자 전문 임신 중지 클리닉인 필라델피아 여성센터 입구에서 기도하는 단체였다.

．．　．．

월크는 대학 졸업 후 노터데임대학교에서 열린 생명윤리 학술 대회에 갔다가 이곳의 법대 교수이자 임신 중지 반대자인 O. 카터 스니드를 만났다. 월크의 열정과 지성을 높이 산 스니드는 월크를 노터데임 로스쿨에 입학시켰다. 첫 학기에 월크는 에이미 코니 배럿의 수업을 들었고, 배럿은 곧 월크의 멘토이자 앨라이가 되었다. 트럼프 대통령이 배럿을 대법관으로 임명했을 때 인준 청문회에서 배럿을 대신해 선서한 사람이 월크였다. 월크는 점자 디스플레이를 읽어나가며 장애와 연관된 어려움을 겪을 때 배럿에게 실용적이고 정서적인 면에서 도움받았다고 설명했다.

노터데임대학교는 월크에게 보조 기술 기기들의 대체품 구입을 약속했지만 지키지 못했는데, 첫 학기에 월크의 노트북 컴퓨터가 고장이 나고 말았다. 이때 월크는 배럿을 찾아갔다. 배럿은 '깊은 주의'를 기울여 타인의 말을 들어주는 자질이 있었다. 덕분에 배럿 앞에서는 자신을 보호하고자 하는 장애인이라면 반드시 써야 했던 자신감이라는 '가면'을 벗을 수 있었다.

월크는 상원위원회를 향해 말했다. "나는 온갖 걱정을 토로했습니다. 수업에서 낙제할지도 모르고, 숙제와 혼자 힘으로 식료품점 찾아가기 사이에서 선택해야 한다는 걱정이었죠. 그리고 이런 문제 해결에 에너지를 너무 써서 친구들과 우정을 나눌 수가 없다는 감정까지도." 그러자 배럿 교수는 침착하고 신념이 담긴 목소리로 대답했다고 한다. "이건 더 이상 로라만의 문제가 아니야. 내 문제이기도 해."

인준 청문회에서 월크는 시각장애를 불리한 조건인 동시에 중립적 특성으로 제시했다. 보조 기술에 의존하고 식료품점 가는 길을 찾는 데 시간을 소모하는 등 시각장애인 로스쿨 학생으로서의 어려움으로 이야기를 시작했지만, 궁극적으로는 배럿의 모습을 보여주었다. 배럿은 "자신이 비시각장애인 동료들과 동등한 자리에" 설 수 있도록 지원을 아끼지 않은 지지자였다.

이 같은 긴장은 전국시각장애인연맹이 미국장애인법에 반대하던 초기는 물론 정부의 행정 지원에 관해 협상할 때마다 드러났다. 실명인은 장애인이며 혜택이 필요한가? 아니면 이들은 그저 특별한 실명인의 방식으로 살아갈 뿐인 동등한 사람들인가? 에이드리언 애쉬가 한평생 자문했듯, 이 문제에 있어 눈멂이 유의미한 사실일까?

"실명이 나의 삶에 실제로 어려움을 가한다는 사실을 인정할 수 없는 것과 비슷해요." 2022년 여름, 배럿 대법관이 '로 대 웨이드' 판결을 뒤집은 초유의 사건인 대법원의 '도브스 대 잭슨' 판결*에서 다수의 편에 선 지 일주일 뒤, 월크는 나와 통화하면서

---

* 1973년의 로 대 웨이드 판결은 24주 이내의 태아에 대한 임신 중지를 헌법상의 여성의 성적 결정권으로 인정한, 미국 대법원의 가장 논쟁적이며 정치적으로 중요한 판례이다. 미국의 보수 진영은 이후 오랫동안 임신 중지 합법화를 저지하고자 시도했고, 그 결과 2022년 보수 성향 대법관이 다수인 미국 대법원이 도브스 대 잭슨 판결로 앞서의 판례를 49년 만에 무효화했다. 이로써 임신 중지에 대한 헌법상 권리는 사실상 폐기되어 각 주법을 개별적으로 적용받게 된다.

말했다. "모든 것에 접근할 수 있는 이상적 세계에 산다고 가정한다 해도 나는 여전히 앞을 볼 수 없습니다. 그 사실이 앞을 볼수 있는 사람들에게는 가하지 않을 한계와 어려움을 내게 가할테죠. 어떤 면에선 시각장애인이 아니었다면 나의 삶은 더 쉬웠겠죠." 월크는 말을 이었다. "그러면서도 한편으로 난 마음속으론 이렇게 생각할 수도 있어요. 나는 볼 수 있는 사람들과 동등한가치와 존엄성을 가졌다고."

나는 월크가 이 의견에서 끌어낸 결론에 반대한다. 장애인의삶을 포함한 모든 삶이 가치 있다는 이유로 임신 중지가 범죄화되고, 여성의 재생산 자율권이 정부의 규제를 받아야 한다는 결론을…. 그러나 나는 시각장애를 장애로 바라보더라도, 애쉬의주장처럼 장애가 중립적 특성일 가능성이 사라지지 않는다는 월크의 생각에는 동의한다.

애쉬가 2013년 암으로 사망한 뒤, 법학자 도로시 로버츠는 애쉬의 삶을 기리며 과학 학술지 〈네이처〉에 "재생산의 생산윤리와 불평등에 대한 글을 쓰는 페미니스트 학자로서" 애쉬와 로버츠의 길은 종종 교차했다는 논평을 썼다. 또한 "애쉬의 설득력있는 주장을 통해 유전적 선택과 흑인 여성의 임신에 대한 가치절하를 다룬 내 글에 장애학을 포함하는 데 도움을 받았다"고 했다. 로버츠는 첫 책《흑인의 몸을 죽이다: 인종, 재생산 그리고 자유의 의미*Killing the Black Body: Race, Reproduction, and the Meaning of Liberty*》에서 생활 보장 대상 여성들이 아이를 갖는 것을 금지하는 법에서강제 불임수술까지 국가가 흑인의 재생산권을 가혹하게 규제해 온 양상들을 기록했다.

　로버츠와 애쉬 두 사람의 주장 모두 로버츠가 말하듯 끊임없이 임신 중지의 권리와 연결되어 온, 널리 전해지는 여성 권리에 대한 이야기들과는 반대된다. 두 연구자 모두 백인 비장애인 여성을 중심에 둔 이 이야기들과 어긋나는 글을 쓴다. 두 사람은 여성이 아이를 갖지 못하게 막거나 제약하는 것 역시 재생산 정의의 상실임을 서로 다른 방식으로 지적했다.

　윌크가 애쉬의 작업을 임신 중지 합법화 반대 이데올로기의 정당화에 이용했듯이 미국에서 벌어진 흑인 우생학의 잔혹한 역사를 임신 중지 반대 주장의 틀로 이용하는 아프리카계 미국인 여성들도 있다. 그러나 두 경우 모두, 임신 중지에 관한 관점이 어떻든 간에 억압의 근본적 원인은 여전히 동일하다. 애쉬의 주장대로 "한 가지 특성이 전체를 대변하게 되면, 이 특성이 전체를 지워버릴" 때 문제가 발생한다. 장애인은 아프리카계 미국인을 비롯해 다른 모든 주변화된 집단과 마찬가지로 단일하고 가치 절하된 특성 하나로 환원됨으로써 비인간화와 억압을 겪는다. 정의로 가는 길은 이런 특성의 명예 회복을 통해 이루어져야 할 것이다.

　그러나 이 명예 회복이 한 사람의 다른 가치들을 모두 지워버릴 정도로 끈질겨서는 안 된다. 애쉬의 철학은 자꾸만 나를 혼란스럽게 하는 정체성의 모순, 즉 내가 자꾸만 묻게 되는 질문에서의 탈출구를 알려준다. 내가 갖게 된 이 새로운 정체성이 어떻게 핵심적인 동시에 부차적인 것이 될 수 있을까? 비록 실행하기보다는 말하기가 더 쉬운 답이긴 해도 나는 애쉬의 답을 갈망한다. 이는 시각 중심의 세계가 가하는 억압과 차별 때문에 다시금 시각장애에 관심을 기울일 수밖에 없게 될 때까지, 시각장애인 당사자를 포함한 모두가 시각장애를 무시해야 한다는 것이다.

도로시 로버츠는 부고 기사 마지막에 에이드리언 애쉬의 말에 찬성한다는 듯 이렇게 썼다. "에이드리언은 우리가 자신을 비롯해 장애를 가진 이들을 남들과 다를 바 없이 바라보기를 바랐다. 2006년 인터뷰에서 애쉬가 '나는 불행하지도 자랑스럽지도 않다. 나는 그저 존재한다'고 말했듯이."

10장
미묘한 미소

맥조지 마운틴 테라스 아파트먼트의 24개 호실은 전부 차 있었다. 때로 2층 창문 너머로 시끄러운 음악 소리가 울려 퍼졌고 피크닉 테이블에서 웃음소리가 터져나왔다. 그런데도 주차장에는 차가 한 대도 없었다. 이곳 주민들은 아무도 운전면허를 소지하지 않았기 때문이다.

맥조지 아파트먼트는 덴버의 교외 지역 리틀턴에 있는데, 전국시각장애인연맹의 입주 훈련센터 세 곳 중 하나인 콜로라도 시각장애인센터에서 3킬로미터도 채 떨어지지 않은 곳이다. 센터의 거의 모든 학생이 이 아파트에서 지낸다. 평일 오전 8시 41분이면 기다란 흰 지팡이를 들고 배낭을 맨 입주자 여남은 명이 아파트 뒤편 버스 정류장 근처를 어슬렁거리며 센터에 데려다줄 버스를 기다린다. 그곳에서는 시각장애인 생활을 더 잘하는 법을 배울 수 있다.

사람들에게 내가 눈멂에 대한 글을 쓰고 있다고 하면, 어떤 이들은 내가 처한 사항을 지나치게 지적으로 만드는 게 아닌지 반문한다. 그러니까 사상과 역사에 대한 내 관심을 이용해 그들 눈에 더욱 긴박한 정서적 과제로 보이는 무언가를 막을 방패로 눈멂을 둘러싼다는 소리다. 그럴 때마다 나는 눈멂이 제기하는 철학적 질문들 그리고 눈멂이 우리가 세계를 지각하고 경험하는 방식에 대한 근본적 개념을 향해 문을 열어준다는 점에 관해 생각하기를 즐기는 게 사실이라고 답한다. 지난 3년간 해 왔던 식으로 눈멂에 몰입하는 것은 비교적 쉽기도 하다. 시각장애인들을 인터뷰해 그들의 삶에 대해 듣고, 장애의 역사에 대한 책을 읽고, 심지어 첫 분기점을 넘어가며 내 시각장애의 실험을 기록하기도 하면서.

어느 시점엔가 이 책을 쓰는 과정이 시력을 서서히 잃는 과정처럼 눈멂의 얕은 기슭부터 얼음처럼 차가운 수온을 지나쳐 깊은 곳으로 향하는 여정이라는 생각이 들었다. 그러나 아직도 내게 필요한 진정한 몰입은 경험하지 못한 기분이었다. 지팡이를 휘두르며 길을 걸을 때조차 나는 여전히 남아 있는 시력에 매달린 채, 대체로 눈을 통해 살아가고 세계와 시각적 관계를 유지하려 애쓴다.

그렇기에 진정한 눈멂이 어떤 기분인지 마주하는 것이 중요해 보였다. 그 일은 '실명과 맞서 싸우는 재단'의 눈가리개 챌린지가 내놓은, 눈을 가리고 몇 분간 더듬거림을 체험한 후 겁을 먹고 기부금을 토하는 식으로 문제적인 방식은 아니어야 했다. 나는 더 집중적이고, 더 지속 가능한 방법을 원했다. 추측건대 가장 좋은 방식은 전국시각장애인연맹의 입주 훈련센터에서 시간을 보내는 것이었다.

전국시각장애인연맹의 입주 훈련센터에서는 학생들이 평균 9개월간 머무르고, 매일 일고여덟 시간은 수면안대를 착용한 채 보낸다. 대부분 시각장애인 인력이 운영하는 이 센터에서는 훈련생들에게 점자 읽기, 스크린 리더 사용, 요리, 바닥 쓸기, 붐비는 길 건너기 등을 모두 비시각적 기술을 사용해서 알려준다. 심지어 센터 내 목공소에서는 전기톱 사용법까지 가르친다. 성인 프로그램에는 갓 고등학교를 졸업한 이들부터 은퇴한 이들까지, 출생 시점부터 실명인이었던 이들부터 최근 시력을 잃은 이들까지, 빛을 인지하지 못하는 이들부터 나보다 시력이 많이 남은 이들까지 다양한 학생들이 있다. 콜로라도, 루이지애나, 미네소타에 있는 세 군데 센터는 팬데믹 기간에 문을 닫거나 온라인 교육으로 전환했지만, 2021년 초부터는 소규모 인원을 다시 받았다.

나는 세 군데 센터의 소장 모두에게 편지를 썼는데 그중 가장 빠르고 확실한 답장을 보내 온 이는 콜로라도시각장애인센터 소장 줄리 디덴이었다. 나는 충동적으로 2주간의 체류를 예약했다. 줄리는 내가 그곳에 있는 동안 인터뷰를 하거나 눈으로 수업을 지켜보는 것에 더해 수면안대를 착용한 채 훈련할 의향이 있는지 물었다. 고작 2주간 머무를 뿐이지만 나는 학생들이 하는 경험을 전부 다 하고 싶다고 답했다. 학생들이 수면안대를 착용하는 시간에는 나도 수면안대를 착용하고, 학생들이 부엌을 청소하는 시간에는 청소를 할 것이다.

리틀턴에서 보낸 첫날 아침, 센터 직원 이사벨라는 근처 아파트 단지에 잡은 내 방에서 센터까지 태워주었다. 시각장애에 더해 이동장애가 있는 센터 학생 시에나가 동행했다. 시에나는 세 살 때 다리와 뇌에 큰 수술을 했고, 수술 이후 실명에 가까운 상태가 되었으며, 보행 보조기를 비롯한 이동 지원이 필요하다는 말을 차에서 들려주었다.

센터에 도착하자 나는 트렁크에 실린 시에나의 보행 보조기를 꺼내는 걸 도왔다. 시에나는 차에서 내리다가 마시던 커피를 떨어뜨렸는데 커피는 아스팔트에 착지하며 폭발이 발생한 듯한 갈색 자국을 남겼다. 그러자 시에나는 마치 "월요일은 정말 싫어"라고 말할 때처럼 대수롭지 않은 투로 아쉬워하더니 보행 보조기에 기다란 흰 지팡이를 당구채처럼 걸쳤다. 시에나는 피크닉 벤치와 나무로 둘러싸인 낮은 콘크리트 빌딩인 센터를 향해 걸었다. 불과 며칠 전 덴버에 역대급 눈보라가 몰아친 뒤였다. 나는 시에나가 인도 가장자리를 따라 얼어붙은 눈 더미가 쌓인 쪽으로 보행 보조기를 밀고 가는 모습을 걱정스레 지켜보았다.

그때 이사벨라가 나더러 기다리지 말라는 말을 했다. "먼저 가세요. 시에나는 문 앞에서 장애인용 버튼을 누르면 되니까." 가슴이 아팠다. 눈 속에 시에나를 두고 가면 안 될 것만 같았다. 그러나 망설이는 모습에 이사벨라는 한층 단호하게 다시 한번 말했다. 먼저 가세요. 전날, 공항에서 차를 타고 오는 길에 이사벨라는 소장에게 학생들을 너무 많이 돕지 말라고 여러 번 지시받았다고 했다. 다른 직원들도 비슷한 질책을 들었다는 것이다. 센터의 목표는 학생들에 대한 기대치를 높이고, 부모나 교사가 평생해 온 방식으로 개입하는 것을 삼가는 데 있었다. 나는 시에나가 눈 더미를 느릿느릿 피해 가는 모습을 한 번 더 돌아보았다. 그런 다음 시에나를 뒤로하고 떠났다.

이사벨라는 콜로라도센터에서 일하는 단둘뿐인 비시각장애인 직원 중 하나다. 내가 건물에 들어가는 소리를 듣고 안내 담당자가 눈길을 주지 않으며 누군지 물었고 신원을 밝히자 마틴을 불렀다. 사무실에서 나온 마틴은 기다란 흰 지팡이가 잔뜩 든 벽장을 열었다. 이 지팡이는 우리 주 위원회에서 재활 상담사에게서 받은 것과는 달랐다. 그 지팡이는 알루미늄 소재에 곤봉만 하게 접을 수 있고 끝부분에는 인도에서 굴리며 걸어갈 때 덜컹덜컹 소리를 내는 큼직한 하얀 공이 붙어 있었다.

전국시각장애인연맹센터는 학생들이 센터가 자체적으로 사용하는 지팡이 말고는 다른 지팡이를 쓰지 못하게 한다. 전국시각장애인연맹의 지팡이는 원래 낚싯대를 제작하던 회사가 생산한 것이어서 낚싯대처럼 유연하고 가볍다. 그리고 디자인의 모든 요소가 연맹의 철학을 담고 있다. 이 지팡이는 접히지 않는데 전국시각장애인연맹(그리고 연맹의 훈련센터)은 학생들이, 나를 포함한 여러 시각장애인처럼 하길 원치 않기 때문이다. 즉 꼭 필요한 순간이 지나자마자 곧장 지팡이를 접어서 가방에 넣어버리는 일이다. 접지 못하는 1.5미터 길이의 흰 지팡이는 숨길 수가 없다. 시각장애는 숨길 게 아니니 잘된 일이다! 자긍심을 갖고 지팡이를 흔들자! 지팡이의 길이에도 철학적 유래가 담겨 있다. 1.5미터 지팡이를 사용하면 적어도 1미터 앞까지 피드백을 받을 수 있어서 세상을 빠르고 자신 있게 돌아다닐 수 있다. 시각장애인이 종종걸음을 치거나 발을 끌지 않아도 되니 얼마나 좋은가! 목적의식을 품고 목표를 향해 성큼성큼 나아가자!

마틴은 지팡이와 함께 수면안대를 건넸는데, 전국 대회에서 전국시각장애인연맹 훈련생들이 착용할 때 처음 보았던 바로 그 안대였다. 마틴은 인터폰으로 또 다른 직원 찰스를 호출했고, 곧 내 새로운 여행 지도자가 도착했다. 양팔을 완전히 뒤덮는 문신을 새기고 화려한 반다나 스타일 마스크를 썼는데 마스크 사이로 턱수염이 비어져 나온 모습이 꼭 스케이트보드 영상을 많이 본 열차 강도 같은 인상이었다. 찰스 역시 흰 지팡이를 사용해 걸었지만 내게 인사하는 모습을 보고 그가 어느 정도 시력이 있다고 생각했다. 그는 상대적 고시력자, 즉 나처럼 상당한 양의 시력을 유지하고 있는 시각장애인에 속하는 게 분명했다. 사무실로 가는 동안 그는 뒤를 따라오며 방향을 알려주었다. "계단 맨 밑에서 180도로 꺾으세요." 방금 내려온 계단 반대 방향으로 이어진 복도로 나를 이끌며 그가 말했다. 아직 수면안대를 착용하기 전인데도 내 여행을 지도하기 시작한 것이다.

거의 모든 직원과 거주자가 시각장애인인 건물에 발을 들이는 순간 느낀 충격이 가시자, 전국 대회에서 인식한 익숙한 감정이 다시 찾아왔다. 나는 눈멂의 공간에 들어온 것이다. 내가 더는 열외자가 아니게 되고 지울 수 없을 것 같던 실명이라는 낙인이 지워지는 순간, 안도와 해방감으로 이루어진 강력한 감정이 찾아온다. 첫날에는 어디를 가든 그랬다. 예를 들어 사람들은 서로 부딪치더라도 농담처럼 "이봐요, 부딪친 용건이 뭐죠?" 하며 분명 아무렇지도 않은 말투로 묻고 그만이었다. 특이한 점이 있다면, 그들은 시각장애인이 실수로 부딪쳤다고 해서 누군가 기분이 상할 수 있다고는 전혀 생각지 않는 듯했다. 사람들은 자꾸만 자기 자신을 소리 내어 알렸고, 나 역시 곧 아무렇지도 않게 "누구세요?"라고 묻는 인사에 대답하는 게 하나도 부끄럽지 않게 되었다.

그럼에도 그곳에서 머물던 초기에 줄리 디덴 소장은 결국은 시각장애 공간을 벗어나는 것이 중요하다고 알려주었다. 이 센터는 학교와 마찬가지로 졸업하는 순간 학생들을 둥지 밖에 밀어내기 위해 만든 곳이라고 했다. 프로그램 지도자들은 학생들에게, 이곳에서 눈멂에 몰입하는 이유는 시각 중심의 세계를 자립적으로 헤쳐나가는 법을 배우기 위해서라고 주지시켰다. 이곳은 재활센터이며, 주류 사회로 돌아가기 위한 재활센터이지 주류 사회에서의 피난처가 아니었다. 그러나 시각장애의 공간과 시각장애의 연대가 가진 힘은 유혹적이었다.

콜로라도시각장애인센터의 엄청난 고립성을 깨닫기까지는 오래 걸리지 않았다. 이것이야말로 이곳에서의 연대감과 직접 연결되는 현실이다. 센터의 시각장애인 직원 거의 모두가 다른 직원(또는 이전 직원이나 센터 졸업생)과 결혼했거나 사귀는 사이였으며, 거의 모두가 한때 센터의 학생이었다. 학생들과 직원들 말로는, 리틀턴 인구 가운데 시각장애인의 수가 불균형하게 많은 데, 그중 대부분은 센터 졸업생이 이 마을에 남은 경우라고 했다. 그날 밤 찰스 그리고 그와 약혼했고, 역시 센터 졸업생이며 지금은 센터에서 가정관리를 가르치는 스테파니와 저녁 외출을 했다.

두 사람은 손을 맞잡고 함께 지팡이를 휘두르며 앞장서서 거리를 걷다가 내 아내도 나처럼 시각장애인이냐고 태연하게 물었다. 아무런 악의 없는 질문이었지만, 나는 그 질문에 담긴 속뜻을 알아차렸다. 그것이 생각해 볼 만한 문제이자 올바른 행동 방식이라는 것이다. 내 아내는 시각장애인이 아니라고 대답하자, 그들은 내가 사는 동네에 시각장애인 친구들이 많은지 물었다. 이제 만드는 중이지만 내가 사는 작은 도시에서 지금까지 만나 본 시각장애인들은 적어도 서른 살쯤 나이가 많아서, 친구보다는 시각장애인 명예 어머니들과의 애정 어린 간담회를 하는 느낌이라고 대답했다. 찰스와 스테파니는 잠자코 내 말에 귀를 기울였다. 나는 꼭 그들에게 재단당하는 듯한 (아마도 온당하지 못한) 기분이었다. 마치 눈멂에 몰입하는 것에 담긴 가능성이 너무나도 많은 지금, 시각의 세계에 꽉 매달려 있고 싶다는 내 욕망이 들킨 것처럼.

•• ••

센터에서의 첫날, 30분쯤이 경과하자 찰스는 이제 수면안대를 쓸 시간이라고 말했다. 단단하고 유연한 안대에 벨크로 끈이 달려 있었고, 안대 가장자리에는 푹신한 발포 고무가 넉넉히 붙어 있었다. 나는 안경을 벗어 조심스레 가슴 주머니에 집어넣은 다음 수면안대를 썼다. 검은색 플라스틱 폼이 내 얼굴을 부드럽게 눌렀다. 안대가 빛을 완전히 차단한다는 사실이 놀라웠다. 가장자리 부분에서도 보이는 건 어둠뿐이었다.

"좋아요, 따라오세요." 찰스가 말했다. 나는 일어서서 새 지팡이를 몸 앞에 둔 다음 찰스의 목소리와 카펫을 밟는 발소리를 따라갔다. 그가 지팡이로 자기 사무실 문을 똑똑 두드렸다. "각도에 대한 감각은 어떤 편입니까? 180도는 곧잘 하시는 것 같습니다. 여기서 왼쪽으로 45도 돌아보세요." 나는 옆으로 홱 돌아섰다. "90도에 가깝지만 그래도 괜찮습니다." 부끄러워진 나는 얼른 경로를 수정했다. 아까 안대를 끼지 않은 채 180도로 돌 때는 그의 말이 무슨 의미인지 확실히 알 수 있었다. 내 오른쪽에 있는 입구로 들어가 인접한 복도를 걸어 우리가 왔던 방향으로 돌아가야 한다는 사실을 알 수 있었으니까. 그런데 안대를 끼고 있는 지금 '45도'란 추상적인 개념이었다. 나는 새까만 지도 위 파란 점일 뿐, 주변 사물들과의 관계 속에서 내 위치를 도저히 알 수 없었다. 찰스를 따라 다음 수업이 시작될 교실을 향해 계단을 올라가는 데까지는 그로부터 1, 2분이 더 걸렸다.

가정관리 수업은 주로 센터 부엌에서 열리고, 학생들은 요리와 청소를 배운다. 프로그램을 9개월간 따라간 뒤 마지막 과제는 학생과 직원 모두를 위한 식사 준비였다. 코비드-19 이전에는 약 60명분이었다고 했다. 그날은 금요일이라 수업 시간 대부분은 청소 검사 점수를 어떻게 매기는가를 두고 학생들과 교사들이 가벼운 말씨름을 하는 데 쓰였다. 학생들은 수면안대를 쓴 채 자신이 묵는 방을 청소했다. 한 달에 한 번 시각장애인 가정관리 강사 두 사람이 와서 샅샅이 손으로 쓸어본 다음 샤워기가 미끈대거나 냉장고 밑에서 부스러기를 발견할 때마다 감점을 했다.

수업이 끝난 뒤 나의 멘토인 크레이거가 찾아왔다. 모든 신입생에게는 먼저 들어온 동료 학생을 멘토로 배정해 방향 찾는 법, 버스 타는 법, 공동체에 녹아드는 법을 알려주게 한다. 센터 교사들이 하는 일이 공식적 지도라면 동료 멘토들이 하는 일은 시각장애 보조 교사처럼 이 수업을 비공식적으로 복습하도록 돕는 것이다. 크레이거와 나는 전날 기숙사에서 만난 사이였는데 이곳에서는 아무도 수면안대를 쓰지 않고 지냈다. 인사를 하면서 잠시 서로의 시력을 가늠해 보는 어색한 순간이 있었다. 그가 실제로 무엇을 보는지 내가 볼 수 있다고 생각했고 그도 나에게서 동일한 능력을 관찰한다고 느꼈다. 상대적 고시력자 두 사람끼리 서로를 헤아려보는 형국이었다.

둘 다 안대를 쓴 채 크레이거에게 센터를 안내받았는데, 어찌나 생생하고 효율적으로 안내하는지 그가 이곳에서 우등생임을 알 수 있었다. 크레이거는 단순히 정보를 알려주거나 팔꿈치를 잡아 나를 이끄는 대신, 지금 어느 방향을 향하고 있을까요? 이 벽에 대해 무엇을 알 수 있습니까? 여기서 어느 쪽으로 가야 하는지 기억나세요? 등의 질문을 하는 전국시각장애인연맹 스타일의 비개입적 도움을 완벽히 익힌 상태였다. 이를 '구조화된 발견structured discovery'이라고 부른다. 하지만 그날 하루가 끝날 때까지도 난 여전히 혼자서 돌아다니지 못했다. 나중에 크레이거에게 또 화장실에 가고 싶다고 마지못해 말했을 때 그가 의욕 넘치는 걸음걸이로 데려다주자 특히 더 부끄러웠다.

안내에 따라 작은 회의실에 들어간 우리는 점심을 기다렸다. 그날 졸업하기로 한 재키라는 별명을 가진 학생이 몇 주간 계획하고 준비한 마지막 식사를 차리기로 했다. 목소리가 고음인 재키를 나는 한참이나 여성이라고 생각했다. 하지만 사람들은 자꾸 재키를 맨이나 버디라고 불렀고 나는 머릿속에 그려둔 그의 모습을 고치느라 공을 들여야 했다. 그를 실제로 본 것은 내 여정이 끝날 무렵이었는데, 수정한 머릿속 그의 모습과 거의 비슷했다. 물론 그 사실을 확신하기는 어렵다. 재키를 보는 순간 내 머릿속 이미지는 허물어지고 눈을 통해 수집한 인상이 곧바로 그 위를 덮어썼기 때문이다. 그것은 마치 제일 좋아하는 책이 영화화되어 그 영화를 보는 순간 그토록 오랫동안 상상해 왔던 주인공의 얼굴이 배우의 얼굴로 대체되고 나서는 되돌릴 수 없는 것과 마찬가지다.

코비드-19 안전 수칙 때문에 다들 소그룹으로 나누어 각각의 방에서 식사를 했다(마스크 착용이 필수였지만 모두가 수면안대를 썼고 직원들도 대부분 시각장애인이었기에 매번 규제할 수는 없었다). 나는 목소리로 판단하건대 10대인 것 같은 센터 학생 옆자리에 앉았다. 앞으로 2주간 나는 크레이거가 고등학교로 치면 '쿨한 애들과 찐따들' 패거리라고 비유한 전체 학생들 사이의 사회적 구성을 알아갈 예정이었다. 다양한 연령대 덕분에 때론 보기 드문 우정이 맺어지기도 했는데, 50대에 가까운 사람들과 10대들이 술친구가 되는 식이었다.

훈련을 받으러 센터에 오는 가장 흔한 시기는 고등학교 졸업 후였고, 처음으로 독립하기 전 갭이어•를 이용해 시각장애 기술을 가다듬기 위함이었다. 크레이거처럼 대학교에 다니다가 시각장애인으로서 대학 생활을 잘하기 위해 필요한 기술을 익히지 못했음을 깨닫고 휴학 후 센터에 오는 학생들도 있었다. 갑작스러운 실명으로 삶과 직업의 방향이 바뀐 장년이나 노년층도 다수 있었다.

첫 며칠간 나는 선천적 실명인인 학생들과 시력을 잃은 지 얼마 안 된 학생들을 만났는데 실명의 원인은 놀랄 정도로 다양했다. 유명한 안 질환들(스타가르트병, 망막색소변성증, 망막아세포종)은 물론이고 처음 듣는 극히 희귀한 질환들도 있었다. 내가 만난 사람들 가운데 여럿이 총상에 의한 외상성 뇌손상의 결과로 실명했다고 했다. 명랑하고 유쾌한 40대 여성 앨리스는 남편이 자신에게 총을 쏘았다고 처음 만난 자리에서 들려주었다. 산소호흡기를 제거하려고 약물로 유도한 코마에서 앨리스를 깨운 의사들은 영구적으로 실명했다는 사실을 알려주었고, 곧이어 안구 적출에 동의하는지 물었다. 그다음에는 다시 코마에 빠뜨렸다고

• 　주로 대학 입학이 결정된 후 1년간 진학 대신 여행, 일 등으로 시간을 보내는 기간.

했다.

"난 시력을 잃은 게 슬프지 않아요." 하루는 우리가 아파트로 돌아가는 버스를 타러 정류장까지 걷는데 앨리스가 말했다. "그저 아침에 일어나면 앞으로 나아갈 뿐이죠." 앨리스는 센터에 온 뒤로 여러 번의 '난리법석'을 겪었다고 했는데, 그건 넘어진 걸 가리키는 앨리스의 표현이다. 한번은 이동 수업 도중 도로 연석에서 미끄러져 주차된 트럭에 머리를 세게 부딪치는 바람에 응급실에 실려가기도 했다. 진료를 받고 나서야 앨리스는 자신이 이제껏 심각한 청력 손실을 겪고 있었음을 알았다. 보청기를 착용한 뒤 균형 감각이 개선되었고 여태 감내해 온 난리법석의 횟수도 줄었다.

센터에서 지내고 며칠이 지난 뒤, 점심 먹는 방에 앉아 잡담을 나누는 주변 사람들의 목소리를 듣는데 뻔하기 이를 데 없지만 그럼에도 강력한 생각이 찾아왔다. **수면안대를 끼는데도 내가 아직 나라니 정말 이상하군.** 나는 여태 머릿속으로 눈멂을 너무나도 많이 생각했고, 실명하고 처음 며칠간 완전한 시력 상실에 적응할 수 없었던 사람들에 관해 들었다. 그런데 지금 이 순간은 완벽하게 평범하다고 느꼈다. 할 만했다. 힘이 나는 것 같았다.

물론 공정하게 말하면 난 실제로 눈이 먼 게 아니라고 스스로를 다잡았다. 오후 4시면 수면안대를 벗고 아직도 조금 남아 있는 호사스러운 중심시를 되찾으니까. 센터에는 나처럼 수면안대를 벗고 있을 때는 버스 정류장까지의 경로를 이탈한 학생들을 볼 수 있는 상대적 고시력자들도 몇 명 있다(이런 일은 귀가 시 거의 매일 벌어졌는데, 주로 똑같은 두 학생이었고, 크레이거가 늘 맨 뒤에서 따라가며 도와주었다). 내가 만난 또 다른 고시력자는 화면을 말 그대로 코에 닿을 정도로 가까이 둔 채 닌텐도 스위치로 게임을 했다. 그러나 유효 시력이 남아 있지 않아 얼룩과 그림자 말고는 아무것도 보이지 않는 학생이 많았고, 일부 학생들은 빛을 인지하지 못했기에 수면안대를 쓸 필요조차 없었다.

수면안대를 낀 삶에 적응해 나가다 보니 세계를 살아가고 경험하는 방식이 변해 간다는 사실을 깨달았다. 새로운 종류의 참을성이 내게 깃들었다. 수면안대가 없었다면 휴대폰을 보거나 방 안을 둘러보며 끊임없이 눈을 두리번거렸을 테지만, 지금은 가만히 앉아서 귀를 기울이는 것만으로도 만족할 수 있었다. 수면안대를 끼면 내 집중력은 완전히 다른 모양을 취하는 듯했다.

방 안에 새로운 목소리가 들어와 말했다. "뭐야, 이런, 내가 왜 여기 온 거지?" 그 말에 곧장 모두가 응답했다. "앨리스!" 실수로 소회의실에 들어온 앨리스는 사람들에게 인사한 뒤 다시 자신이 가려던 곳에 갔다. 수면안대를 끼고 경험하는 세계에서 느낀 또 하나의 변화였다. 의도치 않았던 장소에 도착하더라도 기분 좋게 받아들이는 것. 화장실이나 교실에 가려다 이사벨라나 마틴의 사무실에 들어가 버리기도 했다. 마틴은 언제나 친근하게 "안녕하세요, 앤드루"라고 하면서, 내가 자신을 만나러 올 의도가 아니었음을 즉시 이해하고 귀에 들릴 듯한 미소로 인사했다. 센터에서 일하는 사람들은 신입생들이 실수로 자기 사무실에 찾아왔다가 기분 좋게 몇 마디 대화를 나누고 다시 가려던 곳으로 가는 일에 익숙했다.

인터폰에서 점심 식사를 하러 오라는 방송이 나왔다. 처음으로 수면안대를 낀 채 식사를 할 생각에 다소 불안한 마음이 들었다. 난장판을 만들면 어떡하지? 나는 크레이거를 따라 재키와 몇몇 도우미들이 음식 접시를 내주는 작은 직사각형 창문 쪽으로 갔다. 재키가 마지막 식사로 준비한 아로스 꼰 뽀요*는 접시 한가운데 담겨 있었고, 그 옆에는 정체 모를 두 가지 음식이 있었다. 먼저 첫 번째 음식의 맛을 보았는데 직접 만든 플렌테인 칩이었다. 두 번째 음식은 주요리에 찍어 먹는 롤인 것 같았는데 망설이며 한 입 먹어보니 뜻밖의 달콤한 맛이 감돌아 오렌지 맛 쿠키라는 사실을 알 수 있었다. 접시에 담긴 음식을 스푼과 포크로 입에 가져가는 일을 약 40년간 해 온 덕에 조심스럽긴 해도 상당히 능숙하게 할 수 있었다. 빈 포크를 입에 가져가는 실수는 딱 한 번이었다. 전체적으로, 시력을 사용해서 식사할 때와 겉보기에 그렇게까지 다르지 않았다고 생각한다.

시각장애인이 비시각장애인보다 청력이 좋다는 믿음은 논리적 오류지만 귀에 의지하면 실제로 소리와 맺는 관계가 변하는 것은 사실이다. 점심시간, 휴스턴에서 방문한 크레이거의 아내 메러디스가 15개월 된 딸 파피를 데리고 방 안에 들어왔다. 파피가 옹알이를 하자 10대 학생들은 조용해졌고, 나는 아기의 강력한 청각적 존재감에 놀랐다. 아기가 내는 응얼거리는 소리와 웃

---

* 스페인과 남아메리카에서 흔히 먹는 닭고기를 넣은 밥 요리.

음소리, 간단한 단어가 방 안에 물감처럼 흩뿌려졌다. 그 색깔이 환각을 일으키는 건 아니었지만 거의 그럴 뻔했다. 내 시각 피질은 여전히 켜져 있었으니까. 그 뒤 몇 주간 나는 이와 비슷한 공감각 그리고 시각 없는 시각화의 가벼운 환각을 여러 차례 느꼈다.

촉각을 통해 느끼는 인상이 얼마나 생생한가도 놀라웠다. 미술실에서 교사는 축축한 점토 덩어리를 양 끝에 고리가 달린 철삿줄로 베어내 비닐봉지에 담은 후 자기 자리로 가져가는 법을 알려주었다. 그날 저녁 영상통화로 이 경험을 오스카와 릴리에게 설명하면서 나는 내가 실제로 그 도구도 진흙도 본 적이 없었음을 스스로에게 애써 상기시켜야 했지만, 그 기억만큼은 압도적으로 시각적인 것이었다. 이 장면이 내 마음의 눈에 선명하기 그지없었던 것이다.

공간 감각 역시 점진적으로 변하는 듯했다. 센터 1층의 카펫 깔린 복도를 걷노라면 보이지 않는 어떤 정신적 광원이 밝혀주는, 가상현실의 배경처럼 희미한 검푸른색을 띤 미니멀리즘적 풍경이 보였다. 이 푸르스름한 세상이 허구라는 사실을 확인하기 위해 안대 가장자리를 살짝 들어본 적도 여러 번이다. 그때마다 내가 여행하고 있던 빛나는 그림자의 물리적 실체들은 전부 내 마음속에 있었던 것이며 실제로는 센터 안에 눈이 아플 정도로 환한 노란 햇살이 스며들어 있다는 사실을 알아차리고는 그지없이 놀랐다. 다시 안대를 끼고 그 서늘하고 어두운 공간으로 돌아오면 안도감이 들었다.

때로 내 지팡이가 내가 보인다고 상상한 벨벳 같은 검푸른 벽을 꿰뚫으면 나는 정신적 지도를 새로 그려야 했다. 이런 재측정의 노력을 할 때마다 내 정신은 고군분투했다. 비록 내 지팡이가 눈앞엔 아무것도 없다고 확고한 피드백을 해 주었지만, 사실 이곳에 벽이 있다고 계속 믿는 쪽이 더 쉬웠다.

어지럼증도 느꼈는데, 특히 찰스와 함께 시내에 나갔을 때 그랬다. 찰스는 서부 해안식 진지한 유머로 내 실수를 알려주었다. 내가 알라모라고 생각한 곳이 사실 프린스 스트리트였다든지, 내가 분명 동쪽으로 간다고 믿었지만 사실은 그렇지 않다는 것 등이다. 그럴 때마다 나는 내 정신의 지도 전체를 들어 올려 90도 회전시킨 다음 조심스레 다시 내려놓아야 했다. 그런 노력 때문에 정신적 근육의 경련을 실제로 느끼는 것만 같았다.

점심을 먹고 난 뒤 다들 줌에 모여 오디오 모드로 재키의 졸업식에 참석했다. 몇몇이 줌 회의를 스피커폰 모드로 해 두어 교사와 학생들이 축사하는 목소리가 온 사방 문간과 벽, 휴대폰에서 흘러나오는 바람에, 마치 야구장 스피커가 울리는 듯했다. 축사를 마무리하며 줄리 디덴 소장은 재키에게 콜로라도시각장애인센터 졸업생 모두가 새로운 자립의 상징으로 받는 기념물인 자유의 종을 건넸다. **자신감과 자립심으로 주도하라!**라는 센터의 모토를 새긴 종이었다. 이 종소리는 재키의 자립뿐 아니라 온 세상 시각장애인의 자립을 나타낸다고 줄리는 설명했다. 재키는 종을 울렸고, 크레이거와 나는 계단을 내려가 점자 수업이 열리는 교실로 갔다.

···

재활 서비스는 여러 비시각장애인이 시각장애인에 대해 품는 낮은 기대치라는 중력에 이끌려 고꾸라지는 경향이 있다. 1969년, 장애 연구 분야에 한 획을 그은 연구서 《시각장애인의 탄생: 성인기 사회화 연구》를 쓴 미국 사회학자 로버트 스콧은 미국 내 시각장애인을 위한 공공기관과 민간기관 몇십 군데를 방문했다. 대부분은 미국 정부가 2차 세계대전 종전 후 퇴역 군인들을 위해 설립한 재활센터를 본뜬 곳이었다. 스콧은 이런 기관들 절대다수가 '편의 제공적 접근'을 한다고 결론 내렸다. 즉 이들은 시각장애인에게 진정한 자립의 능력이 없다고 보며, 예외가 있다 해도 그것을 현실적 사례라기보다는 현대의 기적으로 간주한다는 뜻이다.

스콧이 방문한 모든 기관에서 이러한 태도를 보여주는 증거가 드러났다. 정문에는 종을 달아두었는데 시각장애인이 길에서 입구를 쉽게 찾도록 하기 위해서였다. 식당에서는 오로지 먹기 좋은 크기로 미리 잘라놓은 음식만 팔았고, 포크나 나이프로 인한 불쾌하고 어색한 사태를 방지하기 위해 스푼만 내주었다. 빙고 게임의 밤은 "시각장애인이 <u>스스로</u> 할 수 없는 모든 일을 도와주고 게임 전체를 지켜보는 일군의 자원봉사자들의 도움으로 치러졌다". 이런 기관의 직원들은 고객의 사소하기 그지없는 성취에도 칭찬을 아끼지 않는다. 스콧은 이로써 다음과 같은 결과를 낳는다고 보았다. "무슨 일을 하건 뛰어나다고 칭찬받기에, 많은 사람들이 '실명은 자신들을 무능하게 만든다'는 근본적 가정을 틀림없는 사실로 믿게 된다." 책 제목이 시사하듯 스콧은 다른 요소보다도 이러한 취급이 시각장애인의 탄생에 책임이 있다고 본다. 최근 부상을 당했거나 보호적 생활 너머로 나아가려 시도하는 취약한 상태에 놓인 시각장애인은 시각 중심의 세계 대부분이 그들에게 품은 낮은 기대를 내면화한다.

스콧은 대안적 접근을 취하는 몇 안 되는 기관도 찾아냈다. 그가 '회복적' 접근이라 표현한 것의 가장 명확한 예시는 가톨릭 신부인 토머스 캐럴 신부의 글에서 찾을 수 있었다. 신부는 군대 내 재활센터에서 2차 세계대전 때 시력을 잃은 퇴역 군인들을 도왔다. 이 센터야말로 기다란 흰 지팡이를 포함해 시각장애인 재활에 있어 다양한 혁신이 처음으로 일어난 곳이었다. 이후 캐럴은 매사추세츠 뉴턴에 '모든 시각장애인을 위한 가톨릭 길드Catholic Guild for All the Blind'라는 입주 훈련센터를 직접 세우기도 했다. 1971년 캐럴이 사망하자 이 센터에는 그의 이름이 붙었고, 지금까지도 캐럴센터는 동부 해안에 있는 가장 유명한 시각장애 입주 훈련센터로 남아 있다.

《시각장애인의 탄생》에서 스콧은 평균적 시각장애인도 근본적으로 자립할 능력이 있다는 캐럴의 믿음을 높이 산다. 나는 낙관적인 마음을 품고, 스콧과 여러 사람이 느낀 시각장애 재활의 긍정적 비전을 기대하며 캐럴이 직접 쓴 책《시각장애: 시각장애는 무엇이며, 어떤 작용을 하며, 어떻게 시각장애와 더불어 살 것인가Blindness: What It is, What It Does, and How to Live with It 》를 찾았다. 그런데 알고 보니, 이 책에는 지금까지 내가 읽은 눈멂을 다룬 글 중 가장 어둡고도 우울한 글들이 실려 있었다.

캐럴의 책은 "시력 상실은 죽음이다"라는 주장으로 시작한다. 이어서 시각장애인에게 이 상실은 "그의 존재 자체에 가하는 타격이다"라고 쓴다. 캐럴은 책의 첫 장을 실명이 어떻게 죽음과 같은지 온갖 방식으로 세밀하게 파고드는 데 쓴다. 신체적 완전성을 잃는다는 점, 남아 있는 감각에 대한 자신감을 잃는다는 점, "즐거움을 주는 것들에 대한 시각적 인식"을 잃는다는 점 등등이었다. 그러면서 캐럴은 눈멂에도 긍정적인 무언가가 있을 가능성을 태연하면서도 단호하게 전면 부정한다.

실명이 주는 결핍에 이토록 몰입하는 것은 이후 이어지는 부분들에서 신체적 돌봄, 지팡이를 사용한 이동 그리고 시각장애인에게 일어난 피해를 복구하기 위한 "일상의 기술들"을 강조하고 자세히 설명하는 프로그램을 정당화하기 위해서다. 그러나 캐럴의 설명대로라면 이런 기술들은 어디까지나 시력이 한때 제공하던 우월한 이점의 대체재로만 남는다.

캐럴의 철학을 가장 맹렬히 비판한 사람은 전국시각장애인연맹에서 역대 두 번째로 오래 회장직을 지킨 케네스 저니건이다. 그는 실명을 거세나 죽음으로 바라본 캐럴의 프로이트적 시각을 거부했으며, 모든 특성이 제약을 지니듯 실명 또한 제약이 따르는 것뿐인 하나의 특성에 불과하다는 민권 중심적 관점을 택했다. 하얀 집이 파란 집이 될 수 없듯, 실명인에게 시력이 생길 수는 없다. 그게 뭐 어떻단 말인가?

선천적 실명인이었던 저니건은 전국시각장애인연맹 초기부터 활발히 활동하다가 훗날 노던캘리포니아로 이사했고 연맹 창립자 제이코버스 텐브록과 함께 시각장애를 긍정하는 직업 재활의 철학을 성문화했다. 이 철학의 중심에 놓인 생각은, 시각장애는 지성이나 소득수준, 머리색과 마찬가지로 한계와 장점을 둘 다 가진 중립적 특성이라는 것이다.

1950년대 후반 텐브록과 저니건을 위시한 연맹의 동료들은 한 가지 실험을 제안했다. 시각장애인을 위한 국가기관(스콧이 묘사한 보호 관리 중심의 편의 제공적 기관) 중 한 곳의 운영을 맡아 자신들 원칙에 맞게 개조하겠다는 것이었다. 얼마 뒤 아이오와시각장애인위원회 소장 자리가 비자 그들은 기회를 놓치지 않았다. 한 연방 연구에 따르면 국내 최악의 기관으로 점수가 매겨진 곳이었다. 저니건은 소장으로 채용되어 디모인으로 간 뒤 이곳의 훈련센터를 국가가 그 후 20년 이상이 지나서야 설립할 자립센터들의 원형으로 바꾸어놓았다. 이를테면 내가 콜로라도에서 머물렀던 센터 같은 곳이다.

1960년대에 캐럴과 저니건은 오늘날까지도 시각장애인 재활 시스템 내에서 펼쳐지는 긴장을 드러내며 시각장애 콘퍼런스에서 만날 때마다 공공연하게 대립했다. 전국시각장애인연맹은 '방향정위와 이동성' 지도 인증기관과 여전히 불화하며 이들의 방법론에 담긴 보호 관리주의, 시각장애인 이동 강사를 훈련하거나 고용하지 않는 경향, 연맹이 옹호하는 유연하고도 탐구적인 '구조화된 발견' 방법론(콜로라도시각장애인센터에서 크레이거와 처음 걸었을 때 내가 경험한 것)보다 경로 외우기나 걸음 수 세기 기술의 강조 등을 비판했다.

줄리 디덴은 몇 년 전 전국시각장애인연맹 센터의 다른 두 소장과 함께 열린 마음으로 캐럴센터를 방문했으나 그 센터가 학생들을 보호하는 수준에 충격받지 않을 수 없었다. 직원들은 학생들이 스스로를 다치지 않게 한다고 믿지 못했으며, 전국시각장애인연맹 센터에서 첫날부터 부엌일을 시키는 것과는 달리 부엌 출입을 허락받는 것조차 입소 몇 주가 지나서 가능하다고 했다. 캐럴센터를 졸업한 한 시각장애인이 내게 말해 주었다. "그곳엔 어디에나 안내용 난간이 달려 있어요. 자리에 앉을 때도 모두가 안내에 따르죠."

전국시각장애인연맹의 모든 센터에는 학생들이 캐비닛 설계와 전기톱 사용법을 배울 수 있는 목공 작업실이 있다. 시각장애인 기관 대부분은 이런 공구들 앞에 시각장애인을 데려다 놓는 일은 상상도 하지 못한다. 내가 온종일 수면안대를 쓰고 지내 보려고 콜로라도에 간다고 하자 웬만한 사람들은 한결같이 잘됐다고 했다. 길을 건너고 스토브로 요리하다니 좋군! 그러다 그곳에 목공 작업실도 있다고 부언하자마자 하나같이 흥분이 가시는 모습이었다. 그러나 연맹의 입장에서는 시각장애인이건 비시각장애인이건 보통 사람들이 생각도 못 할 만큼 위험하다고 여기는 활동들은 그 무엇과도 비견할 수 없는 힘을 실어준다. 이는 시각장애인에 대한 타인의 그리고 당사자 스스로의 기대치를 끌어올린다는 연맹의 더 큰 프로젝트의 일부이기 때문이다.

전국시각장애인연맹의 훈련이 급진적 접근으로 유명한지, 악명 높은지는 누구에게 물어보느냐에 따라 달라진다. 연맹 회원이 아닌 어떤 이에게 내가 콜로라도에 간다고 전하자 그는 말했다. "그 프로그램에 다녀온 사람들은 싸울 준비를 마치고 돌아오더군요." 즉 시각장애와 함께하는 삶이라는 엄청난 사냥감을 사냥할 준비를 마쳤다는 것이다. 그게 바로 연맹이 일구고자 하는 이미지다. 전국시각장애인연맹 센터는 혹독하고 몰입적이라는 점에서 네이비실을 연상시키는 시각장애 훈련을 제공하며, 눈멂이 그들에게 집어던지는 그 무엇과도 맞서 싸울 준비를 마친 졸업생들을 배출하는 곳이다.

졸업 요건 중 하나는 자립 귀가Independent Drop다. 누군가가 수면 안대를 착용한 학생(빛을 조금이라도 인지하는 모든 학생의 필수품)을 차에 태운 채 도시를 빙빙 돌다가 알 수 없는 장소에 혼자 내리게 한다. 그러면 학생은 휴대폰을 사용하지 않고, 단 한 사람에게 던지는 단 한 번의 질문만으로 훈련센터에 귀가해야 한다. 도움이 없이는 자기 집 앞마당을 벗어나지 못하는 상태로 센터에 입소하는 학생도 있기에, 이들이 여기까지 도달하는 데는 아주 긴 시간과 오랜 노력이 필요하다. 이곳의 강사들은 엄격한 사랑으로 유명하다. 처음부터 알고 있었잖아요. 여러분이 이곳에 온 이유가 바로 그겁니다. 스스로를 더 밀어붙이세요.

시각장애를 제약 없는 특성으로 보는 전국시각장애인연맹의 철학에는 진정한 힘이 담겨 있고, 시각장애인이 근본적으로 불완전하다고 주장하는 캐럴 신부의 주장에는 뿌리 깊은 비장애 중심주의가 담겨 있다. 그러나 이 논쟁에서 60년이 지난 지금, 연맹의 교육철학이 일부 시각장애인에게는 실망감을 안겨준 사실이 분명해졌다.

내가 덴버에 도착하기 몇 달 전 연맹의 센터들은 강한 비판의 대상이 되었다. 센터를 포함해 연맹 내에서 성적 학대를 경험하거나 목격한 이야기를 몇십 명이나 되는 사람들이 공유했던 것이다. 2021년 말 〈콜로라도 선〉은 2020년 전국시각장애인연맹이 의뢰한 외부 수사에서 발견한 사실들에 바탕을 두고 콜로라도시각장애인센터에 대한 충격적 기사를 보도했다.

연맹은 "2001년 여름 청소년 캠프에 참여한 13세 소녀가 지도자에게 성폭력을 당했으나 경찰에는 아무 기록이 없다. 한 교사는 2019년 학생들을 성추행한 혐의를 받았는데 학교 운영자들은 그가 다른 학교에서 이미 원치 않는 성적 접촉으로 고발당한 사실을 알면서도 그를 고용했다. 한 교사는 학교 규정을 어기고 19세 학생과 성관계를 맺었음을 인정했다" 같은 혐의들도 받고 있다.

〈콜로라도 선〉에 따르면 현재 이 가운데 어떠한 혐의에 대해서도 경찰 수사가 진행되지 않았으며, 두 사건의 고발자들은 이후의 절차가 일으킬 정서적 부담 때문에 경찰에 이 사건을 신고하지 않았다(그러나 루이지애나주 러스턴에 있는 콜로라도시각장애인센터 자매센터의 경우, 러스턴 대배심은 교육자에 의한 18건의 아동 성추행 혐의를 받는 이전 직원을 기소하기로 결정 내렸다. 직원은 무죄를 주장했고 2021년 12월 보석으로 풀려났다).

연맹은 공식 수사에서 밝혀진 사항 이상의 특정 혐의에 대한 공개 언급을 거부했고, 수사 결과는 개선을 위한 일련의 일반적 권장 사항을 설명하는 것이었다. 업무 부담이 과도한 센터 직원들에 대한 자원과 관리·감독을 늘리고, 향후 발생 가능성이 있는 성적 위법행위 고발에 대한 응답 프로토콜을 점검하는 조치가 이에 포함되었다.

나는 콜로라도에서 지내는 동안 센터의 직원과 학생 모두 필수 이행해야 하는 '전국 강간, 학대 및 근친상간 네트워크Rape, Abuse & Incest National Network' 훈련을 반일간 수료했다. 연맹이 1985년부터 입주 훈련센터를 운영했음에도, 단체 내 성추행 교육을 필수로 추진한 것은 이번이 처음이었다.

이런 시설 내 성 학대는 전국시각장애인연맹에만 국한되지 않는다. 전 세계 맹학교에서도 비슷한 이야기들이 등장했다. 연맹의 현 회장이 주장하듯 이 문제의 일부는 사회 전반에 걸쳐 일어난다. 이런 학대는 소규모 대학부터 거대 기업까지 어디서나 발생하며 시각장애인 훈련센터도 예외가 아니다. 그러나 장애인 대상 성폭력 발생률이 높은 것 또한 사실이다. 미국 사법부가 2009~2014년의 데이터를 연구한 결과 장애가 있는 사람들이 강간과 성폭력을 포함한 강력 범죄를 경험한 사례는 비장애인의 2.5배에 달했다.

전국시각장애인연맹 센터 졸업생들은 그 밖에도 인종주의와 비장애 중심주의에서 비롯된 미세공격microaggression* 경험을 공

---

* 일상생활 속에 만연한, 주변화된 집단에 대한 차별을 가리키는 용어.

유했고, 이런 사례들을 특히 연맹의 전반적으로 역행적인 문화와 연결 지었다. 센터 학생 다수가 청각 손실, 이동장애, 정신건강 문제, 인지장애 등 시각장애에 더해 다양한 장애를 갖고 있었다. 학습장애를 동반한 시각장애인 학생들은 방향정위와 이동성 기술 저하로 조롱당했다. 이들의 공간지각 능력 장애는 시각장애인이 지팡이를 사용해 이동하는 데 필요한 고난이도의 정신적 지도 그리기를 유달리 힘들게 만들기 때문이다.

성적 학대 혐의 이후 시각장애인 활동가들과 조력자 단체는 공개 서한을 통해 요구 사항을 밝혔다. "시각장애인 소비자들이 2020년에 원하는 것은 지난 몇십 년간 이들이 원했던 것과는 다르다. 우리는 괴롭힘과 모욕을 당하거나 '우리만의 이익을 위해' 우리의 경계를 넓히고 싶지는 않다."

전국시각장애인연맹은 몇십 년간 보호 관리주의에 맞서며 시각장애인의 취약성을 경시하거나 재구성했다. 케네스 저니건은 캐럴 신부를 논박하며 시각장애인에게 재활의 일환으로 정서적 지지가 필요하다는 관념을 조롱했다.

신부의 생각대로라면 다음과 같은 일이 벌어질 거라며 조롱조로 글을 쓰기도 했다.

시각장애인에게 가장 필요한 것은 이동 훈련이 아닌 심리 치료다. 그는 한계를 뛰어넘을 수 없으며 타인과의 차이를 메울 수 없음을 받아들이라고 배울 것이다. 이등 시민이라는 고통스러운 상황에 적응하도록 권고받고, 일등석으로 뚫고 들어가는 건 생각조차 좌절당할 것이다. 게다가, 이 모든 조치는 그에게 '자립' 그리고 시각장애에 대한 '현실적' 접근을 가르친다는 미명하에 이루어질 것이다.

그러나 2020년 연맹에 가해진 심판으로 인해, 연맹 역시 여러 시각장애인이 겪는 어마어마한 취약성 및 고통이라는 현실과 불편하게 마주할 수밖에 없었다. 연맹 측은 이에 대한 응답의 일환으로, 저니건이 공공연하게 해 온 바와 같은 심리 치료에 대한 경시를 삼가며, 연맹 내에서 발생한 성폭력 생존자인 회원들의 상담료 지불을 위한 기금을 유지 중이다. 연맹이 장애의 취약성에 더 관심을 기울였다면 회원들이 해를 입지 않게 보호할 수 있었을까?

• • • • •

콜로라도에서 지내는 동안 가장 감정적으로 압도된 순간은 따뜻한 토요일 오후 어느 비시각장애인 여성과 수면안대를 벗은 채 대화하던 때였다. 그해 봄 들어 처음으로 학생들이 주차장 옆에 비스듬히 세워놓은 그릴을 꺼내와 버거를 굽고 술을 마시던 날이었다. 센터에서 일주일을 보낸 나는 벌써 친구가 몇 명 생긴 기분이었다. 나는 나처럼 망막색소변성증인 아메드와 어울리는 것이 좋았다.

아메드는 나보다 열 살 어렸는데도 벌써 질환으로 인해 유효 시력을 잃었다. 때로 그는 일과가 끝나 다른 학생들이 모두 수면 안대를 벗은 후에도 안대를 착용했다. 고통스러운 태양 빛을 막아주었기 때문이다. 길고 느린 쇠퇴 끝에 남아 있는 시력 대부분이 사라진 것은 아메드가 로스쿨 마지막 학년에 다니던 시기였다. 주립 직업 재활센터에서 약간의 도움을 받아 간신히 스크린 리더와 지팡이 사용법을 익히고 제때 졸업할 수 있었으나, 진짜 실명으로의 진행은 그에게 커다란 정서적 타격이었다. 그는 워싱턴 D.C.에서 변호사 시험에 합격한 뒤 털사로 이주했는데 그곳에서 보낸 시기를 잃어버린 한 해로 기억한다. 오클라호마에서 보낸 기간 동안 실제로 무엇을 했느냐는 내 질문의 대부분을 회피하며 그는 그저 그 시절의 음산함만을 언급할 뿐이었다. "하지만 왜 털사를 택했어?" "물가가 쌌거든요." 내 물음에 아메드가 답했다. 그에게는 그저 처음 겪는 실명을 홀로 경험할 장소가 필요했다.

과거에 나 역시 가본 적 있는 이 도시한테는 정말 미안한 말이지만, 아메드의 말을 듣고 난 뒤 나는 털사를 시력을 최종적으로 잃은 사람이 가는 우울한 장소로 생각하게 되었다. 나는 언제 털사에 가게 될까? 지금 나는 아직 고속도로에 있고 그곳에 가기까지는 몇몇 주州를 지나야 하지만, 서서히 그 도시의 이름이 표지판에 등장하며, 그때마다 그 지명 옆 남은 거리의 숫자가 줄어든다.

아메드의 아내인 정신과 의사 헨드는 그가 프로그램에 참여하는 동안 곁에 있기 위해 리틀턴에서 지내고 있었다. 나는 시각장애인 형제들 무리에서 잠시 벗어나 헨드와 소개를 주고받았다. 그리고 콜로라도에서 지내는 동안 아메드에게 변한 점이 있는지 물었다.

"지금은 요리를 많이 해서 좋아요." 헨드는 가정관리 팀이 학생들에게 내주는 끝도 없는 식사 준비 과제를 넌지시 언급했다. "하지만 솔직히 말해서, 아메드는 로스쿨에 다니다가 실명한 뒤 오로지 살아남기 위해 이런 것들을 혼자서 익혔어요. 내 생각엔 그가 이 프로그램에서 가장 크게 얻은 건 친구들이에요. 지금까지는 이런 시각장애인 친구들이 없었어요. 아메드에게는 정말 큰 의미가 있죠."

헨드가 그 사실을 언급하기 전까지 나는 학생들이 서로서로 제공하는 돌봄에 내가 얼마나 큰 감동을 받았는지 모르고 있었다.

그 주 주말, 아직 입소 몇 주밖에 안 된 어밀리어가 처음으로 수업 시간이 아닐 때도 방 밖에 나와 사람들과 어울렸다. 멘토이자 투어 가이드 크레이거는 센터에서 예상치 못한 우정이 싹트는 모습을 보면 참 재미있다며 내가 첫날 찰스의 사무실에서 만났던, 미러 렌즈가 달린 오클리 선글라스를 쓴 무표정한 남자 행크와 어밀리어가 어울리는 모습을 가리켰다. 두 사람은 검은 선글라스를 끼고 마치 주차된 차 안에서처럼 앞을 똑바로 바라보며 아파트 소파에 나란히 앉아 있었다. 둘은 액상 마리화나 전자담배를 주고받았는데 언뜻 행크가 하는 말이 들렸다. "처음 시력을 잃었을 때 난 한 달간 침대를 떠나지 않았지."

그날 밤 행크, 어밀리어, 아메드는 주류 판매점에 다녀오기로 했다. 모두 완전한 실명인으로, 아메드를 제외한 두 사람은 아직 방향정위와 이동성 훈련 입문자였다. 세 사람이 아파트의 텅 빈 주차장을 떠나 쇼핑센터로 이어지는 번잡한 거리로 나서자, 크레이거와 또 다른 노련한 학생 토니는 그들을 따라가야 할지 상의했다. 그 둘이 시각장애인이 아니었다면 또는 그들이 다른 방식으로 말했더라면 그들의 행동을 시혜적으로 보았을 것이다. 하지만 나는 두 사람의 행동을 사랑과 돌봄의 제스처로 느꼈다. 크레이거와 토니는 세 사람을 안내하며 연석이 있으니 비키라고 큰 소리로 명령하려는 것이 아니었다. 그저 이들이 길을 잃을 경우를 대비해 경험이 풍부한 여행자가 뒤를 따라가기를 바랐을 뿐이다.

"내가 가죠." 내 잔존 시력이 도우미 자격으로 충분하다고 깨달은 내가 자원했다. 그런데 세 사람을 따라가다 보니 내 존재는 불필요했다. 아메드는 애초에 술을 마시지도 않았다. 그저 친구들과 외출했을 뿐이고, 술집에 갔다가 센터로 돌아오는 길을 알았다. 그는 한동안은 말 그대로 뒤로 걸으면서 어밀리어와 행크가 쇼핑센터 하역장으로 잘못 들어가는 소리를 듣고 경로를 바로잡으며 농담을 던졌다.

나중에 아메드는 시각장애인의 이동에 가장 중요한 기술을 딱 한 가지 꼽자면 "기꺼이 길을 잃을 마음 그리고 길을 찾을 능력이 있다는 자신감"이라고 했다. 실명한 초기에 그는 앞을 볼 수 있는 안내자가 있었다면 5분밖에 걸리지 않았을 길을 지나느라 세 시간을 소모한 적이 있다. 그러다 차츰 도로의 방향, 특정 정지 신호의 패턴, 계단을 내려갈 때 바뀌는 다른 이의 발소리를 익히며 워싱턴 D.C.를 점점 더 잘 헤쳐나가게 되었다. 콜로라도센터에서 기본방위 이용법을 배운 그는 이제 햇빛이 얼굴에 내리쬐는 감각을 통해 자신이 어떤 길로 가는지를 안다. 그는 덧붙였다. "콜로라도센터를 떠난 후 절대 길을 잃지 않는다곤 말할 수 없어요." 이 말은 모든 시각장애인 여행자를 위한 실용적 조언인 동시에, 시각장애가 누구나에게 줄 수 있는 더 폭넓은 개념을 짚어 주기도 한다. 즉 길을 잃는 경험은, 무언가를 잃는 경험이 그러하듯, 꼭 동정심, 비극, 공황, 재난을 일으키는 사건은 아니라는 것이다. 조쉬 미엘이 "우아한 실패의 폭포"라는 말로 표현했듯, 잘못 디딘 발걸음도 생산적일 수 있다. 길을 잃는 것이 언제나 편안하고 즐겁지는 않지만 그것은 인간 경험의 유기적이고 근본적인 부분이다. 길 잃기에 저항하기보다 이를 받아들이는 능력이 향상될수록 이동 기술 역시 능숙해진다.

콜로라도센터는 아메드가 털사에서 나오는 길을 열어주었다. 아메드를 만난 지 고작 일주일쯤 된 시점이었지만 그가 과거를 회상하는 방식이나, 실명에 관해 이야기하면서 때로 고통스럽다는 듯 말을 아끼는 모습을 보며 여전히 우울에서 벗어나지 못했다고 생각했다. 농담을 하면서 뒤로 걷는, 다른 두 학생과 함께한 아메드의 모습을 보고 있으려니 헨드의 말이 무슨 뜻인지 이해할 수 있었다. 동지들을 만난 뒤 그는 서서히 변화했다. 그건 그가 예전의 자신으로 회복된다는 뜻일까? 아니면 그 사람은 털사에서 사라졌으며, 아메드는 실명 덕분에 다시 태어난 새사람으로 재활할 수 있다는 뜻일까?

이 동지들은 케네스 저니건과 토머스 캐럴 신부가 가진 상충하는 비전을 하나로 종합할 수 있는 돌봄 그리고 눈멂의 대안적 모델을 제시하는 것으로 보였다. 시각장애인은 망가지지 않았지만 그럼에도 취약하다. 눈멂은 그 자체로 비정의적 특징인 동시에 심각한 장애다. 재활로 나아가는 길이 박탈을 받아들인다는 의미는 아니지만 그럼에도 눈멂의 완전한 기쁨과 인간성에 도달하기 위해서는 고통을 거쳐 가야 한다는 것을 인정할 필요가 있다.

•• ••

내가 다시 콜로라도센터를 찾아 9개월간의 프로그램을 완수할지는 모르겠다. 이곳에서 눈멂에 몰입하며 특히 이동 훈련을 비롯한 많은 것을 배운 건 사실이지만 오스카 그리고 릴리와 그토록 오래 떨어진다는 생각만으로도 견딜 수 없다. 이곳엔 내가 한평생 수월하게 해 온 요리, 청소, 마이크로소프트 워드 문서 포맷 등의 일을 이제 막 배우는 10대들이 대부분이라 자존심이 상하기도 한다. 언젠가 이런 기술들을 다시 배워야 하지만 그 때문에 9개월이라는 긴 시간을 바치는 건 상상할 수가 없다.

수면안대를 쓴 채 내가 사는 도시를 돌아다니고, 눈으로 주걱을 찾느라 시간 낭비를 하지 않고도 식구들 저녁 식사를 준비하는 등 집에서 실명 훈련을 이어가는 동안 나는 눈멂에 마음 챙

김이 필요하다는 사실을 깨닫고 놀랐다. 도로의 교통 패턴을 해석하려고 길모퉁이에 선 채 정지 신호 여러 번을 흘려보내는 순간이나 마늘을 찾아 조리대를 위아래로 쓸어보는 순간이면, 눈멂이 캐럴 신부가 주장한 것 같은 죽음이라고는 전혀 느끼지 못한다. 그보다는 선불교 스승 순류 스즈키가 '초심'이라고 표현했듯 마음을 일구는 일이라고 느꼈다. 석사 학위를 지닌 중년 남성이건만 나는 깊은 숨을 들이쉬었다가 다시 후 하고 내쉰 뒤 또다시 남자 화장실 문을 찾기 시작한다. 바에 앉아 있는 친구들이 어둠 속을 더듬거리는 내 모습을 모두 지켜본다는 사실을 의식하면서.

샌프란시스코 라이트하우스 소장 브라이언 배쉰은 어느 인터뷰에서 "눈멂에 담긴 선禪 사상"에 대해 이야기한 적이 있다. "나는 시력을 가지고도, 저시력 상태로도, 실명 상태로도 살아보았습니다. 그렇기에 실명인으로서 세상을 음미하는 것이 약간 느릴지는 몰라도 풍부하고 예기치 못한 방식으로 아름다울 수 있다고 말하죠."

요즘 지팡이를 사용해 동네를 걷다 보면, 아직도 낯선 사람들에게 지팡이가 미치는 효과를 목도한다. 내가 걸어오는 걸 보는 순간 그들은 아예 길을 건너 반대편으로 가버린다. 아직 반 블록이나 떨어져 있는데도 벌써부터 아이를 휙 잡아당겨 비켜서게 하는 부모도 있다. 공공장소에서 시각장애인에게 보이는 이런 반응들은 문학 작품에도 흔히 등장한다. 다음은 보들레르 시의 한 구절이다.

마네킹처럼, 애매하게 우스꽝스럽고,

괴상하고, 끔찍한 몽유자들,

그들의 눈은 어둠 속에서—어디를 향해서인지는 몰라도—빛
을 낸다.

매일 어디서나 겪는, 괴상한 마네킹이 되어 등장하는 경험은
누적된다. 내 얼굴이 찡그린 표정 그대로 굳어가는 걸 느끼고, 내
가 낯선 사람을 나를 평가하는 적대적인 적으로 간주한다는 사
실을 문득 깨닫기도 한다.

이런 식으로 세상을 살아갈 수는 없다. 그래서 나는 지팡이를
사용한 이동에 새로운 기법을 더했는데 그 뒤로 공공장소에서
시각장애인으로서 행동하는 경험은 완전히 바뀌었다. 평소에 쓰
는 방향정위와 이동성 기술, 즉 지팡이 잡는 법, 기본방위에 집중
하는 데 더해 나는 미묘한 미소를 짓고자 애쓴다.

미묘한 미소는 예술가 헬렌 미라의 인터뷰에서 처음 알게 된
개념이다. 미라는 작업을 위해 거친 자연 속에서 장시간 걷거나
하이킹을 하곤 했다. 거주 중인 케임브리지 인근을 걸으며 미라
는 지금 자신이 아무도 찾는 사람 없는 숲과 산속에 있으면 좋을
텐데 하고 종종 생각했다. 그러다 문득 이러한 욕구 때문에 자신
이 도시 안에 온전히 존재하지 못한다는 사실을 깨달았다. 미라
는 "그래서 틱낫한 스님이 설명한 방식 그대로 실천"했다고 말한
다. 틱낫한 스님의 가르침을 공부해 온 미라가 웹사이트를 통해
설명한 바에 따르면 미묘한 미소는 무척 단순하다. "미묘한 미소

란 거의 보이지 않을 정도로 아주 살짝 미소 짓는 것이다." 미라는 인터뷰어에게 미묘한 미소를 짓는다는 건 "매 순간 모든 것과 모든 사람을 평정심과 친근감을 품은 채 마주한다"는 의미라고 설명했다.

처음에는 이 점잖기 짝이 없는 개념이 마음에 들지 않았다. 히죽히죽 웃으며 돌아다니기만 해도 모든 게 나아진다고? 그런데 이 미묘한 미소라는 개념이 나를 떠나지 않고 줄곧 남아 서서히 내 삶을 바꾸었다. 미묘한 미소는 비웃음도, 거짓으로 쾌활함을 가장하는 것도 아니다. 중요한 사실은 이 미소가 부분적이라는 것이다. 거짓 웃음을 꾸며내야 할지라도 찡그린 표정을 미묘한 미소로 바꾸는 데는 **살짝** 입꼬리만 올리면 충분하다.

줄을 선 사람들이 움직이고, 부대끼고, 보이지 않는 묵직한 손을 내 발목 근처에서 흔들어댄다. 대체 어떻게 끼어들지 모르겠다. 이렇게 내가 시각장애인이라는 사실을 감당하지 못하겠다는 생각이 들 때마다 사고가 엉키고, 공간 속에서 내가 차지하는 자리에 관한 불안감에 휩싸인다. 그러나 미묘한 미소를 띠는 순간 찡그린 얼굴이 부드러워지고, 나는 이제 궁지에 몰린 눈먼 남자도, 보들레르의 시에 등장하는 끔찍한 몽유자도 아니게 된다. 나는 다시금 "평정심과 친근감을 품은 채" 타인을 마주하는 한 사람으로서의 지위를 회복한다.

미묘한 미소라는 틱낫한의 가르침은 이런 식이다. "우리는 앞으로 나아가는 것 같지만 어디로도 가지 않는다. 우리는 목적지를 향해 가는 것이 아니기 때문이다. 그렇기에 우리는 걸어가는 동안 미소를 짓는다." 오스카를 학교에서 데려오기, 릴리와 점심 먹기 등 내 걸음에는 목적지가 있지만 목적지에 담긴 의미는 비워진 지 오래다. 걷는 일은 일종의 명상이 되었다. 의도한 것보다 더 오랜 시간이 걸린다 해도(눈먼 사람의 속도에 적응하는 요사이 그런 일은 점점 더 잦아진다), 누군가가 내 지팡이를 보고 당황하거나, 화를 내거나, 가슴이 미어지는 표정을 짓는다 해도, 여태 몇십 번은 더 오가던 곳에서 잠깐이지만 완전히 길을 잃는다 해도 상관없다. 나는 여기, 아직 살아서, 내가 마음에 품은 나의 길을 걸어가기에.

엔드게임

　나와 오스카는 미국자연사박물관의 하이든 천체투영관 옆 벤치에 앉아 어느 눈먼 어머니가 1.2미터 높이의 금속 달 모형을 향해 다가가는 모습을 보았다. 모형의 높이는 딸의 키만 했고, 어머니는 딸을 쫓아 박물관을 온통 돌아다니는 중이다. 두 사람이 모형 앞에 한참 멈춰 서고, 어머니가 손가락으로 달의 표면을 잠시 더듬으며 크레이터*의 모양과 결을 만져본다. 나는 다가가 말을 걸고 싶었다. 일요일 아침 미국자연사박물관에 와서 그 어머니가 하는 일, 정확히는 대부분의 어른이 하는 그 일, 그러니까 아이들을 쫓아다니면서 그 과정을 즐기려고 죽도록 노력하는 일을 하고 있는 동료 시각장애인 부모로서의 연대감을 전해 주고 싶었다.

・　달 표면의 크고 작은 구멍.

시각장애인이 공공장소에서 서로 마주치기는 어렵다. 몇몇 시각장애인 친구들은 버스나 길에서 지팡이가 바닥을 두드리는 소리라든지 휴대폰의 스크린 리더가 지껄이는 소리를 드물게 들으면 너무 반가워서 보통은 그 사람에게 다가가 말을 건다고 했다. 하지만 내가 발견한 시각장애인 어머니는 금세 딸을 따라 뛰어가 버렸고, 이제는 내가 다시 오스카를 따라 박물관 주변을 뛰어다닐 차례였다.

비록 내가 나의 실명을 예리하게 느끼는 와중이었음에도 그날의 경험은 극도로 시각적이었다. 나는 경계를 늦추지 않고 오스카를 따라다녔고, 전시물에 적힌 큰 글자를 읽었으며, 바다코끼리가 실존한다는 놀라운 사실에 경탄하기도 했다. 북미 포유류 전시실에서 본, 로키산맥 봉우리를 가로지르며 당당하게 풀을 뜯는 큰뿔야생양의 모습이 내 안에 있는 묘한 자연주의적 애국심을 건드리기도 했다.

그러나 과거의 방문과는 달리 박물관에서 이제는 내가 접근할 수 없는 곳이 많았다. 천체투영관에서 자리를 찾는 데는 오스카에게 전적으로 의존했고, 그 안에서 상영된 영화 역시 내게는 대체로 청각적 경험이었다. 간혹 지나가는 행성이나 위성이 언뜻 보였지만, 전반적으로 너무 어두웠다.

그날의 일정이 끝나갈 무렵 우리는 올빼미 디오라마 앞에서 걸음을 멈췄다. 재정비를 위해 폐쇄했는지 안이 텅 비어 보였지만, 오스카는 경탄해 마지않는 목소리로 말했다. "저것 좀 봐요." 나는 아무것도 보이지 않는다고 하면서 설명해 줄 수 있냐고 했다. 그러자 오스카는 망설이지 않고 올빼미가 두 날개를 활짝 펼치고 있는데 쥐를 막 낚아채려는 것 같다고 들려주었다. "발톱이 이렇게 생겼어요." 나는 아이의 손조차 제대로 보이지 않는다는 사실을 깨닫고 가슴 아린 좌절감을 느꼈다. 그러나 눈으로 보는 대신 본능적으로 손을 뻗어 아이의 손을 잡자, 아이가 공격하려는 올빼미의 발톱 모양으로 손가락을 오므렸음을 알 수 있었다.

이런 대화며 우리가 함께 보낸 하루는 그지없이 자연스러웠기에 마치 시각장애인으로서의 내 삶 속 새롭고 널찍한 방의 문을 연 기분이었다. 우리는 평소보다도 서로와 더 많이 접촉했다. 걸을 때는 손을 잡거나, 내 손을 아이 어깨에 얹었다. 이런 접촉은 대개 실용적 목적이었지만 동시에 애정 어린 것이기도 했다. 집에 돌아가는 길, 붐비는 지하철에 서 있는 동안 나는 촉각을 곤두세우기 위해 오스카를 양팔로 감쌌다. 내 손길이 닿는 순간 아이는 고개를 내게 기댔는데 그 제스처는 내 실명에 대한 기능적 편의 제공인 동시에 사랑의 순간이기도 했다. 두 가지 종류의 접촉 사이에 놓였던 장벽은 녹아 없어졌다. 그날은 내 시각장애에도 아랑곳없이 멋졌던 날이라거나, 내 시각장애 덕분에 멋졌던 날이 아니었다. 다만, 내 시각장애와 함께 멋진 날이었다.

· ··

시력 감소의 경험을 담은 내 일기들이 얼마나 같은 말의 반복인지 알면 놀랍다. 짧은 관찰의 장면들을 계속 되풀이해 기록하고, 주제 면에서는 미세한 변주가 있을 뿐이다. "지난 며칠 사이 시력이 약간 떨어졌다"고 쓰는 식이다. 언제 그런 일이 일어났는지 정확히 알 수는 없고, 그저 지난주 언젠가 알아차렸다는 것만 안다. 망설임과 양가감정을 내보이고 새로이 도달한 최저점은 영영 바뀌지 않을 풍경인 것만 같다. 그저 오늘 일진이 나빠서일까? 아니다, 일주일 내내 그랬다. 지금의 상황을 관찰한 결과를 기록하려 애써봐도 매번 똑같다. 머그잔, 지팡이, 부츠 한 켤레 등 방금 내려놓은 물건을 잃어버렸고, 응당 더 빨리 찾았어야 하는데 그러지 못했다. 예전에는 한 번도 그런 적이 없었는데 문틀이나 테이블에 부딪치기 시작했다. 보조 기술의 도움을 받는데도 글 읽기가 더 힘들어졌다. 모든 사건이 이런 식으로 한정되기에 이런 일은 '점점 더' 그러나 지나치게 많지는 않게, 언제나 '조금씩' 일어난다.

보르헤스 작품에 나오는 일종의 거울의 방에 갇힌 기분으로 나는 지금 쓰는 글이 예전 일기와 똑같다는 사실을 지적하며 일기를 끝맺는다. 이건 몇 달 전 쓴 일기와 거의 똑같고, 그 똑같음을 관찰하는 것까지도 똑같다. 지난번 시력 감소와 조금이라도 다른 방식으로 시력 감소에 대해 쓰기란 어렵다. 나는 늘 내가 이 경험을 똑같은 방식으로 쓴다고 쓴다.

실명에 대한 새로운 불안감을 오스카에게는 드러내지 않으려 애쓰지만, 우리 집 탐정인 그 아이는 우리가 하는 모든 말에 예리하게 귀를 기울이고 조금이라도 이해가 가지 않으면 명확히 말해 달라고 요구하기에, 내가 원하든 원치 않든 내 상태를 대체로 인지하는 편이다. 아이의 기본적 반응은 주로 있는 그대로의 분석이다. "우와, 아빠가 **진짜** 눈이 멀고 있네요." 어느 날 아이의 관점에서는 내 눈앞에 놓여 있으나 내 관점에서는 다른 차원이 삼키고 만 젓가락 한 짝을 찾아 바닥을 쳐다보는 내 모습을 보던 오스카가 말했다. 그보다 최근에는 이렇게 묻기도 했다. "아빠는 언제 눈이 멀었어요?" 그 말에 쩔쩔맬 수밖에 없었다. **잠깐만, 내가 이미 눈이 먼 거야?** 그런 생각이 들었다. 소파에 앉아 아이를 바라보는 지금은 전혀 그런 기분이 아니다. 물론 실명이 내 삶의 거의 모든 측면에 속속들이 스며들었다는 사실 또한 알고 있을지라도.

작은 재앙들이 끊임없이 밀려와 지극히 평범한 일상에 착착 쌓이는 듯한 경험 덕분에 나는 꼭 사뮈엘 베케트 희곡의 등장인물이 된 기분이다. 구덩이에 들어가 한 번에 한 삽씩 몇십 년에 걸쳐 산 채로 묻히는 남자가 등장하는 장면을 상상한다. "흙이 또 한 삽 내려앉았군." 남자는 구덩이에서 말한 뒤 신랄한 생각에 잠겨 그대로 한두 달을 더 누워 있다. "또 한 번, 이번엔 한 삽도 채우지 못했군." 그러곤 한참 뒤에야 덧붙이리라. "한 줌에 가까운, 넉넉한 먼지랄까."

그러나 내가 베케트의 이런 희곡을 군이 지어낼 필요가 없는 건, 베케트가 당혹스러울 정도로 느린 쇠락의 경험을 완벽하게 담아낸 《엔드게임》을 이미 썼기 때문이다. 《엔드게임》 도입부에서 클로브가 하는 대사 "끝났어, 끝났어, 거의 끝났어, 거의 끝난 게 분명해"는 내 일기장에 수도 없이 등장했다. 반맹인 클로브는 극의 진행 내내 어설프게 만든 휠체어에 앉아 있는 완전한 실명인인 양아버지 함의 시중을 마지못해 그러면서도 순순히 든다. "낱알 하나에 또 낱알 하나." 클로브는 대사를 잇는다. "한 번에 하나씩, 그러다 어느 날, 별안간 무더기가 되고, 조그만 무더기가, 불가능한 무더기가 되는 거야." 이 대사가 암시하는 고대 그리스의 무더기라는 모순이 나로선 점진적 시력 상실이라는 모순적 경험을 설명하기에 가장 좋은 방법이 되었다. 쌀이건 수수건 퀴노아건 곡물 낱알을 한 번에 한 알씩 바닥에 놓는다면 그것들은 어느 시점부터 무더기가 되는가? 낱알 하나는 무더기가 아니다. 세 알도 마찬가지다. 그 문턱은 어디일까? 세상을 가장 쉽게 이해하는 방법은 이분법적으로 세상을 바라보는 것이다. 퀴노아 무더기가 있거나 없다고. 낮이 아니면 밤이라고. 끝나기 전까지는 시작이라고.

그러나 베케트의 희곡은 해는 졌지만 밤은 아닌, 하늘이 그저 회색이 아니라 '옅은 검은색'인 사이in-between의 고통과 모호함을 담는다. 그것이 내가 경험한 실명과 정확히 일치한다. 긴 시간에 걸친 시력의 쇠퇴는 언젠가 분명 형상과 세부를 사라지게 만들테지만, 쇠퇴가 계속되더라도 좀처럼 종착역에 도착하지 못할수도 있다는 역설적 의미가 있다. 나는 이 무한한 엔드게임 속에, 눈이 멀었는데도 여전히 볼 수 있는 얼어붙은 땅거미 속에 살고 있다. 그러다 무더기 위에 또 눈멂이란 낱알 하나를 더한다. 내가 모은 무더기가 마침내 그 부분의 합과 동등해지는 시점은 언제가 될까?

어느 망막색소변성증 지지 그룹의 여성 지도자는 5년에 한 번씩 이렇게 생각한다고 했다. "난 그때 내가 눈이 멀었다고 생각했지만… 이제는 **정말로** 눈이 멀었구나!" 그러다 또 5년이 지나면, 또 똑같은 생각을 한다는 것이다. 그분은 69세가 되었고 여전히 실명을 겪는 중이다. 시력은 전혀 남지 않았으며 한쪽 눈을 완전히 실명했으나, 여전히 나머지 한 눈을 통해 찾아오는 흐릿한 인식을 이야기하며 경외감을 드러낸다. 몸 상태가 좋으면 주변 환경 속에서 선명히 대비되는 기본적 시각 정보를 식별할 수 있는데, 이를 통해 예를 들면 어디서 밝은색 인도가 끝나고 어두운색 아스팔트가 시작되는지 추론할 수 있다. 나에 비해 상당한 실명인이지만, 그분 또한 자신이 이따금 방향을 잡기 위해 사용할 수 있는 흐릿한 안개 속 조금의 잔존 시력조차 없는 더 심한 실명인들보다 나은 처지라 여긴다. "그 사람들은 대체 어떻게 사는지 모르겠군요. 좋은 훈련을 받았고, 버티고 있지만…." 그러면서 진정한 실명인이 겪는 어려움 앞에서 도저히 무슨 말을 할지 모르겠다는 듯 말끝을 흐렸다.

쏟는다든지, 경미한 사고가 난다든지, 사람을 못 알아본다든지 하는 실명에서 비롯되는 부조리한 슬랩스틱을 보며 사람들은 웃을 수밖에 없다("불행보다 더 우스운 건 없지."《엔드게임》의 등장인물이 자신이 사는 쓰레기통 안에서 하는 대사다).

사람들이 '장애 이익disability gain'이라고 부르는 사례도 있다. 신체적 차이의 경험은 새로운 전망을 열어준다. 점자를 읽노라면 페이지를 쓰다듬는 손끝에서 감촉한 무늬를 통해 얻어낸 언어

이미지들이 내 상상 속 풍경에 꽃필 때 그 아름다움을 느꼈다. 수면안대를 낀 상태로 아기의 옹알이가 쏟아내는 알록달록한 흐름에 귀를 기울일 때 느낀 공감각적 희열 혹은 철사가 축축한 점토 덩어리를 가를 때 느낀 기묘한 즉시성같이 촉각과 청각적 세계의 장엄함이 기억난다. 심지어 접근할 수 없는 제품이나 서비스를 마주했을 때 겪는 좌절감에서도 무언가 얻는다는 기분을 느낄 정도다. 바로 눈멂이 나를 더 깊은 사회적·정치적 의식 속으로 밀어 넣는다는 감각이다.

월리엄 러프버러는 빌 게리, 조쉬 미엘과 베이 에어리어에서 함께 일하던 비시각장애인 기술자이자 예술가로, 30년 이상 시각장애인을 위한 보조 기술을 개발해 왔으며 이들이 세상을 경험하는 방식을 이해하고자 엄청난 에너지를 쏟았던 사람이다. 그는 자신의 시각을 '비실명blindlessness'이라고 일컫고, 실명인이 시각이 없는 이들이라는 개념을 도치시켜 눈멂에는 비실명인들은 접근할 수 없는 나름의 풍부한 행위유발성affordance이 있다고 주장했다.

· · · ··

나의 가장 놀라운 발견은 눈멂이 전적으로 평범할 수 있다는 것이다. 앞을 볼 수 없다는 것, 이처럼 극단적 사실이 배경으로 녹아들 수 있음을 비장애인들은 받아들이기 어려울 것이다. 에이드리언 애쉬는 평생 적극적으로 장애인권운동에 참여했음에도 실명이 자신의 가장 핵심적 특성이 아니라는 사실에는 끝까지 요지부동이었다. 그는 자신이 어떤 사람인가에 있어 눈멂은 '형성에 중요한formative' 역할을 하지 않았다고 주장했다. 애쉬의 장애가 전면에 나서는 건 실명을 이유로 누군가에게 부당한 대우를 받는 순간뿐이다. 이런 생각을 하는 사람이 애쉬만은 아니다. 조지나 클리게는 이렇게 쓰기도 했다. "모든 것이 잘되고 있을 때면 내 실명은 내 앞길을 가로막는 넘을 수 없는 장애물이 아니라 그저 삶의 한 가지 사실일 뿐이다. 나는 그 사실을 빙 둘러간다. 무시해 버린다. 어지간한 날에는 실명은 날씨만큼도 중요하지 않다." 작가 엘리자베스 새먼스는, 실명은 자기 인생의 '주인공'과는 거리가 멀다는 말을 내게 하기도 했다.

내가 여전히 시력 감퇴의 한가운데 놓여 있다는 사실은 이런 식으로 내 실명이 배경에 녹아들도록 두기 어렵게 만든다. 콜로라도센터에서 만난, 최근에 급작스레 시력을 잃은 두 학생은 긴 세월에 걸쳐 서서히 눈이 멀어가는 건 자신들이 겪은 일보다 훨씬 힘들 것 같다고 했다. 돌연히 완전한 실명을 겪은 충격과 트라우마는 있었으나, 동시에 모든 것을 어쩔 수 없이 한순간에 마주할 수밖에 없었고, 그렇기에 (그들이 상상하기로는) 실명에 더 빨리 적응할 수 있었다고 했다. 그들의 말을 믿기는 어려웠다. 실명의 원인을 떠나 두 사람의 삶이 내 삶보다 훨씬 힘들게 들렸다. 그러면서도 나는 시력을 한순간 잃는다면 얼마나 쉬웠을지 생각하기도 한다.

나는 이런 종류의 눈멂의 정상성이 마음을 뒤흔드는 것을 경험하기 시작했다. 처음 내 컴퓨터로 스크린 리더를 사용할 때 불가사의한 공포와 심각함을 느꼈다. 그저 워드프로세서를 활용하거나 웹브라우저를 사용하는 것이 아니라 이 활동을 특별하고, 도전적이며, 창피하고, 흥미로운, **눈멂**의 버전으로 하고 있었기 때문이다. 나는 눈멂의 요소 모두를 상상을 초월할 정도로 참신하게 느꼈다. 내 머릿속 목소리가 아닌 서투르게 지껄이는 스크린 리더의 목소리로 에세이를 쓰는 것도, 눈으로 웹페이지를 훑어보는 게 아니라 스크린 리더가 페이지에 등장하는 온갖 소제목과 링크를 수집해 길 찾기 목록으로 만들어주는 것도. 그러나 시간이 지나자 이 과정도 투명해지며 일상적 업무 흐름의 평범한 일부가 되었다.

눈멂에 점점 익숙해지면서 나 역시 한동안 실명을 잠깐이나마 내 존재의 고통스러운 핵심적 사실로 만들어버리는 차별과 주변화를 경험했다. 나는 주류 사회가 상상하고 준비하고 편의를 제공하는 소비자로 살아왔으며 여러 공간, 제품, 과정은 나 같은 이들을 염두에 두고 만들어졌다. 교실, 도시, 웹사이트, 계산대 줄, 소비자 가전…. 평생 그런 것들 속을 편안하게 탐색하며 살았다. 그러나 눈멂의 지붕 아래 사는 삶에 익숙해질수록 소비자로서, 시민으로서, 심지어 **사람**으로서 내가 가진 중심성은 서서히 침식되어 갔다. 스크린 리더를 이용하면 할수록 아예 작동하지 않는 앱과 웹사이트가 늘어났다. 도로 연석과 문간을 찾느라 지팡이를 사용하는 일이 늘수록 낯선 이들이 더 나를 가르치려 들거나 불쑥 침입하는 (때로는 적대감을 보이는) 일이 점점 많아졌다.

한번은 오스카를 데리러 학교에 가던 길에, 교차로에서 발목까지 오는 갈색 코트를 입은 특이한 외모의 여성이 나를 눈여겨본 모양이었다. 차들이 속도를 늦추자 우리 둘 다 길을 건너기 시작했다. 그런데 갑자기 그 여성이 마치 내가 교차로에 있다는 걸 나 자신은 모른다는 듯이 머뭇머뭇 나직한 투로 말하는 게 아닌가. "지금 길을 건너요!" 나는 상대의 말을 완전히 헛소리 취급했고 그 여성이 자신이 무얼 하고 있는지 혼잣말을 했다고 받아들인 듯한 말투로 "나도 마찬가집니다"라고 내뱉었다. 내 의도보다 40퍼센트쯤 더 화가 난 목소리였다.

•• ••

눈멂의 세계를 탐험하다 보면 역설로 가득한 들판을 파헤치는 기분이다. 눈멂은 중심적인 동시에 부차적이다. 호텔 방 번호 아래 쓰인 점자를 읽지 않고도 숫자를 눈으로 볼 수 있지만 나는 눈 먼 사람이다. 망막의 쇠퇴 과정은 알고 보니 내 삶에서 가장 창조적인 경험 중 하나였다. 그러면서 나는 시력을 잃은 것을 애도하는 것은 한편으론 남아 있는 시력을 받아들이고, 나아가 즐기는 것을 의미하기도 한다는 사실을 깨닫게 됐다.

심각한 터널 시야를 사용해 걸어 다니다 보면 바닥을 주시하며 장애물을 찾을지, 고개를 든 채 도로 연석 찾는 데 지팡이의 힘을 빌릴지 선택할 순간이 온다. 농인으로 태어났다가 성인기 초반에 망막색소변성증으로 시력을 잃은 농맹인 시인 존 리 클라크는 발밑을 쳐다보지 않겠다는 결심을 아름다운 글로 남겼다. "나는 눈가리개를 했지만, 눈가리개 자체에 일종의 시야가 담겨 있었다. 내 눈가리개는 검은색이 아니었다. 그것은 내가 내 눈에 두른 풍경이었다." 길을 찾는 데 시력을 쓰지 않기로 한 결심 덕분에 클라크는 자신을 둘러싼 세계를 시각적으로 감상할 수 있는 자유를 얻었다. "시력은 보너스였죠." 그가 내게 한 말이다. 이런 식으로 클라크는 눈이 멀고 난 뒤 행위 주체성을 되찾았다. 비록 이건 클라크의 시력이 조금이나마 남았을 때의 일이긴 했으나. 그는 말했다. "앞으로의 내 삶을 살아갈 방식이 이미 나에게 도착했던 것이다. 나는 달력의 날짜를 정했다. 그날을 기다리는 대신, 그날이 내게 다가오게 만들었다. 시력은 하룻밤 사이에 완전히 사라질 수도, 30년에 걸쳐 천천히 떨어질 수도 있었다. 그러나 딱히 큰 차이는 없다."

싸움을 멈추지 않고, 남은 시력에 매달리며, (어느 시각장애인 멘토가 내게 표현했듯) "마지막 광자 한 톨까지" 보존하려는 의료적이고 나아가 상식적이기까지 한 충동은 강력하다. 그러나 이를 (지금까지 그렇게 느꼈다 한들) 더는 생산적 싸움으로 느끼지 못했다. 이 싸움은 반드시 지는 싸움으로, 내가 나 자신을 적으로 삼게 만든다. 요즈음 나는 존 리 클라크의 길을 따라 바닥 훑어보기, 큰 글자 읽기, 손 대신 눈으로 주걱 찾기 등 온 힘을 다해 부여잡고 있는 기초적 시각 기능에 눈을 사용하는 일을 이쯤에서 그만둘 준비가 되었다는 기분이 든다.

제임스 조이스가 시력 문제로 가장 고통받던 시절, 한쪽 눈의 영구 실명을 막으려면 수술이 필요했다. 이런 전망과 마주한 채 《피네간의 경야》를 쓰던 시기 그는 친구에게 편지를 썼다. "눈이 가져다주는 건 아무것도 아니야. 내게는 창조할 백 가지 세계가 있고, 그중 하나를 잃는 것뿐이지." 이 편지는 기개가 넘치지만 그럼에도 시력 상실의 현실을 담고 있다는 생각이 든다. 시력을 상실할 때 사람은 정말로 하나의 세계 전체를 잃고, 행성 하나를 차지할 만큼의 이미지와 그 모든 디오라마가 어둠에 잠식되고 만다. 그럼에도, 눈멂 이후에도 남아 있는 감각 속에, 상상력 속에 그리고 시각과는 아무런 관련이 없는 깊은 감정 속에, 잃어버린 것을 넉넉히 뛰어넘는 수많은 세계가 지속된다.

••• ••

내가 《엔드게임》처럼 삭막하기 이를 데 없는 희곡에서 위안을 얻는다는 사실이 놀랍기만 하다. 하지만 사뮈엘 베케트가 구원이나 구제에는 아무런 관심이 없었다 해도 (철학자 스탠리 카벨의 표현대로) 공포에 침착함을 입히는 기법은 비록 출구(굳이 설명할 필요도 없겠지만 베케트에겐 출구란 존재하지 않는다)는 아닐지라도 통로를 내어준다. 《엔드게임》에서 함은 클로브의 어린 시절부터 두 사람이 현재 상태에 도달하기까지의 이야기를 늘어놓는다. 이야기가 현재 시점에 가까워지며 함이 말끝을 흐리자 클로브가 묻는다. "곧 끝나진 않을까요?" 함이 대답한다. "끝날 거야." 클로브가 대꾸한다. "쳇! 또 다른 이야기를 만들 거잖아요."

내 시각적 삶의 이야기가 곧 끝나려 하는 것처럼 보이는 장소에서 글을 쓰는 지금, 나는 끝이 찾아온 뒤 이야기를 지속시키고 또 다른 이야기를 만들 힘이 내게 있다고 느낀다. 희곡이 종막으로 다가가는 시점, 함이 말한다. "끝은 시작부터 정해져 있어. 그럼에도 계속하지. 아마 나도 내 이야기를 계속하다가, 끝낸 뒤 또 다른 이야기를 시작할 거다." 죽음, 상실, 최종성처럼 느껴지는 그 무엇은 실은 결코 마지막 말이 아니다.

수면안대를 했을 때의 깨달음을 기억한다. 완전한 어둠 속에서도 나는 여전히 나였다. 나는 계속되었다. 시각장애인들이 우리를 둘러싼 시각의 세계를 향해 (그럴 필요가 없어야 마땅했는데도) 끊임없이 해 온 말이 바로 그것이었다. 우리는 여전히 사람이라고. 우리는 보지 못하거나, 아주 잘 보지 못하지만, 그 사실만 제외하면 우리는 당신들과 다를 바가 없다. 차이가 있다 한들 인간성에는 아무 영향을 미치지 않는다는 이 기본적 사실을 받아들이지 못하는 것은 온갖 차별과 소외, 억압의 원천이 된다. 당연한 사실이지만 자신이 장애인이 아닌 이상 고질적으로 망각하기 쉬운 일이다. 시각장애인 문제에서 비시각장애인은 마치 손으로 가려 얼굴을 숨기는 아빠를 보고 아기가 이해하게 되는 대상 영속성을 전혀 모르는 것 같다. 아기는 아빠가 실제론 사라지지 않았음을 안다. 여전히 그 자리에 있다는 걸 안다.

처음 이 책을 시작할 때 나는 한 발을 시각의 세계에, 다른 한 발을 눈멂의 세계에 두었으며, 내가 향하는 그곳을 이해하고자 눈멂에 완전히 몰입해 이 낯선 세계에서 일어나는 모든 급진적이고, 혁신적이고, 괴상하고, 근사한 것들을 탐구해 보리라 마음먹었다. 또한 허버트 조지 웰스의 소설에 나오는 누네즈처럼 나 역시 눈멂의 생활 방식·사고방식·인식 방식, 눈멂의 전통·기술·하위문화·습관을 이용해 살아가는 눈먼 자들의 세계를 발견했다. 눈멂의 경험은 비극과 아름다움, 종말론과 일상, 공포와 차분함을 모두 아우른다는 사실을 배웠다. 이는 모든 인간의 경험에서 공통적이다. 나이듦의 과정, 죽음의 과정에도 같은 말을 할 수 있으리라.

결국 나는 눈먼 이들의 세계와 시각 세계를 구분하는 것은 타고난 차이보다는 낙인과 오해로 이루어진, 대체로 피상적인 것임을 알게 되었다. 사람들이 눈멂에 대해 가진 잘못된 인식, 즉 두려움, 폐소공포, 유아화, 근본적인 타자성의 장소라는 눈멂의 이미지를 없앨 수 있다면 우리 앞의 풍경은 무척이나 다르게 보이기 시작할 것이다. 두 개의 세계가 이제 뚜렷이 구분되지 않고, 겹치는 지대가 더 늘어날 것이다. 궁극적으로 두 세계가 서로에게 영역을 양보하고, 내어주고, 공유해야 할 것이다. 눈먼 자들은 우리의 세계에, 우리도 그들의 세계에 속한다. 그 세계는 하나이므로.

어느 날 밤, 눈이 너무나 피로해 안경을 벗고 잠자리에 들었다. 릴리는 내가 궁금해하던 영상을 보는 중이었고 난 소외감을 느꼈다. 아내와 함께 그 영상을 보고 싶었지만, 그날은 내 눈더러 보는 일을 수행하라고 밀어붙일 수가 없었다. 그러면서 휴식을 통해 시력을 회복시키는 사치를 더는 부릴 수 없게 될, 다가올 실명에 대한 극심한 공포가 치솟았다. 그러나 그 감정이 너무 커져 버리기 전에 나는 잠이 들었다.

다음 날 아침 일찍, 오스카가 침대 위 우리 둘 사이로 기어 올라오는 바람에 반쯤 잠에서 깼다. 요즘은 잠에서 깨어나 눈앞이 맑아지는 데 점점 더 시간이 걸리기에 보이는 건 별로 없었다. 그러나 보려고 서두르지 않았다. 이불과 몸들로 둘러싸인 채, 잠에서 갓 깬 사람들의 들이쉬고 내쉬는 숨결을 느끼면서, 세 개의 목소리와 여러 개의 다리로 이루어진, 사람과 담요가 혼합된 하나의 생물체가 된 것처럼 웃고 나직한 대화를 나누는, 친밀하고 어떠한 매개도 없는 직접적인 경험을 이미 온전히 하고 있었으니까.

나는 더는 무엇을 보고 싶다는 욕구를 느끼지 않았다. 릴리와 오스카를 향한 사랑, 우리가 함께하는 삶은 그 순간 충만하고 온전하며, 지극히 완벽하다고 느꼈다.

두 사람이 1층으로 내려간 뒤에야 나는 안경을 향해 손을 뻗었다.

감사의 말

이 책을 쓰는 몇 년간 몇백 명이나 되는 사람들과 대화했다. 그 모두에게 이 자리를 빌려 고마움을 전할 순 없지만 몇 사람이라도 언급하고 싶다. 제니퍼 아노트·로버트 배런·브라이언 배쉰·에드워드 벨·찰스 베넷·아메드 엘 비알리·바버라 블랙·릭 보그스·파멜라 보츠·브렛 보이어·샌드라 버지스·윌 버틀러·패니 챌핀·킴 칼슨·존 리 클라크·케빈 코스그로브·말리아 크로이·앤 커닝햄·크리스 대니얼슨·줄리 디덴·로버트 잉글브렛슨·브라이언 피슐러·챈시 플릿·세레나 길버트·하벤 길마·댄 골드슈타인·크레이거 곤살레스·토니 곤살레스·에밀리 가시오·앤토니오 기마르스·젠 헤일·메리 하로얀·마이클 힝슨·레이철 헉펠트·마이크 허드슨·칩 존슨·밀리 캡·어냐 켈리-코스텔로·진 킴·티나 커리스·에린 로리드센·애닐 루이스·윌 루이스·매런 토바 리넷·벡 루미스·바버라 루스·라모나 만사나레스·마크 마우러·톰 맥클루어·조쉬 미엘·로라 밀러·헬렌 미라·디어드러 누치오·셰본 오토·조쉬 피어슨·엘리저 포르투갈·로런 레이스·마크 리코보노·델피나 로드리게스·에이미 루엘·헨드 살라·엘리자베스 새먼스·메러디스 소터·코너 스콧-가드너·매튜 시프린(〈눈먼 남자의 여행Blind Guy Travels〉은 그가 운영하는, 이 책을 읽는 독자들이라면 누구든 흥미를 가질 법한 팟캐스트다)·저스티스 쇼터·대리언 시먼스·크리스 스나이더·로젠 세인트레저와 짐 세인트레저·데보러 켄트스타인·타이 토마시·조르지오 비커스·매디 윌리엄스·로라 윌크를 비롯해 정말 많은 이들에게 감사를 전한다.

이 책을 쓰는 동안 여러 편집자와 협력하며 장애에 관한 사고를 가다듬었다. 〈보이지 않는 99% 99% Invisible〉의 들레이니 홀·로만 마스·에이버리 트루펠먼, 〈뉴욕타임스 매거진〉의 윌 스테일리·바우히니 바라·빌 와식, 〈뉴요커〉의 니말 에임스-스콧·마이클 루오, 〈라디오랩〉의 맷 키엘티·룰루 밀러·라티프 내서·마리아 파스 구티에레스·팻 월터를 비롯한 여럿, 〈맥스위니스 McSweeney's〉의 클레어 보일, 〈아트 인 아메리카〉의 에밀리 워틀링턴, 〈뉴요커 라디오 아워〉의 브리타 그린과 데이비드 크래스나우, 《중요한 대상 Significant Objects》의 롭 워커와 조슈아 글렌에게 감사드린다.

2003년 내게 정신 똑바로 차리라고 말해 주고, 그 뒤로 해마다 내가 정신을 차릴 수 있게 도와준 기디언 루이스-크라우스의 이타적 지지와 응원이 없었다면 나는 감히 작가를 자칭할 수 없었을 것이다.

이 책을 처음 쓸 때부터 다양한 단계에서 여러 친구가 초고를 읽어주었다. 기디언의 힘이 되는 메모 덕분에 나는 실제로 책을 끝마치기 2년 전에 이미 책을 완성했다고 깜빡 속았다. 엘리 호로위츠는 마치 투르 드 프랑스 경기를 따라다니는 페이스 메이커 차량처럼 한 장 한 장 쓸 때마다 매번 읽어주었다. 그의 애정 어린 비판과 굽이치는 열정은 내가 긴 경주에서 결정적인 교차로에 도달할 때마다 에너지와 조언을 전해 주었다. 비단 이 책을 떠나서도 나를 끝없이 지원해 준 그에게 정말 큰 고마움을 전하고 싶다.

초기 원고에 캐서린 커들릭이 남겨준 조언은 너무나 큰 자극이 되었기에 읽기 전 스스로에게 충격 주의라고 경고할 정도였다. 내가 끌어안고 있던 안락한 해안을 넘어서도록 나를 밀어 보내준 데 감사한다.

유쾌하고도 따뜻한 마음을 가진 두 철학자 앨릭스 키트닉과 앤드리아 개드베리는 각자 몇몇 장들의 초기 원고를 읽어주고 유용하고도 힘이 되는 조언을 해 주었다.

원고를 세밀하게 읽어준 애니카 애리얼은 펭귄출판사에서 낚아채도 좋을 만한 인재다. 애리얼의 세밀한 의견 덕분에 이 책은 양적으로 개선되었다.

셰리 웰스-젠슨이 후반 작업 중이던 원고에 남겨준 의견은 그 자체로 출판될 가치가 있다. 눈멂, 비장애 중심주의, 인간성에 대해 우리가 나눈 대화는 모든 단락에 스며들어 있다.

조던 배스는 먼 곳에서 충실한 글쓰기 동지가 되어주었다. 우리가 공유하는 골고다 스프레드시트의 가치는 우리 집 가보에 조금도 뒤지지 않는다. 작업 후반부에 그가 해 준 문장 수정은 영웅적이라는 말로밖엔 표현치 못한다. 너그럽고 든든한 동시에 무자비할 정도로 정확하고, 철저하며, 현명한 수정이었다. 영영 갚지 못할 빚을 진 기분이다.

〈빌리버〉 창간부터 함께 일했던 덕분에 내가 좋아하는 작가들 대부분과 긴밀한 사이로 지낼 수 있었다. 이 잡지와 일하면서 글을 많이 쓰지 않았음에도 글 쓰는 법(그리고 읽고 편집하는 법)을 배우며 8년짜리 예술학 석사 과정을 밟는 기분이었다. 데이브 에거스·하이디 줄라비츠·에드 파크·벤델라 비다에게 그 무엇과도 비견할 수 없는 지도를 받았으며, 잡지의 모든 기고자 그리고 바브 버슈·에밀리 도·브렌트 호프·로라 하워드·데이브 니본·애덤 크레프먼·브라이언 맥뮬런·하이디 메러디스·이선 노소우스키·앤절라 페렐라·미셸 퀸트·오스카 빌라론·알바로 빌라누에바·크리스 잉을 비롯한 〈맥스위니스〉의 여러 동료에게도 많은 도움을 받았다.

2016년 나는 이 책의 씨앗이 될 프로젝트를 〈트리플 캐노피〉의 '바니타스' 특집호에 제안했다. 결국 그 프로젝트는 성사되지 못했지만, 내게 과분한 참을성과 너그러움을 보여준 전현직 〈트리플 캐노피〉 편집자들에게 여전히 감사하다. 샘 프랭크·루시 아이브스·앨릭스 프로반, 매튜 셴 굿맨에게 고마움을 전한다.

KCRW의 팟캐스트 〈오르가니스트〉는 눈멂에 대한 내 글과 연구를 발전시키는 데 결정적 역할을 하는 장이 되었고, 이곳의 현명한 동료들인 제니 아멘트·벤 부시·조나 맥콘·니엘라 오르·로스 시모니니·데이비드 와인버그·마이크 도지 와이스코프트·닉 화이트를 비롯해 샘 그린스펜·롭 로젠탈·줄리 샤피로 같은 〈오르가니스트〉 명예 구성원들 및 여러 현명한 동료의 응원과 협력을 통해 책을 더욱더 발전시킬 수 있었다.

매사추세츠 노샘프턴에서 열린 플랫폼 낭독 시리즈에 초대해 준 패티 곤과 존 루세스키, 펜실베이니아대학교 줄리 베스 네이폴린 덕분에 예술과 장애의 교차점에 대해 이야기하는 창조적 기회들을 얻을 수 있었다. 레이한 하르만시·막스 린스키·제나 와이스-버먼이 초기부터 보여준 관심이 훗날 이 책을 환하게 밝혀준 불길에 연료를 제공했다.

여러 친구, 동료, 멘토도 크고 작은 도움을 주었다. 앨릭스 아브라모비치·루카스 애덤스·샌디 앨런·사리 알트슐러·메리-킴 아널드·로빈 백·데이비드 버먼·앨릭스 블레어·케이티 부스, (또 한 번 등장하는) 윌 버틀러, (마음을 담아 한 번 더 언급하는) 존 리 클라크·조쉬 코언·보야나 코클랴트·애덤 콜먼·조지아 쿨·크리스 콕스·매튜 더비·로드니 에반스·켈리 파버·에즈라 파인버그·아이삭 피츠제럴드·M. 리오나 고댕·대니얼 검바이너·그레그 헬펀·케일라 해밀턴·벤 브록 존슨·필리스 존슨·레이철 콩·지나 김·로버트 킹제트·제이슨 클로버·조지나 클리게·라이언 나이턴·짐 크니펠·앤드루 로울러·앨리슨 로렌첸과 크리스티안 로렌첸·하이 응우옌 리와 유메 응우옌 리·새라 망구소·프랭크 마로타·마라 밀스·케빈 모펫·라이언 머독·샘 니콜슨·스테이시 노박·셰리던 오도넬·에밀리오 올리베이라·새라 오렘·냇 오팅과 제이컵 오팅·리처드 파크스·린지 패터슨·안드라야 팔라토·니콜 파슐카·벤 폴리·제이슨 폴런·수만타 프라바케르·맷 로버츠·매슈 루버리·벤 루빈·에밀리 슐레징어·몰리 셰어·앤디 슬레이터·제이슨 스트로터·폴 스터츠·제시카 탬·저스틴 테일러·애런 시어·새라 트루전·데이브 와이머·데이비드 윌슨을 비롯한 여러 친구와 동료에게 감사한다.

이 책을 쓰는 동안 나는 눈먼 독자이자 작가, 연구자가 되는 법을 배워야 했다. 활자를 읽지 못하는 장애를 가진 사람들이 접근할 수 있는 디지털도서관 북셰어가 없었더라면 절대 해낼 수 없는 일이었다. 공영 라디오 방송국 NPR에 차량을 기부할 생각이라면 대신 비영리 단체 베네테크Benetech가 운영하는 온라인도서관 북셰어에 기부하는 것도 고려해 보시길. 귀중한 자료를 전해 준 인터넷 아카이브 역시 성원해야 할 업체다. '시각장애인을 위한 캐럴센터'의 데이비드 킹스버리에게도 감사한다. 그의 책《윈도즈 스크린 리더 입문서》덕분에 (맥에서는 놀라울 정도로 접근성이 낮았던) 마이크로소프트 워드를 더는 피해 갈 수 없게 된 최종 수정 단계에서 적응형 웹 서버로 전환할 수 있었다.

마이클 고라, 마이클 서스턴을 비롯해 시각장애에 관한 문학 강의를 위해 초청해 준 스미스대학교 영문학부 그리고 호기심과 지성으로 내 사고를 다른 방향으로 밀어 보내준 학생들에게 감사드린다.

캐시 로버츠 포드, 브라이언 맥더모트를 비롯한 매사추세츠대학교 에머스트 캠퍼스 언론학부 여러분의 참을성과 지지에 감사 드리고 이 프로그램에서 만난 재능과 공감력이 뛰어난 학생들에 게도 감사드린다.

지난 몇 년간 시력 상실에 적응하며 블라인드 아카데믹스 리 스트서브, 파이오니어 밸리 블라인드 그룹, 이전의 먼데이 나이 트 시각장애인 모임, 메트로웨스트 FFB 망막색소변성증 지지 모 임을 비롯한 여러 온라인 공동체의 도움을 받았다. 시각장애와 는 관련이 없지만 (또 온라인 모임도 아니지만) 나와 이름 없는 모임 을 함께해 준 페이건 케네디와 캐런 브라운에게도, 해피 밸리에 서 라디오 공동체를 굳건하게 만들어준 맷 아브라모비츠에게도 고맙다.

매사추세츠시각장애인위원회에서 받은 도움에 감사하고, 특 히 마이클 디온의 보행 교육법은 큰 도움이 되었다.

너그러움, 지성, 기술의 모범으로 널리 알려진 내 에이전트 클 로디아 밸러드는 그 명성에 오롯이 값하는 사람이다. 함께 작업 할 기회를 얻어 엄청난 행운이라고 생각한다. 이 지면을 통해 언 급한 수많은 이들 없이는 이 책이 존재하지 못했겠지만, 특히 밸 러드가 없었다면 이 책은 **정말로** 세상에 나오지 못했을 것이다.

앤 고도프, 스콧 모이어스를 비롯해 이 책 그리고 책을 쓸 내 능력을 믿어준 펭귄출판사의 모든 분께도 감사드린다. 텍스트를 꼼꼼히 읽고 또 읽어준 빅토리아 로페스·랜디 마룰로·라이언 설 리반에게 특히 더 감사드린다. 카일 파올레타는 놀라운 의욕과 지성, 우아함 속에 이 원고의 사실 확인을 마쳤으므로 이 책에 오류가 있다면 모두 저자의 잘못이다. 표지 삽화와 디자인을 완벽하게 작업해 준 일리야 밀스타인과 크리스토퍼 킹에게 감사드린다. 시각장애인을 비롯한 독자들에게 이 책이 닿을 수 있도록 정성껏 도와준 줄리아나 키얀과 로런 로존에게 감사드린다.

나는 늘 편집자를 단 한 번 원고를 면밀하게 읽은 다음에는 음성 메시지로 수정을 직접 조언하는 사람이라는 이미지로 보았다. 그런 내 생각과는 상반되게도 에밀리 커닝햄은 그들에게 (그리고 나에게) 도착하는 끝도 없는 수정본들을 매번 문장 단위부터 큰 규모의 재구성에 이르기까지 우아하고, 참을성 넘치고, 명민하게, 기꺼이 읽어주었다. 이 프로젝트에 엄청난 에너지, 지성, 정성을 들이고, 나를 제자리에 꽉 잡아놓지 않으면서도 내가 통제 불능일 정도로 벗어나지는 않게끔 도와준 커닝햄에게 너무나도 감사할 뿐이다.

내가 이룬 모든 일의 전제 조건인 무조건적 사랑을 내어주신 어머니 엘런 사이먼께 가없는 감사를 드린다.

내 삶에서 핵심이 되는 두 가지 행동인 전자 미디어 제작 그리고 좌선이라는 명상법을 비롯해 처음부터 너무나 많은 것을 가르쳐주신 아버지 존 릴런드께 사랑과 감사를 전한다. 내 누이 니콜라 플로림비가 얼마나 풍부한 감정과 재능을 지녔는지 알고 싶다면 니콜라의 그림이 담긴 캔버스를 한 번 바라보는 것만으로 충분하다. 촉각 회화를 그려줘서 고마워. 사랑해. 다른 가족들에게도 감사하고 싶다. 낸시 사이먼·데이비드 플로림비·소피아 플로림비·마샤 메이슨·레이 슬레이터 버뮬렌·일레인 조이스·

내니 베임·존 사이먼·닐 사이먼과 대니 사이먼·마저리 마르티나·모리스 마르티나·브린 마르티나·맷 브루스·마일스 릴런드·빌 릴런드·스카이 에서·지니 윈 하피아 릴런드·웬디 마르티나·데브 릴런드·존 헌터를 비롯한 릴런드 가문과 사이먼 가문의 모든 가족, 게리 베히터·캐럴 오트·로라 거튼·앨런 그린할시·애나 거튼-베히터·이언 드라이블라트와 레브 드라이블라트를 비롯한 거튼 가문과 베히터 가문의 모든 가족에게 고맙다.

뛰어난 지성과 견줄 만한 엄청난 공감 능력, 다정함, 유쾌함을 지닌 오스카 릴런드가 말할 수 없이 자랑스럽다. 내 몸의 원자 하나하나까지 모든 걸 담아 널 사랑한단다.

릴리 거튼-베히터는 이미 삶으로 체험한 이야기임에도 이 책의 원고를 여러 번 읽어주었다. 우리가 함께하는 삶에 대해 이토록 솔직하게 쓸 수 있게 해 준 (또한 이 책의 부제에 대해 전치사를 통해 영리한 해법을 전해 준) 아내가 차마 말로 표현하지 못할 정도로 고맙다. 친절하고, 영리하고, 사려 깊고, 참을성 있는 것도 모자라 릴리는 아름답고, 유쾌하고, 꿰뚫어 보는 듯한 통찰력을 지녔을 뿐 아니라, 언어가 발생시키는 기이한 즐거움에 절묘하리만치 익숙한 사람이다. 진흙과 나무, 천, 깃털, 언어 그리고 자연석으로 지은 이 낭만적이고도 칙칙한 건물의 지붕 아래서 평생을 함께하고 싶은 사람은 세상에 오로지 내 아내뿐이다.

옮긴이의 말

《나는 점점 보이지 않습니다》를 옮기는 동안 나는 눈멂을 조금이라도 경험해 보고 싶었다. 현재 시점에서 시각장애인이 아니며 따라서 비당사자인 내가 시각장애를 다룬 책을 읽고 전달하는 과정에서, 시각이 아닌 다른 감각을 사용하거나 내게 있는 시력을 덜 활용하면서 나름대로의 방식으로 눈멂을 탐구하는 과정이 꼭 필요하다고 느꼈다. 그것이 내 개인적인 차원의 장애감수성을 정돈하는 데에도 의미 있으며, 어떤 식으로건 이 책을 옮기는 데 도움이 될 것 같았다.

그러나 기초 점자를 배우고, 저시력자를 위한 시설물과 영상을 체험하고, 눈으로 글자를 읽는 대신 스마트폰의 보이스오버 기능과 음성 인식을 통해 웹사이트를 탐색하는 경험이 기대한 만큼의 효과를 주지는 않았다. 온라인 점자 강의를 듣는 것만으로는 점자 도서는 고사하고 엘리베이터에 붙어 있는 점자 숫자를 읽기조차 쉽지 않았다. 시각장애인을 위해 입체적으로 재현된 미술품을 만져보아도 특별한 감상이 느껴지지는 않았다. 눈을 감고 인도를 걸으면 시각장애인 유도블록이 잘 느껴졌지만 나는 눈을 뜨고 있을 때 더 안전하게 걸을 수 있었다. 오디오북을 듣는 건 좋았지만, 그건 어디까지나 귀로는 책을 듣는 동시에 눈으로는 다른 무언가를 볼 수 있다는 점에서였다. 애초에 눈으로 읽을 때의 속도와 비슷할 정도로 오디오북 재생 속도를 높일 수도 없었다.

무엇보다도, 나는 내가 하고 있는 일들 때문에 더 마음이 불편해졌다. 나는 내가 언제든지 눈을 뜰 수 있다는 걸 아는 채로 눈을 감고 무언가를 찾아 돌아다니는 중이었다. 그건 비장애인의 세계로 돌아갔을 때 유용하게 쓰일 무용담이나 전리품을 얻으려는 오만함과 구분하기 힘들었다.

결국 나는 큰 의미 없게 느껴지는 시도들을 그만두고 평소처럼 시력을 사용해서 이 책을 읽었고, 비장애인의 관점에서 이 책을 옮겼다. 시각장애에 대한 기초 정보들은 사단법인한국시각장애인연합회, 국립특수교육원, 점자세상, 〈비마이너〉, 〈에이블뉴스〉, 실로암시각장애인복지관이 제공하는 자료들을 참고했다. 한국장애인문화예술원이 제작한 팟캐스트 〈A(ble)의 모든 것〉을 통해 시각장애를 비롯한 장애인 당사자의 이야기를 듣는 일에 조금 더 익숙해졌다. 이 책의 참고문헌에 언급된 책 중 《거기 눈을 심어라》, 《급진적으로 존재하기》, 《페미니스트, 퀴어, 불구》,

그리고 언급되지 않은 책인 일라이 클레어의 《망명과 자긍심》을 통해 장애학에 대한 이해가 조금이나마 넓어졌다.

　장애를 가진 몸에 관해 조금이라도 상상할 수 있었던 것은 '여기는 당연히, 극장'을 비롯해 여러 몸을 고려한 배리어프리barri-er-free 공연을 지속적으로 시도하는 창작자들 덕분이었다. 장벽을 인식하고 만든 공연을 경험하면서, 눈멂을 비롯한 다양한 상태의 몸들이 편안하게 공존할 가능성을 생각할 수 있었다. 처음부터 타인의 세계가 '들어가야' 하는 것이 아니라 나란히 존재할 수 있는 것임을 떠올릴 수 있었더라면 좋았을 것이다. 책을 옮기는 과정에 있었던 모든 경솔한 헛발질과 고민에는 시간이 걸렸다. 그 시간을 기다려주시고, 용어와 표현에서 더 나은 선택을 할 수 있도록 함께 고심해 주신 어크로스의 홍민기 선생님께 감사드린다.

2024년 9월
송섬별

대문자 표기에 대하여

(사람을 가리키는 것이 아니라) 쓰기 체계를 가리킬 때 점자braille
라는 단어의 첫 글자를 소문자로 표기하기로 한 결정은 일부 시각장
애인들 사이에 놀라울 만큼 강렬한 감정을 유발한다.

대문자 표기를 지지하는 이들은 점자는 모스부호Morse code와 마
찬가지로 이를 고안한 사람 이름의 고유명사에서 온 단어이기에 반
드시 첫 글자를 대문자로 표기해야 한다고 주장한다. 나아가 영예로
운 대문자를 삭제한다면 여러 세대 시각장애인의 삶을 완전히 바꾼
사람에 대한 예의가 아니라고 주장한다.

반면 소문자 표기를 지지하는 이들은 대문자는 영예롭다기보다
는 이국화exoticizing에 기여한다고 주장한다. 점자가 활자나 상형문자,
문자 메시지처럼 일상적 의사소통 체계라기보다는 낯설고 불가사의

<hr>

번역문에서는 대문자 Braille(인명)는 브라유, 소문자 braille(쓰기 체계)는 점자
로 표기했다. 단, 점자 관련 잡지 〈Braille Monitor〉의 경우는 (영어식 발음을 따
라) 〈브레일 모니터〉로 표기했다.

한, 언어를 닮은 현상으로 취급받는 경우가 지나치게 잦다는 것이다. 이는 북미 대륙의 점자 체계를 공식화하는 기관인 북아메리카점자기관Braille Authority of North America이 채택하는 관점이다.

초심자 시각장애인으로 살아가며 내 삶에서 점점 커지는 소외감을 밀어낼 필요성을 느끼는 아마추어 점자 독자인 나는 이 책에서 점자를 braille라고 소문자로 표기하는 걸 택했다. 나 그리고 아마도 이 책을 읽을 독자들의 삶에 깃들 수 있도록 그 주뼛 솟은 털을 가다듬어 길들이기 위함이다(내게 이 논쟁을 알려준 팟캐스트 제작자인, 말하자면 소문자 표기 지지자 중 대장 격인 조너선 모센 그리고 자신들이 어째서 소문자 표기를 이토록 강력히 선호하는지를 너그럽게 설명해 준 로버트 잉글브렛슨과 셰리 웰스-젠슨에게 감사를 전한다).

참고문헌과 그에 덧붙이는 말

들어가며: 끝의 시작

1. 이 책의 서두에 실린 제사는 다음 책에서 가져왔다. Hannah Arendt, *Men in Dark Times*, 1968[한나 아렌트, 《어두운 시대의 사람들》, 홍원표 옮김, 한길사, 2019]; Theodor W. Adorno, *Minima Moralia: Reflections from Damaged Life*, 1951, trans. E. F. N. Jephcott, 1974[테오도르 아도르노, 《미니마 모랄리아: 상처받은 삶에서 나온 성찰》, 김유동 옮김, 길, 2005].

나는 타냐 티치코스키의 책에서 한나 아렌트의 말을 처음으로 접했다. Tanya Titchkosky, *Disability, Self, and Society*, 2003.

또한 아도르노의 말은 마틴 제이가 쓴 책의 제목과 서문에서 처음 접했다. Martin Jay, *Splinters in Your Eye: Frankfurt School Provocations*, 2020. 이 책은 1993년 마틴 제이의 관련 연구 저서에 서양 문화의 '시각 중심주의'에 대한 유용하고도 몹시 영향력 있는 해석이 담겨 있음을 언급한다. Martin Jay, *Downcast Eyes: The Denigration of Vision in Twen-*

tieth-Century French Thought [마틴 제이, 《눈의 폄하: 20세기 프랑스철학의 시각과 반시각》, 전영백 외 옮김, 서광사, 2019].

2. 서문의 제목 '끝의 시작The End Begins'은 영국의 SF 소설가 존 윈덤이 1951년 발표한 장편소설의 첫 챕터 제목에서 가져왔다. John Wyndham, *The Day of the Triffids*, 1951[존 윈덤, 《트리피드의 날》, 박중서 옮김, 폴라북스, 2016].

세상 모든 사람이 알 수 없는 이유로 눈이 멀고, 시력을 가진 몇 없는 여행자들이 그 속을 떠돈다는 설정 덕분에 이 책은 주제 사라마구가 1995년 발표한 다음 소설의 예상치 못한 효시가 된다. José Saramago, *Blindness*, 1995[주제 사라마구, 《눈먼 자들의 도시》, 정영목 옮김, 해냄, 2022].

두 소설 모두 시력 상실을 인류의 종말을 가져오는 위협인 세계적 유행병의 모습으로 그려낸다(윈덤의 책에서는 살인 식물로 인해 위협이 증폭된다).

3. 이 책의 원제 《눈먼 자들의 나라*The Country of the Blind*》는 서문에서 설명했듯 허버트 조지 웰스에게서 빌려왔지만 비슷한 제목을 가진 스티븐 쿠시스토의 회고록에도 빚을 졌다. 쿠시스토의 책은 그가 쓴 시만큼이나 서정적이고, 마찬가지로 눈멂의 미학과 현상학을 담았다. Stephen Kuusisto, *Planet of the Blind*, 1998.

50대에 시력을 잃었다가 되찾고, 70대에 또다시 잃은 에세이스트 에드워드 호글랜드는 《눈먼 자들의 나라에서》라는 제목으로 처음에는 에세이를, 나중에는 동명의 장편소설을 발표했다. Edward Hoagland, *In the Country of the Blind*, 2016. 시력을 되찾은 뒤에 쓴 이 에세이에서 호글랜드는 다음과 같이 회고한다. "누군들 알겠느냐만, 나는 맹인이 되고 싶지 않았으나, 그렇다고 영영 젊은이로 살고 싶지도 않았고, 내가 지금 겪는 변화 중 어떤 것은 그 과정이 재미있거나 흥미로운 모험이다." 그러나 다시 시력을 잃은 뒤 그가 그려낸 그림은 한층 더 절망적이어서 2016년에는 "눈멂은 강요된 수동성이다"라고 썼다.

4. 나는 농문화에 대한 이해가 부족했으나 존 리 클라크, 캐롤 패든을 비롯한 농인 및 농맹인 작가나 연구자들과의 대화를 통해 도움을 받았다. 클라크의 에세이들과 2023년 노튼에서 출판 예정인 에세이집 그리고 패든의 여러 글과 수전 버크의 책 모두 유용한 가이드가 되어주었다. John Lee Clark, *Where I Stand: On the Signing Community and My DeafBlind Experience*, 2014; Carol Padden and Tom Humphries, *Inside Deaf Culture*, 2005; Susan Burch, *Signs of Resistance*, 2002.

5. 그레그 테이트의 인용문은 그의 책 서문에서 가져왔다. Greg Tate, *Flyboy 2: The Greg Tate Reader*, 2016.

수잔 올린의 인용문은 다음 책에서 가져왔다. Susan Orlean, *The Orchid Thief*, 1998[수잔 올린, 《난초 도둑》, 김영신·이소영 옮김, 현대문학, 2003].

1장 별 보기

1. 눈멂을 이분법적인 것으로 보는 대중의 인식은 끈질길 만큼 오래 이어져온 것으로, 이런 이분법이 틀렸다는 폭로는 눈멂을 다룬 회고록(이 또한 문학사에 차고 넘치는 것들이다)의 흔한 소재다. 엘사 후네손은 "눈이 머는 데는 백만 가지 다른 방식이 존재한다"고 썼다. Elsa

Sjunneson, *Being Seen: One Deafblind Woman's Fight to End Ableism*, 2021.

같은 해 M. 리오나 고댕은 '눈멂의 개인사이자 문화사'라고 할 책에서 "보는 것만큼 보지 못하는 것에도 수많은 방식이 있다"고 썼다. Leona Godin, *There Plant Eyes*, 2021[M. 리오나 고댕, 《거기 눈을 심어라》, 오숙은 옮김, 반비, 2022].

스티븐 쿠시스토 역시 회고록 도입부에서 비슷한 말을 하며, 자신이 세상을 "얼룩지고 깨진 유리창"을 통해 바라본다고 덧붙였다. 이런 생각은 조지나 클리게의 작품에서도 아름답게 표현된다. 클리게의 회고록은 고전이 되었으며 내가 개인적인 관점만큼 문화적이고 사회적인 관점에서 바라본 눈멂을 글에 담아내려 애쓰는 내내 끊임없는 영감이 되어주었다. Georgina Kleege, *Sight Unseen*, 1999. 클리게는 "불완전하게 눈먼 이들"에 대해 썼는데, 이들은 완전한 어둠 외의 무언가를 보는, 시각장애인 대다수를 차지하는 이들이다. 클리게 역시 자신을 이 범주에 넣는데 이 구절은 2018년의 연구서에 등장한다. Kleege, *More Than Meets the Eye: What Blindness Brings to Art*, 2018

2. '시각적 이명visual tinnitus'은 데이먼 로즈의 글에서 가져온 표현이다. Damon Rose, "Do Blind People Really Experience Complete Darkness?", BBC News, *Ouch*(blog), 2015. 2. 25.

3. 눈멂에 관한 호르헤 루이스 보르헤스의 강의는 엘리엇 와인버거가 영문으로 번역해 편찬한 책에 수록되었다. Jorge Luis Borges, *Jorge Luis Borges: Selected Non-Fictions*, ed. and trans. Eliot Weinberger, 1999.

4. 망막색소변성증이 "10대에 저녁 파티를 즐기면서" 드러난다는 말은 크리스천 하멜의 망막색소변성증에 관한 글에서 가져왔다.

Christian Hamel, "Retinitis pigmentosa", *Orphanet Journal of Rare Diseases* 1, no. 40, 2006. 10. 11.

5. 비록 케케묵은 데다 신뢰하기 어려운 부분들도 등장하지만, 나는 2차 세계대전 이전 및 20세기 중반의 미국 시각장애인사에서 많은 것을 배웠다. 다음 참조. Richard S. French, *From Homer to Helen Keller: A Social and Educational Study of the Blind*, 1932; Harry Best, *Blindness and the Blind in the United States*, 1934; Gabriel Farrell, *The Story of Blindness*, 1956.

6. 고대 그리스에서의 시각장애인들의 삶 그리고 고전문학에 등장하는 이들의 존재에 대해서는 주로 마서 L. 로즈의 책에서 도움을 받았다. Martha L. Rose, *The Staff of Oedipus: Transforming Disability in Ancient Greece*, 2003.

펠릭스 저스트의 예일대학교 박사 논문과 모슈 바라슈의 책은 성경에 등장하는 시각장애에 대한 풍부한 색인을 제공해 주었다. Felix N. W. Just, "From Tobit to Bartimaeus, from Qumran to Siloam: The Social Role of Blind People and Attitudes Toward the Blind in New Testament Times", 1998; Moshe Barasch, *Blindness: The History of a Mental Image in Western Thought*, 2001.

7. 앙리-자크 스티케의 책은 서양사 속 장애인이 체득한 경험을 광범위하게 개괄하는 동시에 사람들과 제도가 이들에게 어떤 태도로 대했는지 계보학을 보여준다. Henri-Jacques Stiker, *Au-delà de l'opposition valide et handicapé*, 1982(프랑스어판), *A History of Disability*, 1999(영어판) [앙리-자크 스티케, 《장애: 약체들과 사회들》, 오영민 옮김, 그

린비, 2021].

8. 수많은 시를 썼을 수도, 그렇지 않을 수도 있는 호메로스라는 단일한 눈먼 음유시인이 존재했다는 증거를 놓고 벌어진 학자들의 논쟁인 '호메로스 문제'에 대해서는 다음 참조. Suzanne Saïd, "From 'Homer' to the Homeric Poems", *Homer and the Odyssey*, ch. 1, 1998; Barbara Graziosi, *Inventing Homer: The Early Reception of Epic*, 2002.

9. 플루타르코스의 티몰레온 이야기는 플루타르코스의 《영웅전》에서 인용했다. Plutarch, *Lives*, trans. Bernadotte Perrin, Loeb Classical Library edn., vol. VI, 1918.

10. 이 장에 등장하는 나의 역사적 설명은 지리적으로 협소한데, 이는 장애학 자체에 만연한 유럽 중심주의와도 관련이 있다. 레아 락시미 피에프즈나-사마라시냐는 장애학 분야의 백인 중심성을 그 누구보다도 꾸준히 지적해 온 학자다. 사마라시냐는 자신의 책에서 대안적 장애사의 시작을 알린다. Leah Lakshmi Piepzna-Samarasinha, *Care Work: Dreaming Disability Justice*, 2018.

"외부와의 접촉 이전 체로키에게는 다양한 종류의 신체, 질병, 신체 손상으로 보일 만한 것들을 가진 사람들을 부르는 많은 언어가 있었다. 그중 어느 단어도 부정적이거나, 아픈 사람 또는 장애를 가진 사람이 결함이 있다거나, 규범적 신체를 지닌 사람들보다 뒤떨어진다는 관점을 담지 않았다"라는, 체로키 혈통의 장애인 학자 쿼-리 드리스킬Qwo-Li Driskill의 논평도 여기에 해당된다.

11. 이 책의 제작이 막 시작될 무렵 미시간대학교 출판부에서는 웨이 유 웨인 탄의 저서를 출간했다. Wei Yu Wayne Tan, *Blind in Early*

Modern Japan: Disability, Medicine, and Identity, 2022.

장애학은 빠른 속도로 성장 중인 학문이다. 독자들이 역사적으로 유럽, 서양, 백인 중심의 장애학이 주를 이루던 첫 몇십 년을 뛰어넘는 눈밂의 역사에 접근하도록 해 주는 이러한 학술 작업들이 앞으로도 풍성하게 출간되기를 바란다.

2장 지팡이들의 연대와 갈등

1. 프랑스 시각장애인들의 경제적 상황에 대한 인용문은 캐서린 커들릭과 지나 베이강이 쓴 책의 서문에서 가져왔다. Catherine Kudlick and Zina Weygand, *Reflections: The Life and Writings of a Young Blind Woman in Post-Revolutionary France*, 2001.

캥즈뱅을 비롯해 중세의 눈먼 프랑스인들 삶에 대한 자료는 지나 베이강이 쓴 포괄적 역사 연구서에서 가져왔다. Zina Weygand, *The Blind in French Society from the Middle Ages to the Century of Louis Braille*, trans. Emily-Jane Cohen, 2009.

2. 전국시각장애인연맹 웹사이트에는 시각장애인에 관한 상당히 최근까지의 각종 조사와 연구 수치를 모아놓은 '시각장애 통계Blind Statistics' 페이지가 있다. 또한 이 책에 인용한 통계는 모두 다음 기사에서 발췌했다. William Erickson, Camille G. Lee and Sarah von Schrader, "Disability Statistics from the American Community Survey(ACS)", 2017.

기사를 읽고 싶거나 같은 사이트에서 더욱 최근인 2019년 인구조사 데이터를 찾으려면 disabilitystatistics.org 참조.

3. 연맹 내부인의 극히 주관적 관점으로 쓰였지만 그럼에도 중요

한 자료와 세부 사항을 풍부하게 담고 있는, 장기간에 걸친 전국시각장애인연맹의 공식 역사는 다음 참조. Floyd M. Matson, *Walking Alone and Marching Together: A History of the Organized Blind Movement in the United States, 1940-1990*, 1990.

맷슨은 또한 볼티모어 전국시각장애인연맹 본부가 보관하고 있는 텐브록의 여러 논문에 기반을 둔 (칭송 일색이기는 하지만) 면밀한 평전의 저자이기도 하다. Matson, *Blind Justice: Jacobus tenBroek and the Vision of Equality*, 2005.

텐브록의 저작, 특히 연회 연설문(nfg.org에서 온라인으로 읽을 수 있다), 학술 논문, 단행본에서는 그의 법적 사유, 철학, 태도, 스타일을 유감없이 읽을 수 있다. 특히 다음 참조. Jacobus tenBroek, *Hope Deferred: Public Welfare and the Blind*, 1959.

2015년 전국시각장애인연맹은 설립 75주년을 맞이해 과거 논문들을 모아 단행본으로 출간함으로써 맷슨이 쓴 역사를 갱신하고 확장했다. National Federation of the Blind, *Building the Lives We Want*, ed. Deborah Kent Stein, 2015.

브라이언 밀러Brian R. Miller, 데보러 켄트 스타인, 제임스 가쉬James Gashe의 기고문을 읽으며 나는 특히 큰 도움을 받았다.

4. 미국시각장애인위원회 역시 단체와 친밀한 관계를 맺고 있는 비시각장애인 연구자 두 사람이 쓴 공식 역사서를 펴냈으며 이 책은 (맷슨의 책과 마찬가지로) 단체의 자질구레한 세부 사항들까지 세세히 파고들기 위해 시각장애인의 역사 전반을 태곳적까지 개괄한다. James J. and Marjorie L. Megivern, *People of Vision*, 2003.

5. 프랜시스 케스틀러의 저서 역시 엄밀히 따지면 미국시각장애 인재단이 설립 50주년을 맞아 단체의 창설에서 발전까지의 이야기를 기록하고자 의뢰함으로써 쓰여진 편향된 공식 역사서다. 그럼에도 케스틀러는 이 책에서 주어진 의무를 훌쩍 뛰어넘어 미국 시각장애인 역사의 법적·제도적·교육적 주요 사건들을 광범위하게 담아냈다. 출간 후 50년가량 지난 지금까지도 이 책은 시각장애인 역사를 담은 가장 유용한 책으로 인정받는다. Frances Koestler, *The Unseen Minority: A Social History of Blindness in the United States*, 1976.

6. 〈뉴욕타임스〉와 〈바이스〉 기고문 등 윌 버틀러Will Butler의 글은 온라인에서 찾아볼 가치가 있다.

7. 엘리자베스 지터의 책은 새뮤얼 그리들리 하우와 퍼킨스학교가 생산한 기록물 중 상당수를 명쾌하게 분석한다. Elisabeth Gitter, *The Imprisoned Guest: Samuel Howe and Laura Bridgman, the Original Deaf-Blind Girl*, 2001.

8. 뉴얼 페리Newel Perry의 인용문은 캘리포니아대학교 버클리 캠퍼스 밴크로프트도서관이 소장한 귀중한 구술사 자료들에서 가져왔으며, 모두 온라인에서 무료로 열람할 수 있다.

9. 매기 애스터의 보도를 통해 장애 수당 규정 갱신을 위한 투쟁의 유용한 개요를 읽을 수 있다. Maggie Astor, "How Disabled Americans Are Pushing to Overhaul a Key Benefits Program", *The New York Times*, 2021. 7. 30.

10. 20세기 중반 전국시각장애인연맹의 입법 투쟁에 대해서는 역사학자 펠리시아 콘블러의 논문을 통해 풍부한 지식을 얻었다. Felicia

Kornbluh, "Disability, Antiprofessionalism, and Civil Rights: The National Federation of the Blind and the 'Right to Organize' in the 1950s", *The Journal of American History* 97, no. 4, 2011.

11. 장애 역사 일반에서 미국시각장애인위원회와 전국시각장애인연맹의 불화를 다룬 경우는 거의 없지만 다음 연구서는 주목할 만한 예외다. Doris Zames Fleischer and Frieda Zames, *The Disability Rights Movement: From Charity to Confrontation*, 2001.

12. 예일대학교 오픈 코스 프로그램을 통해 들을 수 있는 영문학 교수 존 로저스John Rogers의 밀턴 강의가 밀턴의 작품에 대한 탁월한 개괄을 제공한 덕분에 나는 밀턴이 실명에 대해 쓴 다양한 글을 찾아보게 되었다. 밀턴에 대한 글은 몇백 년간 쓰여왔지만 특히 나는 두 시각장애인 학자의 작업에서 많은 도움을 얻었다. 다음 참조. M. Leona Godin, *There Plant Eyes*, 2021; Eleanor Gertrude Brown, *Milton's Blindness*, 1934.

이 장에서 인용한 밀턴의 글은 메릿 휴즈가 편찬한 책에서 가져왔다. Milton, "Second Defense of the People of England", *Complete Poems and Major Prose*, ed. Merritt Y. Hughes, 1957.

13. "느낌으로 봅니다I See it feelingly"라는 대사는 《리어왕》에서 가져왔다. 하지만 이 대사를 기억에서 되살린 것은 랄프 제임스 사바레스Ralph James Savarese가 2018년 펴낸 자폐인들과의 문학 독서를 다룬 책의 제목과 제사에서 이 대사를 마주한 뒤였다.

3장 실명을 정의하는 자

1. 하인리히 퀴흘러Heinrich Küchler와 시력검사표의 역사에 대해서 처음 들은 것은 노스이스턴대학교와 하버드대학교에서 열린 뉴욕대학교 교수 마라 밀스Mara Mills의 강연이었다. 'Touch This Page! A Symposium on Ability, Access, and the Archive', 2019, 4.

2. 18세기 맹인 탐험가 제임스 홀먼의 이야기는 다음 책에 무척 잘 그려져 있다. Jason Roberts, *A Sense of the World: How a Blind Man Became History's Greatest Traveler*, 2006[제이슨 로버츠,《세계를 더듬다: 한 맹인의 19세기 세계 여행기》, 황의방 옮김, 까치, 2007].

3. 1930년대부터 연방 정부가 주는 혜택 요건으로서 구축된 법적 (또는 '경제적') 실명에 관해 더 많이 알고 싶다면 다음 참조. Frances Koestler, *The Unseen Minoriy*, 1976.

4. '법적 정의로서의 실명Blinded by Definition'에 관한 구절은 시각장애 재향군인회 회보에 실린 칼럼에서 가져왔다. Lloyd Greenwood, "Shots in the Dark", *BVA Bulletin*, the publication of the Blinded Veterans Association, 1949.

5. 의사들이 장애인의 삶의 질에 대해 가진 부정적 시각을 보여주는 최근의 조사는 다음 글에서 확인할 수 있다. Lisa I. Iezzoni et al., "Physicians' Perceptions of People with Disability and Their Health Care", *Health Affairs Journal* 40, no. 2, 2021. 2.

최근의 여러 연구에서 실명은 가장 큰 두려움을 불러일으키는 장애들의 목록 중 최상위를 차지했다. 이 문제에 대한 전반적 개괄 그리고 2000명 이상의 미국인을 상대로 시력 상실에 대한 태도를 조사한 결과는 다음 참조. Scott et al., "Public Attitudes About Eye and Vision Health", *JAMA Ophthalmology* 134, no.10, 2016. 8.

6. 중세 프랑스에서 유대인과 실명인 간의 유비를 다룬 역사 자료는 다음 책에서 가져왔다. Edward Wheatley, *Stumbling Blocks Before the Blind: Medieval Constructions of a Disability*, 2010.

7. 악티온T4 작전은 다음 책에 기록되어 있다. Henry Friedlander, *The Origins of Nazi Genocide: From Euthanasia to the Final Solution*, 1995.

또한 홀로코스트 추모에서 장애를 가진 희생자들에 대한 인식이 '때늦은 생각'이었음을 살펴보는 타마라 즈윅의 글에도 이 작전이 기록되어 있는데 즈윅의 글은 다음과 같은 장애학 분야의 훌륭한 입문서에 수록되어 있다. Tamara Zwick, "First Victims at Last: Disability and Memorial Culture in Holocaust Studies", *The Disability Studies Reader*, ed. Lennard Davis, 6th edn., 2021.

8. 조너선 스턴의 인용문은 다음 책에서 가져왔다. Jonathan Sterne, *Diminished Faculties: A Political Phenomenology of Impairment*, 2021.

유대인 정체성과 질병의 관계에 대한 나의 이해는 다음 책을 통해 깊어졌다. Masha Gessen, *Blood Matters: From Inherited Illness to Designer Babies, How the World and I Found Ourselves in the Future of the Gene*, 2008(덧붙여 이 자료를 소개해 준 리베카 세일턴Rebecca Saletan에게 감사를 전한다).

4장 남성 응시

1. 모여 선 관광객들을 갈라놓는 흰 지팡이의 강력한 기호학적 힘

을 관찰한 눈먼 작가는 내가 처음이 아니다. 짐 크니펠은 엄청나게 유쾌한 회고록에서 지팡이를 들고 있으면 모두가 "내 앞에서 빌어먹을 홍해처럼 갈라진다는 사실만은 장담할 수 있다"고 쓴다. Jim Knipfel, *Slackjaw*, 1999.

2. Robert Hine, *Second Sight*, 1993(로버트 헤인의 회고록).

3. 드니 디드로의 글(1749)은 케이트 턴스톨이 영어로 번역해 자신의 책에 부록으로 실은 것을 참조했다. Denis Diderot, "Letter on the Blind for the Use of Those Who Can See", Kate Tunstall, *Blindness and Enlightenment: An Essay*, appendix, 2011.

4. Gili Hammer, *Blindness Through the Looking Glass: The Performance of Blindness, Gender, and the Sensory Body*, 2019(질리 해머의 연구서).

5. 시각장애인이라는 이유로 에밀리 브라더스의 젠더 정체성에 의문을 품었던 영국의 칼럼니스트에 대한 자세한 사항은 다음 참조. Roy Greenslade, "The Sun Censured by Ipso for Rod Liddle's Discriminatory Column", *The Guardian*, 2015. 5. 28.

6. 빌 코스비 변호인단의 코스비의 실명에 대한 자세한 언급은 다음 참조. Karen Brill, "Bill Cosby's Lawyers Say He Is Registered as Legally Blind, Unable to Recognize His Accusers", Vulture.com, 2016. 10. 28; Emily Smith, "Bill Cosby Is 'Completely Blind' and Homebound", Pagesix.com, 2016. 7. 18; 편집자에게 보내는 편지 "Bill Cosby Has Nothing to Teach", *The Washington Post*, 2017. 6. 27.

7. 스티브 윈의 실명에 관한 변론을 보려면 다음 참조. Nicole Raz, "Steve Wynn Sues for Defamation, Claims 'Leering' Accusation False", *Las*

Vagas Review-Journal, 2018. 4. 5.

8. 전국시각장애인연맹은 로펌을 고용해 연맹 내 횡행하는 성적 위법행위 혐의를 조사했다. 전국시각장애인연맹 홈페이지에 게재된 보고서 및 같은 해 초에 게재된 중간 보고서 참조. *Special Committee Final Report on Sexual Misconduct and the NFB's Response*, NFB's website, 2021. 11.

9. 오비디우스,《변신*Metamorphoses*》에서 인용한 부분은 앨런 맨델바움Allen Mandelbaum의 1993년도 영문 번역이다.

10. 장애의 사회적 낙인(및 시각장애에 대한 긴 논의)의 기초를 담은 저작은 다음 참조. Erving Goffman, *Stigma: Notes on the Management of Spoiled Identity*, 1963.

11. 엘렌 새뮤얼스의 에세이는 퀴어 정체성과 장애 정체성의 교차(와 분기)를 유용하게 분석한다. Ellen Samuels, "My Body, My Closet: Invisible Disability and the Limits of Coming Out", reprinted in *The Disability Studies Reader*, 2003. 이 에세이를 추천한 마렌 리넷Maren Linett에게 감사를 전한다.

5장 카메라 옵스큐라

1. 에밀리 가시오와의 인터뷰를 보충하기 위해 다음을 참조했다. Manny Fernandez, "Hit by a Truck and Given Up for Dead, a Woman Fights Back", *The New York Times*, 2010. 12. 21; "Finding Emilie", *Radiolab*, 2011. 1. 25.

처음 가시오의 작업을 알게 된 것은 다음 프로파일 기사를 통해서였다. Emily Watlington, *Art in America*, 2020. 1.

2. 모네와 세잔에 대한 자세한 내용은 다음에서 인용했다. Patrick Trevor-Roper, *The World Through Blunted Sight: An Inquiry into the Influence of Defective Vision on Art and Character*, 1970.

3. "How a Blind Man Saw the International Exhibition", *Temble Bar* 7, 1863. 1, pp. 227~237. 이 뛰어난 에세이의 존재를 알게 된 것은 다음 책에서 버네사 완이 쓴 시각장애를 다룬 글을 읽으면서였다. *A Cultural History of Disability in the Long Nineteenth Century*, eds. Joyce Huff and Martha Stoddard Holmes, 2022. 〈템플 바〉에 실린 글에 대한 완의 명징한 읽기는 내 읽기에도 영향을 주었다.

4. 이 장에 실린 조지나 클리게의 인용문은 모두 다음 책에서 가져왔다. Georgina Kleege, *More than Meets the Eye: What Blindness Brings to Art*, 2018.

존 리 클라크의 인용문은 다음 에세이에서 가져왔다. John Lee Clark, "Tactile Art", *Poetry*, 2019. 10.

5. 챈시 플릿Chancey Fleet과의 대화를 통해 맹인 문화에 대한 내 이해는 엄청나게 풍부해졌다. 이 장에서 인용한 말은 플릿이 출연한 팟캐스트에서 가져왔다. *InEx*, season 1, episode 2, 2022. 6. 19.

6. "Saturday Morning Cartoons", *Say My Meme*, 2021. 7. 13.

7. 롤랑 바르트의 푼크툼punctum 이론은 다음 책에 실려 있다. Roland Barthes, *Camera Lucida: Reflections on Photography*, trans. Richard Howard, 1981 [롤랑 바르트, 《카메라 루시다》, 조광희 옮김, 열화당, 1998].

8. 그레고리 T. 프레이저의 말을 인용한 부분은 다음 부고에서 가져왔다. Robert Mcg. Thomas Jr., "Gregory T. Frazier, 58; Helped Blind See Movies with Their Ears", *New York Times*, 1996. 7. 17.

조엘 스나이더의 책은 음성 해설 분야에서 완벽한 로드맵이 되어준다. Joel Snyder, *The Visual Made Verbal: A Comprehensive Training Manual and Guide to the History and Applications of Audio Description*, 2014.

또한 토머스 라이드Thomas Reid를 비롯해 세레나 길버트Serena Gilbert, 로버트 킹제트Robert Kingett, 보야나 코클랴트Bojana Coklyat, 섀넌 피네간Shannon Finnegan 등 여러 사상가의 음성 해설에 대한 작업에서 도움을 받았다. 〈내 마음의 라디오를 라이드Reid My Mind Radio〉는 토머스 라이드의 팟캐스트로, 눈멂에 관계된 문화적 이슈에 흥미가 있는 사람이라면 꼭 들어볼 것을 권한다.

앨리스 셰퍼드Alice Sheppard 같은 예술가들은 조지나 클리게, 엘리 클레어Eli Clare, 딜런 키프Dylan Keefe를 비롯한 여러 사람과의 협업으로 무용 공연에 다감각적 접근성을 이루어냈다. 이들의 실험적 음성 해설 작업이 음성 해설 분야에 혁신적 예술적 토대를 만들었음을 언급하고 싶다.

9. 이 장에서 인용한 전국시각장애인연맹의 음성 해설에 대한 입장은 〈브레일 모니터〉 기사 및 전국시각장애인연맹이 워싱턴 D.C. 순회법원에 2002년 11월 8일 제출한 의견서에서 가져왔다. Chris Danielsen, "Federal Appeals Court Rules against Mandated Described TV", *Braille Monitor*, 2003. 4; D.C. Circuit US Court of Appeals, 2002. 11. 8, No. 01 – 1149: *Motion Pictures Association of America, Inc., et al., v. Federal Commu-*

nications Commission and United States of America.

10. 헥터 셰비니가 1946년 쓴 눈멂에 대한 회고록에는《내 눈에 코감기가 걸렸다*My Eyes Have a Cold Nose*》라는 엄청나게 괴상한 제목이 붙어 있다.

6장 바벨의 도서관

1. 제임스 조이스가 베케트에게 대필하게 했다는 이야기는 다음 전기에 나온다. Richard Ellmann, *James Joyce*, 1959.

엘먼은 이 일화를 1954년 베케트와의 인터뷰에서 들었다지만, 사실이 아닌 이야기일 가능성도 있다. 그러나 조이스가 조수에게 대필하게 한 것은 사실이다. 다음 블로그 글 참조. Peter Chrisp, "Samuel Beckett Takes Dictation", *From Swerve of Shore to Bend of Bay*(blog), 2014. 1. 28.

또한 다음 책들에서 조이스의 실명을 비롯한 여러 사항을 아는데 큰 도움을 받았다. Maren Tova Linett, *Bodies of Modernism: Physical Disability in Transatlantic Modernist Literature*, 2016; M. Leona Godin, *There Plant Eyes*, 2021.

*James Joyce and Non-Normative Vision*이라는 책을 마무리 중인 클레오 해너웨이-오클리Cleo Hanaway-Oakley와 뒤늦게 나눈 대화도 큰 도움이 되었다.

2. 조이스가 만들어낸 100글자로 이루어진 단어의 어원에 대해서는 다음 책을 통해 알게 되었다. William York Tindall, *A Reader's Guide to Finnegans Wake*, 1969.

3. 조이스를 '합성의 대가'라고 부른 베케트의 말은 다음 책에서 가져왔다. *Beckett Remembering/Remembering Beckett: A Centenary Celebration*, eds. James and Elizabeth Knowlson, 2006.

《피네간의 경야》를 "그 자체로 무엇"이라고 한 베케트의 말은 다음에서 가져왔다. "Dante… Bruno. Vico… Joyce", *Our Exagmination Round His Factification For Incamination of Work in Progress: James Joyce/Finnegans Wake: A Symposium*, 1929. 뒤에 나온 인용문은 다음 책에서 처음으로 접했다. Namwali Serpell, *Seven Modes of Uncertainty*, 2014.

4. 뉴 데이 필름스가 2019년 배급한 로드니 에반스의 뛰어난 다큐멘터리 〈비전 포트레이츠〉는 여러 스트리밍 플랫폼에서 볼 수 있고, 스트리밍 비디오 플랫폼 카노피Kanopy에서 제공하는 음성 해설도 들을 수 있다.

5. 내가 시각장애인을 위한 읽기 기술의 풍요한 역사를 처음 알게 된 것은 마라 밀스의 연구를 통해서였는데, 처음 밀스를 알게 된 순간부터 그 지적 너그러움은 엄청난 선물이자 영감이 되어주었다.

또한 touchthispage.com에서 온라인으로 볼 수 있는 전시인 'Touch This Page'와 노스이스턴대학교 및 하버드대학교의 콘퍼런스를 통해 수많은 창조적 만남을 이루게 해 준 사리 알트슐러Sari Altschuler와 데이비드 와이머David Weimer에게 감사드린다.

두 분을 통해 만나게 된 퍼킨스 학교의 젠 헤일Jen Hale과 제니퍼 아노트Jennifer Arnott에게서는 퍼킨스 아카이브의 귀중한 자료와 정보를 얻을 수 있었다.

6. 시각장애인 읽기 체계의 자세한 사항을 알기 위해 미국시각장

애인인쇄소American Printing House for the Blind의 마이크 허드슨Mike Hudson과 나눈 대화 및 다음 책들에서 도움을 받았다. Frances Koestler, *The Unseen Minority*, 1976; Zina Weygand, *The Blind in French Society from the Middle Ages to the Century of Louis Braille*, trans. Emily-Jane Cohen, 2009; Phillippa Campsie, "Charles Barbier: A Hidden Story", *Disability Studies Quarterly* 41, no. 2, 2021년 봄.

7. 텍스트를 귀로 들을 때와 점자로 읽을 때의 시각 피질 활성화를 비교한 연구는 다음에서 인용했다. H. Burton and D. G. McLaren, "Visual Cortex Activation in Late-Onset, Braille Naive Blind Individuals: An fMRI Study during Semantic and Phonological Tasks with Heard Words", *Neuroscience Letters*, 2006.

8. 다음 자서전은 추운 곳에서 점자를 읽는 이야기다. Jacques Lusseyran, *And There Was Light*, trans. Elizabeth Cameron, 1963.

손가락으로 점자를 읽고 코로 활자를 읽는다는 신사에 관한 이야기는 다음 공개 토론회에 등장한다. Robert Englebretson, "Can the Science of Reading Fix Everything?", 2022 OSEP Leadership and Project Director's Conference, 2022. 7. 19(유튜브로 시청 가능).

9. 〈축복의 시Poem of the Gifts〉는 다음 책에 수록되어 있다. Jorge Luis Borges, *Poems of the Night*, trans. Alastair Reid, 2010. 〈보르헤스와 나〉는 다음 책에 수록되어 있다. Borges, *Collected Fictions*, trans. Andrew Hurley, 1998. 두 인용문 모두 펭귄북스의 사용 허락을 얻어 수록했다.

7장 창조자들

1. 햄라이가 보여주듯 커브 컷이 유니버설 디자인의 상징으로 널리 쓰이기 시작한 것은 적어도 1946년까지 거슬러 올라간다. 다음 참조. Aimi Hamraie, "Curb Cuts, Critical Frictions, and Disability (maker) Cultures", *Building Access: Universal Design and the Politics of Disability*, chap. 4, 2017.

그러나 '커브 컷 효과'라는 표현 자체는 민권운동가 앤절라 글로버 블랙웰Angela Glover Blackwell의 동명의 글에서 처음 만들어진 것으로 보인다. Angela Glover Blackwell, "The Curb-Cut Effect", *Stanford Social Innovation Review*, 2017년 겨울호.

2. 이 장에 등장하는 장애와 설계에 대한 내 생각의 많은 부분이 사라 헨드렌의 연구에 빚지고 있으며, 헨드렌의 작업은 증류되고 명확해져 다음 책에 담겼다. Sara Hendren, *What Can a Body Do? How We Meet the Built World*, 2020[사라 헨드렌, 《다른 몸들을 위한 디자인: 장애, 세상을 재설계하다》, 조은영 옮김, 김영사, 2023].

3. 내가 아는 폰프릭에 대한 지식은 모두 필 랩슬리의 흥미로우면서도 권위 있는 저서를 통해 얻었다. Phil Lapsley, *Exploding the Phone: The Untold Story of the Teenagers and Outlaws Who Hacked Ma Bell*, 2013.

조이버블즈를 다룬 레이철 모리슨의 다큐멘터리는 이 책을 쓰는 이 시점에 여전히 제작 중이다.

4. 나는 '라이프핵'을 특히 장애인의 기술로 묘사하는 수많은 장애인의 이야기를 들었다. 다음은 내가 찾을 수 있었던 가장 오래된 자료다. Liz Jackson, "We Are the Original Lifehackers", *New York Times*, 2018.

5. 30.

5. 에릭 디브너Eric Dibner가 구술한 기록은 다음 책에 수록되어 있다. *Builders and Sustainers of the Independent Living Movement in Berkeley*, vol. 3(캘리포니아 온라인 아카이브Online Archive of California에서 열람 가능).

6. 이퍼브 형식이 시각장애에 근원을 두고 있다는 이야기는 다음 참조. George Kerscher, "Structured Text, the Key to Information Now and in the Future", IFLA Conference(Copenhagen), 1997. 8. 28, http://kerscher. montana.com/ifla97.htm.[현재는 접속이 되지 않는다.]

7. 이 장을 쓰기 위해 참고한 자료들은 다음과 같다. Bess Williamson, "The People's Sidewalks", *Boom California* 2, no. 1, 2012년 봄; Joseph P. Shapiro, *No Pity: People with Disabilities Forging a New Civil Rights Movement*, 1993; Martyn Lyons, *The Typewriter Century: A Cultural History of Writing Practices*, 2021; Matthew Rubery, *The Untold Story of the Talking Book*, 2016[매슈 루버리,《오디오북의 역사: 알려지지 않은, 말하는 책 이야기》, 전주범 옮김, 한울아카데미, 2022]; Mara Mills and Jonathan Stern, "Aural Speed-Reading: Some Historical Bookmarks", *PMLA* 135, no. 2, 2020; Mara Mills, "Optophones and Musical Print", *Sounding Out!*(blog), 2015. 1. 5; Tiffany Chan, Mara Mills and Jentery Sayers, "Optophonic Reading, Prototyping Optophones", *Amodern 8: Translation Machination*, 2018. 1; Ray Kurzweil, *The Age of Spiritual Machines*, 1999[레이 커즈와일,《21세기 호모사피엔스: 인공지능의 가속적 발전과 인류의 미래》, 채윤기 옮김, 나노미디어, 1999]; Elizabeth R. Petrick, *Making Computers Ac-*

cessible: *Disability Rights and Digital Technology*, 2015; April Kilcrease, "10 Questions with… Chris Downey", *Interior Design*, 2016. 6. 6.

8. 조쉬 미엘과 내가 나눈 대화 외에도 다음을 참조했다. Wendell Jamieson, "The Crime of His Childhood", *The New York Times*, 2013. 3. 2; Isabella Cueto, "'Where the Bats Hung Out': How a Basement Hideaway at UC Berkeley Nurtured a Generation of Blind Innovators", *STAT*, 2022. 3. 28; Bill Gerrey, *Smith-Kettlewell Technical File*(ski.org에 아카이빙되어 있다); Josh Miele, "The Making of a Blind Maker", *Future Reflections* 35, no. 2, 2016.

9. 안내견에 대한 전국시각장애인연맹 지도자의 발언은 다음 글에서 가져왔다. Scott LaBarre, "The True Nature of Self-Confidence", *Braille Monitor*(안내견 특집호), vol. 38, no. 9, 1995. 10.

10. Rod Michalko, *The Two-in-One: Walking with Smokie, Walking with Blindness*, 1999.

11. 미아 밍거스의 인용문은 다음 글에서 가져왔다. "Access Intimacy, Interdependence and Disability Justice", *Leaving Evidence*(blog), 2017. 4. 12.

여러 장애인 작가, 예술가, 활동가, 사상가 들의 작업과 함께 처음 밍거스의 작업을 알게 된 것은 꼭 들어야 할 앨리스 웡의 팟캐스트 〈장애 가시성Disability Visibility〉 및 같은 제목의 선집을 통해서였다. Alice Wong, *Disability Visibility*, 2020[앨리스 웡,《급진적으로 존재하기》, 박우진 옮김, 가망서사, 2023].

8장 눈멂에 반대하다

1. 최근의 망막색소변성증 줄기세포 치료에 대한 유용한 개괄은 다음 참고. Lynda Charters, "Targeting Human Retinal Progenitor Cell Injections for Retinitis Pigmentosa", *Ophthalmology Times Europe* 17, no. 8, 2021. 10.

2. 아르구스 2의 위험성에 대한 인용문은 다음 기사에서 가져왔다. Finn et al., "Argus II Retinal Prosthesis System: A Review of Patient Selection Criteria, Surgical Considerations, and Post-operative Outcomes", *Clinical Ophthalmology* 12, 2018.

아르구스 2에 대한 탐사 보도는 다음 참조. Eliza Strickland and Mark Harris, "Their Bionic Eyes Are Now Obsolete and Unsupported", *IEEE Specturm*, 2022. 2. 15.

3. 바이오닉 아이 기술에 대한 쉴라 니렌버그의 말은 다음 보도에서 가져왔다. "Cracking the Code to Treat Blindness", NBC News, 2018. 11. 30.

4. 앨리슨 케이퍼의 인용문은 다음 책에서 가져왔다. Alison Kafer, *Feminist, Queer, Crip*, 2013[앨리슨 케이퍼, 《페미니스트, 퀴어, 불구》, 이명훈 옮김, 오월의봄, 2023].

9장 정의의 여신

1. 오사지 K. 오바소지의 책은 법에 있어 피부색 무시라는 원칙을 이해하는 바탕이 되었으며, 그의 시각장애인의 인종 인식에 대한 연구는 내가 시각장애인들의 인종 의식에 대해 느낀 인상을 정돈하는

데 유용했다. Osagie K. Obasogie, *Blinded by Sight: Seeing Race Through the Eyes of the Blind*, 2014.

또한 오바소지의 책 제사에서 다음 책에 최초로 실린 랭스턴 휴스의 시 〈정의Justice〉를 처음 읽기도 했다. Langston Hughes, *Scottsboro Limited: Four Poems and a Play in Verse*, 1932.

2. Jacobus tenBroek, "The Right to Live in the World: The Disabled in the Law of Torts", *California Law Review* 54, no. 2, 1966. 5.

3. 이 장을 위한 나의 자료 조사는 다음 글 덕분에 훨씬 더 풍부해질 수 있었다. Angela Frederick and Dara Shifrer, "Race and Disability: From Analogy to Intersectionality", *Sociology of Race and Ethnicity* 5, no. 2, 2019. 4.

4. 내가 설거지를 하면서 들었던 주디 휴먼의 인터뷰는 다음 참조. Judy Heumann, "The Summer Camp That Inspired the Disability Rights Movement", WNYC, *On the Media*, 2020. 7. 24.

5. 지적장애를 가진 미성년자가 행동 수정을 위해 전기 충격을 받는다는 내용의 인용문은 워싱턴 D. C. 순회항소법원에서 있었던 매사추세츠주 캔튼의 저지 로텐버그 교육센터Judge Rotenberg Educational Center와 FDA 사이의 재판 판결에서 나온 것이다.

이 판결에 대해 상세히 담고 있는 연구는 다음 참조. Lydia X. Z. Brown, "Bearing Witness, Demanding Freedom: Judge Rotenberg Center Living Archive", autistichoya.net/judge-rotenberg-center/.

6. 주디 휴먼은 크리스틴 조이너와 회고록을 공동 집필하기도 했다. Judith Heumann and Kristen Joiner, *Being Heumann: An Unrepentant*

Memoir of a Disability Rights Activist, 2020[주디스 휴먼·크리스틴 조이너, 《나는, 휴먼: 장애운동가 주디스 휴먼 자서전》, 김채원·문영민 옮김, 사계절, 2022].

7. Douglas Baynton, "Disability and the Justification of Inequality in American History", *The New Disability History: American Perspectives*, eds. Paul K. Longmore and Lauri Umansky, 2001(이 책을 알게 해 준 캐서린 커들릭에게 감사를 전한다).

8. 재활법 504조를 통과시키기 위한 연좌 농성의 자세한 사항을 알고자 휴먼의 자서전 외에도 다음 기사들을 참조했다. Susan Schweik, "Lomax's Matrix: Disability, Solidarity, and the Black Power of 504", *Disbility Studies Quarterly* 31, no. 1, 2011; Steve Rose, "Dennis Billups: He Helped Lead a Long, Fiery Sit-in—and Changed Disabled Lives", *The Guardian*, 2021. 9. 16.

9. 이 장과 내 삶을 크게 바꾸어놓은 2007년 앤 레이지Ann Rage의 에이드리언 애쉬Adrienne Asch 인터뷰는 온라인으로 읽을 수 있다. UC Berkeley, *Disability Rights and Independent Living Movement: Oral History Project*, 2007. 애쉬의 작업을 만나게 해 준 로버트 잉글브렛슨에게 언제까지나 감사할 것이다.

10. Sins Invalid, *Skin, Tooth, and Bone: The Basis of Movement Is Our People: A Disability Justice Primer*, Second Edition, 2019는 그들의 웹사이트 sinsinvalid.org에서 구매할 수 있다.

11. 다음은 미국장애인법 통과와 전국시각장애인연맹의 관계를 묘사한 글들이다. National Council on Disability, *Equality of Opportunity:*

The Making of the Americans with Disabilities Act, 1997; Kenneth Jernigan, "Reflections on the Americans with Disabilities Act", *Braille Monitor* 33, no. 2, 1990. 2; *Building the Lives We Want*에 실린 제임스 가셀James Gashel의 글.

12. 긴급 상황 관리와 장애 지원에 관한 저스티스 쇼터Justice Shorter 의 말은 빌 앤더슨 펀드 펠로우Bill Anderson Fund Fellow의 가을 웨비나에 서 쇼터가 한 발표에서 가져왔다. 이는 2020년 12월 유튜브에 게재되 었으며, 쇼터의 웹사이트 justiceshorter.com에도 링크가 실려 있다.

12. 이 장에 나온 범죄와 장애에 대한 통계는 미국 사법부 보고서 에서 가져왔다. Dr. Erika Harrell, "Crime Against Persons with Disabilities, 2009-2014—Statistical Tables", 2016. 11, NCJ 250200.

13. 이 장에서 인용한 로라 월크의 어린 시절 에세이는 다음과 같 이 출판되었다. Laura Wolk, "What Freedom Means to Me", *Future Reflections*, 2002년 봄.

14. 에이드리언 애쉬는 에릭 패런스와 다음 책을 공동 편집하기 도 했다. *Prenatal Testing and Disability Rights*, eds. Erik Parens and Adrienne Asch, 2000.

15. 도로시 로버츠는 에이드리언 애쉬를 추모하는 글을 썼다. Dorothy Roberts, "Adrienne Asch(1946-2013)", *Nature* 504, no, 377, 2013.

10장 미묘한 미소

1. 다음 책을 통해 장애 재활과 훈련 및 역사에서 '구조화된 발견' 접근법을 깊이 있게 이해할 수 있었다. James H. Omvig, *Freedom for the Blind: The Secret Is Empowerment*, 2002. 이 책을 알려준 브라이언 배쉬

Bryan Bashin에게 감사를 전한다.

2. Robert Scott, *The Making of Blind Men: A Study of Adult Socialization*, 1969.

3. 토머스 캐럴에 대한 케네스 저니건의 반응은 전국시각장애인연맹 연회에서 한 그의 중요한 연설 '실명: 장애인가 특징인가?Blindness: Handicap or Characteristic?'에서 볼 수 있다. 이 연설은 여러 지면에 재수록되었다(때로는 '실명: 삶인가 죽음인가?Blindness: A Living or a Dying?'라는 제목이 붙기도 했다). 전국시각장애인연맹이 편찬한 선집 참조. *Kenneth Jernigan: The Master, the Mission, the Movement*, 1999 참조.

4. 〈콜로라도 선〉은 콜로라도시각장애인센터에서 일어난 성적 위법행위에 대해 조사한 바를 기사로 게재했다. David Gilbert, "They Came to the Colorado Center for the Blind Seeking Confidence. They Left Traumatized", *Colorado Sun*, 2021. 11. 18. 이 기사는 다음 글의 전문을 링크하고 있기도 하다. "Open Letter on Sexual Misconduct and Abuse Experienced through Programs of the National Federation of the Blind and National Blindness Professionals Certification Board".

전국시각장애인연맹 훈련센터 내에서 일어난 성적 위법행위를 다룬 더 많은 정보는 루이지애나센터를 취재해서 쓴 기사 참조. Kaylee Poche, "Months after National Federation of the Blind's Abuse Scandal, Survivors Want Accountability", New Orleans, *Gambit*, 2021. 7. 5.

조너선 모센Jonathan Mosen이 2022년 7월 8일 전국시각장애인연맹의 마크 리코보노Mark Riccobono 회장과 진행한 인터뷰는 성적 위법행위 수사가 시작되고 2년이 지난 시점에 연맹의 입장이 어떠한지를 뛰어난 통찰력으로 보여준다. 이에 대해서는 다음 팟캐스트 참조. *Mosen at Large*, episode 191.

5. 시각장애에 담긴 선 사상에 대한 브라이언 배쉰의 말은 다음 기사 참조. Lee Kumutat, "Bryan Bashin Marks 10 Years as LightHouse CEO", *LightHouse*(blog), 2020. 4. 9.

6. 샤를 보들레르의 시구는 다음 시에서 가져왔다. Charles Baudelaire, "The Blind", *Flowers of Evil*, trans. James McGowan, 1993.

7. Harsha Menon, "A So-Called Artist: An Interview with Helen Mirra", *Buddhistdoor Global*, 2019. 7. 27에서 나는 미묘한 미소라는 개념을 처음 알게 되었다. 헬렌 미라는 자신의 웹사이트 hmirra.net에 수록된 '미묘한 미소를 짓는 사람Half-Smiler' PDF를 통해 틱낫한을 비롯한 여러 사람들의 인용구를 공유한다.

나가며: 엔드게임

1. 눈멂이 일종의 자유로운 슬랩스틱이 될 수 있다는 생각은 시각장애인 작가 짐 크니펠과 라이언 나이턴(모두 망막색소변성증을 앓고 있다)이 함께한 2007년 10월 〈빌리버Believer〉 인터뷰에서 알 수 있었다. 참 기묘한 우연인 것은 그때 나 역시 이 지면에서 일했으나 처음으로 흰 지팡이를 사기까지는 몇 년이 남은 시점이었다는 점이다.

나는 망막색소변성증을 다룬 회고록들에서도 많은 도움을 받았는데 다음은 시력 상실의 경험 속에서 발견한 부조리한 유머가 빛나는 책들이다. Jim Knipfel, *Slackjaw*, 1999; Ryan Knighton, *Cockeyed*, 2006; Knighton, *C'mon Papa*, 2010.

2. 윌리엄 러프버러William Loughborough의 출간되지 않은 저서 *Blindless*, 1997은 그의 웹사이트 w3.gorge.net/love26/book.htm에서 읽을 수 있다. 나는 러프버러 그리고 그의 '비실명' 개념을 매트 메이Matt May가 '포용적 디자인'을 다룬 자신의 팟캐스트에서 챈시 플릿과 한 인터뷰를 통해 알게 되었다. *InEx*, season 1, episode 2, 2022. 6. 19.

3. 이 장에 등장하는 조지나 클리게의 인용문은 다음 글에서 가져왔다. Georgina Kleege, "Blind Rage: An Open Letter to Helen Keller", *Southwest Review* 83, no. 1, 1998. 클리게는 이후 이 작업을 같은 제목의 창조적 논픽션으로 확장시켰다.

4. 존 리 클라크의 인용은 W. W. 노튼에서 출판된 그의 에세이 선집에서 가져왔다. John Lee Clark, "Of Masks and Blindfolds", *Touch the Future: A Manifesto in Essays*, 2023.

5. 베케트가 공포에 침착함을 입힌다는 스탠리 카벨의 말은 다음 책에서 가져왔다. Stanley Cavell, "Ending the Waiting Game: A Reading of Beckett's *Endgame*", *Must We Mean What We Say? A Book of Essays*, 1969.

6. 시각장애인 문제에 있어서는 비시각장애인에게 대상 영속성이 결여되어 있다는 개념은 팟캐스트 〈모두 답장하기Reply All〉 첫 전화 참여 에피소드에 내가 익명으로 참여하고 난 뒤 PJ 보그트Vogt 및 알렉스 골드먼Alex Goldman과 함께한 잇따른 대화에서 자연스레 나온 이야기다.

이 책의 표지 설명

앞표지에는 제목과 부제 아래에 네 명의 시각장애인과 한 마리의 안내견이 등장한다. 그들의 모습은 베이지색 바탕 위에 그려져 있다. 사람들은 모두 검은색 선으로 묘사되었다. 맨 오른쪽 위에 한 여성이 사과를 들고 서 있다. 여성은 머리카락을 뒤로 묶었고 장바구니를 한쪽 어깨에 멨다. 장바구니에는 파처럼 생겼으며 길쭉하게 늘어진 채소 세 개가 빠져나와 있다. 여성이 멘 장바구니는 하얀색이고, 여성이 신은 신발은 검은색이다. 상의와 하의는 테두리만 그려져 바탕의 베이지색이 비친다. 여성은 눈을 감고 사과의 향을 맡는다. 사과는 주홍색이며 사과의 테두리는 검은색이다. 검은색 외에 아무것도 사용되지 않은 여성의 모습과 대비를 이룬다. 사과 향이 아주 좋은지 여성은 은은한 미소를 띠고 있다. 여성의 왼쪽 아래에는 한 남성이 지팡이를 땅에 짚은 채 다른 쪽 손으로 선글라스를 들고 있다. 선글라스를 벗는 중인 것 같기도 하고, 착용 중인 것 같기도 하다. 이런 행동이 자연스럽다는 듯 무표정하다. 남성의 상의는 검은색이며, 바지는 테두리

430

만 그려졌다. 선글라스를 든 남성의 왼쪽에는 점자가 적힌 종이를 읽는 남성이 있다. 남성은 상반신만 묘사되었고, 하반신은 묘사되지 않았다. 마치 상반신이 공중에 떠 있는 것 같다. 남자는 읽고 있는 내용이 만족스러운지 미소를 띠고 있다. 상의는 테두리만 그려졌다. 남자가 읽는 종이는 하얀색이며, 책처럼 두 페이지가 양쪽에 펼쳐져 있고 중간에 페이지를 나누는 선이 그어졌다. 어쩌면 종이가 아니라 표지가 묘사되지 않은 책인지도 모른다. 점자를 읽는 남성의 왼쪽 아래에는 의자에 앉아 안내견을 쓰다듬는 남자가 있다. 남자의 상의는 테두리만 그려졌고, 하의는 검은색, 신발은 하얀색이다. 남자는 지팡이를 들고 있고, 다른 손으로는 안내견을 쓰다듬는다. 안내견이 귀엽다는 듯 얼굴에 미소를 띠었다. 안내견은 사과와 같은 주홍색이며, 테두리는 검은색이다. 얌전하게 엎드려 있고, 평온한 표정으로 남자의 손길을 느끼고 있다.

뒤표지에는 추천사 아래에 남편, 아들, 아내, 안내견의 모습이 등장한다. 세 사람은 침대로 추정되는 장소에 앉아 있고, 왼쪽부터 남편, 아들, 아내의 순서대로 앉아 하반신 위에 이불을 덮었다. 안내견은 세 사람이 덮은 이불 위에 엎드려 있고, 남편이 내민 한쪽 손에 몸을 맡기고 있다. 가운데 앉은 아들은 책을 읽고 있으며, 내용이 만족스러운지 미소를 짓고 있다. 아내는 아들을 사랑스럽다는 듯 바라보고 있다. 남편은 수면안대를 쓰고 아들 쪽으로 얼굴을 향하고 있다. 입가에 어떤 미소도 없지만, 그것은 즐겁지 않아서가 아니라 아들의 존재를 느끼기 위함인 것 같다. 안내견은 주홍색, 책은 하얀색, 아내의 옷은 검은색이며, 그 외의 이미지들은 검은색 테두리로만 묘사되었다.

나는 점점 보이지 않습니다

초판 1쇄 발행 2024년 9월 20일

지은이 앤드루 릴런드
옮긴이 송섬별
발행인 김형보
편집 최윤경, 강태영, 임재희, 홍민기, 강민영, 송현주, 박지연
마케팅 이연실, 이다영, 송신아 **디자인** 송은비 **경영지원** 최윤영

발행처 어크로스출판그룹(주)
출판신고 2018년 12월 20일 제 2018-000339호
주소 서울시 마포구 동교로 109-6
전화 070-5038-3533(편집) 070-8724-5877(영업) **팩스** 02-6085-7676
이메일 across@acrossbook.com **홈페이지** www.acrossbook.com

한국어판 출판권 ⓒ 어크로스출판그룹(주) 2024

ISBN 979-11-6774-163-9 03300

만든 사람들
편집 홍민기 **교정** 박선미 **표지디자인** 박연미 **표지그림** 곽명주 **본문디자인** 송은비 **조판** 정은정